동아시아
고전학의 안과 밖

성균관대학교 동아시아한문학연구소 학술총서 1

동아시아
고전학의 안과 밖

Understanding East Asian Classics

진재교 외 지음

성균관대학교
출판부

서문

　이 책은 성균관대학교 동아시아한문학연구소가 펴내는 첫 번째 학술총서로, 성균관대학교 〈동아시아고전학 미래인재 교육연구팀〉의 참여 교수 및 본 교육연구팀과 수 년 동안 협력해 온 해외 연구자들의 성과를 함께 엮은 학술서이다.

　동아시아고전학은 한자문화권에 속하는 동아시아 여러 나라의 한문 고전을 대상으로, 문학, 역사, 철학 등 여러 학문과 소통하며 종합적으로 연구하고 해석함으로써 고전의 가치를 새롭게 발견하고자 하는 학문이다. 본 교육연구팀은 동아시아고전학의 학술적 토대를 확고히 하고 교육과 연구의 국제적 네트워크를 구축하고자 여러 방면에서 노력을 기울이고 있다. 특히 해외 연구자와의 학술 교류 및 공동 연구의 기회를 확대함으로써 동아시아고전학이 특정 지역 및 국가를 넘어 세계적 단위의 학문 분야로 인정받을 수 있도록 여러 활동을 펴고 있다. 이 책은 이러한 노력의 한 결실이라고 할 수 있다. 아직 부족한 점이 많지만, 이 책을 통해 동아시아고전학의 개념이 분명해지고 향후의 무궁무진한 가능성을 공인받게 되었으리라 자부해 본다.

　이 책은 3부로 구성되어 있다. 먼저 제1부 '동아시아 고전학의 개념과 지향'은 거시적 시야에서 동아시아 고전학의 개념을 정의하고 향후의 연구 방향을 가늠할 수 있는 내용의 논문 4편으로 구성하였다.

이 책의 서두를 여는 진재교의 「고전학 연구와 동아시아」는 동아시아 고전학의 개념과 그 학술사적 필요성을 제시한 글이다. 한자문화권의 형성은 세계사적 보편 현상이었으며, 동아시아 각국은 한문을 통해 상호 교통하며 자국의 특수성을 발견하고 표현하였다. 이 상호소통은 수용과 전파라는 단순한 관점을 벗어나 길항과 착종, 교섭과 영향의 실상을 파악해야 한다는 것이 저자의 주장이다. 저자는 한문고전 연구야말로 기존의 관념적 동아시아론을 극복할 수 있는 실질적 대안이라고 보고, 사행록 연구를 그 사례로 제시하였다.

뵙케 데네케의 「동아시아 한자문화권에서 공유하는 글쓰기의 전통」은 약 1천 년에 걸쳐 한국, 일본, 베트남의 글쓰기 전통이 변화했는가를 조망하는 거시적 관점의 글이다. 먼저 '한자문화권'이라는 용어의 유용성을 근본적으로 검토하면서 한문의 전파 경로와 수용 과정, 저작 문화를 종합적으로 조망하였다. 그 결과 동아시아 각국에는 공통성과 독자성이 공존하는 독특한 글쓰기 문화가 존재했음을 흥미롭게 그려냈다. 결론부에서 저자는 한자문화권의 역사적 책무를 환기하며 동아시아고전학 연구자의 분발을 촉구하고 있다.

김문경의 「한자문화권의 문자생활」은 한자문화권에서 문자가 담당한 독특한 역할을 조명한다. 한문은 기본적으로 표의문자이며 한국어, 일본어, 베트남어는 중국어와 다른 계통의 언어이다. 게다가 동아시아의 교류는 일방통행에 가까웠기에 한자문화권의 언어생활은 유럽보다 훨씬 복잡했다는 것이 저자의 주장이다. 저자는 다양한 문체와 문자가 이에 대응하는 기능, 사회계층, 성별 등에 의해 복잡하게 나누어져서 사용되고 있다는 점을 동아시아 한자문화권 문자 생활의 특징으로 지목하였다.

로스 킹의 「'다이글로시아'라는 용어의 문제점: 전근대 한국의 말하기와 글쓰기의 생태계에 대하여」는 전근대 한국의 말하기와 글쓰기 생태계를 규정하는 '다이글로시아'(흔히 이중언어체계로 번역한다)라는 용어의 적합성을 근본적으로 검토한다. 저자는 이 용어가 문자민족주의를 강화할 위험을 지적하는 한편, 전근대 한국의 복잡한 어문 현실을 '다이글로시아'고 간단히 설명하는 것은 적절하지 않다고 주장한다. 저자는 '언문불일치' 또는 '언문괴리'라는 전통적 용어를 대안으로 제시한다.

제2부 '동아시아 고전학의 문헌과 분석'은 구체적인 문헌 연구를 통해 동아시아 고전학의 가능성을 탐색하는 4편의 논문으로 구성하였다.

판젠궈의 「『박통사언해』와 그 속에 인용된 『서유기』에 대한 새로운 탐구」는 조선의 한어 회화서 문헌과 동아시아 한어사에 대한 연구 성과를 활용하여 『박통사언해』의 본문 및 주석의 성립 연대를 고증하고, 인용된 『서유기』의 판본을 구분한 것이다. 저자는 『박통사언해』의 주석에서 이른바 '구본 『서유기』'의 존재를 확인하고, 현전하는 백회본 『서유기』와 비교하였다. 『박통사언해』의 존재는 『서유기』에 대한 이해를 심화시키며, 이는 동아시아 고전의 이해를 위해 국제적 시야가 필수적임을 보여준다.

김영진의 「조선후기 실학파의 총서 편찬과 그 의미」는 박지원의 『삼한총서』와 『소화총서』 편찬 과정을 통해 조선후기 중국 유서 및 총서의 유입과 그 영향을 논한 글이다. 이른바 연암그룹은 역사, 문화, 학술을 종합한 대작의 편찬을 목표로 삼았고, 『삼한총서』와 『소화총서』는 이들의 지향이 반영된 저작이었다. 저자는 비슷한 시기 다양한 양상의 총서류 저작이 등장한 배경과 학술사적 의미 고찰을 향후의 과제로 제시하였다. 동아시아 고전의 거대한 환류가 조선에서는 어떠한 문화적 학술적 움직임으로 이어졌는지를 흥미롭게 그려내고 있다.

안대회의 「18세기 조선의 『사기』 「화식열전」 주석서와 그 수사학적 주석」은 『사기』 「화식열전」에 대한 4종의 주석서를 분석하여 그 수사학적 특징과 역사적 의의를 탐색하였다. 이 주석서들은 동아시아 『사기』 이해와 문단의 경향, 전통적 경제 관념이 실제 어떻게 작동하였는지를 보여주는 논문이다.

김용태의 「박영교(朴泳教)의 『해동이아(海東爾雅)』에 대하여」는 동식물에 관한 전문적 유서(類書)인 『해동이아』의 체제와 서술방식을 소개하고 그 저술의식을 규명하였다. 『해동이아』는 조선후기 박물학 전통을 바탕으로 전 지구의 동식물 지식 정보를 집대성하려는 야심찬 기획이었다. 『해동이아』는 근대 초기 동아시아 한자문화권의 정보 소통과 이용의 구체적 사례를 보여주는 문헌이라는 점에서 향후 활발한 후속 연구가 요청되고 있다.

3부 '동아시아 고전학의 시각과 방법'은 학제적 접근을 통한 동아시아 고전학 연구이다. 전근대 동아시아의 정치와 교육 제도, 동아시아 고전에 나타나는 자연관, 여성관, 그리고 전근대와 근대의 접점을 탐색하는 5편의 논문으로 구성하였다.

양니엔췬의 「청조 '문치(文治)' 정책의 재고찰」은 강희, 옹정, 건륭 시기를 중심으로 청조 문치 정책에 관한 기존의 연구를 검토하고 또 다른 해석을 시도하였다. 청조의 제왕들은 정치적, 도학적 정통성을 자신에게 집중시켜 사대부 계층의 의식을 개조하고 민간의 여론을 통제하였다. 그 결과 사회 전반의 위축과 사적 영역의 과도한 정치화를 초래하였다는 주장이다. 한자문화권에서 정치와 학술이 어떤 상관관계였는지를 잘 설명해주고 있다.

마치 센쥬로의 「에도 막부 말기 – 메이지 시기 학술·교육의 형성과 한학」은 일본의 근대화 과정에서 한학이 수행한 역할을 인물과 학교 제도, 교육제도를 중심으로 살핀 글이다. 막부의 교육기관이 메이지 정부로 편입되고 개편되는 과정에서 전통 학술은 '화한학(和漢學)'과 '양학(洋學)'으로 갈라지게 되어 결과적으로 '문(文)'의 학습은 고등교육에서 제외되었다. 이후 도쿄대학 문학부의 창설과 제국대학으로의 이행을 거치며 화한 문학은 과거의 국학, 한학과 성격을 달리하게되었다. 한편 중등교육에서 '한학'은 일정한 역할을 수행하다가 '국어'가 만들어지자 그 한 부분으로 자리잡았다. 저자는 이러한 과정을 실증적으로 설명하며 일본의 근대 학술과 교육이 태동한 모습을 생생히 보여주고 있다.

김영주의 「자연물과의 교유를 통해 본 동아시아 사인의 교유 동인과 그 실제」는 전근대 문인이 현실과의 갈등과 부적응으로 인한 스트레스를 자연물과의 관념적 교유를 통해 치유, 극복하는 양상을 고찰하였다. 저자에 따르면 자연물과의 관념적 교유란 자연에 주관적 관념을 투영하여 인식하는 방법이다. 이는 시대 및 권력과의 불화와 같은 개인적 경험 및 세계와의 대립에서 파생되는 부정적 반응의 결과로 나타난다는 것이 저자의 주장이다.

이현일의 「조선후기 경화세족의 이상적 여성상」은 조선후기 향촌 사족의 열녀 담론과 대척점에 있었던 당시 경화세족의 이상적 여성상에 대한 고찰이다. 신위(申緯)는 미모와 부덕(婦德)뿐 아니라 자신과 취미를 함께 할 수 있는 학문과 예술을 갖춘 여성을 갈구하였다. 이는 원매, 진문술 등 청대 강남 지역 문인의 영향이었다. 19세기 기녀 출신 여성들의 시회 활동이 가능했던 것은 경화세족 남성들의 여성 인식 변화에 힘입은 결과였다.

박노자의 「변영만: 식민지 시기 한국의 대안적 근대성을 모색하다」는 변영만 글쓰기의 사회정치적, 철학적 측면을 살핀 글이다. 변영만은 전통 한학 교육을 받은 세대이지만 자본주의 발전과 근대국가 건설의 필요성을 인식하고 계몽운동에 참여하였다. 하지만 근대의 근본적 폭력성을 간취한 뒤에는 근대를 극복하고자 하는 심오한 사유를 펼쳤는데, 이 과정에서 그의 전통적 학술과 문예가 적지 않은 역할을 하였다. 저자는 특유의 날카롭고 섬세한 필치로 변영만의 독특하면서도 난해한 사유를 흥미롭게 분석하였다.

동아시아고전학은 앞으로 그 넓이와 폭이 얼마나 넓어지고 깊어질지 가늠하기조차 어려운 거대한 학문의 바다이다. 이 책이 동아시아고전학이라는 새로운 학문이 탄생하였음을 우리 학계에 알리는 하나의 신호탄이 되기를 희망한다. 여러 어려움에도 불구하고 동아시아고전학의 필요성에 공감하고 함께 길을 나서준 한국, 중국, 일본, 그리고 서구 학자들께 깊은 감사를 표한다.

2023년 2월
동아시아고전학 미래인재 교육연구팀장
김용태

차례

제1부　동아시아 고전학의 개념과 지향

고전학 연구와 동아시아 - 진재교

동아시아 한자문화권에서 공유하는 글쓰기의 전통 - 뵙케 데네케

제2부   동아시아 고전학의 문헌과 분석

제3부   동아시아 고전학의 시각과 방법

제1부

동아시아 고전학의
개념과 지향

고전학 연구와
동아시아

———

진재교

1. 한자문화권과 한문 고전

전근대 각 대륙이 서로 교통하기 이전까지 세계는 지역마다 하나의 독자적 문명 단위를 형성하며 발전하였다. 중국은 오랜 기간 한자를 언어와 표기수단으로 삼아 정치 제도와 문화를 형성하였다. 중국과 이웃한 나라들은 이러한 한자와 한자 문화를 빌려 오랜 기간 사용함으로써 큰 영향을 받았다. 그리하여 역사적으로 중국을 비롯하여 중국과 이웃한 아시아의 여러 국가는 한자와 한자 문화를 매개로 문명 단위를 형성하게 되었다. 이는 한자와 한자 문화를 기반으로 하는 하나의 세계이자 문명권이다. 우리는 이를 한자문화권이라 한다.

전근대 동아시아 각국은 오랜 기간 한자를 표기로 문명 단위를 형성하였다. 『중용(中庸)』에서 언급하고 있는 "여러 지방은 수레의 너비를 같게 하고 글은 같은 글자를 사용한다.[車同軌, 書同文]"는 이를 의미한다. 말하자면 한자문화권에서의 공용의 표기수단과 제도를 통일적으로 사용한다는 것이다. 특히 한자문화권에서의 '글은 같은 글자를 사용한다.[書同文]'는 것은 한문학 생성과 발전의 배경이 되는 언급이기도 하다.

전근대 동아시아에서 중국과 이웃한 국가는 한자문화권이라는 권역을 기반으로 하나의 통일된 세계를 형성하였다. 한자문화권에서는 중국을 중심으로 질서가 세워져서 유교와 불교가 그 세계에 공동의 이념으로 작동되고, 한자는 그 세계의 공용 문자로 통용되었다. 동아시아에서 통용된 한자와 한자 문화는 보편성을 지향하였고, 권역의 각 국가도 이를 수용하여 자국 문화를 꽃피우는 자양분으로 삼았다. 주지하듯이 세계 각 지역은 동아시아의 한자문화권과 같이 오랜 기간 하나의 문명권을 형성한 예가 있었다. 불교문화권이나 라틴문화권, 여

기에 이슬람 문화권도 그중 하나다. 이들 문화권은 당시 하나의 소우
주와 같이 종교를 기반으로 하나의 문명 세계를 이루며 하나의 세계
를 형성한 것이다. 따라서 전근대 세계 각 지역에서 발생한 하나의 문
명권(문화권)은 세계사의 차원에서 보면, 보편적 현상이라 할 수 있다.

중국과 인접한 동아시아 각국은 한자문화권 내에서 상호 소통하며
생활하였다. 서구의 충격으로 인해 한자문화권이 해체되기 전까지 주
로 한자를 표기수단으로 소통하며, 한편으로는 한자 문화를 통해 정
치와 문화를 정립하고 발전시켰다.[1] 그래서 중국의 고전 문학은 말할
것도 없고, 한국의 한문 고전을 비롯하여 일본과 베트남의 한문 고전
등도 한자문화권을 배경으로 탄생하고 발전하였다.

특히 한문이라는 공용의 표기수단과 제도를 기반으로 성립한 전근
대 동아시아 한문학[2]은 '동문 세계'[3]에서 한문과 한문 양식을 토대로

---

[1]   역사적으로 한자문화권의 해체는 서구 제국의 東漸과 충격 큰 전환의 계기를 만들었
      다. 중국을 중심으로 하는 동아시아 국제 질서와 한자표기를 통해 상호 소통하는 문화
      적 시스템이 균열하면서 시작되었다. 대체로 19세기 후반이다. 이는 한자문화권에서
      한자가 공식 기록[文語]의 위치에서 밀려난 시기와도 맞물린다. 한반도에서는 1894년
      갑오개혁을 통한 문명개화와 함께 한글을 국가의 공식문자로 정하면서 한자는 공적 위
      치에서 밀려나면서 한자문화권에서 멀어졌다. 일본의 경우 1868년 明治維新으로 幕
      府體制를 폐지하고 중앙집권을 통한 일본의 근대화로 자본주의를 발전시켜 새로운 국
      민국가를 건설하려는 시기부터 한자문화권에서 이탈하기 시작하였다. 월남의 경우, 오
      랜 기간 한자와 월남식 한자인 쯔놈[字喃]을 표기문자로 사용하였으나, 17세기 중에 가
      톨릭 선교사가 로마자 표기법을 고안하였다. 그후, 19세기 후반에 나폴레옹 3세의 월남
      정복으로 프랑스의 식민통치를 받으면서 프랑스 식민통치자들은 17세기 이래 존재한
      로마자의 월남어 표기법을 보급한 이후, 월남은 한자문화권에서 완전히 멀어졌다. 현재
      까지도 월남은 한자와 무관하게 로마자로 표기하고 있다.
[2]   동아시아 한문학의 가능성과 그 구체적인 논의는 진재교, 「韓國漢文學 硏究와 '東아시
      아'-동아시아 한문학의 가능성」, 『한문학보』 제27집, 2012, 3~29면 참조.
[3]   '동문 세계'란 『中庸』의 '書同文, 行同倫'에서의 동문을 말한다. 여기서는 즉 표기수단
      을 함께 사용하는 전근대 동아시아 지역을 의미한다.

성립·발전한바 있다. 본디 한자는 중국어[漢語]를 표기하는 수단이다. 한문학은 지금의 관점에서 중국의 고전 문학이다.[4] 하지만 전근대 한문학은 한자문화권에서 생성되어 보편성을 지닌 것이어서, 동아시아 각국은 이를 수용하여 자국의 문학과 학술로 발전시킨바 있다. 전근대 동아시아에서 복수의 한문학은 이렇게 성립하며, 이를테면 한국과 일본, 베트남의 한문학은 이를 보여준다.[5]

주지하듯이 문자는 표기수단이어서 필요에 따라 빌려 쓸 수 있다. 동아시아에서 한자를 빌려 표기수단으로 삼은 것도 필요에 따른 것임은 물론이다. 동아시아 각국은 오랜 기간 한자로 표기하면서 문화를 일구어왔기 때문에 한자는 동아시아 시공간에서 '거대한 타자'로 작동하고, 종종 향유 주체의 사유마저 규정하기도 한다. 때로는 한자와 한문 양식은 동아시아 각국 창작 주체의 규범으로 작동하거나, 문화적 틀로 기능하기도 한다. 그런 점에서 동아시아에서 한자의 사용과 한문

---

4) 여기서 중국 문학이란 지금의 중국 문학 일반을 말하는 것이 아니라, 중국의 한문학 또는 중국의 고전 문학을 이른다. 이를테면 古代 漢語 혹은 古文으로 표기된 문학을 의미한다. 지금의 개념으로 말하자면 자국의 고전 문학을 지칭한다.

5) 동아시아 각국의 한문학은 문학 형식으로는 한문학 장르를 공유하고, 문학의 표기는 한자(한문)를 사용한다. 하지만 한문학의 보편적인 양식에 담은 내용은 각 나라의 특수성을 보여준다. 따라서 동아시아에서 각 나라의 한문학은 보편적 한문학 양식을 공유하지만, 내용에서는 동아시아 각국의 특성과 고유성을 지향한다. 따라서 한문학의 양식은 단수이지만, 내용상 동아시아 각국의 한문학은 複數性을 보여준다. 한문학의 복수성은 한문학을 단수로 보는 중국의 시각과 사뭇 다른 방향이다. 지금 중국은 지리적으로 동아시아를 넘어 동남아시아나 서남아시아까지 아우르고 있다. 중국의 관점에서 보자면, 형식 논리를 근거로 동아시아 한문학을 부정할 수 있다. 하지만, 전근대 한자 문화의 소통범위와 그 역사성을 고려하면 한문학은 지리적 범주로만 이야기할 수 없는 역사성과 특수성도 있다. 베트남의 경우, 과거 한자문화권에서 베트남 한문학이 성립하였지만, 현재는 한자를 사용하지 않고, 로마자 표기방식을 사용하고 있다. 그런 점에서 현재 베트남은 한·중·일과 같은 차원에서 한문학을 논할 수는 없다.

학의 향유는 동아시아 고전학을 거론할 수 있는 중요한 배경이다.

2. 전근대 동아시아에서의 고전학

전근대 동아시아 각국은 고유한 문화를 형성 발전시켰지만, 그것과 함께 한자를 기반으로 하는 동문 세계와 상호 교섭하면서 자국 문화의 특수성도 함께 발휘하였다. 길항의 방식으로, 때로는 수용의 방식을 통해 끊임없이 동문 세계와 접속하며 자국 문화 발전의 동력으로 삼은 바 있었다. 말하자면 전근대 동아시아 각국은 동문을 통해 상호 교통하면서 로컬리티의 특수성을 형성하기도 하고, 동문과 어우러져 고유문화를 발전시킨 것이다.[6] 이러한 동문 세계에서 형성된 전근대 동아시아 각국의 한문 고전연구가 바로 동아시아 고전학이다. 동아시아 고전학은 한자문화권에서의 한국·중국·일본 고전을 대상으로 연구하는 것이자, 동아시아의 시각으로 한국을 비롯하여 중국 일본과 함께 베트남의 한문 자료를 연구하는 방법이다.

말하자면 동아시아 고전학은 동문 세계에서 다양한 한문 고전이 상

---

6)　동아시아 문제는 일본학계에서 이미 1960년대에 니시지마 사다오(西嶋定生)가 이론을 선점하고 70년대를 거쳐 이후까지 일반화되었다. 니시지마는 동아시아를 전근대에 하나의 구조를 형성한 지역 세계로 간주하고, 또 그 세계의 구조적 시스템을 제시하였던 바, 흔히 이를 동아시아 세계라 하였다. 기본적으로 이것은 동아시아 고유의 문화권을 중시한 것인데, 이것이 한자문화권이다. 이 한자문화권은 중국문화를 중심으로 하는 문화권을 의미하기도 한다. 이러한 문화권이 형성될 수 있는 전제로 중국을 중심으로 한 국제관계를 언급하기도 하였거니와, 이는 중국과 주변 제 국가·제 민족과의 국제적 관계를 주목한 것이다. 우리는 이를 조공·책봉체제라 하기도 하고, 혹은 하마시타 다케시(浜下武志)는 조공시스템으로 규정한 바 있다.

호 교통한 역사적 실체를 대비하여 바라봄으로써 일국 중심의 고전학 연구에서 벗어나고자 하는 것이자, 동아시아 각국의 한문 고전이 상호 관계 속에서 존재하였던 그 역사적 궤적을 탐색하는 것이다. 이는 한자 문화 내에서 각국의 교통을 단지 '수용'과 '전파'의 관점에 그치지 않고, 동문 세계 내에서 교통한 실체를 통해 길항과 착종, 교섭과 영향의 실상과 그 의미를 파악하는 것이다. 달리는 동아시아의 시각에서 한국의 한문 고전을 연구하고자 하는 새로운 방법의 모색이기도 하다. 한 걸음 더 나아가 거시적 관점에서 보자면 서구에서 중국학 주변부의 한국학이나 일본학 연구가 아니라, 중국학과의 상호 비교를 통해 객관적 실상을 파악하거나 혹은 이를 넘어서 전근대 한문 고전 자료를 새로운 방법으로 연구하고자 하는 가능성의 탐색이다.

주지하듯이 전근대 동아시아는 동문 세계에서도 각 나라의 특수성은 항상 존재하였다.[7] 동아시아 각국은 동문을 통해 자국 문화의 동력을 얻기도 하고, 더러 저 보편의 동문에 영향을 주기도 하였다. 이러한 양상은 근대 전환기 서구의 충격으로 동아시아의 국제 질서와 함께 동문 세계가 해체되기 전까지 지속하였음은 알려진 사실이다.

여기서 주목할 사안은 전근대 동아시아 한문 지식인들은 동문을 기반으로 직접 만나 상호 교류하면서 때로는 동질의식을 표출하거나 상상의 학문 장에서 한문 고전과 타자의 저술을 기반으로 끊임없이 대화하고 소통하였다. 상상의 공간에서 학술과 문예를 호출하여 사유하

---

7)   사실 중국을 상정할 때, 지금 중국의 지리적 범주와 문화적 시각을 통해 전근대 중국의 역사를 들여다보아서는 안 된다. 중국 역시 특정 지역의 한 문명에서 시작하여, 역사의 시공간 속에서 오랜 기간 주위의 다양한 이문화와 이민족과의 상호 갈등과 대립, 착종과 굴절의 과정을 거쳐 지금에 이르렀기 때문이다.

거나 대화하는 것은 주로 한문을 통해 이루어졌음은 물론이다. 전근대 동아시아 각국의 지식인들도 한문 고전을 기반으로 직접 교류는 물론 필담과 편지를 통한 방법으로 교통하며, 이를 기반으로 다양한 한문학 작품을 산생시켰다. 더욱이 이들 각국 한문 지식인은 한문 고전을 통해 지식을 축적하고, 그 과정에서 동문의 보편성을 체득하는 한편, 자신의 학지(學知)와 학문적 성취도 이룩하였다. 이처럼 전근대 동아시아의 공간에서 한문 지식인의 학문과 문학의 공통분모는 한문으로 된 고전임은 물론이다.

그런데 전근대 동아시아에서는 한문으로 기록된 고전을 공분모로 상호 교통한 다양한 사례를 확인할 수 있다. 지금 시점에서 이러한 역사적 경험을 환원하면, 동아시아 각국의 동아시아론에도 접속할 수 있다. 십수 년 전부터 동아시아 각국에서 동아시아론을 제기한바, 그 구체적인 사례로 한문으로 기록된 다양한 기록과 한문학 작품을 들 수 있다. 이러한 한문으로 기록된 고전이 전근대 동아시아 고전학의 대상이다. 우리는 전근대 한문으로 기록된 고전을 통해 상호 교통의 실상을 확인할 수 있겠는데, 이를테면 한문 고전을 두고 대조와 비교를 확인하거나 길항과 착종의 방식을 통해서 같고 다름의 실상도 파악할 수 있다. 이는 주체와 타자 또한 이해한다는 점에서, 일국 중심의 고전학 인식이나 연구와는 그 결을 달리하는 지점이다. 요컨대 전근대 동아시아 고전학은 동문 세계에서 상호 관련을 맺으며 존재한다는 점을 주목하고, 그 같고 다름을 탐색하고 그것에 의미를 부여하는 데 있다.

그런 점에서 동아시아 고전학 연구는 단순히 '수용'과 '전파'의 관점에 머물지 않는다. 동문 세계 안에서 이루어진 교통의 흔적을 동아시아의 시각으로 재해석하는 것을 지향한다. 이 경우 일국의 시각에서 보지 못하던 문제의식이나 기왕에 주목하지 못했던 문제는 물론 상호 이해의 단초를 확인할 수도 있다. 이때 타자의 시각으로 주체를 재인식할 수도 있는바, 이는 주체를 타자화하는 것이기에 그간 파악하지 못한 주체의 새로운 모습에 다가서거나 새로운 의미를 파악할 수도 있다.

그간 동아시아 각국은 근대 국민국가 성립 이후, 자민족과 일국 중심의 시각에서 한문 고전을 인식한 결과 숱한 편견을 낳았고, 타자 인식의 편향성과 함께 상호 소통이 아닌 대립의 관점을 낳았다. 하지만 동아시아 각국의 한문 고전은 동문 세계에서 직·간접적으로 상호 교통의 흔적을 간직하고 있다. 이 점에서 동아시아 고전학을 통한 한문으로 기록된 고전연구는 일국적 시각으로 발생한 오해와 문제점의 해소에 기여할 수 있을 것이다.

3. 동아시아론과 동아시아 고전학

여기서 동아시아 고전학을 제기할 때, 현재 동아시아 각국이 동의할지는 의문이다. 중국 학계만 하더라도 전근대 동문 세계에서 생성된 한문 고전의 이해 방식은 사뭇 다르기 때문이다. 중국 일부에서 한문으로 기록된 고전 자료의 경우, 자국 중심을 지나치게 강조하여 더러 '역외 한문(학)'으로 인식하기도 한다. 이미 '역외'라는 개념 속에 '중심/주변'이라는 인식을 내함하고 있다. 이러한 인식의 틀로 한문 고전을 바라보기에 '우리(자국)'를 중심에 두고 밖의 것을 논하는 구도를 상정한다. 이러한 '역외 한문(학)'은 넓은 범주로 보면 중국의 고전문학을 중심에 두고 자국 밖의 한문 고전 작품을 논하는 것이겠는데,

이는 중국의 한문 고전 안으로 모두 수렴하려는 논리와 의식을 내장하고 있다. 이 관점에 서면 전근대 동아시아 고전학은 물론 동아시아에서 복수의 한문학은 성립할 수 없다. 이를테면 한국한문학, 일본한문학, 월남한문학 등의 개념은 언급할 수조차 없는 것이다. 사실 '역외한문(학)'의 일국 중심의 시각은 자국 중심을 관념을 확대한 현대 버전이자, 지나친 일국 중심의 편견에 지나지 않는다.

> 공자는 주(周)나라 사람이다. 왕실(王室)이 날로 낮아지고 제후들은 쇠약해지자 오(吳)나라와 초(楚)나라가 중국을 어지럽혀 도둑질하고 해치기를 싫어하지 않았다. 『춘추(春秋)』는 주나라 사기인바, 안과 바깥에 대해서 엄격히 한 것이 또한 마땅하지 않겠느냐? 그러하나 가령 공자가 바다에 떠서 구이(九夷)로 들어와 살았다면 중국법을 써서 구이의 풍속을 변화시키고 주나라 도(道)를 역외(域外)에 일으켰을 것이다. 그런즉 안과 밖이라는 구별과 높이고 물리치는 의리가 스스로 딴 '역외춘추(域外春秋)'가 있었을 것이다. 이것이 공자가 성인(聖人)이 된 까닭이다.[8]

조선후기 학자 홍대용(洪大容, 1731~1783)이 주장한 역외춘추론(域外春秋論)이다. 홍대용은 청나라에 연행한 이후 자기 생각을 「의산문답(毉山問答)」에 담았다. 위에서 홍대용의 논리는 국가와 민족, 지역에 따른 세계의 중심성을 부정한 것이다. 이는 중국 중심의 세계관을 비판

---

8) 『湛軒書』, 內集, 권4, 「毉山問答」, "孔子周人也. 王室日卑, 諸侯衰弱, 吳楚滑夏, 寇賊無厭. 春秋者周書也. 內外之嚴, 不亦宜乎? 雖然, 使孔子浮于海, 居九夷, 用夏變夷, 興周道於域外, 則內外之分, 尊攘之義, 自當有域外春秋, 此孔子之所以爲聖人也."

하며 조선의 독자성을 제시한 것이기도 하지만, 상대적인 관점에서 화(華)와 이(夷)의 구분 자체를 부정하고, 주체와 객체의 대립이 아니라 병립을 말하는 것이며, 평등을 지향한 것임은 물론이다. 더욱이 '역외춘추론'은 물론 홍대용이 「의산문답」에서 구상한 세계는, 하나의 중심적이고 배타적인 주체가 있는 것이 아니라 수평적인 관계망 속의 여러 주체가 더불어 공존하는 데 있다.[9] 이 경우 주체와 다른 주체는 평등한 관계이기 때문에 지배와 억압, 침략과 멸시, 우월과 멸시는 안 되는 것이다.[10] 이러한 홍대용의 인식과 견해는 주목할 만하다.

발생지에 근거하여 자국 중심의 경향을 보여주었던 중국의 경우와는 사뭇 다른 모습을 라틴문자(로마자)를 사용한 사례에서 확인할 수 있다. 전근대 시기 유럽에서의 라틴문자는 고대 이탈리아 지역의 언어였던 라틴어로 표기한 문자였지만, 그 귀속은 일국에 한정되어 거론하지 않는다. 이는 그것을 통해 형성된 라틴문화 역시 마찬가지다. 라틴어 표기와 라틴문화는 일정시기 동안 전근대 서유럽의 보편 문화로 작동하였고, 그것으로 기록된 모든 기록물과 문학 역시 특정 국가에 귀속되지 않고 서구 지역에 보편적인 문제로 환원되었다.

이러한 관점에 따라 전근대 동아시아의 한문과 한자 문화 역시 전근대 동아시아 지역에서 보편적으로 통용되었기에 특정 국가에 귀속시킬 수 없다. 한문으로 기록한 다양한 전근대 한문 자료나 한문학 작품 역시 현재의 중국에 귀속되는 것이 아님은 물론이다.

---

9) 이러한 홍대용의 논리는 박희병, 「홍대용 사상에 있어 物我의 상대성과 동일성」, 『한국의 생태사상』, 돌베개, 1999 참조.

10) 주지하듯이 유럽에서의 민족주의 이념은 중심과 주변, 문명과 야만, 주체와 타자를 이분법적으로 나누며, 대립을 통한 억압적·지배적 양상을 표출한다.

그렇기는 하지만 여기서 분명하게 짚고 넘어갈 사항은 있다. 전근대 동아시아 각국이 중국의 한문 고전과 중국문화의 영향을 크게 받은 것은 분명한 사실이다. 이를 부정할 필요도 없고 부정해서도 안 된다. 동아시아 각국은 전근대 시기 학술과 문학과 예술 등 중국 영향 아래에서 성장하고 발전한 것은 자명한 사실이기 때문이다. 그렇지만 한자문화권의 역사적 성격과 동문 세계에서의 각국 한문 기록 산생의 특수성을 고려하면, '동아시아'의 시각으로 '동아시아 고전학'은 충분히 제기할 수 있다는 사실이다. 전근대 역사적 시공간에서 학술과 문예의 일방적 영향은 없으며, 크든 작든 간에 교섭과 소통을 거쳐 형성되기 마련이며, 상호 교섭과 소통과정을 거친 결과물 역시 오로지 일국에만 귀속할 성질은 아니기 때문이다. 이 점에서 중국 학계에서 한문으로 기록한 작품을 어떻게 인식하느냐에 관계없이 '동아시아 고전학'을 문제 제기하고 이를 바탕으로 논의하는 것은 충분히 가능하다.

그런데 동아시아 고전학은 최근 동아시아 각국의 학계에서 제기한 동아시아론과 관련을 지닌다. 기존 동아시아 각국에서 제기한 동아시아론은 대부분 역사적 실체에 근거하지 않은 담론적 성격이 다수인 데 반해, 동아시아 고전학은 전근대 동문 세계에서 산생된 각국의 한문 자료를 근거로 한다는 점에서 역사적 실체에 기반을 둔 실 개념에 가깝다는 점에서 전근대 동아시아론의 실제라 하더라도 무방하다. 여기서 우리는 동아시아론의 구체적 실체로 한문으로 기록된 '고전학'을 거론할 수 있 다.

동아시아론의 경우, 한국만 하더라도 이미 다양하게 제기하여 일정한 성과를 내었다. 하지만 한국의 동아시아론은 담론적 성격에서 벗어나지 못한 채 추상성이 강한 이념지향의 시각만을 표출하였다. 역사적 구체성과 역사적 시·공간에서의 리얼리티를 근거로 동아시아론을 모색하지 못하였기 때문에 관념적 차원의 담론에 그치고 말았다. 그런 점에서 동아시아 고전학은 한문 고전을 근거로 동아시아론의 구체적 사례를 보여준다는 점에서 유의미하다. 이는 관념적 동아시아론을 극복할 수 있는 실마리를 보여준다.

일본의 경우, 한국의 동아시아론과 사뭇 다르다. 일본은 이미 19세기 말 이후 자신을 동아시아의 시공간에서 그 일원으로 인식하고 동아시아론을 펼치지 않았다. 일찍부터 자민족 우월에 갇혀 자국 중심의 동아시아론만을 제기하였다. 일본은 명치유신 이후 제국의 길로 접어들면서 제국학의 논리로 동양학을 창안하고, 이후 동아시아 지역에 제국학의 시각으로 학술적 관심을 표하였다. 최근까지 일본에서는 동아시아론과 동아시아공동체 논의를 다양하게 제기하고 있지만, 기본적으로 제국적 시각의 '동양학'에서 크게 벗어나지 않았다. 대표적인 동아시아론으로는 '아시아 네트워크론'과 '중진국 자본주의론'을 비롯하여 '왜구해역론(倭寇海域論)'과 '쇄국비판론', 그리고 '조공체제론(朝貢體制論)'과 '아시아 교역권론' 등을 거론할 수 있다. 하지만 이러한 논의는 어디까지나 그 논리와 지향은 자국 우월주의를 내장하고 있다.[11]

사실 이러한 일본에서의 동아시아론은 자민족 우월주의에 연결하려는 욕망을 내장하고 있거니와, 이는 일본을 미화하는 경향성을 보여준다. 여기에는 자신을 성찰하고 객관적으로 보려는 시각과 경향은 적다. 예컨대 일본의 동아시아론은 기본적으로 동아시아라는 공간에 일본 자신을 넣지 않거나 자신을 동아시아의 일원으로 고려하지 않

---

11) 이러한 일본의 동아시아론과 동아시아공동체의 연구 경향을 비판적으로 바라보고 정리한 것으로는 미야지마 히로시, 『일본의 역사관을 비판한다』, 창비, 2013, 278~312면 참조.

고 예외적으로 파악하고 있다는 사실이다. 이는 근대 전환기 이후부터 화두로 등장한 탈아입구(脫亞入歐) 논리의 연장이겠는데, 근대 일본의 학문 경향이 서구 따라잡기를 목표로 하고 이를 극복하지 못한 것과 관련이 있는 것으로 보인다.

여기서 주목할 사안은 동아시아 각국의 동아시아론에서 동아시아 고전학의 가능성을 확인할 수 있다는 사실이다. 이를 위해서는 동문 세계에서 생성된 고전을 주목하고 상동성과 차이, 그리고 그 의미를 탐색하는 시각과 태도가 필요하다. 이를테면 동아시아 고전학의 시각으로 동문 세계에서 생성된 한문 고전을 바라볼 때, 그 이면에 감춰 둔 제국적 시각이나 일방적 영향의 강조, 그리고 자국 중심의 정당성은 무의미할 수도 있기 때문이다. 오히려 한문 고전 속에 존재하는 각국의 차이를 인정하고 상호 공유할 수 있는 부분에 주목하고, 이를 통해 타자를 객관적으로 이해하려 한다면 같고 다름의 문제를 합리적으로 파악할 수 있을 것이다.[12] 이는 동문 세계에서 한문 고전의 특수성

---

12) 이성시 교수는 "역사 연구의 과제는 매우 실존적이며 과제를 설정하는 인식주체가 놓인 정치적, 사회적, 문화적 상황에 구속되어 있다. 중요한 것은 그때 설정된 문제의식이나 과제는 가변적이며 상황의 변화에 따라 끊임없이 재조명을 요구한다."라는 사실을 강조하면서 "전후 일본의 역사학계에서 공유되어 온 '동아시아' 개념을 진정한 의미에서 계승하고자 한다면, 이 지역에서의 이후 극적인 정세변화를 응시한 후 인식주체의 실존적인 물음으로부터 다시금 이 지역과 대면하면서 재검토하지 않으면 안 된다. 우에하라 센로쿠가 구상한 세계나 니시지마 사다오의 '동아시아 세계론'은 말하자면 일본이라는 1인칭에서 구상된 역사관이며, 역사의 틀이었다. 그것의 약점은 '동아시아'가 1인칭의 문제로밖에 존재할 수 없다는 점에 있다. '동아시아에서 살아가는 사람들이 안고 있는 우리 과제'라고 하는 것처럼 2인칭으로 말할 수 있는 절실한 과제가 역사라는 과거에 대한 물음으로 던져질 때야말로, 새로운 동아시아 세계론은 보다 풍부한 틀로서 재편될 수 있을 것이다."라 하였다. 여기서 동아시아에 대한 문제의식과 제기는 경청할 만하다. 이 점은 이성시, 「일본 역사학계의 동아시아 세계론에 대한 재검토-한국학계와의 대화로부터」, 『역사학보』 제 216집, 2012, 57~79면 참조.

과 로컬리티의 의미를 인식하고 이를 존중하는 것을 의미한다.

이 점에서 전근대 동문 세계에서 복수의 한문학이 존재하듯이, 복수의 고전학도 존재할 수 있다. 사실 동아시아 고전학은 전근대 동아시아 동문 세계에서 각국 한문으로 기록된 고전의 존재를 설명하는 것이기도 하지만, 한문으로 기록된 고전이 동아시아 각국의 고전학과 관계 맺는 방식을 이해하기 위해서도 필요하다. 이처럼 동아시아 고전학은 일국(중국) 중심의 한문으로 기록된 고전을 넘어 복수(동아시아 각국)의 고전학이 상대적 위상을 가지고 이를 통해 단수 고전학과의 관계를 재정립함을 지향한다. 이는 일국 중심의 고전학을 넘어 새로운 한문으로 기록된 고전학 연구의 방향을 제시한다. 곧 차별이 아닌 상호 평등하게 관계 맺음의 지향이다. 오랜 기간 동문 세계에서 형성된 일국 중심의 한문 고전 인식으로 형성된 차별과 그것에 내장된 일국 중심적 사유의 성찰에도 유효하다. 말하자면 동문 세계에서 구축한 한문 고전의 위계질서에 동아시아 각국의 한문 고전이 일방적으로 포섭되지 않는 것이기도 하다.

이런 점에서 동아시아 고전학은 같고도 다름을 추구한 복수의 고전 주체들이 상호 교섭하고 소통하는 장을 중시할 뿐만 아니라, 한문 고전의 공존과 교섭의 흔적을 주목한다. 동문 세계에서 고전학은 단수로만 존재하지 않음을 확인하는 것은 단수의 고전학만이 시공을 초월하여 유일한 보편성을 지니는 것이 아니라는 것을 의미한다. 주지하듯이 단수의 인식과 단수의 강조는 타자를 배제하는 논리를 배후에 두는 것이다. 이에 반해 복수의 고전학은 단수의 시각이 구축한 차별적 지식체계와 배타적 시각의 성찰을 요구한다. 배제와 우열의 시각이 아닌 복수의 존재와 그 다름을 인정하는 시각을 인정할 때 전근대 동아시아 고전학 역시 설 자리를 얻는다.

더욱이 동문 세계에서 공존한 한문 고전이 일국을 넘어 상호 관련 맺고 있다는 사실을 주목해야 동아시아 고전학 연구의 지평은 열린다.[13] 여기서 '동아시아'라는 인식은 일국에 갇힌 것이 아니라 동아시아 학술계에서 공존과 연구방법의 평등안을 지향한다. 이때 '동아시아'를 인식하는 자체가 타자와의 공존을 위한 방법의 하나이기 때문이다. 이러한 동아시아 인식틀 위에 한문 고전을 둘 때, 한문 고전은 동아시아의 시각으로 논의될 수 있다. 그래야 과거에 중시되지 못한 대상이나 주제를 새로운 영역으로 끌어올려 탐색할 수 있으며, 일국적 시각에서 보지 못하던 것도 주목할 수 있어, 기왕의 이해와 사뭇 다른 맥락으로 파악할 수 있기 때문이다.

4. 전근대 동아시아 고전학의 사례; 사행 기록

전근대 동문 세계에서 가장 큰 영향력을 끼치고 각국 주체의 사유에 영향을 끼친 것은 중국의 유교 경전이다. 전근대 동문 세계에서 활동한 각국 지식인들은 유교 경전을 토대로 직·간접으로 소통하고, 이를 기반으로 다양한 한문 고전을 저술하였다. 전근대 대표적인 동아

---

13) 주체와 타자를 구별하는 방식은 다양하다. 그런데 여기서 말하는 복수의 고전학은 단지 중국 문학이 타자와 다름을 인정하는 차원에서 바라보는 것을 넘어선다. 비록 동아시아 각국의 한문 고전이 중국의 한문 고전 작품과 상동성이 많은 것은 사실이지만, 이러한 인식에 견인되어 '다름'을 인정하면서도 우열로 타자와의 관계를 인식하거나 자신의 위계질서에 타자의 그것을 편입하여 구축하려는 시각은 타자를 배제하고 타자에 가하는 폭력이다. 이 점에서 자신을 상대화시켜 상호 공존하고 교류하는 양상을 통해 타자를 인식하거나 타자의 시각으로 자신을 비춰보는 등, 상호존중을 바탕으로 인식할 필요가 있다.

시아 고전의 사례는 한시다. 이 외에도 한시를 비롯하여 한문으로 기록한 다양한 양식의 작품을 고전의 대상으로 언급할 수 있다.

그런데 동아시아 고전학의 대상은 같은 공간에서 상호 소통한 결과물을 우선해서 주목할 수 있다. 대표적인 것 중의 하나가 바로 동아시아의 국제 질서와 외교 관계를 통해 산생된 사행 기록이다. 전근대 동아시아 각국이 산생한 모든 사행 기록을 고전학의 범주로 주목할 수는 없다. 당연히 옥석을 가릴 필요가 있고, 그중에서 동아시아 각국의 상호 인식에 유용한 기록이나 지식인 상호간의 풍부한 교류나 그 내용을 담고 있는 작품을 우선 주목할 수 있다. 이러한 사행 기록으로는 한국에서는 조천록(朝天錄)이나 연행록(燕行錄), 혹은 통신사행록(通信使行錄) 등의 형태로 남아 있다. 일본의 경우 에도 막부 시기 필담창화집(筆談唱和集)[14]의 형태로 남아 있으며, 베트남에서도 연행록(燕行錄)으로 남아 있다.[15] 이 중 일부 작품이 대체로 지식·정보와 학지의 소통

---

14) 필담창화집은 조선의 통신사가 일본에 使行할 때, 각 지역을 지나는데 그때 지역의 學者·僧侶·醫員 등이 조선의 사행에 참여한 인사와 한문으로 필담한 내용 및 주고받은 그림이나 글을 묶은 책을 말한다. 이러한 필담창화집은 에도 막부 한문 지식인이 인식한 조선통신사의 모습을 엿볼 수 있다. 특히 이 필담창화집은 역사의식을 비롯하여 두 나라의 학술과 문예 풍습과 의술, 외교 등 다양한 분야의 지식을 포괄하고 있다. 때문에 일부 작품은 동아시아 고전학의 시각으로 바라볼 수 있다. 이들 자료집은 모두 한문으로 기록되어 있으며 자국의 인식과 타국의 인식, 그리고 상호 간의 인식을 엿볼 수 있어 동아시아 시각이 필요하다.

15) 연행록은 전근대 동아시아 조공/책봉 시스템이라는 국제 외교의 산물이다. 청나라만 하더라도 越南(베트남)의 연행록, 流球(오키나와)의 연행록도 있다. 2010년 중국에서 발간된 『越南漢文燕行文獻集成』에는 53인이 쓴 79종의 연행록을 영인하여 싣고 있다. 당시 월남은 조선 다음으로 중국에 사신을 많이 파견한 나라이다. 중국이 유구국에 사신을 파견한 것이 명대에는 17회, 청대에는 8회 있었다. 그런데 당시 유구국을 다녀온 중국 사신들은 대부분 기록을 남겼다. 대표적인 것이 『使流球錄』이다. 이와 유사한 기록물들이 여러 종 확인되고 있는데, 『國家圖書館藏流球資料匯編』(北京圖書館出版社)을 통해 확인할 수 있다. 이 외에도 북경 고궁박물관에 「流球冊封圖」라는 그림도 전한다.

의 흔적은 물론 당대 풍속지(風俗志)의 면모를 보여주고 있다. 하지만 이들 자료는 일국적 사유로 접근할 경우 정확한 맥락과 의미를 파악하기란 사실상 불가능하다. 일국을 뛰어넘어 동아시아 시각에서 이를 파악하는 것이 유효할 때가 많다.

사행 기록의 구체적 사례로 한국의 연행록이 흥미롭다. 연행록은 청나라 사행을 통해 남긴 이국에서의 견문 기록이지만, 타자의 시선에서도 유효한 지식·정보를 풍부하게 담고 있다. 사실 사행 기록은 그 자체 이국에서의 인적·물적 교류의 다양한 실상을 다루고 있다. 이 점에서 연행록은 이문화의 보고서이자, 새로운 지식·정보의 창고다. 더욱이 연행록은 조선·청과 관련한 다양한 지식·정보의 보고다. 무엇보다 일부 연행록은 조선조 한문 지식인이 기록한 타자의 기록이라는 점에서 자국은 물론 타자를 재조명할 수도 있는 한문 고전이기도 하다.

당시 연행에 참여한 지식인은 이국에서 체험과 인적 교류의 모습, 여기에 견문 체험의 과정에서 보여주는 시선으로 타자의 내부를 조망하고 그것을 기록으로 남겼다. 무엇보다 연행록도 그렇지만 동아시아에서의 사행 기록은 동아시아 각국의 지식인들이 상호 교류하고 소통한 내용을 풍부하게 담고 있다는 점에서 '동아시아' 시각은 유효하다. 연행 기록만 하더라도 때로는 인적 교류의 흔적을 확인하는 것을 넘어, 다양한 시각으로 상호 병치·대조하거나 착종·충돌시켜 볼 때, 구체적 실상과 역사적 맥락에 다가설 수 있는 경우가 많다. 기왕의 연구 방법처럼 일국적 시각에 갇혀 일면적인 비교론의 방법으로 접근하거나, 상호 관련성의 인식이 아니라 일방적 영향 관계만을 확인하는 일국적 시각으로는 연행록의 총체성에 접근할 수 없다. 연행 체험의 기록과 작품은 일국 안팎의 시각이 상호 연결되고 있기 때문이다. 따라서 연행록은 일면적 시각에서 벗어나 안팎의 시각을 두루 살피고, 일국 너머에서 지식인이 상호 교통한 흔적 등을 일국적 시각이 아니라 동아시아적 맥락에서 탐색해야 기왕의 접근과 사뭇 다른 새로운 양상을 포착할 수 있다.

특히 연행록을 비롯한 사행 기록은 전근대 동아시아에서 소통의 흔적을 대거 담고 있다. 사행 기록은 자국 중심의 주체 인식과 타자 인식은 물론 상호 인식을 꿰뚫는 시선으로 보아야 그 의미망을 정확하게 포착할 수 있는 경우도 적지 않다. 이 점에서 사행 기록은 인적·물적 소통의 흔적과 함께 동아시아 시선으로 의미에 다가설 수 있는 고전 자료이다. 사행 기록 중 연행록은 이러한 자료적 성격에 부응한다. 예컨대 연행록은 당시 조선 지식인이 청을 인식하거나 청의 문물을 비롯하여 청이라는 창을 통해 서구의 지식·정보를 간접 파악하고 기록하는 등, 청과 관련한 다기한 내용을 담고 있기 때문이다.

연행록은 200년이 넘는 동안 조선이 일 년에 2~3차례나 정기적으로 연행한 체험을 다양하게 기록한 것도 그렇고, 다수의 작가가 빼어난 수법과 솜씨로 자신의 독특한 사유를 유감없이 표출하고 있는 점도 흥미롭다. 이 점에서 연행록은 동아시아 한문 고전에서 빼놓을 수 없는 고전적인 자료 가치를 지닌다.

자료 가치에 더해 이에 접근하는 방식에도 주의할 필요가 있다. 구체적으로 자국 중심을 넘어 동아시아 고전학의 시각으로 연행록에 접근하면 새로운 사실에 다가설 수도 있기 때문이다. 연행록은 조선 지식인이 타자와 이국의 풍속과 문화를 기록하였기 때문에 기존 청나라 기록에서 볼 수 없던 풍부한 내용은 물론 타자의 시선으로 청나라를 관찰한 경우가 많다. 이 점에서 자국 자료가 보여주지 못한 문제의식을 확인하거나, 청과 관련한 새로운 시선을 획득할 수 있다. 여기에 집중해 연행록을 독법하여 확대할 경우, 안에서 본 중국이 아니라 밖에서 본 중국 연구의 실마리를 발견할 수도 있다. 이러한 시각과 연구의 방향은 흔히 주체 인식이나 타자 인식 혹은 조선과 청의 상호 인식의 연구방법과 시각과는 그 차원을 달리하는 지점이다.[16]

구체적인 하나의 사례를 예로 든다. 예컨대 연행록을 통해 17세기 이후 요동 지역의 촌락형성과 지역경제의 추이와 경제생활 등을 구체적으로 확인할 수 있는 것도 그중 하나다. 연행의 길은 기실 조선에서 북경에 이르기까지 많은 인원이 청나라 숱한 지방을 거쳐 북경에 도달한다. 이러한 길에서 견문한 지식·정보의 기록은 17세기 이후 청의 지방사와 관련한 소중한 내용은 물론, 연행록을 통해 지방사와 관련한 변화과정을 파악할 수 있다. 이 점에서, 연행록은 중국 지방사나 지방 경제사 연구의 소중한 사료적 가치가 있는 것이다. 실제 연행록을 통해 중국의 동북지방을 연구한 사례는 이를 잘 보여준다.[17] 이국(異國)의 기록으로 당시 중국 지방의 이모저모를 재조명한 시도다. 여기서 밖에서 본 중국 연구가 가능하거니와, 바로 전근대 동아시아 고전학이 보여주는 중요한 지점임은 물론이다. 요컨대 이러한 시각과 방법은 기존 연구가 수렴하지 못했던 '주변적' 사실로부터 새로운 의미망을 포착하며, 경계를 가로지르는 종적 공통성의 의미를 모색하는

---

16) 진재교, 「燕行錄과 知識·情報 ─지식·정보의 수집과 기록방식」, 『대동문화연구』 제97집, 2017, 76~77면 참조.

17) 王廣義·李奇奇, 「朝鮮燕行使者眼中的淸代中國東北地區形象」, 『중국사연구』 75, 중국사학회, 2011, 265~271면. 이 연구는 연행록이 중국 동북지구에 관한 많은 견문 내용을 담고 있어 중국 동북지구를 연구하는 데 중요한 역사 문헌으로 인식하고, 연행사가 청대 중국 동북지구에 대해 묘사 기록한 것을 통해 이 시기 동북 사회의 역사 변천을 반영하고 있음을 제시하고 있다.

것을 의미한다.

또한, 일본에 사행한 체험을 기록으로 남긴 통신사행록도 같은 시각으로 바라볼 수 있다. 하나의 사례로 1711년과 1719년에 두 차례에 걸쳐 조선 통신사를 에도까지 수행하였을 뿐만 아니라 조선통신사와 가장 많이 소통한 아메노모리 호슈(雨森芳州, 1668~1755)[18]의 언급을 제시한다.

> 조선은 오로지 중화를 배우려는 풍습이 있는데, 서적을 통해서 보더라도 특별히 중국의 것이라야 이해한다. 그러므로 서적을 읽고서도 열에 여덟, 아홉까지는 조선의 풍습도 미루어 짐작할 수 있다. 하여튼 학문이 없으면 이것도 불가능한 일이다.[19]

조선어를 능수능란하게 구사할 정도로 조선 사정에 밝았던 그의 식견을 감안하면, 중국과의 사대를 중시하고 이를 절대적 기준으로 삼은 조선 지식인과 조선의 학문 성향을 꿰뚫어 본 그의 시각은 당대 조선 학예계의 정곡을 찌른 발언이다. 아메노모리 호슈는 조선의 풍속과 문화적 동향이 중화와 중화 문화에 편향한 점을 적시한 다음, 이어서 조선의 풍속과 학문은 오히려 중화의 서적을 통해 간접적으로 충

---

18) 그는 木下[기노시타] 문하의 수제로 교토 사람이다. 이름은 東, 일명 誠淸이다. 자는 伯陽, 호는 芳洲 또는 橘窓라고도 하였다. 그는 아들을 소라이에게 배우도록 할 정도로 오규우 소라이를 존경하였다. 대마도의 藩儒가 되어 통신사를 직접 전대하고 통신사에 참여한 문사와 교류하였다. 중국어와 조선어를 할 줄 알았기 때문에 통신사들과 가장 많은 교류를 한 인물이다. 이 점은 이노구치 아츠시 저, 심경호·한예원 역,『일본한문학사』, 소명출판, 2000, 307~309면 참조.

19) 한일관계사학회,「조선과 일본의 풍습 차이에서 오는 오해」,『譯註 交隣提醒』, 국학자료원, 2001, 35~36면 참조.

분히 알 수 있다고 적었다. 그의 이러한 지적은 당시 조선조 학예계의 편향성과 지나친 중화 편향의 자세를 비판적으로 언급한 것이거니와, 이 역시 밖에서 본 한국 연구가 가능한 지점이다. 베트남의 연행록 역시 이러한 시각에서 연구할 수 있다.

요컨대 전근대 동아시아의 역사적 시·공간에서 산생된 한문 기록은 일국적 시각으로 접근하기보다 동아시아의 시각으로 쌍방향에서 연구하고 분석할 때 자료가 담고 있는 의미와 가치에 접근할 수 있겠다, 이때 필요한 것이 바로 동아시아적 인식과 일국 너머의 시각임은 물론이다. 그런 점에서 전근대 동아시아 각국의 교통을 기록한 사행록은 일국의 시각이 아니라 동아시아 고전학의 관점에서 논의할 필요가 있다. 동아시아 고전학의 시각은 일국적 인식의 틀로 경계지워진 기존의 관념을 흔들고, 새로운 방법으로 그 의미를 모색하는 새로운 방법론의 하나로 작동할 수 있을 것이기 때문이다.

참고문헌

洪大容, 『湛軒書』

復旦大學文史硏究院 · 漢喃硏究院 合編, 『越南漢文燕行文獻集成』, 復旦
大學出版社, 2010.

黃潤華 · 薛英 編, 『國家圖書館藏流球資料匯編』, 北京圖書館出版社,
2003.

미야지마 히로시 지음, 『일본의 역사관을 비판한다』, 창비, 2013.

박희병, 『한국의 생태사상』, 돌베개, 1999.

王廣義 · 李奇奇, 「朝鮮燕行使者眼中的淸代中國東北地區形象」, 『중국사
연구』 75, 중국사학회, 2011.

이노구치 아츠시 저, 심경호 · 한예원 역, 『일본한문학사』, 소명출판, 2000.

이성시, 「일본 역사학계의 동아시아 세계론에 대한 재검토 – 한국학계와의
대화로부터」, 『역사학보』 제216집, 2012.

진재교, 「韓國漢文學 硏究와 '東아시아' – 동아시아 한문학의 가능성」, 『한
문학보』 제27집, 2012.

_____, 「'燕行錄'과 知識 · 情報 – 지식 · 정보의 수집과 기록방식」, 『대동
문화연구』 제97집, 2017.

한일관계사학회, 「조선과 일본의 풍습 차이에서 오는 오해」, 『譯註 交隣提
醒』, 국학자료원, 2001.

동아시아 한자문화권에서 공유하는 글쓰기의 전통[*]

Shared Literary Heritage in the East Asian Sinographic Sphere

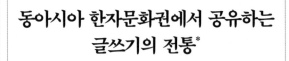

뷥케 데네케(Wiebke Denecke)

1. 무엇이 문제인가?

20세기는 말할 필요도 없이 역사의 중요한 변곡점이었다. 전통적인 다민족 제국의 종말과 그에 이어진 공업화된 전면전쟁, 미디어의 혁신 그리고 '근대성'의 등장은 인류의 역사에서 미증유의 현상으로 여겨진다. 그렇지만 돌이킬 수 없는 하나의 전환점이 거의 주목받지 못하고 있다. 그것은 동아시아의 권위있는 공용어(lingua franca)였던 한자의 죽음이니 곧 한자와 한문 글쓰기에 전통적으로 의존하였던 중국, 한국, 일본 그리고 베트남을 포괄하는 이른바 '한자문화권'이 종말을 고하였던 것이다. 한자의 죽음은 인류 문화사에서 엄청나게 큰 사건이었는데, 이는 거의 이천 년 동안 독특한 글쓰기 문화를 번성케 했던, 전적으로 표의(表意)문자[1] 중심인 문화권이 세상에서 끝내 사라지고 말았다는 것을 의미한다. 인류의 글쓰기는 표의문자를 통해 시작되었다. 이집트의 상형문자, 메소포타미아의 쐐기문자, 중국의 한자 그리고 메소아메리카의 상형문자가 바로 그것들이다. 그러나 그것들은 오래 전에 사멸하여 표음문자에 의해 대체되었는데 한자만은 예외였다. 중국 제국이 행사했던 지역적 패권으로 인해 주변의 여러 나라들은 기원후 천 년간 중국의 문화와 문자를 받아들였다. 물론 일본,

---

*   이 논문은 뷥케 데네케(Wiebke Denecke), 리웨이이(Wai-Yee Li), 티엔샤오페이(Tian Xiaofei)가 공동 집필하여 2017년에 출판된 『옥스포드 한문학 핸드북(기원전 1000-기원후 900)』(원제: The Oxford Handbook of Classical Chinese Literature (1000 BCE-900 CE))의 한 챕터이다. 한글 번역은 옥스포드 대학 출판부의 승인을 받았다. 이 챕터를 쓸 때 자신의 베트남 전문 지식을 기여해준 응우엔남(阮南)에게 감사를 표한다.
1)   표의문자는 '단어의 의미'를 기록하는 체계로서, 표음적 성격의 알파벳이나 여타의 음운체계가 '음가(音價)'를 기록하는 것과 대비된다.

베트남 그리고 한국은 그 다음 천년(약 10세기)의 바로 직전 혹은 도중에 그들만의 표음문자를 발달시켜 지역의 토착어 문학을 개화시켰고, 베트남에서는 한자를 전면 폐기하였으며 한국도 점차 그렇게 되어가고 있다. 그렇지만 한문은 20세기까지도 정부와 학문, 불교 그리고 세련된 고급 문학의 언어로 기능하였다.

20세기 이전에 동아시아는 '한자'와 '지역의 토착어' 두 가지 언어를 활용하는 '이중언어(biliterate)'[2] 상태였다. 20세기 초기에 자국어 운동은 서구의 '민족국가', '국어' 사상에 의해 추동된 개혁가 또는 혁명가들에 의해 주도되었는데, 이러한 사상은 동아시아의 오래된 공용어를 효과적으로 몰아내어 21세기 초기에는 한문의 역사적 의미가 이 지역에서 거의 망각되고 말았다. 오늘날 일본, 베트남, 한국의 학교 교육과정이나 대중의 의식은 그들의 고유어에 의한 문학 작품만을 진정한 민족적 문학 전통으로 기리고 있으며, 단지 한 세기 전만 해도 교육과 문필 생활의 중심에 자리하고 있던 과반수의 한문식 어휘의 구사를 어딘지 이국적이고 난해한 외국어의 유산으로 여기는 경향이 있다. 이러한 민족 문학에 대해 근대주의자들이 가진 신화는 개별 역사 전통 뿐 아니라 동아시아 전체의 역사에 비추어 보아도 사실이 아니다. 그리고 이로 인해 동아시아 전역에서 분열이 조장되고 있는데, 이 분열은 전쟁, 일본 제국주의의 침략, 식민지 착취에 대한 고통스런 기억의 지속과 더욱 최근의 경제적 군사적 경쟁 등으로 이어졌고 이는 오늘날 미디어들에 의해 대단히 부정적으로 각인되고 있다.

20세기 초기 언어근대화론자들은 그들의 애국적 열정과 민족의 구

---

2)   Denecke, Wiebke(2014a), p.45~56.

원에 대한 갈망으로 인해 한문 공용어가 얼마나 독특하고 편리한 것이었는지를 거의 깨닫지 못했다. 오늘날 동아시아 문화에 있어서 한문이 그 중심에 있다고 인정하게 되면 일본인, 한국인, 베트남인들에게 중국 패권주의의 악령을 떠올리게 할 수 있다. 이는 특히 중국이 지난 수십여 년을 통해 세계무대에 정치적 경제적으로 급부상했다는 점을 상기할 때 더욱 그러하다. 그렇지만 한문이 소멸되고 새로운 공용어로서 글로벌 앵글로 아메리칸(영어)으로 대체되는 것이 이 지역의 정치와 문화에 있어 더 긍정적인 함의를 지니겠는가?

이 글은 동아시아 한자문화권의 특징과 의미에 대한 개요를 제시하고자 한다. 먼저 이 개념의 유용성에 대해 탐색하고, 문화 접촉의 경로들과 이 지역의 공유된 물질문화적 특성에 대해 논할 것이다. 그리고 중국의 텍스트 유산을 지역적 맥락으로 적용하기 위해 어떤 전략들이 쓰였는지, 그것들은 어떻게 해서 서로 다르면서도 공유하는 독특한 글쓰기 문화로 귀결될 수 있었는지를 설명할 것이다.

'한자문화권'이라는 개념은 동아시아를 표의문자와 텍스트 유산을 통해 설명한다. 표의문자(한자)로 인해 어떠한 문화적 현상이 일어나게 되었는가? 동아시아 이중언어 체계의 성격과 특징은 무엇인가? (기원후 2세기에 소멸한 쐐기문자 다음으로) 세계에서 가장 마지막까지 존재하던 초국가적 표의문자의 '세계'가 사라졌다는 것은 무엇을 뜻하는가? 그리고 우리는 어떻게 동아시아 이중언어의 기억을 대중의 의식으로 되살리고, 그것을 오늘날 동아시아의 지역적 정체성을 공유하는데 활용할 수 있을 것인가? 비록 이러한 질문들, 특히 바로 앞의 두 가지에 대한 개략적 논의는 이 글의 범위를 넘어서는 것이지만, 이는 이 장에서 탐구하고 있는 것과 이 핸드북에서 다루는 동아시아 한문 문학이 지닌 중요한 함의의 지평선을 확인시켜 줄 것이다.

이 글은 한자문화권에서 공유하고 있는 글쓰기 전통에 대해 설명하는 것을 목표로 하고 있는데, 공간적으로 현존하고 있는 국가들 즉 한국, 일본 그리고 베트남에 초점을 맞추고자 한다. 기원후 첫 천 년에 초점을 맞추겠지만 때때로는 이 핸드북의 시간 범위를 넘어서는 지점에 대해서도 논의할 때가 있을 것이다. 특히 한국과 베트남을 다룰 때 그러한데, 이는 이와 관련된 이른 시기의 자료가 거의 남아 있지 않기 때문이다. 한자문화권 그리고 최근 발생한 한자문화권 소멸이 갖는 의미는 장기간의 역사적 시야에서 잘 파악될 수 있을 것이므로 이러한 접근법은 타당하다고 할 수 있을 것이다.

2. 명칭의 문제

'동아시아'라는 명칭은 대체로 중화인민공화국·홍콩·중화민국·가끔은 싱가포르까지 아우르는 '대중화권', 한국, 옛 유구국을 포함하는 일본, 그리고 베트남을 지칭한다. 오늘날 서양과 동아시아의 언어들은 모두 그리스의 '아시아'에서 용어를 빌려와 이 지역을 언급하는 데에 사용한다.[3] 헤로도토스의 『역사』에 보면 아시아는, 유럽과 아프리카와 더불어 세계의 세 대륙 중 하나이다. 고대에 '아시아'라는 단어는 가장 넓게는 '외부인'으로 인식되는 페르시아 제국과 '동방'에서부터 현재의 터키 위치인 로마제국의 지방까지를 포함하였다. 이러한 폭넓은 개념은 현재까지 이어져, '21세기는 아시아의 세기이다'라

---

3)　　중. '똥야(东亚)', 일. '히가시 아지아(東アジア)', 한. 동아시아, 베. '동아(Đông Á)'

고 하는 널리 쓰이는 표현처럼 '신비스런 역사적 세력'이란 의미로 받아들여지기도 하고, 남아시아, 중앙아시아, 동남아시아 등을 지칭하는 지역적 개념을 의미하기도 한다.

이 지역을 문화적 용어로 특징짓는 개념들도 중국의 지배적인 영향력을 강조하고 있는데, '중화세계(Sinic World)'[4]나 '중화권(Sinosphere)'[5] 같은 용어가 그 예이다. 이 지역에서 서로 공유하는 유불의 종교적 전통이나 이데올로기 그리고 율령체제는 종종 동아시아의 공통성을 정의내릴 때 사용된다. '한자문화권(일. 칸지분카켄(漢字文化圈), 이하 영어 표기는 'Sinographic Sphere')'이라는 개념은 문헌과 문자에 기반한 공통성을 설명한다. 제2차 대전 이후에 활동한 역사학자 니시지마 사다오(西嶋定生)는 고대 중국을 전공하였는데, '동아시아 세계'에 대한 폭넓은 개념을 구성하며 '한자문화권'이라는 개념을 정밀하게 발전시켰다. 그는 동아시아의 주변 국가들이 한자를 수용한 것은 '상위 문명'에 대한 숭배가 아니라, 중국과의 봉건적 구조에 의해 요구되는 외교적 관계를 서신을 통해 유지하기 위한 불가피한 도구라고 보았다. 중국 문자를 수용함으로써 동아시아 각국은 중국의 정치사상, 법, 학문, 한역 불경, 그리고 무엇보다도 문학 세계에 접근할 수 있게 되었다. 한문이 지역 공용어가 됨으로써 전혀 다른 토착어를 쓰는 지역들도 서로 소통할 수 있게 되었으며, 나아가 그 방언들을 한문으로 기록할 수 있게 되었다.[6]

'한자문화권'이라는 개념은 확실히 문제가 없다고는 할 수 없으나,[7]

---

4)   Reischauer, Edwin O.(1974); Huntington, Samuel(1996).

5)   Fogel, Joshua(2009); Matisoff, James(1990)에서는 본문의 개념과 조금 다르게 쓰임.

6)   Nishijima, Sadao(1983), pp.586~594.

이 개념의 장점은 분명히 단점을 능가한다. 이 개념은 한문 글쓰기가 동아시아의 독특한 문화권을 창조하는 데에 기폭제로 작용하였음을 강조한다. 한문을 공유하는 것이 얼마나 큰 변화의 힘으로 작용하였는지를 살펴볼 수 있는 가장 좋은 방법은, 동아시아에서 한자수용이 갖는 폭넓은 함의를 살펴보는 것이다.[8]

첫째로, 한자문화권은 한문으로 기록되기도 하고 자국어로 기록되기도 하는 이중의 언어체계 전통을 만들어내었다. 이러한 이중 언어 체계는 '바이링구얼리즘(bilingualism)'이나 '다이글로시아(diglossia)'와는 다르다. 중세 유럽에서 지식인층이 자신들의 토착어 외에 라틴어로 쓰고 말하기를 배웠던 것을 지칭하는 바이링구얼리즘과는 달리, 동아시아의 엘리트는 한문을 읽거나 쓰기 위해 중국어로 말하는 법을 배울 필요는 없었다. 한자는 표의문자이기 때문에, 필요에 따라 문법적 요소를 재배치하거나 추가하고 자신의 토착어로 한자를 발음하는 방식으로 한문을 소리내어 읽는 법을 통달하기만 하면 되었다. 특히 고대 일본에서는 대륙에서 도래한 이들의 후손, 조정의 지원으로 최신 불교 교리를 공부하기 위해 대륙으로 파견되었던 극소수의 학생과 승려 이외에 중국어를 말할 수 있는 사람은 거의 없었다. 대신, 대다수의 일본인은 단일언어(monolingual) 사용자였는데, 한문을 '훈독(訓読)'이라 불리는 독서법을 통해 소리 내어 읽었다. 훈독은 한자 단어들을 일본의 어순대로 바꾸고, 일본식 발음으로 읽고, 중국어에는 없는 격(格)이나 서술어의 활용 같은 일본어의 풍부한 형태론을 더한 것이다. 보다 권위 있는 '세계적인' 언어로 쓰인 글을 비교적 지역적인 방

---

7)   Lurie, David B.(2011), pp.348~353.

8)   Denecke, Wiebke(2014b).

언으로 읽는 훈독 기법은 글쓰기 체계를 차용하는 데 있어서 어느 지역이든 거치는 '필수적인 단계'이긴 했지만,[9] 표의문자적 성격이 강한 한문은 언어와 문학의 측면에서 다양한 형태의 상호작용을 만들어 내었기에 전근대 유럽의 알파벳 문자권과는 구별되는 한자문화권만의 독특한 글쓰기 문화를 만들어 내었다. 예를 들어 공용 구어인 라틴어를 기반으로 한 중세 유럽의 바이링구얼리즘과는 대조적으로, 동아시아는 '기록방언(grapholect)' 혹은 '공용문자(scripta franca)'[10]를 공유했다. '다이글로시아'라는 표현도 '바이링구얼리즘' 만큼이나 전근대 동아시아의 상황에 적합하지 않다. 이는 일반적으로 상위 언어와 지역 방언 같은 하위 언어의 공존 현상을 말하는데, 표준 독일어와 스위스 독일어, 또는 근대 표준 아랍어와 이집트식, 수단식, 레반트식 아랍어를 예로 들 수 있다. 방언은 특정한 지역 문학 장르에서 사용되기도 하지만, 확실히 행정, 언론, 학교교육과 문학 창작에 사용되는 상위 언어에 종속된다. 그런데 이는 분명히 일본의 상황을 설명하지는 못한다.[11] 비록 한문식 글쓰기가 종합적으로는 정부, 승려, 그리고 순수문학에 쓰이는 권위 있는 '상위 언어'였지만, 특정 장르나 상황은 하위의 일본어를 권위 있고 고급스럽게 사용하도록 하였다. 예를 들어 축사(祝詞, のりと), 초기 제국의 조칙(宣命, せんみょう), 외국으로 가는 사절단의 안전한 여행을 기원하는 시, 그리고 10세기부터 시작된 격식 있는 와카(和歌)와 같은 경우가 이른바 하위의 방언을 고급스럽게 사용한 예시들인바 전근대의 일본은 다이글로시아의 모델에 적합하지 않

---

9)   Whitman, John(2011).

10)   Denecke, Wiebke(2014b), ibid., p.209.

11)   한국의 입장에서 본 '다이글로시아' 개념에 대한 문제는 King, Ross(2015) 참고.

다는 것을 보여준다.

둘째로, 표의문자로 된 글을 공유하는 것은 특별한 형태의 소통을 만들어 내었다. 서로 다른 나라의 외교사절들이 만나면, 음성 언어를 공유하지 않았기 때문에 종이 한 장을 주고받으며 '필담(筆談)'으로 대화했다. 비록 날씨나 식사에 대해 이야기할 순 없었지만, 글로 쓰면서 그들은 가장 교양 있는 수준에서 교제를 하고 상대에게 시를 써서 칭송할 수 있었다. 이 과정에서 서로 공유하고 있는 유학 경전과 문학의 전고로 가득한 시를 지으며, 자신들이 한자문화권에 속한다는 것을 확인하는 한편 서로의 차이를 경험할 수 있었다.[12] 중국 황실과 주변 국가들은 이 '상상의 공동체'에서 서로 이득을 취할 수 있었으니, 당 현종(唐玄宗, 685~762)이 752년 중국으로 온 일본의 대사 후지와라노 키요카와(藤原淸河, ~778?)에게 지어준 시에서 그 실례를 볼 수 있다. 그 시의 말미에서 일본 대사를 향한 칭찬과 중국의 문화적 영향력에 대한 찬양을 함께 녹여 "저토록 뛰어난 군자 덕분에, 왕업의 교화가 멀리 빛나리로다."[13]라고 노래하였다. 그렇지만 아이러니하게도, 키요카와는 그 시처럼 할 수가 없었다. 왜냐하면 그는 본국으로 돌아가지 못하고 여생을 중국에서 보냈기 때문이다.

단언컨대 전근대 동아시아에서 시는 보다 많은 정보를 담는 산문보다도 음성적인 면에서 또 문자적인 면에서 공용어의 역할을 수행했다. 시는 우호와 동질감을 소통할 수 있었으므로 서로 다른 문화가

---

12) 베트남의 경우는 Kelley, Liam(2003) 참고. 필담을 주고받는 것은 연관된 나라에게 상당한 국내적 충격을 가져오기도 했는데, 1764년 조선통신사가 일본으로 간 경우에서 볼 수 있다. Zhang, Bowei(2011), pp.95~148 참고.

13) "日下非殊俗, 天中嘉令朝. 念余懷義遠, 矜爾思途遙. 漲海寬秋月, 歸帆駛夕飆. 因驚彼君子, 王化遠昭昭.", 『全唐詩逸』 卷1, 1면.

만나게 되는 결정적이고 공식적인 순간, 즉 환영이나 송별 연회에서 종종 사용되었다. 이 전통적인 소통 형식의 위력은 시바 시로(柴四郎, 1852~1922)의 『가인지기우(佳人之奇遇, 아름다운 여인과의 기묘한 만남)』[14]에 서 마지막으로 한 번 더 드러났다. 이 소설에서는 국적이 다른 네 사 람(일본인, 중국인, 스페인인 그리고 아일랜드 여성)이 진보주의의 상징인 필라 델피아에서 만나 한시를 짓는 장면이 나온다. 이 다양한 국적의 일행 에게 이것 말고 소통할 방법이 있었겠는가? 그러나 당시에 '현대'정치 소설로 여겨지는 책에서 한시를 드러내놓고 사용하는데 대해 비판을 면할 수 없었다.[15]

앞으로 살펴보겠지만 공유된 한문 글쓰기는 또한 동아시아에 독특 한 텍스트 환류와 해석 방식을 생산해냈다. 동아시아 각국을 순환하 는 중국어와 한문은 충분한 교양을 갖춘 어떠한 개인에게나 읽혀지 고 이해되었다. 설령 한문이 궁극적으로 일본어, 중국어 또는 베트남 어로 소리내어져서 상호 말하기로서 이해가 되지 않았더라도 말이다. 표음문자를 쓰는 단일언어 문화에서는 토착어로 한자를 읽는 것이 일 반적인 언어 훈련이었기 때문에 번역이 필요 없었다. 근세 초기에 이 르러 한문을 토착어로 완전히 번역하거나 활용하는 것이 일반화되었 을 때, 이것은 여성, 일반 대중, 아이들에게 한문 서적을 보급하는 자 국어화(vernacularization) 과정의 일부였다.

동아시아에서 문화를 넘나드는 교류와 텍스트 문화의 모든 특이성 은 궁극적으로 표의문자 쓰기 방식의 위력에 기반하고 있었으며, 동 아시아의 독특한 문화권 즉 한자문화권이라는 명명을 더욱 의미 있게

---

14) 량치차오(梁啓超, 1873~1929)에 의해 중국어로, 판 추 쩐(潘周楨)에 의해 베트남어로 번역됨.
15) Sakaki, Atsuko(2006), pp.156~176.

해준다. 쉘던 폴록(Sheldon Pollock)의 '산스크리트 코스모폴리스' 모델과 그것의 자국화 개념에 기반하고 있는 '한문 코스모폴리스'라는 개념[16]이 최근 제기되어 흥미롭기는 하지만 이 개념을 동아시아에 적용하는 것은 적합하지 않은데, 그 이유는 남아시아의 경우 글쓰기의 중요성이 결여되어 있었고, 일본에서는 특히 고대와 중세에 있어서 온전한 의미의 세계주의(cosmopolitanism)가 결여되어 있었기 때문이다.[17] 중국 내에서 외국의 고유명사나 외래어를 한자 자체의 의미가 아니라 음을 차용하여 표기하는 것처럼 한자는 분명히 표음문자로 사용될 수 있었다. 그러나 동아시아의 공통성을 만들어낸 것은 한자의 표의문자적 사용이었고, 한자를 단순화하여 표음문자적으로 사용하는 음절문자적 발전은 결과적으로 토착어 글쓰기의 생성과 지역적 차이를 만들어 내었다.

3. 경로

'정복과 식민화'가 고대 유럽에서 그리스화(Hellenization)와 로마화(Romanization)를 추동하였고, 이후 대항해시대부터 제국주의 시대를 통해 유럽화와 서구화를 견인하였지만, 동아시아에서는 그것이 중국화(Sinicization)의 주된 기폭제가 아니었다.[18] 일본 열도는 한 번도 정

---

16) Pollock, Sheldon(2006).

17) King, Ross(2020).

18) 『옥스포드 한문학 핸드북』, Chapter 31(Colonization, Sinicization, and the Polyscriptic Northwest) 참고.

복당하거나 식민화된 적이 없었다. 오늘날 한국과 베트남 영토의 일부가 한(漢) 대에 식민화된 적은 있었으나, 삼국시대부터 조선 시대에 이르기까지 한반도에서 중국의 문화를 가장 집중적으로 도입했던 시기는 중국의 직접적인 압제 하에 있던 때가 아니었다. 중국으로부터 대단히 폭력적이고 오랫동안(938년 이전 천 년 동안, 이후 명 침략기인 1407~1427년 동안) 지배를 받았던 베트남에서도 중국 문화가 가장 집중적으로 도입된 시기는 독립 왕조인 리(李, 1009~1225), 쩐(陳, 1225~1400), 그리고 응우옌(阮, 1802~1945) 왕조대였다.

그런데 중국의 제국들은 분명히 영토 확장 전쟁을 토대로 세워졌기에 동아시아에서도 군사적 충돌로 인한 결정적 시점(formative moments)들이 존재했다. 한무제(漢武帝, 기원전 141~87 재위)의 남월(南越)[19] 정복, 그리고 전설 속의 시조인 단군이 건립했다고 여겨지는 고조선(古朝鮮) 정복을 통해 한나라의 군인들, 저작물과 문화가 동아시아 각지로 유입되었다.

수와 당 왕조의 중국 재통일에 의해 추동된 두 번째 결정적 시기에서 '동아시아'의 온전한 탄생을 볼 수 있게 되었다. 즉, 중국 주변부에서 제후국들이 형성되기 시작하였으며, 동아시아 국가들 사이에 세력 균형이 공고화되어, 그 사이에 변동은 있었지만 천오백 년동안 지속되었다. 수양제(隋煬帝, 재위 604~618)가 고구려를 정복하기 위해 감행했던 처참한 시도와 고구려, 백제, 신라 삼국 간 동족상잔의 갈등은 668년 신라가 한반도 영토 대부분을 통일시키는 것으로 마무리되었다. 또 신라는 당나라 군대의 원조를 받아 두 경쟁 국가들을 물리치고

---

19) 베. 남비엣(Nam Việt). 진(秦)의 장수에 의해 건립되어 중국의 영토로 여겨지기도 한다.

나서, 한반도에 야욕을 품었던 '어제의 우방'을 축출하는 과정에서 심한 압박을 받기도 했지만 결국은 성공하였다.

　수의 중국 재통일(589)과 신라의 한반도 통일(668) 사이에 점철되었던 군사적 충돌들은 일본열도에 불안감을 유발해 중앙집권화 과정을 촉진했다. 황제를 가리키는 새로운 칭호인 '천황(天皇)'의 도입, 왜(倭) 보다는 덜 '야만적' 명칭인 '일본(日本)'의 사용, 관료 계급제의 도입, 이세 신궁에서의 아마테라스(일본 건국신화의 태양신) 숭배, 역사적 연대기를 통해 야마토 정권의 뿌리를 찾고 거기에 정통성을 부여하려는 최초의 시도 모두 약 6세기 후반에서 7세기 후반 사이에 이루어졌다. 이 시기는 또한 전근대 동아시아에서 '이주'가 중국 문화의 전파에 결정적 역할을 했던 예외적인 순간이기도 하다. 물론 선사시대부터 일본과 한반도 사이에는 긴밀한 교류가 있었다는 풍부한 증거들이 존재한다. 그러나 대륙으로부터 한국을 통해 일본으로 흘러간 문화의 유입이 어떤 매개체를 통해, 어느 정도의 범위로, 구체적으로는 이주민을 통해 어떤 기술이 어느 정도 전파되었는지는 여전히 정확히 알기 어렵다. 그러나 확실한 것은, 663년 신라가 백제를 점령하면서 지식인들이 일본으로 망명하였고, 이 덕분에 대륙의 문필가와 기술자들의 전문 지식이 유입되어 혜택을 받게 되었다는 것이다. 아마 8세기의 일본 관료들 가운데 삼분의 일 가량은 그 뿌리를 한국에서 찾을 수 있을 것이다.[20] 근대 이전에는, 이런 종류의 결정적 이주(formative migration)를 동아시아에서 찾아보기 어려웠다. 그러나 17세기 베트남 같은 경우에는 중국 이주민들이 대거로 유입되는 상황을 마주하게 되

---

20)　Farris, William W.(1998), p.121.

었다. 그들은 '밍흐엉(明香, 明鄕)' 이라는 중국계 베트남인 디아스포라 공동체를 구성하였고, 이후 19세기 베트남 외교사절단의 주류를 차지하게 되었다.[21]

수와 당의 한반도에 대한 야욕은 실현되지 않았지만, 7세기경 이 지역의 군사적 긴장은 중국문화의 비약적인 확산으로 이어졌고, 중국문화 관습의 창조적 적용을 통해 번성하는 국가간 체제로서의 동아시아가 출현하였다. 동아시아 형성의 세 번째 결정적인 시기에서 이러한 균형이 1590년대 도요토미 히데요시(豊臣秀吉, 약 1536~1598)의 한국 침략으로 완전히 틀어졌는데, 그는 중국에 도달하여 동아시아의 질서를 뒤엎고자 하였다. 이 질서는 이후 동아시아의 네 번째 결정적 시기에서 해체되었다. 1895년 청일전쟁에서 중국에 대한 일본의 승리는 중국과 그 제후국들 사이의 천 년간 지속된 오래된 힘의 균형을 뒤집었고 돌연 일본을 패권국가로 나아가게 했다. 그리고 우리는 여전히 동아시아의 세력 균형이 근본적으로 재형성되고 있는 순간에 살고 있다.

동아시아에서 중국 문화가 확산되고 제후국가의 형성을 촉진했던 주된 요인은 정복, 식민화, 또는 이주가 아니라 책봉조공체제 내의 외교였다. 서기 500년경부터 제후국에서 새로운 지도자가 등장하면 영광스런 책봉을 받는 댓가로 중국 왕조에 공물과 사신단을 파견했다. 국서(國書)를 통해 중국과 적절한 외교 의례를 수행하는 능력인 '외교적 글쓰기'[22]는 중국과의 협상 관계를 유지하기 위한 빼놓을 수 없는 전제조건이었다. 이것은 또한 신흥 제후국들의 자국 내 글쓰기도 활

21)   Whitmore, John K.(1996), p.223.

22)   Wang, Zhenping(2005), pp.139~179.

성화시켰다. 일본에 불교와 중국식 국가체제를 도입한 상징적인 선구자 쇼토쿠 태자에 대하여 10세기에 나온 성인(聖人) 전기『성덕태자전략(聖德太子伝略)』에서는 그가 수나라 황제에게 보내는 외교 서신의 초안을 작성하고 외국인 사절단을 위한 시 연회를 개최하는 모습이 그려지고 있다.『삼국사기』(1145)에서는 문무왕(文武王, 재위 661~681)이 뛰어난 문관이었던 강수(強首, ~692)의 능력을 칭찬하는 내용이 보이는데, 강수는 7세기의 격렬한 군사적 긴장 속에서 삼한통일을 위해 당나라와 어려운 외교 협상을 했던 인물이다.

> 강수는 문필의 역할을 도맡아 우리의 의도를 서신에 담아 중국, 고구려, 백제에 전달하고 성공적으로 우호적 관계를 맺었다. 우리 선왕께서 당나라의 군사 원조를 받아 고구려와 백제를 평정하셨으나, 이 군사적 성취는 또한 강수의 문장 능력에 바탕한 것이었다.[23]

문학적 능력과 외교적 글쓰기의 힘은 군사력에 견줄 만했던 것이다.
일반적으로 동아시아에서 중국식으로 국가체제를 설립하는 수단들은 중앙집권화를 목적으로 한 것이었다. 중앙 행정 조직을 만들고, 군주를 위한 권위 있는 호칭을 도입하고, 행정 기록을 보관하고, 신생국의 민족의식을 표현하는 왕실 역사를 편찬하였다. 그리고 일상적인 궁중 생활에서의 중국식 복식, 연호 그리고 역법 등이 채택되고 약간씩 변형되었다. 율령을 반포하고, 불교를 포교하였으며, 조세 납부와

---

23) 『삼국사기』卷46, 429면.

군사 징병을 위한 지방 행정구역체계, 기반시설, 호적 제도를 통해 지방을 중앙과 연결하였다.

이러한 것들이 중국의 직접적 영향이라고 확대해석하지 않는 것이 중요하다. 왜냐하면 중국 주변국들 사이의 상호작용이 그들의 중국문화 수용만큼이나 똑같이 중요했기 때문이다. 예를 들어 고구려는 중국 왕조와 복잡다단한 관계에 있었지만 신라보다 몇 세기 앞서서 중국문화의 일부를 수용하였다. 당시 신라는 한반도 남동쪽 구석에 있었다. 실제로 고구려와 백제는 모두 신라의 서쪽 이웃으로 대륙을 마주하고 있었기에, 6세기 전반까지는 아직 문장에 많이 서툴렀던 신라가 중국식 외교 서신을 다룰 수 있도록 도와주었던 것으로 보인다. 이때 신라는 급속히 중국식 정치체제를 발전시켰다. 이는 삼국이 일본에 끼친 영향에 있어서도 마찬가지이다. 불교의 교리, 수행, 조형문화 그리고 기록 문화, 주석하는 방법, 유교식 교육 등에 있어서 일본에 끼친 삼국의 영향력은 대단히 광범위했지만 아직 전면적으로 조명되고 있지는 않다.[24)]

4. 사용 전략

역설적이게도 중국 문화는 주변국에서 강하게 토착화되어 각 지역의 사회정치적, 실용적 그리고 미적 요구에 따라 적용되었기 때문에 비로소 동아시아가 공유하는 유산이 될 수 있었다. 한문 글쓰기 문화

---

24)　Farris, William W.(1998), ibid., chapter 2; Como, Michael(2008).

가 토착화되는 데에는 특별히 중요한 두 가지 요소가 있었다. 첫째는 한문을 읽고 소화할 수 있게 해주는 읽고 쓰는 방법의 발달이고, 둘째는 지도층의 사회적 지위 또는 정부의 관직을 부여하기도 하는 특권적 교육을 제공하는 유학교육기관의 설립이다.

한자문화권에서 한문 글쓰기가 갖는 통합력은 한문 글쓰기에 의지하고 있는 다른 언어들과 한문의 극명한 차이에서 발견된다. 한문은 대체로 단음절의 고립어로 주술목(SVO) 구조의 어순을 가지고 있으며 형태 변화나 접사는 거의 보이지 않는다. (베트남어도 한문과 마찬가지다.) 이와 반대로 일본어와 한국어는 교착어로서 언어학적 스펙트럼의 반대편 끝에 위치해 있다. 그래서 단어와 형태소는 대개 다음절이고, 동사와 형용사는 활용이 풍부하고 다양한 접사가 따른다. 또한 목적어는 술어의 앞에 있고(SOV), 조사는 문법적 역할을 표현하기 위해 필수적이다.

이와 같이 공유된 글쓰기와 극단적으로 다른 문법구조들 사이의 괴리는, 특히 한국과 일본에서 한문을 읽고 쓰던 초기의 사람들에게 거대한 도전이었다. 이 과제에 대한 응전으로 훈독 기법이 개발되었다. 훈독은 한문을 각 지역 토착어의 문법구조와 발음에 맞게 변용할 수 있게 하였고, 이후에는 (이 점이 굉장히 중요하다) 오히려 반대로 한문의 문법에 맞게 글을 지을 수 있게 하여 동아시아의 공용 문자권에 포함되고 한자문화권 내의 모두에게 계속 읽힐 수 있도록 하였다. 일본이 가장 광범하고 지속적이며 체계화된 훈독법을 발전시켰기 때문에 일본의 사례를 들어 그 과정을 설명하고자 한다. 일본에서 한문을 읽을 때 사용된 가장 보편적인 방법은 '쿤도쿠(訓読훈독)' 또는 '(일본식)현토로 읽기'였다.[25] 중국 주석가들이 고대의 단어에 당대의 언어로 주석(쑨구, 訓詁훈고)을 달았다면, 일본식 읽기는 한문의 구절을 일본식 문법구조와 발음으로 음성화시켰다. 예를 들어 현대 중국어에선, 『논어』의 유명한 첫 구절을 '쒸에얼스쓰즈, 부이유에후'(學而時習之, 不亦說乎? 배우고 또 때때로 배운 그것을 익히면, 기쁘지 않겠는가?)로 읽는다. 일본어로는 위의 문장을, 시대와 문맥에 따라 방식이 다르겠지만, 예를 들면 '마나비테 토키니 코레오 나라우, 마타 요로코바시카라주야'와 같이 읽는다.

쿤도쿠를 통해 한문 문장을 (일본식으로) 발음할 때에는 세 단계의 절차를 거친다. 첫째로, 한자와 일본 단어를 대응시킨다. (예. 習 '익히다'와 일본어 '나라우') 둘째로, 구절을 일본식 어순으로 재배치한다. (예. 목적어와 술어의 도치. 習(익히다)之(배운 그것)를 일본어 '코레'(배운 그것) '나라우'(익히다)로 도치.) 셋째로, 접미사나 조사를 더한다. (예. 목적격조사 '오'를 넣어 '코레오 나라우'(배운 그것'을' 익히다)로.)

일본어에서 가장 초기의 훈점(訓点, 쿤뗀)은 중국의 성점(声点, 쇼뗀)을 더 확장해서 사용한 것으로 8세기 후반에 등장하는데, 목적어와 술어의 도치와 같은 훈독 방식의 문법적 재배치의 증거는 7세기 목간에서 이미 발견된다. 최근의 연구는 훈독의 관행이 한국을 통해 일본으로 전해진 것이라고 한다. 구체적으로 예를 들어 붓의 반대쪽 끝과 같은 뾰족한 것으로 텍스트에 표시를 하는 각필구결(角筆口訣)은 한국에서 기원했다고 보이는데, 나라 시기 일본에서 유행한 화엄종(華嚴宗, 중. 후아얀, 일. 케곤)과 관련된 문서에 종종 나타난다.[26] 한문을 짓기 위해 작가들은 '역훈독'을 사용했는데, 문법적 기호는 생략하고 한문의 어순에 따라 텍스트를 생산하였다. 한자를 활용하기에 생기는 일본식 읽고 쓰기의 비상한 효율성은 20세기 초 일본으로 유학 간 여러 중국인

---

25)   Kin, Bunkyō(2010): Lurie, David B.(2011), ibid., chapter 4.

26)   Lurie, David B.(2011), ibid., pp.195~202.

들에게서 최종적으로 극대화되었다. 량치차오는 그의 동포들이 현대 일본어를 더 빨리 습득하여 풍부한 서구 저작의 번역문을 접하도록 돕기 위해 쿤도쿠 사용법에 대한 논문을 썼다. 이 방법은 직접 유럽의 언어를 배우는 것보다 훨씬 효율적이었다.[27]

한국어와 일본어는 문법이 유사하기 때문에, 내륙에서 개발된 훈독 기법이 일본에서 대단히 성공적으로 쓰였다. 일본에서 쿤도쿠는 한문을 읽기 위한 유일한 방법은 아니었지만, 다른 방법들보다 압도적으로 많이 사용되었고 그 방식도 전근대 시기를 통해 대체로 변하지 않았다. 한편 전근대 시기 한국에서는 여러 가지 읽고 쓰는 기법이 개발되었다.[28] 비교적 단순한 중국과 일본의 음절체계와는 대조적으로 한국어는 자음군이 복잡하기 때문에 문장을 짓는 사람들은 한자를 이용한 표음기호들로 한국어를 표현하는데 훨씬 더 큰 어려움과 마주하였다. 또 중국 문화에 직접적으로 노출되고 중국 문화의 권위가 높았기 때문에 한국식 글쓰기 방식은 그 역사가 오래 지속될 수 없었다.[29] 향찰(鄕札, '지방의 문자')은 한국어를 한자로 기록하는 가장 근본적이면서도 정확한 방법이었다. 이는 일본의 만요오가나(万葉仮名)와 비슷한데, 한자를 음성 기호처럼 써서 문장을 발음대로 기록하고, 여기에 덧붙여 의미적으로 사용되는 한자도 함께 사용하였다. 우리가 신라시대 자료에서 파악할 수 있는 것보다는 향찰이 아마 훨씬 널리 사용되었겠지만, 삼국시대 통일신라 그리고 고려 초기에 기록된 25곡의 향가(鄕歌, '현지 또는 지방의 노래')의 기록으로만 남았고, 그 이후에는 사라졌다.

---

27) Kin, Bunkyō(2010), ibid., pp.82~86.

28) 『옥스포드 한문학 핸드북』, Chapter 34(Sino-Korean Literature) 참고.

29) Lee, Iksop, and Ramsey, Robert(2000), pp.44~60.

이와 대조적으로 한국어를 글로 기록하는 가장 수동적인 방법은 한문으로 쓰면서 '구결'(또는 토吐)이라고 하는 읽기 기호를 삽입하는 것이었다. 구결은 한자를 작게 혹은 간략하게 쓴 부호인데, 어순의 변화나 문장성분 또는 어미를 표시한다. 쿤도쿠나 쿤텐과 비슷하며 훈독 기호를 통해 한문을 한국어로 바꿀 수 있게 한다.[30] 이 훈독 기호는 가타카나의 쓰임과 비슷하다. 양극단에 위치한 향찰과 구결을 포괄하는 이두(吏讀)는 모든 종류의 글쓰기 방식을 표현할 수 있는데 어순, 접사, 조사 등을 통해 다양한 수준의 토착화를 보여준다. 그러므로 이는 글쓴이의 능력이나 사상적, 포괄적 선택에 좌우된다. 이두는 주로 실용적인 행정 문건에 사용되었으며 19세기까지도 널리 쓰였다.

학자들은 훈독의 쓰임새를 개념화하기 위해 고심해왔다. 비록 가끔은 일종의 번역으로 묘사되기도 했지만 쿤도쿠는 관습적인 의미에서 번역이 아니다. 왜냐하면 단 하나의 텍스트(원텍스트도 아니고 번역된 텍스트도 아니다)만이 존재하기 때문이다. 또한 전근대 일본인들은 대부분 단일 언어를 사용하고 있었으면서도 한문을 외국어로 인식하지 않았다. 쿤도쿠는 다만 일본 국내에서 통용되는 문필 훈련의 일환인 읽고 쓰는 방법 중 하나였을 뿐이다.

공유된 글쓰기 그리고 훈독과 쓰기 기법 외에도 전범이 되는 중국 텍스트에 대한 철저한 교육은 동아시아에서 공통성을 창출해 내었다. 여기서 전근대 동아시아의 다양한 공립·사립 교육기관의 복잡한 역사를 파고들기에는 지면이 부족하다. 다만 여기서 말할 수 있는 것은, 학생 신상, 교육과정, 시험 절차, 교육분야 등에 대해 자세한 조직

---

30)   Whitman, John(2011), ibid.

적 규정을 두었던 동아시아의 엘리트 공교육은 개인들에 기반하고 규정되지 않으며 애매한 체제였던 고대 서양의 교육과 확연히 구분된다는 점이다.[31] 로마의 교육에 대해 우리에게 광대한 자료를 제공하는 스페인 출신의 수사학자 낀띨리안(Quintilian, 약 35~100)은 로마의 교육을 다음과 같이 정의한다. 읽고 쓰는 법 익히기, 문법과 문학·지리·천문·음악과 논리의 원리 그리고 이러한 포괄적인 교육의 궁극적 목표라 할 수 있는 수사학과 철학의 탐구가 바로 그것이다. 그러나 특히나 교육이 개인적으로 이루어졌기 때문에 고대 그리스-로마 교육의 구체적인 성격, 궤적, 내용 등은 현재 전하는 자료를 통해서는 설명하기 어렵다. 또 고대 동아시아와 로마의 교육자 신분은 서로 크게 달랐다. 로마에서는 2개 국어를 구사하는 그리스의 노예와 노예에서 해방된 사람들[32]이 엘리트 계층 남자들에게 그리스어와 라틴 문자를 가르쳤다. 만약 동아시아 국가의 교육기관에서 중국 노예들이 교육자 역할을 했다고 상상하면 터무니없게 느껴질 것이다. 전체 로마제국 판도 내의 사람들은 정기적으로 그리스어를 말하는 지역으로 보내져 훈련의 일부를 마쳤는데 이는 동아시아에서 변방 국가 출신의 학생들과 승려들이 중국으로 파견되어 유학을 하였던 것과 유사한 면이 있다. 하지만 동아시아에서는 그 수는 상대적으로 적었다. 고대 동아시아에서 가장 예외적인 '외주 교육'의 예는 아마도 신라일 것인데, 신라에서는 왕족까지도 중국에 유학을 보냈다. 신라는 만당시기에 가장 많은 수의 유학생을 파견했는데, 88명의 신라인이 9세기에 당나라 과거시험에 합격하였다. 그 가운데엔 바로 빛나는 천재인 최치원(857~?)도

---

31) Denecke, Wiebke(2014a), ibid., chapter 1.

32) 역설적이게도 그들은 사회적 지위는 낮으나 교양 수준은 높은 층이었다.

있었다.[33]

유학 교육 기관의 설립은 후대 사료에서 문명화 과정의 상징적인 순간으로 언급된다. 고구려는 372년에 처음 태학을 설립한 것으로 추정되는데, 이 해에 처음으로 승려가 고구려에 왔다. 백제는 6세기경에 역사, 행정, 의학, 점술에 관한 저술을 아우르는 융성한 글쓰기 문화를 가졌던 것으로 보인다.[34] 신라는 682년에 처음으로 국학을 설립하였다.(공장부(工匠府)와 채전(彩典)을 함께 설치하였다.)[35] 이와 거의 동시에 일본에서는 701년에 반포된 다이호 율령에서 처음 규정했던 대로 교육 기관이 설립되었다. 베트남의 첫 제국 학교는 1076년에 설립되었다. 시대와 국가에 따라 수학과 법률, 서예 등의 전문 과정도 개설되었지만, 이러한 교육 기관의 핵심 내용은 유교 경전, 역사서, 『문선』과 같은 심미적인 순수문학을 배우는 것이었다. 이는 신라 교육과정의 일부였는데,[36] 여기에 중국 최초의 3대 정사(正史)를 더한 것이 일본 기덴도(紀傳道)[37]의 핵심이었다. 이러한 교육은 9세기에 큰 인기를 얻어 헤이안 시대 문신의 대부분은 이를 통해 양성되었다. 『문선』과 사서에 정통한 그들의 지식은 행정적이고 의례적인 산문에 대한 폭넓은 구사력과, 중국 고사의 전형, 윤리적 전범, 그리고 유용한 문학적 어휘를 갖추게 해주었다. 현존하는 가장 이른 시기의 일본 시문선

---

33) Holcombe, Charles(2011), p.113; 『옥스포드 한문학 핸드북』, Chapter 34 참고.

34) 『隋書』 卷81, 1818면.

35) 『삼국사기』 卷8, 80면; "6월에 국학(國學)을 세우고 경(卿) 1인을 두었다. 또 공장부감(工匠府監) 1인과 채전감(彩典監) 1인을 두었다."

36) 『삼국사기』 卷38, 366~367면.

37) 중국 최초의 3대 정사(『사기史記』, 『한서漢書』, 『후한서後漢書』)와 『문선』과 한시를 배우는 교육과정.

인 『카이후우소오(懷風藻, 751)』는 『문선』의 서문에 따라 서문을 구성하였고, 헤이안의 문학은 『문선』에서 따온 인용문들로 점철되어 있었다. 이 선집의 위상은 너무도 상징적이었기에 일본, 한국, 베트남의 학자들은 각 지역의 한문 전통에 따라 지어진 문장들을 모은 그들만의 『문선』을 제작하기에 이르렀다. 후지와라 아키하라의 『혼죠문주이(本朝文粹)』, 서거정의 『동문선(東文選)』, 부이 후이 빗(裴輝璧)의 『호앙비엣 반뚜옌(皇越文選)』 등이 그것이다.[38]

동아시아의 교육기관은 시험제도와 연계되어 있었다. 중국으로 건너온 근대 초기의 유럽 선교사들은 정부가 운영하는 시험 제도와 관료의 채용이 연결되어 있다는 사실에 대단히 놀라워했다. 개인의 능력을 신분적 배경보다 중시하여 드라마틱한 사회적 유동성이 허용될 수 있다는 사회체제에 대한 이념은 전제군주제의 학정에 시달리던 동시대의 유럽인들에게 매우 매력적이었다. 물론 학교 교육에 접근할 수 있는 기회는 대개 특정 계급이나 가문 출신의 아이들에게만 허용되었다. 또 근래의 연구는 이런 제도의 사회적 유동성에 한계가 있었다는 점을 밝혀내기도 했다. 그러나 원칙과 이념적 수사의 차원에서는 도덕적이고 학구적인 가치에 대해 보상하는 제도들이 존재했다는 점은 인정할 필요가 있다.

다시 말하지만, 여러 동아시아 국가에서 행해진 시험 제도의 정확한 본질과 복잡한 전개과정을 제한된 이 지면에서 서술하기란 불가능하다. 신라는 788년에 과거시험의 일종을 확립하였고, 고려는 958년에 처음 시험을 실시하였는데, 거의 1894년까지 지속되었다.[39] 베트

---

38) 『옥스포드 한문학 핸드북』, Chapter 19(Pre-Tang Anthologies and Anthologization) 참고.
39) 『옥스포드 한문학 핸드북』, Chapter 34 참고.

남은 1075년에 과거를 실시하여 1919년까지 모든 동아시아 국가 가운데 가장 오랫동안 이 제도를 고수하였다. 이때 응우옌(阮) 왕조의 까이딘(啓定) 황제는 기존의 과거제도가 "인재를 채용하는데 적합하지 않으므로" 베트남 조정은 그것을 폐지한다고 결정하였다.[40] 중국에서처럼 근세 초기의 한국과 베트남에서 치러진 과거시험은 비단 여러 사회제도 가운데 한 가지일 뿐만은 아니었다. 과거시험은 당대인의 윤리적 가치, 혼인의 정치학, 경제적 선택, 정치적 관례, 일상생활과 문학적 상상을 전면적으로 장악하고 있었다. 그리고 대중의 볼거리도 만들어냈다. 조선 시대에 정부는 최상위 합격자 세 명을 위해 공자 사당으로 향하는 행렬과 악대와 광대가 따르는 기마행렬로 성대하게 예식을 베풀어주었다. 600년이 넘는 조선 역사에서 총 14,606명이 넘는 합격자가 744차례 치러진 최고 수준의 시험(문과)에서 급제하였으니, 시험에서 성공하고 실패하는 광경은 언제나 펼쳐졌다.[41] 베트남에서는 845년간의(1075~1919) 긴 역사를 통해 과거시험은 최고 수준 시험(띠엔시進士)에 통과한 3,000여 명의 합격자를 배출하였고, 그들의 이름은 하노이에 있는 문묘의 석주에 새겨져 있다.[42]

일본에서는 과거 제도가 발달하지 않았다. 헤이안 시대 때 관청, 재상, 그리고 천황이 주관하는 세 단계로 된 시험 제도가 있기는 하였다. 그러나 귀족 가문들의 압박으로 인해, 시험에서의 성공이 관직 진출 및 정치적 성공으로 이어지지는 못했다. 학자들도 권위적인 지위를 가지고 있긴 하였다. 이러한 모습은 무라사키 시키부의 『겐지이야

---

40) *Nam phong* 17(1918): p.310.

41) Lee, Peter(2003), p.2.

42) Công, Hậu(2013).

기(源氏物語, 겐지모노가타리)』와 같이 토착어로 쓰인 작품에서 보이는 그들의 고지식함, 오만함, 그리고 성의 없는 말씨에 대한 풍자에서 분명히 드러난다. 그러나 8~9세기의 전성기 이후, 공립 교육 기관의 사회적 중요성은 계속 쇠퇴하여 심지어 12세기에 그것이 불탔을 때 재건하지 않는 수준까지 이르렀다.[43] 유력한 후지와라 가문의 공작으로 인해 유배 중 불우하게 죽게 되어, 사후에 가장 높은 품계가 내려진 유명한 스가와라노 미치자네(菅原道眞, 845~903)를 제외하고는, 학자들은 전형적으로 중간 계급이었고 계속 중간 계급으로 남았다. 교육 기관의 기능은 가문에서 운영하는 학교인 벳소(別曹)로 넘어갔고 유학 공부는 세습적인 전문직이 되었다. 나카하라 및 키요하라 가문은 경전에 특화하였고, 스가와라 및 오에 그리고 후지와라 가문의 몇 분파는 기덴도에 집중하였다.[44]

동아시아 전반에서, 유학 교육 기관과 시험 제도는 지역적 변화를 수반하는 독특한 저술 문화를 만들어냈다. 학생들과 졸업생들은 문헌적 지식과 그에 대한 주석과 주해의 전범을 공유하여 이 지식을 정치적 문제에 적용해 글로 작성하는 전략을 발전시키고, 행정 분야에 있어 높은 수준으로 능숙하게 구사하도록 교육받았다. 또한 유교 의식 특히 대개 1년에 두 번 공자를 기리는 석전(釋奠)은 학교 및 공자 사당을 궁중 및 그 정치적 이데올로기와 연결시켰다. 이미 『예기』에 규정되어 있었지만 이 의식은 육조시대에 와서야 본격적으로 시행되어 동아시아 전체에 수용되었고, 현재까지도(혹은 최근에 부활하여) 공자의 사당에서 계속 개최되고 있다. 이 예식은 독특한 지역적 특색을 담았다.

---

43)   Ury, Marian(1999), p.373.

44)   Ury, Marian(1999), ibid., pp.367~375.

일본에서의 첫 번째 석전은 701년이었다고 기록되어 있는데, 초기 일본에서는 경전 텍스트에 대한 강의와 그날 공부한 텍스트에서 뽑은 특정한 주제 문장에 관해 시를 짓는 것이 특징이었다. 이것은 시 짓기를 포함하지 않았던 것으로 보이는 동시대 당나라의 관습과는 달랐다. 그리고 심지어 육조시대의 선례와도 달랐다. 육조시대에는 시 짓기를 포함하고 있었으나, 그것들은 우리 모두 볼 수 있듯 주제 문장 없이 4언의 연절로 된 고시였다. 유학 교육 기관의 교육과정 덕분에 학생과 졸업자들은 삶에 대한 인생관을 공유하게 되었는데, 이것은 자기 수양, 순종(順從)과 간언(諫言) 모두에 대한 의무, 입신양명하지 못했다는 비탄, '때를 만나지 못했기에(士不遇)' 자신을 알아주는 주군과 후원자를 고대한다는 수사(修辭) 등이 강조되었다. 실망감, 고군분투, 등용되지 못한 오랜 기간은 세상으로부터 도피하고 은둔하려는 감정을 증폭시켰다(어쩌면 과거 합격과 입신양명에 가려진 더 큰 이면이다). 이러한 주제들은 동아시아의 한문식 문예 전통 속에서 문학적 레퍼토리의 중요한 부분이 되었다.

5. 저작 문화

1) 서적들

동아시아의 문화 간 상호교류에 가장 결정적 역할을 한 것은 의심할 여지 없이 다양한 형태의 서적들이다. 풍부한 동아시아 저작 문화의 물질적인 기반은 서적의 수입과 생산, 보존, 그리고 환류였다. 주변 국들의 문헌이 다시 중국으로 향했던 것으로 추정되는 경우도 있다.

심지어는 7세기와 8세기에 일본에서 고구려와 중국으로 전해진 쇼토쿠 태자 저작의 두 불경 해설서처럼 이른 시기의 것도 있었다.[45] 그러나 이러한 희귀한 사례를 둘러싸고 생겨나는 과도한 자부심은, 오히려 압도적 다수의 경우엔 서적의 흐름이 중국에서 주변국으로 흘렀다는 사실을 확인시켜준다. 불교 서적이든 세속적인 서적이든 중국 조정의 요청에 의해 파견된 조공 사신단에 의해 유입되거나, 승려들에 의해 유입되었다. 조선으로 오는 일본 사신단은 조선에서 '청경사(請經使, 불경을 요구하는 사절단)'라 불렸으니, 일본 정부는 대장경의 완질(完帙)을 구하려고 도합 80번이나 공식 요청을 하였다. 당대 가장 좋은 대장경 판본은 조선이 가진 것으로, 송나라와 거란의 판본을 기반으로 하여 고려에서 제작된 것(초조대장경)과 몽골족으로 인해 목판이 훼손된 이후 13세기에 다시 인쇄된 판본(재조대장경)이다.[46] 동아시아의 물품 유통 중에서 서적이 차지하는 중요성은 대단히 컸기에 중국의 학자 왕용(王勇)은 '서적로드'(書籍之路, 북로드)라는 용어를 만들어내기까지 하였다. 왕용은 주로 물질적 상품을 교역하였던 유라시아의 '실크로드'와는 구별되는 문화교류를 강조하고자 이 개념을 만들었다. 물론 서적은 물질적인 상품과 지적 매개체라는 성격을 모두 가지고 있긴 하다. 여하튼 이것은 굉장히 유용한 개념인데, 동아시아의 서적로드는 실크로드가 지녔던 상호연계성과는 다르게 거의 중국에서 주변국으로 흐르는 일방통행이었으며 서적의 '언어'는 대체로 동아시아의 공용어인 한문 한 가지였다는 점을 염두에 두긴 해야 한다.

저술 문화는 전승된 텍스트들에 의해 형성되지만, 텍스트의 손실

---

45)   Kornicki, Peter(2001), pp.306~312.

46)   Kornicki, Peter(2011), p.71.

도 같은 정도로 영향을 끼친다. 한국에서는 주기적으로 국가적 재앙이나 몽골, 일본, 그리고 만주족 등의 외침이 일어나 서적의 수장에 엄청난 손실을 입혔다. 더욱 극적인 예가 될 터인데, 베트남의 경우는 1697년 이전의 어떠한 사본이나 간본도 살아남지 못했다.[47] 15세기 학자 호앙 득 르엉(黃德良)은 전해지는 베트남 한문 텍스트가 부족한 걸 안타까워하면서, 다만 난세를 지나며 인멸됐기 때문일 뿐만 아니라 베트남 내부의 검열 때문에 또는 서적을 수집하고 후대에 전하려는 노력의 부족 때문임을 지적하였다. 그 결과 베트남 사람들은 당시(唐詩)나 언제든 복구할 수 있는 중국의 텍스트에 의지하게 되었다.

> 아! 어찌 이럴 수 있단 말인가. 건국된 지 천년도 넘는 문명국가가 자신의 문화를 증명할 글이 부족하여, 그 대신 당나라 문인들의 말만 읊조리고 있다니. 얼마나 서글프단 말인가![48]

『따이비엣통쑤(大越通史)』의 「해재」 서문에서 레 꾸이 돈(黎貴惇, 1726~1784)은 여기에다 몇 가지 이유를 더 보탰다. 그것은 중앙 도서관의 부재, 문학적 가치보다는 과거 합격에 도움을 주는 작품에 대한 과도한 집중, 그리고 책을 모으기만 할 뿐 서로 공유하거나 유통하지 않으려는 장서가들의 수집벽 등이었다.

동아시아에서 서적 손실의 원형적인 장면으로 후대의 상상력을 사로잡았던 사건은 진시황제(秦始皇帝, 기원전 221~210 재위)의 명령으로 기원전 213년에 일어난 전설적인 분서갱유(焚書坑儒)이다. 이는 서적

---

47) 『옥스포드 한문학 핸드북』, Chapter 36(Sino-Vietnamese Literature) 참고.

48) Giáp, Trần Văn(1990), pp.37~38.

보존에 있어 일본이 특출나게 성공한 것을 설명하는데 활용되는 상징이 되기도 하였다. 일본 역시 다른 나라와 마찬가지로 많은 서적이 세월의 희생물이 되거나 일부 파편으로만 전해지고 있는 것은 의심할 여지가 없다. 하지만 일본은 대륙에서 사라진 중국 서적의 '외주화된 보물창고' 노릇을 해왔다. 가장 최근에 편찬된 『일존서(佚存書, '사라진 줄 알았지만 보존된 책')』는 70권이나 되고 38,000면이 넘는다.[49] 사마광(司馬光, 1019~1086)의 「일본도가(日本刀歌)」[50]에 분명히 나타난 바와 같이 적어도 송대(宋代)부터 중국인들은 이러한 사태에 대해 분개해 왔다. 사마광의 설명에 따르면 분서갱유 이전 불사(不死)의 섬으로 파견된 서복(徐福)이 일본으로 중국 서적을 가져갔다고 한다. 그런데 일본 조정은 오랫동안 (중국에서) 사라졌던 책들을 다시 중국에 돌려주는 것을 금지하고서 값싸고 녹슨 칼로 보상하려 한다고 사마광은 애통해했다. 19세기 이후로 이러한 텍스트에 대한 재발굴, 문헌학적 연구, 그리고 재편집은 한중일 문인들이 활발하게 교류하는 원천이 되었다. 이처럼 서적이 사라졌다가 문화 간의 교류를 통해 (종종 복잡하기 짝이 없지만) 해피엔딩으로 마무리되는 스토리는 동아시아 문화사의 특징적 현상이 된다.

2) 선집, 장르 서열, 장르들

문학 선집(選集)은 동아시아에서 텍스트를 보존하는 결정적 수단이었다. 고대 그리스-로마에서 선집은 거의 만들지 않았는데 보통은

---

49) Jin, Chengyu(2012).

50) 구양수(歐陽修, 1007~1072)의 개인 문집에 수록되어있다. Jin, Chengyu(2014) 참고.

경구(警句)들에 한정적이었던 데에 반해서, 시경(詩經)이나 전범이 되는 중세 문학 모음집들은 동아시아의 풍부한 선집들의 선례가 되었다. 그리고 그들의 결과물은 공인되었건 사적이건 포괄적이건 개인적 수집이건 간에 전근대 동아시아 문학 생산의 커다란 부분을 담당하였다. 선집과 전집은 근본적으로 다르다. 다른 작가, 다른 시대, 다른 문맥들을 단일한 목소리로 직조하면서, 편집자들은 자신만의 초월적 내러티브를 만들어내며 일종의 작가가 되었다. 그들은 원문을 넘어서거나 심지어 충돌되기도 하는 편집과 배치를 통해 정치적 우주적 미학적 논제들을 표현할 수 있었다. 그것들은 일종의 '초월적 텍스트(supertexts)'이다. 이러한 점은 (동아시아 역사에서는 매우 흔한) 국가적으로 공인된 선집들을 특히나 흥미롭게 만드는데, 그 선집들은 왕실이나 국가 이념 그리고 문학적 기억에 대한 특별하게 복잡한 관계를 드러내기 때문이다.

선집이 이렇게나 성공적인 문학 형식이 될 수 있었던 한 가지 이유는 동아시아에서의 장르 스펙트럼과 장르 서열 때문이었다. 유럽의 장르 서열에서 가장 권위적이었던 서사시와 드라마는 선집의 형식과 전혀 맞지 않았다. 그러나 유럽에서 중세 이후에나 존중받게 된 짧은 서정시가 동아시아에서는 장르 서열에서 가장 꼭대기를 차지하고 있었으며 선집에 포함되는 것에도 문제가 없었다. 동아시아의 작가들은 한문 텍스트를 다양한 장르로 생산하였는데 시는 그중에서도 특히 독보적인 지위를 차지했다. 그것들은 사부(四部)라는 문헌 분류 체계에서 '경(經)'이나 '자(子)'처럼 기본적으로 동아시아의 발생 이전에 문호가 닫혀 후대 저자들은 주석을 첨가하는 형식으로밖에 공헌할 수 없었던 항목분류에서는 생산적 결과를 낼 수 없었다. '사(史)'의 분류에서는 궁중의 역사가들이 많건 적건 중국 스타일의 공식 역사서를 남졌다. 일본의『릿코쿠시(六国史)』(8~9세기 여섯 국가의 역사), 한국의『삼국사기』(주로 한국의 고대 삼국의 잃어버린 역사를 포괄한다)·『고려사』(15세기)·『조선왕조실록』(1413~1865), 베트남의『따이비엣스끼(大越史記)』(1272)와 현전하는 확장본『따이비엣스끼또안트(大越史記全書)』(1479~1697)등이 그것이다. 공식적인 역사기록과 더불어 넓은 범위의 역사서 장르들이 존재하였다. 지역적인 것, 가문과 관련된 것, 개인적인 것, 전문적인 것들, 언어 형식이 다양한 것들, 심지어 토착어로 쓰인 것 등 시기나 지역에 따라 양상이 달랐다.

동아시아의 한문으로 된 문학 작품의 대다수는 '집(集)' 분류에 배속되었다. 동아시아의 문인들은 모든 주요한 한문 장르를 산출했는데, 부(賦)에서 다양한 형식의 시(詩)까지, 변려문에서 행정적 산문까지, 그리고 종교적인 장르들 이를테면 축문(祝文)이나 제문(祭文) 등도 포괄하였다. 그러나 똑같은 장르 표시가 되어있더라도, 중국의 선례와는 다르게 발전된 지역별 구현 양상이 존재하기도 하였다는 점을 유의할 필요가 있다. 예를 들면 헤이안 시대에 인기 있었던 '시서(詩序)'는 '쿠다이시(句題詩, 주제 시)'라는 일본의 독특한 양식과 짝이 되었던 장르이다. 쿠다이시는 엄격한 수사적인 형식에 따라 5글자로 된 제목을 바탕으로 지어진 7음절 시인데, 이것은 당(唐)의 과거 시험용 시 양식에서 영감을 얻은 것으로 보이고, 10세기 중엽부터 공식적 조정의 의례나 여행에서 사용된 가장 중요한 시 양식이 되었다.[51] 또한 한문 장르의 표지는 지역 문학에서의 상이한 지위를 감추기도 하였다. '부(賦)'는 일본에서 인기를 얻은 적이 없어 중국 문화사에서처럼 권위적

---

51) Satō, Michio(2007); Denecke, Wiebke(2007).

역할을 하지 못했었던 데 비해, 한유(韓愈)의 「모영전(毛穎傳)」과 같은 텍스트에서 영감을 받은 '가전(假傳)' 문학은 고려와 조선의 문필 생활에서 이례적으로 큰 존재감을 지녀 새로운 종류의 산문 소설을 발전시키는데 일조하였다.[52]

3) 지역 문자와 문학들

동아시아를 다양화시키고 각각의 문학 전통을 구별되도록 한 요소는 지역 문자와 자국어문학의 발전이었다. 비록 기술하는 방법은 바뀌지 않았으나,[53] 지역 문자의 등장과 반포는 결국 지역 문학의 생산을 가능하게 하였다.

초서체 및 한자를 표음 기호로 간략화하는 방법을 통해 일본의 히라가나와 가타카나가 9세기경에 등장했다. 필기체인 히라가나는 일본 전통시와 새로 창작되기 시작한 전통 산문을 위해 선택된 수단이었고, 네모진 가타카나는 주로 불경을 주석하는 데 쓰였다. 표준 한자와 베트남에서 만들어진 한자를 함께 써서 베트남어를 기록하는 데 쓰였던 쯔놈(字喃)은 리(李) 왕조 시기 글쓰기 체제로 자리매김했고, 쩐(陳) 왕조 시기에 문학 작품을 쓰는 데 사용되기 시작했다.[54] 이 대중적 문자는 15세기에서 19세기 사이에 전성기를 맞았는데 주로 베

---

52) Lee, Peter(2003), ibid., pp.136~138; Liu, Chengguo(2012); Wang, Xiaoping(2009), pp.225~236.

53) 만요가나, 향찰, 쯔놈 문자는 이미 한자의 표의적 표음적 사용을 혼합하여 토착어를 기록하였다.

54) Nguyễn, Quang Hồng(2008), pp.126~127.

트남 문인들 사이에서 활용되었다. 쯔놈은 또한 유교 경전과 다른 한문 저작을 풀이(演義, 베. 젠니아)하기 위한 글쓰기 형식으로도 사용되었다. 수많은 중국 소설이 쯔놈 문자를 통해 베트남인에게 수용되었다. 가장 유명한 예는 '끼에우 이야기'(『도안쯔엉떤탄(斷腸新聲)』 또는 『쭈옌끼에우(傳翹)』라고도 함)인데, 이 작품은 시인인 응우옌 주(阮攸, 1765~1820)가 중국의 『김운교전(金雲翹傳)』을 운문으로 개작한 것이다. 이러한 베트남식 개작은 종종 그 중국 원작의 이야기와는 몹시 달라지긴 했지만, 지식인, 여성들, 일반 평민들을 포함한 수많은 청중에게 향유되었다. 일본의 가나 음절문자가 도합 47개의 글자로 이루어진 것과는 달리, 쯔놈은 체계적인 음절문자로 이루어져 있지는 않아 37,000개를 상회하는 무수한 글자들로 구성되어 있었다.[55] 비록 공식적인 글쓰기 방식은 아니었지만, 쯔놈 문자는 베트남 북부의 통킹(Tonkin) 지방이 프랑스의 지배를 받으면서 공식적으로 꾸옥응으(國語) 문자를 채택하였던 1910년 이후까지도 남아있었다. 꾸옥응으는 로마식 알파벳 체계를 적용한 표기 방식으로, 17세기 프랑스인 예수회 선교사였던 알렉상드르 드 로드(Alexandre de Rhodes)와 그 외 다른 선교사들이 창안한 것이었다. 목판으로 인쇄된 쯔놈 운문 소설들은 로마자 꾸옥응으의 사용이 널리 퍼진 1930년대까지도 여전히 독자층을 갖고 있었다.

조선의 고유문자인 한글(원명칭은 훈민정음訓民正音, '백성을 가르치는 바른 소리')은 세종조(재위 1418~1450)에 창제되었고 1446년에 반포되었다. 한글로 지어진 첫 번째 작품으로서 학자들은 용비어천가(龍飛御天歌, 하늘을 나는 용들의 노래)를 지었다. 용비어천가는 125장으로 이루어

---

55) Vū, Văn Kính(2005), p.7.

져 있으며 조선왕조를 건국한 왕실의 업적을 찬양하는 노래로 (당시에 더 쉽게 이해될 수 있었던) 한문 번역과 학술적 주석이 갖추어져 있다.[56] 한자를 빌려와 각자의 음운 성격에 맞추었던 여타 동아시아의 언어들과 달리, 세종대왕과 학자들은 28글자를 만들었다(물론 이것은 음절 단위로 배치되는 것이다). 자음은 조음(調音)이 이뤄지는 물리적인 위치를 표현했고, 모음은 천지인(天地人)을 형이상학적 기호로 표현했다.[57] 비록 왕과 학자들의 명백하고 뚜렷한 목표는 누구나 아침나절 동안에, 또는 "심지어 어리석은 사람도 열흘이 되지 않아" 배울 수 있는 문자를 창안하는 것이었지만,[58] 한글은 낮은 지위에 처했고 사용빈도도 적어서 여성과 어린아이들만이 읽고 쓰는 도구가 되었는데, 19세기 후반과 20세기에 전국적으로 운동이 일어날 때까지 그러했다고 일반적으로 인식되어 왔다. 그렇지만 이러한 시각에 대해 갈수록 의문이 제기되었는데, 한글의 창제가 언해본(諺解本) 특히 유학 경전과 불교 경전에 대한 언해본의 폭발적인 출판을 가능케 했기 때문이다.[59]

동아시아의 각 지역 언어들이 역사와 성격상 서로 근본적으로 다름에도 불구하고, 이들은 모두 여성 독자나 작가, 사적이거나 개인적인 관심 및 로맨스, 그리고 더욱 대중적 장르들과 더 쉽게 연결된다고 말하는 편이 적절할 듯하다. 지역 언어들은 일본과 한국에서 각각 '오나데(女手)' 또는 '암글'이라는 별칭으로 불렸으며 베트남에서 여성 작가들은 그들의 창작에 대중적인 쯔놈 문자를 일반적으로 채용하였다.

---

56) Lee, Peter(1975).

57) Ross, King, Daniels, Peter(1996), section17에서.

58) Desgoutte, Jean-Paul(2000), p.54.

59) 『옥스포드 한문학 핸드북』, Chapter 34 참고.

이와 반대로 한자는 기본적으로 남성의 작가층과 향유층, 공적 용도, 그리고 행정적인 산문에서부터 남성들만의 모임에서 지어지는 수필과 시까지 포함하는 권위적인 장르와 연결되었다.

그러나 동아시아 전역을 통해 이중언어와 토착어 문학은 각기 서로 다른 길을 걸었다. 전근대의 한국에도 토착어 문학이 있었지만, 근대 초기 전까지 토착어의 '문학 전통'은 오히려 산발적인 소수 장르의 묶음으로 나타나는데 향찰로 기록된 25수의 향가, 한글로 기록된 22수의 고려가요(高麗歌謠, 10~14세기)가 조선 후기의 선집들에 수록되어 있다. 15세기부터는 다양한 토착어 문학의 형태가 등장했다. 악장(樂章), 운율적으로 가장 명백히 정의되고 아직도 인기 있을 정도로 가장 성공적인 장르인 시조(時調), 그리고 더욱 서사가 긴 가사(歌詞) 등이 그것이다. 이러한 장르들은 토착어 소설이나, 판소리 대목들, 혜경궁(惠慶宮) 홍씨(1735~1816)[60]로 대표되는 여성 작가들의 자전적 회고록 등과 함께 전근대 토착어 저작물의 대부분을 이룬다. 조선의 토착어 문학이 이렇게 파편적인 역사를 가진 데에는 여러 이유가 있다. 토착어를 기록하는 데 통일된 쓰기 방법이 없었고, 구전으로만 전파되었기에 도덕을 중시하는 조선 선비들의 채록과 편집을 통해서만 파악할 수 있으며, 한문 글쓰기가 지닌 높은 권위가 토착어 문학 장르를 하위 계층으로 밀어냈던 것이다.

베트남의 토착어 문학은 비록 한문 문학에 부수적인 것으로 여겨지기는 했지만, 그래도 황제와 지식인 계층에서 확실한 지위를 누렸다. 레 쩐똥(黎 聖宗) 황제와 학식 있는 '소단(騷壇)' 멤버들은 찬란한 『홍득

---

60) Kim Haboush, Jahyun(1996).

꾸옥티텁(洪德國音詩集, 홍득 치세에 지어진 민족시 선집, 15세기)』을 엮었다. 15~16세기 베트남에서 가장 학식이 높았던 두 인물인 응우옌 짜이(阮廌, 1380~1442)와 응우옌 빈 키엠(阮秉謙, 1491~1585)은『꾸옥암티텁(國音詩集, 민족시 모음)』과『박반꾸옥응으티텁(白雲國語詩集, 박반의 민족시 모음)』을 편찬했다. 베트남어와 중국어는 형태론적으로 통사구조적으로 유사하기 때문에 베트남 시인들은 근체시, 부(賦), 송(頌) 등의 거의 모든 한시 형식을 베트남어를 써서 모방할 수 있었다. 그러므로 베트남어라는 토착어의 맥락에서 보자면 쯔놈으로 쓰인 토착어 문학은 중국 텍스트의 현지화로 취급될 수 있다.

　오직 일본만이 풍성하고도 상당히 독립적인 토착어 문학 전통을 초기부터 지속적으로 발전시켰다. 8세기에 나온『만요슈(万葉集, 약 759년)』에 사천오백 수가 넘게 실려 있는 토착어 운문은 25수밖에 남지 않은 한국의 향가와 극명하게 대조된다. 왜냐하면 지금은 없어졌지만 9세기에 나온 거질(巨帙)의 향가 모음집인『삼대목(三代目)』이 만약 전해졌다면 신라 문학 전통에서 향가의 역할이 어떠했는지에 대해 더 많은 단서를 주었을 것이라 짐작할 수 있기 때문이다. 하지만 초기 일본과 한국의 토착어 문학이 시작되고 발전함에 큰 차이가 나타났던 것을 단순히 자료집의 전승 여부만으로 설명할 수는 없다. 복합적 이유로 인하여, 토착어 31음절(5-7-5-7-7)로 된 와카 시는 10세기부터 궁정 문화와 긴밀하게 연결되었다. 이는 천황에게 후원받은 선집이나 편찬 사업, 시 경연 등의 궁정 행사, 궁정 귀족 가문[61]의 시문학 전통 등에서 볼 수 있다. 이는 토착어 문학 장르를 한시의 지위로까지 끌어

---

61)　로쿠조(六條) 가문이나 니조(二條), 쿄고쿠(京極), 레이제이(冷泉) 등이 포함된 미코히다리(御子左) 가문을 예로 들 수 있다.

올렸는데, 전근대 동아시아에서는 매우 특이한 현상이었다. 와카를 짓는 매뉴얼로써의 탁월한 쓰임새 덕분에『겐지이야기(源氏物語)』또한 13세기부터 점차 전범(典範)으로 대접받았다. 하지만 장르 서열이 올라간 것은 거의『겐지이야기』에만 해당되었다는 것을 잊어서는 안 된다. 보통 모노가타리(物語) 같은 이야기 문학은 낮은 지위에 머물러 있었으니, 토착어로 된 일기류나 노(能), 분라쿠(文楽), 카부키(歌舞伎) 등의 드라마도 마찬가지였다. 그런데 메이지 시대(1868~1912)에 이르러 이런 장르들의 서열이 전례 없이 상승하여 '일본 문학의 국가적 경전'이라는 다소 왜곡된 지위에까지 올랐다. 사실 '고려가요'도 궁궐의 연행에 쓰였으며, 이 음악들이 조선에서도 연주되고 궁중음악 자료집에 기록됨으로써 지금까지 전해질 수 있었다.[62] 그러나 와카가 궁중 예술의 지위에 올랐던 데 비해, 고려가요를 부르는 광대는 필시 지위가 낮았을 것이다. 그들은 춤도 추고, 뜻이 통하지 않는 가사를 높고 떨리는 목소리로 소리 내며, 저속하고 때로는 성적(性的)인 테마를 공연했다. 이는 일본 궁중에서 와카를 노래로 부르는 모습과 완전히 달랐다. 그들은 최상으로 조율된 발음을 구사하고, 탁월한 기량을 뽐냈으며, 선집을 만들고 편집하는 데 있어서 확고히 수립된 전통을 지켰다.

4) 여성 작가들

모든 동아시아 문학 전통에서 토착어 장르는 여성들과 강하게 연결되어 있었다. 그러나 제작, 연행, 향유, 내용의 측면에서 남성들도

---

62) Lee, Peter(2003), ibid., chapter 5.

특정한 상황에서는 상당히 두드러지는 모습으로 토착어 문학 분야에 참여하였다. 그 반대의 경우는 그렇지 않았다. 장소와 시기에 따라 차이가 있긴 하지만 동아시아의 한문 문학 분야는 남성들이 지배적이었다. 여성이 천황의 조상(태양의 여신 아마테라스), 부족장, 여황제, 가모장(家母長) 등 권위적 역할로 등장하는 초기 일본에는 한문 형식으로 글을 짓는 여성 작가들이 있었다. 그러나 그들은 9세기 이후에 사라졌는데 이는 부계적 족보와 남성 중심적인 위계를 조장하는 유교적 법률의 영향(비록 약해지긴 했지만) 때문이라고 지탄받고 있다.[63] 헤이안 시대 중기에도 여성들은 한문과 한문학의 향유에 참여하였다. 잘 알려진 예로 무라사키 시키부(紫式部 ~약 1014)와 세이쇼 나곤(清少納言, ~11세기 초)이 있는데, 그들은 그들의 남성 가족이나 조정에서 일하는 남성 동료보다도 백거이(白居易 772~846)에 대해 훨씬 잘 알고 있었다. 그러나 문어체인 한문으로 문장을 짓는 것은 그들에게 부적절한 일이었을 것이다. 여성이 가나 문자보다 한자를 빈번히 사용하는 것은 건방지고 여성스럽지 못하며 잘난 척하는 것이라 비난받았다. 훨씬 다변화되고 사회적으로도 급격히 저변이 넓어진 에도시대(1603~1868)의 문학적 단계에 이르러서야 일부의 여성들이 한문 작가로 등장을 한다. 가장 유명한 예로, 시인이자 역사가인 라이 산요(賴山陽, 1780~1832)의 동반자였던 에마 사이코(江馬細香, 1787~1861)를 들 수 있다.[64]

조선에서는 여성들이 창작한 작품은 극히 적은 수가 출판되었다. 여성들이 한글로 지은 가사는 거대한 자료집이 존재하고 가족과 친

---

63) Sekiguchi, Hiroko(2003).

64) Nagase, Mari(2007).

구들 사이에서 공유되었음에도 불구하고 말이다.[65] 아주 유명하고 희귀한 사례인 허난설헌(許蘭雪軒, 1563~1589)처럼 그녀의 오빠인 허봉(許篈)이 한시 창작의 재능을 장려해준 경우를 제외하고는 여성들이 한문 형식의 시를 남긴 경우는 거의 없었다.[66]

여성들은 남성 지배적 지형의 한문 글쓰기에 그것의 규칙을 따르며 활발히 참여할 수도 있었지만, 여성들은 또한 남성의 특권, 일부다처제, 여성 혐오적 사회관습을 폭로하기 위해 그들의 한문의 언어를 사용하기도 하였다. 호 쑤언 흐엉(胡春香 1772~1822)의 경우 응우옌 주(阮攸)와 함께 베트남 민족 문학의 창시자로 손꼽히고 현재까지도 대중적 상상 속에 생생히 살아있다. 그녀의 학식은 당대의 위대한 학자들과 비견될 만하다. 그런데 그녀의 작품을 보면 그녀는 대담하게 다채롭고 거친 언어를 사용하였다. 그녀의 전집 대부분이 쯔놈으로 창작되었지만, 그녀는 우아하고 섬세한 한문식 작법을 사용하여 위태로운 여성의 운명을 폭로하기도 하였다. 근대로의 전환은 특히 다양한 양식과 매체를 통해 자신의 목소리를 내는, 사회적으로 활동적인 여성들이 흥미로운 경력을 가지도록 촉진하였다. 쓰엉 응우옛 아잉(孀月安, 과부 응우옛아잉)은 최초의 베트남 여성 신문의 편집장이었는데, 한문 양식과 꾸옥응으 토착어로 시를 창작하며 중국 백화 소설을 번역하기도 하고 여성의 권리를 옹호하는 논설을 쓰기도 하였다.

---

65) Kim, Kichung(1996), pp.122~136.

66) Kim Kichung, Kim-Renaud, Young-Key(2004), Chapter 4에서.

6. 한자문화권의 새 시대

한자문화권은 그 세 번째이자 마지막 단계에 들어섰다. 한문이 기원전 천년 간 중국과 중국인의 국가들 사이에서 공용어로서 기능하고, 기원후 이천 년 동안 동아시아의 공용어로 개편되었던 이후, 세 번째 천년이 시작하려는 이즈음 한문은 거의 사라지고 있으며 한문이 제공했던 공통성도 줄어들고 있다. 분명히 한자는 여전히 동아시아에서 쓰이고 있다. 그러나 흥미롭게도 한국과 베트남은 전통적으로 중국 문화와 비교적 강하게 연결되어 있었음에도 불구하고 철저하게 한자의 사용을 줄이거나 아니면 실질적으로 완전히 그것의 사용을 없애버렸다. 불행하게도 한자문화권의 '미래'에 대하여 논의할 때에는 좀처럼 문제의 핵심을 정확하게 짚어내는 경우가 드물다. 그 핵심은 바로 20세기 한문의 종말로 인해 만들어진 기념비적인 변곡점이다. 그러나 학자들은 한자문화권의 지엽적인 문화적 흔적에 집중하는 경향이 있다. 간체자와 번체자로 분화된 한자의 운명, 유교의 사상적 그림자, 경제적 성공, 근대화 그리고 서구와는 다른 문화적 차이점 등이 그것이다.[67]

이것들 말고, 한문의 종말이 가져온 결과들이라든지 이 지역의 문학 연구에 있어 '민족 문학' 이데올로기의 왜곡된 효과들에 대한 철저한 평가가 시급하게 요구된다. 또한 한문학에 대한 무시, 전통적인 문예 문화와 장르 서열에 대한 잘못된 설명(그리고 민족 토착어 문학의 반대급부적 등급 상승), 한문학과 토착어 문학에 대한 의미 없는 분리 그리고

---

67) 그 예시로, Mizoguchi, Yūzō(1992), pp.423~478 참고.

동아시아의 모든 국가에서 문학사의 서술을 어렵게 만든 동아시아의 독특한 이중언어 전통에 대한 통합적인 연구의 부족도 시급한 문제들이다. 극단적 사례를 들자면, 민족 문학 모델은 모든 중국식 텍스트를 문학의 역사에서 완전히 없애는 것을 시도하는 결과로 이어졌다. 예를 들어 1960~70년대의 베트남 학자들은 전쟁과 점령의 또 다른 시기를 겪어오는 동안 압박을 받으며 베트남의 전통을 오직 토착어로만 쓰인 텍스트로 축소하려고 시도하였다.[68]

그러므로 동아시아에서 생산된 한문 문학을 공부한다는 건 역사적 수정주의의 프로젝트로서, 근대의 국가적 문학사학 모델이 가진 왜곡 및 현재 동아시아 대외 관계에서 비중이 큰 식민화, 전쟁의 상처들, 영토분쟁에 관한 논쟁 등 분열적 사안에 대한 해독 작업이 된다. 동아시아의 공통성에 뿌리가 되는 '문(文)'에 대한 공유된 전통을 재건하고 회생시키는 것이, 공유하는 기억과 화해에 대해 현재 진행 중인 프로젝트만큼이나 역사적인 책무일 것이다.[69]

그러나 동아시아의 중국식 전통을 공부하는 것은 또한 한문과 그 문화에 대한 깊은 이해를 돕는다.[70] 발음 분석과 현대의 언어들만이 초기 중국어의 음운학을 재구성하는 데 도움이 되는 것이 아니라, 중국 밖에서 발견된 한문 서적의 '외주화된 보물창고'가 원자료로 풍부한 보물상자인 것이다. 나아가 동아시아 국가들에서 발간된 당시집(唐詩集), 예를 들면 일본의 '구도(句圖)'와 같은 것은 오늘날 당나라 문학의 정전을 재구성하거나 송나라 때 정전화 과정을 거쳐 우리에게 주

---

68) Phạm, Văn Diêu(1960), p.44.

69) Kōno, Kimiko, et al.(2015).

70) Zhang, Bowei(2011), ibid.

어진 당시(唐詩)의 이면을 살펴볼 수 있게 해준다. 또한 동아시아 한문학의 역사는 중국 문학사의 체험적 대체재 역할을 할 수도 있는데, 중국의 문학 현상들은 사회정치적 환경과 글쓰기 문화가 다른 곳에서 또 다른 모습을 보여주었기 때문이다. 이는 견고하기 이를 데 없는 중국 문학사의 목적론에 대해 조심스럽게 다시 고민하게 해준다.

우리가 한자문화권의 세 번째 국면으로 넘어감에 따라, 근대의 민족국가 이념은 한국 일본 베트남의 한문 전통에 대한 역사적 인식과 학술적 연구를 고되고도 인기 없는 것으로 만들었다. 그러므로 이 글의 분명한 목적은 한문학 연구자들을 분발시켜, 풍부하면서도 사유를 촉발하는 동아시아의 한문 문학을 그 역사적 중요성, 체험적 가치 그리고 동아시아의 평화적 통합에 기여하는 당대적 연관성에 걸맞게 진지하게 연구하도록 하는 것이라 할 수 있다.

참고문헌

Công, Hậu, "Triển lăm 'Truyền thống khoa cử Việt Nam.'" Nhân dân
Online November 22, 2013. Available at http://www.nhandan.
com.vn/vanhoa/dong-chay/item/21719502-trien-lam-
%E2%80%9Ctruyen-thong-khoa-cu-viet-nam%E2%80%9D.
html, 2013.

Como, Michael, *Shōtoku: Ethnicity, Ritual, and Violence in the
Japanese Buddhist Tradition*. New York: Oxford University
Press, 2008.

Daniels, Peter, and Bright, William, eds, *The World's Writing Systems*.
New York: Oxford University Press, 1996.

Denecke, Wiebke, "'Topic Poetry is All Ours'—Poetic Composition
on Chinese Lines in Early Heian Japan." *Harvard Journal of
Asiatic Studies* 67.1: 1 – 49, 2007.

_____, *Classical World Literatures: Sino-Japanese and Greco-Roman
Comparisons*. New York: Oxford University Press, 2014a.

_____, "Worlds Without Translation: Premodern East Asia and the
Power of Character Scripts." In Berman, Sandra and Porter,
Catherine, ed., *Companion to Translation Studies*. Malden,
MA: Wiley-Blackwell, 204 – 216, 2014b.

Desgoutte, Jean-Paul, *L'écriture du coréen: Genèse et avènement*.
Paris: L'Harmattan, 2000.

Farris, William Wayne, *Sacred Texts and Buried Treasures: Issues
in the Historical Archaeology of Ancient Japan*. Honolulu:
University of Hawai'i Press, 1998.

Fogel, Joshua, *Articulating the Sinosphere: Sino-Japanese Relations in
Space and Time*. Cambridge, MA: Harvard University Press,
2009.

Holcombe, Charles, *A History of East Asia: From the Origins of Civilization to the Twenty-First Century*. Cambridge: Cambridge University Press, 2011.

Huntington, Samuel, *The Clash of Civilizations and the Remaking of World Order*. New York: Touchstone, 1996.

Matisoff, James A, "On Megalocomparison." *Language* 66.1: 106–120, 1990.

Jin Chengyu 金程宇, ed, *Hekeben Zhongguo guyishu congkan* 和刻本中國古逸書叢刊. 70 vols. Nanjing: Fenghuang chubanshe, 2012.

_____, "Dongya hanwenhuaquan zhong de Riben daoge 東亞漢文化圈中的日本刀歌." In *Xueshu yuekan* 2014.1, 2014.

Kelley, Liam, *Beyond the Bronze Pillars: Envoy Poetry and the Sino-Vietnamese Relationship*. Honolulu: University of Hawaii Press, 2005.

Kim, Pusik 金富軾, *Samguk sagi* 三國史記. Edited by Yi Pyŏngdo 李丙燾. 2 vols. Seoul: Ŭryu Munhwasa, 1977.

Kim, Kichung, *An Introduction to Classical Korean Literature*. New York: Sharpe, 1996.

Kim Haboush, JaHyun, *The Memoirs of Lady Hyegyŏng: The Autobiographical Writings of a Crown Princess of Eighteenth-Century Korea*. Berkeley: University of California Press, 1996.

Kim-Renaud, Young-Key, *Creative Women of Korea: The Fifteenth through the Twentieth Centuries*. New York: Sharpe, 2004.

Kin, Bunkyō 金文京, *Kanbun to Higashi Ajia: Kundoku no bunkaken* 漢文と東アジア: 訓読の文化圏. Tokyo: Iwanami shoten, 2010.

King, Ross, "Ditching 'Diglossia': Describing Ecologies of the Spoken and Inscribed in Pre-modern Korea." *Sungkyun Journal of East Asian Studies* 15.1: 1-19, 2015.

_____. ed, *The Language of the Sages in the Realm of Vernacular Inscription: Reading Sheldon Pollock from the Sinographic Cosmopolis.* Leiden and Boston: Brill, 2020.

Kornicki, Peter, *The Book in Japan. A Cultural History from the Beginnings to the Nineteenth Century.* Honolulu: University of Hawaii Press, 2001.

_____, "A Transnational Approach to East Asian Book History." In Chakravorty, Swapan and Gupta, Abhijit, eds., *New Word Order: Transnational Themes in Book History.* Delhi: Worldview Publications, 65 – 79,2011, 2011.

Kōno, Kimiko 河野貴美子, Denecke, Wiebke, Shinkawa, Tokio 新川登亀男, and Jinnō, Hidenori 陣野英則, eds, *Nihon "bun"gakushi* 日本「文」学史. *A New History of Japanese "Letterature."* Vol. 1. Tokyo: Bensei shuppan, 2015.

Lee, Iksop, and Robert Ramsey, *The Korean Language.* Albany: SUNY Press, 2000.

Lee, Peter, *History of Korean Literature.* New York: Cambridge University Press, 2003.

_____, *Songs of Flying Dragons: A Critical Reading.* Cambridge, MA: Harvard University Press, 1975.

Liu, Chengguo 劉成國, "Yi shi wei xi: Lun Zhongguo gudai jiazhuan 以史為戲: 論中國古代假傳." *Jianghai xuekan* 2012.4: 191-197, 2012.

Lurie, David B, *Realms of Literacy: Early Japan and the History of Writing, Cambridge,* MA: Harvard University Asia Center, 2011.

Mizoguchi, Yūzō 溝口雄三 et al., eds, *Kanji bunkaken no rekishi to mirai* 漢字文化圏の歴史と未来. Tokyo: Taishūkan shoten, 1992.

Nagase, Mari, "Women Writers of Chinese Poetry in Late-Edo Period

Japan." PhD diss., University of British Columbia, 2007.

Nam Phong, "Kỳ thi Hội sang năm." *Nam phong* 17: 310, 1918.

Nguyễn, Quang Hồng, *Khái luận văn tự học chữ Nôm*. Ho Chi Minh City: Giáo dục, 2008.

Nishijima, Sadao 西嶋定生, *Chūgoku kodai kokka to Higashi Ajia sekai* 中国古代国家と東アジア世界. Tokyo: Tokyo University Press, 1983.

Phạm, Văn Diêu, *Văn học Việt Nam*. Saigon: Tân Việt, 1960.

Pollock, Sheldon, *The Language of the Gods in the World of Men: Sanskrit, Culture, and Power in Premodern India*. Berkeley and Los Angeles: University of California Press, 2006.

Sakaki, Atsuko, *Obsessions With the Sino-Japanese Polarity in Japanese Literature*, University of Hawaii Press, 2006.

Satō, Michio 佐藤道生, *Kudaishi kenkyū: kodai Nihon no bungaku ni mirareru kokoro to kotoba* 句題詩研究: 古代日本の文学に見られる心と言葉. Tokyo: Keiō University Press, 2007.

Sekiguchi, Hiroko, "The Patriarchal Family Paradigm in Eighth-Century Japan." In Dorothy Ko, JaHyun Kim Haboush, and Joan Piggott, eds. *Women and Confucian Cultures in Premodern China, Korea, and Japan*. Berkeley: University of California Press, 27–46, 2003.

Shōtoku Taishi denryaku 聖徳太子伝略, In vol. 71 of Dai Nihon bukkyô zensho, ed, Suzuki Gakujutsu Zaidan鈴木学術財団. Kôdansha, 1972.

Sui shu 隋書, comp. Wei, Zheng 魏徵 et al, Beijing: Zhonghua shuju, 1973.

Trần, Văn Giáp, *Tìm hiểu kho sách Hán Nôm*. Vol. 2. Hanoi: Khoa học Xã hội, 1990.

Ury, Marian, "Chinese Learning and Intellectual Life." In *The*

Cambridge History of Japan. Heian Japan, ed. Donald H. Shively and William H. McCullough. Cambridge: Cambridge University Press, 341-89, 1999.

Vũ, Văn Kính, *Đại tự điển chữ Nôm*. Ho Chi Minh City: Văn nghệ, 2005.

Wang, Xiaoping 王曉平, *Yazhou hanwenxue* 亞洲漢文學. Tianjin: Tianjin renmin chubanshe, 2009.

Wang, Zhenping, *Ambassadors from the Islands of Immortals: China-Japan Relations in the Han-Tang Period*. Honolulu: University of Hawaii Press, 2005.

Whitman, John, "The Ubiquity of the Gloss." Scripta 3: 1 - 36, 2011.

Whitmore, John K, "Chinese from Southeast Asia." In Haines, David W. ed., *Case Studies in Diversity: Refugees in America in the 1990s*. Westport: Greenwood Press, 223 - 243, 1996.

Zhang, Bowei 張伯偉, *Zuo wei fangfa de Han wenhua quan* 作為方法的漢文化圈. Beijing: Zhonghua shuju, 2011.

한자문화권의 문자 생활*

漢字文化圏の文字と生活

———

김문경(金文京)

중국을 중심으로 조선, 일본, 베트남 등을 포괄하는 이른바 한자문화권에서 오래전부터 중국어의 문언 즉 지금 우리들이 보통 한문이라고 부르는 문체가 공통적인 문어로 사용되어 온 것은 모두가 아는 사실이다. 이러한 한문 및 그 문자인 한자가 한자문화권에서 과거에 수행했던 역할은 종종 유럽 세계에서 라틴어가 수행했던 역할과 비견된다. 그렇기는 하지만 유럽의 여러 언어가 대부분 인도유럽어족이라 부르는 동일한 계통에 속해 있는 반면, 중국 주변의 한국어, 일본어 그리고 베트남어는 모두 중국어와 다른 계통의 언어이다. 또 유럽의 문자는 알파벳이든 키릴문자든 모두 표음문자여서 그것으로 자국어를 기록함에 그다지 어려움이 없었던 데 반해 한자는 표음적 요소를 갖는다고는 하지만 기본적으로 표의문자이기에 그것을 사용해 구어를 표기하는 것은 주변국의 언어는 말할 것도 없이 중국어 방언에 있어서도 결코 간단하지 않았다. 게다가 유럽에서는 로마 제국이 붕괴한 후, 기독교라는 공통의 정신적 기반에서 각국이 거의 평등한 입장으로 서로 교류하였지만, 동아시아는 중국이라는 거대한 존재를 중심으로 하여 주변 국가와의 교류가 대체로 일방통행으로 이루어졌다. 이러한 여러 요인에 의해 한자문화권의 언어생활은 유럽보다 훨씬 복잡한 양상을 보여주게 되었다. 아래에서 그 몇 가지 특징을 지적하고자 한다.

먼저 동아시아 세계에서 문화교류는 대부분 문자를 통한 것이었으며 사람들이 직접적으로 만나 이야기하는 기회는 대단히 적었다는 것

*   이 논문은 『史学(The Historical Science)』 Vol.63, No.3, 三田史学会, 1994에 실려 있다. 저자와 三田史学会의 허락을 얻어 한국어로 번역하였다. 원문에는 주석이 없는데 한국 독자들을 위해 譯註를 첨가하였다.

을 언급하지 않을 수 없다. 과거 조선, 일본, 베트남의 전통 지식인들은 한문을 다루는 능력에 있어서 중국인과 대등하여 아무런 부족함이 없었지만 회화라는 문제에 있어서는 사정이 전혀 달랐다. 견당사(遣唐使)나 유학승 등의 특별한 사례를 제외하면, 주변 민족의 지식계층은 중국어 회화능력의 습득을 목적으로 삼지 않았다고 말해도 좋다. 이러한 점은 오늘날까지도 이 지역의 문화나 문화교류의 특성을 적잖이 규정하고 있거니와 아울러 문자가 차지하는 비중을 대단히 크게 만들고 있다. 베트남의 쯔놈(字喃)[1]을 비롯한 서하문자(西夏文字)[2], 거란문자(契丹文字)[3], 여진문자(女眞文字)[4], 조선의 한글 등은 정도의 차이는

---

1) 字喃은 베트남어를 표기하기 위해 고안된 문자체계이다. 한자의 음을 빌리거나 한자의 음과 뜻을 합성하거나 한자의 의미를 합성해서 베트남 고유어를 표기하였다. 구조상 한자의 원형을 유지하거나 두 한자를 겹쳐서 만드는 것이 특징이다. 쯔놈은 베트남에서 몽골 침략을 물리치고 민족의식이 고양되던 陳왕조(1225~1400) 시대부터 쓰기 시작하였다. 그러나 쯔놈은 俗字로 취급되어 공식문서에서는 한자가 사용되었다. 20세기에 들어와 꾸옥응우(quốc ngữ, 國語)라 부르는 로마자 표기법이 등장하면서 퇴장되었다.

2) 서하는 11세기에 티베트 계통의 탕구트족이 중국 서북부에 세운 나라로 13세기 몽골에 의해 멸망되었다. 서하문자는 서하의 초대 왕 李元昊에 의해 반포된 문자로 한자에서 조자의 원리를 차용하기도 하고 추상적 기호를 새로 만들어 사용한 글자이다. 모두 6,133자이며, 偏・傍・冠 등의 요소로 이루어져 있다. 서하문자를 고안한 것은 단지 漢字를 모방하기 위해서가 아니라 서하국 내에 거주하는 여러 소수부족들에게 공통적인 통신수단을 제공하기 위한 것이었다.

3) 거란문자는 거란족이 창안한 문자로 遼의 태조 耶律阿保機가 920년에 만든 '大字'와 그의 동생 耶律迭剌가 만든 '小字'가 있다. 야율아보기가 만든 '대자'는 한자와 같이 한 글자가 한 낱말을 표시하는 표의문자였는데, 거란어를 표기하는데 불편했다. 그래서 태조의 동생 야율질라가 위구르 문자를 참조하여 새로 표음문자인 '소자'를 만들어 보급하였다.

4) 여진문자는 중국 金代의 여진족이 만든 문자로 大字・小字 등 2종이 있다. 대자는 1119년 太祖의 명을 받아 完顔希尹이 만든 것이다. 소자는 1138년 제3대 황제 熙宗이 만든 것으로 1145년 이후 금나라 안에서 널리 사용하게 하였다. 이 문자는 표음문자와 표의문자의 성격이 혼재되어 있으며 현재까지도 완전히 해독되지 못한 부분이 있다. 금나라 때는 정부의 장려로 이 문자가 사용되었으나 금나라 멸망 후에는 만주 동부의

있지만 모두 한자를 전범으로 삼았다. 또한 한자에 대항하려는 목적에서 창안된 민족문자들, 예를 들면 조선의 구결문자나 일본의 가나 또한 한자를 간략화하여 글자를 표음문자로 활용한 것인데 한자와 병용하였다. 이러한 현상은 세계의 다른 지역에서는 유례를 볼 수 없는 다문자 사회의 출현이라고 할 수 있다. 이러한 점을 통해 한자문화권에서 문자가 담당했던 독특한 역할을 확인할 수 있다.

이러한 동아시아 문자생활의 배경을 생각해 볼 때 무엇보다도 중요한 의미를 지닌 것은 훈독(訓讀)이라 할 수 있다. 일반적으로 훈독은 한문을 읽기 위해 일본에서 독자적으로 고안된 방법이라 여겨지지만 실상은 결코 그렇지 않다. 고대 동아시아 주변 여러 민족에게 문화라는 것은 전적으로 하나의 광원(光源)인 중국으로부터 비추어지는 것이었으며, 그 문화를 습득하는 길은 자신의 언어와는 구조가 전혀 다른 중국어의 한문 문장을 해석하는 것에 다름 아니었다. 그 악전고투 속에서 태어난 것이 바로 훈독이었다. 그러므로 훈독은 일본뿐만 아니라, 일본어와 구조가 같은 조선어, 몽골어 혹은 터키계의 여러 언어를 사용하는 중국 주변 민족들에게서도 생겨날 가능성이 있었으며 실제로 발생했다. 고려시대 불교경전에는 일본의 방식과 매우 닮은 훈독의 기호가 붙어 있는 예가 발견된다.[5] 또 몽골어의 일종으로 여겨지는 거란어에서도 훈독의 사례는 발견된다. 예컨대 거란의 어린아이

여진족 사이에서 14~15세기까지 사용되었다.

5) 고려 불교 경전의 훈독(석독) 방식으로는 뾰족한 상아나 대나무 같은 도구로 지면에 점·선의 자국을 내어 구결을 표시하는 '角筆點吐口訣' 방식이 대표적이다. 11세기에 인출된 『瑜伽師地論』, 『周本華嚴經』 등에서 발견되며 사용 시기는 더 이전으로 소급될 것으로 추정된다. 점이 찍힌 위치나 형태에 따라 어조사나 문장성분 등의 의미를 표시하였다.

가 중국의 시를 읽을 때 먼저 '속어(거란어)'에 맞게 어순을 바꾸고 한 자 한 글자에 속어 두세 글자를 대응시키는 훈독과 같은 방법이 사용되었던 사례가 중국인에 의해 기록된 바 있다(南宋 洪邁, 「夷堅志」, 丙志卷 十八, "契丹誦詩"). 이 밖에 터키계의 위구르인이 13세기에 한역(漢譯) 불전을 위구르어로 번역한 불전에도 역시 훈독이 보인다.[6] 지금도 훈독을 널리 사용하는 국가는 일본뿐이지만 원래 훈독의 방법은 동아시아에 보편적인 것이었다.

훈독에는 대략 세 가지의 측면이 포함되어 있다. 예를 들어 한문인 "登山(등산: 산에 오르다)"과 일본어인 "山に登る(야마니 노보루: 산에 오르다)"를 놓고 살펴보자. 첫째, 중국어의 통사구조로 된 "登山"을 일본어의 통사구조에 맞게 "山-登"으로 바꾼다. 둘째, 중국어에는 없는 조사성분인 "に(~에)"를 보충한다. 그리고 셋째 "山"과 "登"을 일본어 "ヤマ(야마)"와 "ノボル(노보루)"로 바꾸어 읽는다. 여기서 둘째 셋째 과정에서는 자국어를 어떻게든 표기해야 하는데, 그러기 위해서는 한자를 표음문자처럼 쓰는 것이 가장 간편할 것이다. 이른바 "만요가나(万葉假名)"[7]가 이에 해당한다. 그리고 이처럼 표음문자로 한자를 사용하는 것은 이미 한자 본래의 성격에서 벗어나 부호화한 것이기 때문에 필연적으

---

6) 위구르어는 본래 중동의 아람문자에서 기원한 소그드 문자를 빌려와 위구르의 문자로 사용한 것이다. 이 위구르문자를 몽골에서도 사용하여 '몽골-위구르문자'가 되었으며 이것이 나중에 만주어 문자가 되었다. 소그드 문자는 원래 표음문자이지만 한역 불경을 위구르어로 번역하면서 한자를 音讀하거나 釋讀하는 방식을 수용하였는데 이는 마치 우리나라에서 한자와 한글을 섞어 쓰는 것과 유사하였다.

7) 만요가나란 일본어 가요를 수록한 『萬葉集』에 쓰인 가나라는 의미로, 이것이 나중에 히라가나·가타가나로 분화되었다. 만요가나에는 한자의 음을 빌린 '음가나'와 한자의 훈을 빌린 '훈가나'가 있다. 만요가나의 복잡한 획의 일부를 생략하여 쓴 것이 가타가나이며 흘려 쓴 것이 히라가나이다.

로 다음 단계에서는 한자 자체(字體)의 간략화를 가져온다. 그러한 과정에 있어서 한자에 이미 초서체와 같은 약자체가 존재하고 있었다는 점이 이러한 간략화를 보다 용이하게 만들었다고 생각된다. 조선의 구결과 이두, 일본의 가타카나와 히라가나는 이렇게 생겨난 것이다. 조선의 구결과 이두는 "ハ(只)", "の(月)", "ム(矣)", "い(以)"[8]처럼 한자의 편방(偏傍)을 취하거나, 초서체에서 유래한 것이다. 게다가 구결과 이두는 일본의 가타카나와 히라가나의 자형과 일치하는 점도 있으므로 양자의 발생 과정에 어떠한 영향 관계가 있었을 가능성을 고려해볼 수 있다.[9]

이처럼 한문의 독해법 또는 해석법으로서 훈독법이 등장하자 자연스러운 수순으로 한문을 읽기만 하는 것이 아니라 이것을 이용하여 스스로 문장을 지으려는 움직임이 나오게 되었다. 그래서 특히 일본과 조선에서는 문장의 중간에 훈독적 요소를 얼마나 집어넣는가에 따라 '순수한 한문', '자국어 어순에 따라 쓰인 변형 한문', '조사적 요소를 기입한 문장(한자·가나를 혼합한 문장, 이두를 사용한 이두문)', '자국어 성분을 대폭 증가시킨 문장(和文, 향가체, 한글 문장)' 등 다양한 층위의 문체

---

8) 이두는 한자의 음과 뜻을 빌려 우리말을 기록하던 표기법으로 俚文으로 표기하기도 한다. 법령이나 실용문서에서 활용된 표기법이다. 구결은 한문에 토를 넣어 읽는 한국적 한문독법 내지는 그 읽은 내용까지를 포괄하는 용어이다. 구결에는 순독구결과 석독구결이 있는데 순독구결은 한문 어순대로 읽는 사이에 현토처럼 다는 구결이고, 석독구결은 현토 위치에 해석 순서를 표시하는 구결이다. 본문에 나오는 'ハ(只)'는 종성의 'ㄱ'의 음가에 해당하고, 'の(月)'는 '돌', 'ム(矣)'는 '의', 'い(以)'는 '로'의 음가를 지닌다.

9) 일본의 가나문자와 조선의 이두/구결은 조자원리나 형태에 유사성이 많고, 한자의 약자체에서 기원하였다는 공통성이 있어 상호 영향관계가 있을 것으로 추정된다. 8세기에 신라의 승려들이 찬술한 『大方廣佛華嚴』 등의 서적들이 일본에 전해졌는데 여기에 쓰인 구결이 일본의 훈점에 영향을 미쳤을 가능성이 있다.

가 생겨났다. 그리고 그 문체들이 담는 내용이나 쓰는 주체의 사회 계층에 따라 구별되어 사용되는 현상이 나타났다. 일본에서 남성이 쓰는 한문과 여성이 쓰는 가나문으로 구분되었던 것이 가장 전형적인 예일 텐데, 실제로 사회 계층의 다층화와 문체의 다양성이 대응하여 더욱 복잡한 양상이 나타났다. 그것은 마치 사회 계층의 분화에 따라 복잡한 경어가 나뉘어 두 개의 국어처럼 사용되었던 것과 유사할 듯하다. 아래에서는 그중에서도 가장 특징적인 사례 두 가지를 들어보고자 한다.

순수한 정식 한문이 지배계층에 의해 공적인 자리에서 쓰이고, 변형 한문이 그것보다 광범위하고 사적인 수준에서 사용되었을 것은 상상하기 어렵지 않다. 이와 관련하여 가나문이나 구결문이 많이 쓰인 곳 가운데 특히 중요한 장소로 불교 사원을 들 수 있다. 가나문이 유독 사원에서 주로 사용되었다는 사실은 널리 알려져 있다. 한편 조선에서 구결문은 주로 불경 및 불교와 관련 있는 비문(碑文) 등에 나타난다.[10] 과거의 사원은 종교기관이면서 동시에 교육기관이기도 했기 때문에 사원을 통해서 이 문체는 보다 넓은 민중 사이에 스며들었다.

주목해야 할 또 한 가지의 사례는 이른바 이문(吏文) 혹은 이독문(吏牘文)의 경우이다.[11] 지금까지 막연하게 한문이라고 말한 중국 고전의

---

10) 구결이 사용된 한국의 불교 자료 가운데 이른 시기의 것으로는 「釋華嚴敎分記圓通抄」, 「華嚴經疏」, 「瑜伽師地論」 등이 있다. 불교 관련 금석문으로는 「窺興寺鐘銘」(865), 「鳴鳳寺淸境禪院慈寂禪師凌雲塔碑陰記」(939), 「淨兜寺五層石塔造成形止記」(1031) 등이 있다.

11) 여기서 이문은 중국의 공문서에 쓰였던 문체를 말하는데 백화문과 이문 특유의 관청 용어가 많이 사용되었다. 이문은 외교문서에도 활발히 사용되었기에 조선에서는 이문을 익히기 위한 『吏文輯覽』 등의 책이 편찬되기도 하였다.

문언문은 사실 오늘날 우리가 생각하는 만큼 결코 널리 사용되지 않았다. '당송팔가문'으로 대표되는 이 문체는 문학적 혹은 예술적인 색채가 극히 짙은 것이어서 한정된 범위의 문인들 사이에서 사용되었던 것에 불과하다. 일반 민중들에게 보다 관련이 깊었던 실용적인 문체는 법령이나 각종 계약서 그리고 서한(書翰)에 사용되던 것인데, 이는 과거에 합격한 문인 관료보다는 오로지 실무를 담당한 아전들에 의해 사용되었으니 이것이 바로 이문이다. 이 이문이 일종의 문언문이라는 점에서는 한문과 다르지 않지만, 용어나 수사에 있어서 고전적인 한문과는 미묘하게 다른 독특한 스타일을 구사하고 있으며 경우에 따라서는 구어적인 요소도 허용한다. 그리고 그것은 실용적인 문체이기 때문에 서한문에서도 사용되었다. 과거 중국에서 가장 광범위하게 사용된 문체는 바로 이러한 이문, 이독문(吏牘文)이었음에 틀림없다. 애당초 한자라는 것이 이문과 밀접한 관련이 있었음은 오늘날 한자 자체의 기초가 되는 '예서'가 진한(秦漢) 때의 '이(吏)'에 의해 사용되었던 것에서도 알 수 있다.[12] 조선이나 일본에서 한문을 연구하는 경우 오늘날 우리는 최상층 문인 수준의 고전적 문체에 시선을 빼앗기는 경향이 있지만, 실제 더 큰 영향력을 지닌 쪽은 당연하게도 이문이었다. 그렇기 때문에 조선에서는 한자를 간략화한 표음적 부호로 조사(助辭) 성분을 나타낸 것을 이두라 하고, 이두를 사용한 문체를 이두문이라 부른 것이다. 이것 또한 이(吏)에 의해 이루어지는 실무를 위한 문체였을 것이다. 일본 화한혼효문(和漢混淆文)의 일종인 소로분(候文)도 비슷

---

12) 秦代에 옥관이 죄수들을 관리하며 처리해야할 일이 많아지자 번잡한 篆書를 쓰기가 어려웠으므로 고안해낸 것이 隷書라고 한다. 예서의 '예'자도 상급관리에 예속된 하급관리, 즉 예리를 의미한다.

한 성질을 갖고 있었다고 생각된다.[13]

그런데 이와 같은 이문(吏文)과 이독문(吏牘文)의 존재를 통해 앞서 보았듯이 일본과 조선에서 문체를 구분하여 사용하였던 것과 유사한 현상이 실은 중국에서도 행해졌음을 확인할 수 있다. 중국어의 문체는 문언문(文言文)과 백화문(白話文;口語文)의 구별이 잘 알려져 있는데 실제로는 그 중간 형태로 문백혼용문, 실용문인 이문(吏文) 등 여러 층위가 있고 그것들은 기능 및 계층에 따라 구분되어 사용되었다. 그리고 그것은 단지 문체의 차이에 그치지 않고 번체자와 간체자의 차이에까지 이르고 있다는 점에서, 정도의 차이는 있어도 일본과 조선의 유사한 현상과 비교할 만한 지점들이 있다. 여기에서 흥미로운 것은, 조선에서 훈독을 창시했다는 신라의 설총이 "방언으로 구경을 읽었다(『三國史記』卷四六 "以方言讀九經")"고 하거나, 또는 앞서 언급한 거란인 소년의 훈독 사례에서 "속어로 그 구절의 어순을 바꾸다."고 했던 것처럼 중국어에 대하여 자국어를 방언 또는 속어로 인식하였지 외국어라고 딱히 인식하지는 않았다는 점이다. 주지하다시피 중국어는 표기상의 문언이 구두상의 언어와 크게 괴리되어 있었고 그 둘은 용어는 물론이고 발음과 통사구조도 종종 다르게 구사되었다. 이 때문에 고대 중국 주변 민족은 중국어의 문언문을, 자국어와 상대되는 '외국어로서의 중국어'라기보다는 오히려 '구어(속어, 사투리)에 상대되는 문어'의 범주로 파악했던 것일 터이다. 바로 그 지점에 서기언어로서의

---

13) 候文(소로분)은 근세 일본어 문체로, 문장의 말미에 공손한 말투를 나타내기 위해 '候(~そうろう)'를 사용한데서 그 명칭이 생겨났다. 일본어의 어순으로 어휘를 배열한 문장에 한문에서 유래한 조동사, 조사 등을 혼합하여 사용한 가나와 한문의 혼용문이다. 주로 서간문이나 외교문서등에 이용되었다.

한문의 보편성과, 구두언어인 중국어 백화와 주변 민족 고유어 사이의 공통성을 생각할 수 있는 근거가 있다. 또 일본과 조선의 지식인들이 중국어 회화 공부에 열의를 내지 않았던 이유의 일부도 그것에서 찾을 수 있을 것이다.

중국어 백화문이 어떻게 해서 생겨난 것인지 분명하지는 않다. 그러나 초기의 한역 불전에 구어 어휘가 보이고, 또 당대(唐代)의 사원에서 민중을 대상으로 구연된 변문(變文)[14]이 백화문의 발생에 있어서 중요한 자료이며, 선종 교단에서 만든 많은 어록이 초기 백화문의 가장 전형적인 예라는 점을 살펴본다면 백화문이 불교 및 사원과 밀접한 관계가 있었던 것이 틀림없다. 백화문과 사원 및 불교와의 관계에 있어 주목할만한 점이 두 가지 있다.

첫번째는, 사찰의 속강(俗講)[15]에서 활용된 변문이 후세의 소설이나 희곡을 필두로 하는 다양한 백화 문학에 있어 하나의 원조가 되었다는 점이다. 또 한 가지는 무로마치 시기 이후의 일본에서와 같이 중국에서도 특히 원대(元代)에는 불교 승려나 도교 도사들이 공적인 기관에서 서기를 담당했었다는 것인데 이 점은 앞에서 서술했던 이문(吏文)과 관련이 있다. 원대는 통치자가 몽골인이었던 관계로 몽골어

---

14) 變文은 중국 당나라 전기와 오대 무렵에 민중 사이에서 유행한 민간문학으로 1907년 敦煌石室에서 대량으로 발견되었다. 寺僧들이 設唱의 형식으로 불경의 신이한 이야기를 풀어 말하던 일종의 설법의 한가지로서, 그 내용도 대부분 불교적인 범주를 벗어나지 않는다. 통속적인 용어를 사용하였으며 문체는 구어체에 가깝고 서술양식은 운문과 산문의 결합이 두드러진 특징이다.

15) 속강은 수당오대에 불교를 전파하기 위해 사용된 형식으로서, 운문과 산문을 섞어가며 불경을 해설하고 불교 고사를 서술한 講唱이었다. 속인들을 대상으로 했기에 속강이라고 하였다. 주로 사원에서 공연되었으며, 궁정이나 극장에서의 법회 활동에서도 연출되었다.

를 직역한 일종의 백화문이 조칙(詔勅)을 비롯한 행정문서에 사용되었고, 그것이 또한『효경직해(孝経直解)』[16] 등 유교 경전의 백화역에도 이용되었으니 이러한 이른바 몽문직역체(蒙文直訳体) 백화문의 발생에는 어쩌면 사원이 관여되어 있었는지도 모른다. 이때 몽골어를 기록하려는 목적으로 만들어진 파스파 문자[17] 또한 라마승에 의해 고안되었다. 중국은 세계에서 으뜸가는 문서 행정의 나라인데 그 경향이 뚜렷하게 나타난 것은 송대 이후였다. 그렇기 때문에 송대에는 실무와 문서 행정을 담당하는 '이(吏)'의 역할이 증대하였으며 아울러 서포(書舗) 또는 다식인(茶食人)이라고 불리는 일종의 대서인(代書人)이 출현하여 민중과 행정 기관 사이를 중개했다. 이와 같은 문서행정의 보급에 따라 여기에 사용되는 이문(吏文)이 민중 사이에 널리 퍼져서 소설이나 희곡 등의 백화문학이 원대 이후에 발달하는 바탕을 이루었다.

한편, 원대의 소설과 희곡의 창작에 종사한 문인들은 '서회(書會)'라고 하는 일종의 길드를 만들었다. 서회는 또한 민중의 교육기관을 겸했는데 이곳의 민간 지식인들에 의해 문어와 백화가 뒤섞인 문체가 고안되고, 그것을 바탕으로 소설과 희곡이 대량으로 창작되었다. 그리고 당시 마침 번성하고 있던 출판업에 의해 그 성과가 널리 퍼졌다.

---

16) 元代의 학자였던 魯齋 許衡(1209-1281)이 세속어로 풀이한『大學直解』를 본받아, 위구르인 貫雲石(小雲石海涯)이 당대의 구어로「효경」을 풀이한 책이다. 조선의 역학서에서 언급되는 '효경'은 바로 이 책을 지칭하는 것이다. 현재는 그 유일본이 일본에 전하고 있다.

17) '파스파'는 중국 元代의 티베트 승려의 이름이다. 파스파는 쿠빌라이의 명을 받아 중국어와 몽골어를 표기할 수 있는 음절 문자를 만들었던바 이것을 '파스파 문자'라고 한다. 자음 30자, 모음 8자, 기호 9개로 이루어져 있다.

원대의 연극인 잡극(雜劇)이라든가 이후 명대의 소설 「삼국지연의(三国志演義)」로 발전하게 되는 『삼국지평화(三国志平話)』[18] 등이 그 대표적인 예일 것이다.

백화적 색채가 짙은 이들 작품의 텍스트는 전통적 고전문학이 원칙적으로 정자체(正字體)로 쓰인 것에 대비하여, 대체로 간략화된 속자로 기록되어 있다. 그 간략화의 원리는 초서체를 취하거나 혹은 'ㅁ'(郎)이나, 'ㄷ'(廣)처럼 편방을 사용하는 것이다. 이 점에서 일본의 가나문자나 조선의 구결, 이두도 이와 비슷하다고 말할 수 있다. 현재 중국에서 사용되는 이른바 '간체자'는 그것의 직계 자손이다.

또한 원대를 지나자 고전어와 구어로서의 백화 사이에 발음 차이가 나타나게 되었다. 특히 남방 방언에 현저하게 나타나는 이른바 '문백이독(文白異讀, 문어와 백화의 독음을 달리함)'과 같은 현상은 왕왕 일본어의 '음독:훈독'과 같은 성질을 갖기에 이르렀다. 더욱이 통사구조에서도 문어와 백화의 거리가 멀어져 총체적으로 보자면 중국어의 문언문과 백화문은 예컨대 일본에 있어서의 한문과 화문(和文)의 관계와 비교할 만한 기능도 갖게 되었다.

이상에서 서술한 내용을 중국, 일본, 조선에 한정하여 매우 간략히 도식화하면 아마 다음과 같이 될 것이다.

---

18) 「삼국지평화」는 至治 연간(1321-1323)에 출간된 가장 이른 시기의 삼국지소설 텍스트 가운데 하나로 講史話本 형식이다. 각 면은 상단에 삽화, 하단에 본문이 배치되어 있으며 총 3권이다. 명대의 羅貫中은 『삼국지평화』의 줄거리를 참조하되, 陳壽의 『三國志』와 裵松之가 보완한 『三國志註』, 司馬光의 『資治通鑑』 등을 바탕으로 역사적 사실에 어긋난 부분을 바로잡아 章回小說 형식으로 재구성하여 『三國志演義』를 편찬하였다.

日本	朝鮮	中國
漢文(漢詩文)	漢文(漢詩文)	文言(古典詩文)
和漢混淆文 (『平家物語』 등)	韓漢混淆文 (『春香傳』 등)	文白混淆文 (『三国志演義』 등)
和文 (和歌, 俳句, 平安朝廷文学)	韓文 (郷歌, 李朝宮廷文学)	白話文 (民歌·説唱文学 등)

위 표의 예시에서 세번째 '화문(和文)-한글문(韓文)-백화문'을 살펴 보자. 가나로 쓰인 헤이안 여류 궁정문학과 비교해 보자면, 이조 후기 에 혜경궁 홍씨라는 궁중의 여성에 의해 한글로 쓰여진 「한중록」 등 의 실록 소설은 궁중의 다양한 사건을 서정적인 필치로 상세하게 묘 사한다는 점에서 서로 닮았다. 그리고 간결하고도 이지적인 것을 중 시하는 중국의 전통적인 문언의 문장관과 상반되는 중국 근세의 민간 이야기인 탄사(弾詞)[19] 등이 매우 장황한 문체와 긴 편폭으로 주로 연 애 등의 사적 사건을 묘사했으며 작자와 수용자의 대부분이 여성이었 다는 점에서 헤이안 여류 궁정 문학과 공통점을 찾아내는 것이 가능 하다.

또한 최근 중국에서 그 존재가 알려져 주목받은 후난성 장융현(江永 縣) 일대의 '여서(女書)'[20]는 한자를 간략화하여 표음적으로 사용하는

---

19) 弾詞는 講唱문학으로, 원대부터 성행한 詞話와 동일한 가창의 장르이다. 명대에는 남 북에서 널리 유행하였고 그 형식은 타악기 반주와 현악기 반주의 두 종류가 있었으며, 청대 이후 각 지역별로 언어와 음악의 특색에 따라 지방명이 붙은 여러 종류의 弾詞群 이 흥기하였다.

20) 女書文字는 지금의 湖南省 江永縣 일대에서 부녀자들 사이에서 사용되었던 표음문자

원리에 의해 만들어진 여성 전용 문자이며, 더욱이 오직 서한문이나 이야기를 적는 데에 사용되고 있다는 점에서 일본의 가나 문자 또는 조선의 한글과 같은 성격을 가지고 있다. 이처럼 다양한 문체와 문자가 이에 대응하는 기능, 사회계층, 성별 등에 의해 복잡하게 나누어져서 사용되고 있다는 점에 동아시아 한자문화권에서의 문자 생활의 특징이 있다고 할 수 있을 것이다. 이것은 국가와 민족의 개별적인 특수성을 내포하면서도 한자문화권 전체에 공통되는 현상이 된 것이다.

이다. 그 기원이나 창제시기에 관해서는 다양한 설이 있다. 한자의 영향을 받은 듯하나 명확한 대응 관계를 이루지는 않으며 긴 점과 선으로 이루어져 있다. 女書文字로 쓰인 작품은 보통 오언시나 칠언시의 형식으로 주로 여성의 애환이나 소망 등을 노래한 경우가 많으며, 산문에서도 활용되었다.

'다이글로시아'라는 용어의 문제점: 전근대 한국의 말하기와 글쓰기의 생태계에 대하여*

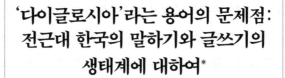

로스 킹(Ross King)

1. 도입

이 논문은 언뜻 보면 간단하고 사소해 보이는, 'diglossia(양층언어, 이하 다이글로시아)'라는 개념에 대한 두 개의 질문을 다루고 있다. 첫째, 20세기 이전 한국의 복잡한 말하기와 글쓰기 생태계를 어떻게 설명할 것인가? 둘째, 한국을 포함한 더 넓은 범위의 동아시아 문화 구조를 어떻게 설명할 것인가? 그러나 후술하다시피 이는 보기보다 전혀 간단치 않으며, 이에 관한 모든 논의는 한국어 글쓰기의 역사에 관련된 보편성과 지역성의 관계에 대한 중요한 이론적 질문을 수반하고 있다.

전근대 한국의 말하기 언어와 글쓰기 언어 사이의 복잡한 관계는 한국에서 나온 논문이나 영어권에서 나온 논문에서 종종 '다이글로시아'라는 용어로 설명되었는데, 이는 퍼거슨(Ferguson)(1959)이 처음 사용하여 이제는 일반적인 용어가 되었다.

"다이글로시아는 나름대로 안정적인 언어 현상이다. 이 언어 상태에서는 기본적인 방언(표준어 또는 지방 기준어를 포함)의 상위에 전혀 성격을 달리하면서 고도로 다듬어진(많은 경우 문법이 더욱 복잡한) 또 다른 언어가 존재한다. 이 상위의 언어는 극진히 존중받는 기록문학의 수단이 되는데, 이 문학(글쓰기)은 과거 특정한 집단의

---

* 이 논문은 Sungkyun Journal of East Asian Studies, 15.1, 2015에 실린 'Ditching 'Diglossia': Describing Ecologies of the Spoken and Inscribed in Pre-modern Korea'를 저자의 허락을 얻어 한국어로 번역한 것이다. 번역하는 과정에 저자가 논문의 일부를 수정하였기에 한국어 논문과 원문은 다소 차이가 있음을 밝혀둔다.

회화 수단으로 향유되었다. 그리고 이 언어는 대체로 정식 교육을 통해 습득되며 글쓰기나 공적인 말하기에 사용되기도 하지만 일상의 대화를 위해서는 사회의 어느 부문에서도 사용되지 않았다.[1]

표면적으로 이러한 다이글로시아에 대한 정의는 전근대 한국 글쓰기 문화에 적절하게 맞아떨어져 보이기에, 지금까지 전근대 한국의 글쓰기 문화는 여러 연구에서 통상적으로(그리고 무비판적으로) '다이글로시아적'이라고 정리되었다. 그러나 후술하겠지만, 여러 가지 이유로 전근대 한국을 '다이글로시아적'이라고 대강 특징짓고 마는 것은 설득력이 부족하다. 아울러 전근대 한국 글쓰기 문화에서의 언어, 작문 그리고 번역의 지위에 대한 문제, 전통시대 한국에 나타난 'Chinese'와 한국의 속어와 기록문화의 관계에 대한 문제, 그리고 이런 문제들을 이해하고 맥락화하며 역사적으로 설명하기 위해 사용하고 있는 영어 어휘 등에 대해 여러 가지 이론적 질문을 수반한다.

---

1) 퍼거슨이 제시한 네 가지 사례는 아랍 세계(고전 아랍어/경전 아랍어와 '방언'/구어체의 속어), 그리스(카사레부사와 디모티키), 독일어권 스위스(고급독일어/스위스표준독일어와 스위스독일어), 그리고 타밀어권 인도(고전 타밀어과 구어 타밀어)이다. 즉 그가 들고 있는 대표적인 사례들은 모두 계통적으로 관련이 있는 상(층)·하(층) 언어의 분화이다. 피시맨(Fishman)(1967)은 계통적으로 관련이 없는 이종 언어의 사례를 포함시키고, 기능과 어휘의 사회적 구획화를 다이글로시아의 핵심 특징으로 규정함으로써 기존 다이글로시아의 범위를 확장시켰다. 퍼거슨은 후에 이 "확장된" 개념의 다이글로시아에 반대했다(퍼거슨(1991)). 이 문제에 관하여는 가예고(Gallego)(2003), 스노우(Snow)(2010), 그리고 본고의 3장을 참고하라.

2. 트랜스로컬 문화 형성체과 "다이글로시아"의 문제

전근대 한국의 말하기와 글쓰기의 생태학을 특징짓는 용어에 대한 모든 논의는 두 가지 핵심 쟁점인 '지역'과 '관계'의 문제로 집중된다. 어떻게 하면 우리가 전근대 한국의 글쓰기 관행을 더 넓은 지역이 포괄되는 문화 지리적 맥락에서 설명할 수 있을까? 그리고 어떻게 언어들 사이의 관계라든가 이에 수반되는 글쓰기 방법들을 특징지어 설명할 수 있을까?

1) 지역

관행적으로, 아니면 적어도 이 지역의 전통적인 글쓰기 문화에 대한 집중적인 비교 연구가 등장하기 전의 학술적인 용어로서, 영어권의 담론에서는 간단하게 '동아시아(East Asia)', '극동(Far East)', '중국문명권(Sinitic sphere)' 등의 용어를 사용하였다. 예를 들면 갈릭(Galik)은 '극동의 문학 공동체(interliterary community of the Far East)'(1995, p.227)라고 표현한바 있고, 다른 글(2001, p.123-24)에서는 '초국가 문학 단위(supranational literary units)', '극동의 다문화 공동체 혹은 연방체(intercultural community -or commonwealth- of the Far East)'라고 말하기도 하였지만, 계속해서 진행되는 이론적 논의에 관여한바 없으며 특히 한국의 상황에 대해서는 잘 알지 못하였다. 와카바야시(Wakabayashi)(2005, p.19)는 자신이 '동아시아 문화권(East Asian cultural sphere)'이라고 명명한 이 지역의 번역 전통에 대해 요령 있게 개괄하면서 '중국문명화된 아시아(Sinitic Asia)', '중화질서 아래의 국가들(countries under the Sinocentric order)', 그리고 '한(漢) 문화권(Han sphere)'이란 표현을 제안하였다. 그것에 더하여 일본 용어인 '칸지 분카켄(漢字文化圈)'이나 그것의 한국식 표현인 '한자문화권'도 아울러 제시하였다.

필자가 아는 한, 전근대 동아시아 글쓰기 문화에 대해 가장 이른 시기에 지속적으로 비교 분석을 진행한 연구로는 한국학자 조동일이 펴낸 야심찬 삼부작(1999a-c)을 들 수 있다. 한국어로 쓰였기 때문에 지금까지는 국제적으로 주목받지 못하였지만, 앞으로 더욱 많은 관심이 주어질 필요가 있다. 조동일의 주된 목표는 중세 세계 문학사를 비교 연구하는 새로운 틀을 만드는 것이었다. 그 틀을 통해서, 그가 보기에 대부분의 선행 연구를 규정짓고 있는 실증주의(이를테면 그는 "실증사학의 귀납법"(1999a, p.69)이라는 표현을 하였다), 현대주의, 그리고 유럽 중심주의에서 탈피하고자 하였다. 그는 a) 지리적 조건 b) 공동문어(共同文語) c) 보편적 종교를 기준으로 각기 다른 '문명권'을 구별하였다. 우리가 여기에서 가장 관심을 두고 있는 '지역'과 관련하여, 삼부작 가운데 두 번째 책(『공동문어문학과 민족어 문학』)에서 조동일은 제2장을 "공동문어문학과 민족어문학의 기본관계"에, 제3장을 "한문학과 민족어문학"에 할애하였는데 그것을 통해 '동아시아 문명권'과 '한문 문명권'을 구분했다. '동아시아 문명권'과 '한문 문명권'은 같은 개념이 아니니, 동아시아에는 한문을 사용하지 않는 '민족'(민족은 매우 문제 있는 용어이다. 이 용어만 아니었다면 조동일의 저서는 더욱 흥미로웠을 것이다)도 있기 때문이다. 조동일에게 있어(1999b, p.68) 중요한 문제는 공통 문어의 문학사도, 민족어의 문학사도 아닌 그들 관계의 역사이다. 아래에서 조동일의 저작에 대해 다시 논의하겠지만, 이 저작들은 그의 프로젝트와 몇몇 개념에 대한 예비적 개요라 할 수 있다. 그래도 그것은 지금까지 이 주제에 대해 한국의 관점으로 다루었던 것 가운데 가장 포괄적인 논의이다.

필자는 위에서 이미 일본식 용어인 '칸지 분카켄'을 언급했다. 언뜻 보기에 그 용어는 특별히 반박할 점이 없는 것처럼 보이지만 자세히 살펴보면 논쟁의 여지가 있다. 루리(Lurie)에 따르면 이 용어는 카메이(Kamei) 등이 엮은 책에서 일본의 언어학자인 코노 로쿠로(河野六郎)가 처음 사용한 것이다(루리, 2011, pp.348-349). 그리고 이후 일본 역사학자 니시지마 사다오(西嶋定生)가 '동아시아 세계(東アジア世界)'에 대한 자신의 구상을 설명하면서 다시 이 용어를 사용하였고 이후 이 용어가 널리 알려지게 되었다고 루리와 토르퀼 더시(Torquil Duthie)(2014, p.2)는 지적하였다.[2] 실로 이 개념은 이전 시기에 일본인들이 '동양' 혹은 '대동아공영권'이라고 불렀던 영역에 대해 전후의 일본이 다시 한번 학술적 차원에서나마 소유권을 주장하기 위해 고안된 완곡한 표현으로 비칠 수 있다. 일본 학자 사이토 마레시(齋藤希史)는 2009년에 쓴 논문에서 영어인 'Sinographic sphere'라는 개념을 사용하였고, 문제가 되는 지역에 대해 토의했던 학술회의[3]에서는 'Sinographic sphere'에 해당하는 일본어 표현인 漢字圈을 자신이 왜 선호하는지 설명하였다. 그것은 '한자 문화권'에서 '문화'라는 개념에 불온하고도 부정확한 함의가 담겨 있기 때문인데, 장구한 시간과 방대한 영역을 포괄하는 이 복잡한 지역이 일정 정도 동일한 문화를 가졌다는 오해를 줄 수 있다는 것이다.

---

2) 고영란(2013)은 '동아시아 세계'라는 용어를 창안한 것은 사실 카메이 타카시(龜井孝)로 그가 자신의 저서(1963)를 편집하는 과정에서 만들어낸 것이라고 하였다. 이에 대해서는 루리의 논문(2013, pp.348-350) 및 '漢字文化'의 개념에 대해 비평한 논문들을 참고하라.

3) 이 학술회의는 2012년 4월 University of British Columbia(이하 UBC)에서 개최되었다. 이 학술회의를 포함하여 2011년 이래로 UBC 학술회의에서 다룬 한자문화권의 언어, 글쓰기와 글쓰기 문화에 대한 논의를 다룬 논고를 출간할 예정이다.

교토대학 김문경 교수는 2010년에 출판한 그의 저서『한문과 동아시아: 훈독의 문화권(漢文と東アジア: 訓讀の文化圈)』에서 새로운 방향을 제시하였다. '훈독(訓讀)'을 어떤 말로 번역하든지 간에, 여기서 김 교수가 강조하고자 하는 것은 동아시아에서 한문이 지역에 따라 다양하게 읽혔다는 점이다. 그는 한문 글쓰기와는 정반대로 한문 읽기는 지역어로 이루어졌던 현상에 집중하고 있다.

현재까지 전근대 시기 글쓰기 문화의 비교 연구에 있어서 가장 야심 찬 작업은 쉘던 폴록(Sheldon Pollock)의 연구이다. 그가 처음에는 '산스크리트 에큐메니(Sanskrit Ecumene)'라고 부르다가, 일련의 연속 연구를 마친 후에 '산스크리트 코스모폴리스(Sanskrit cosmopolis)'(2006)라고 불렀던 연구 테마가 바로 그것이다. 폴록은 남아시아학자이자 산스크리트학자로서 동아시아에 그리 큰 관심을 기울이지는 않았지만, '토착 언어 간 비교 연구(comparative vernacularization)'에 있어서 그가 이룩한 포괄적 이론화는 동아시아에 대해 연구하고 있는 우리에게 굉장히 유용하며, 깊은 관심을 기울일 만하다. 용어에 관하여, 폴록은 유럽의 라틴문화권과 '산스크리트 코스모폴리스'에서의 a) 기록 방식의 역할과 b) '트랜스로컬 공동체(translocal community)'에 대한 자각적 개념에 대해 아래와 같은 흥미로운 언급을 했다(그는 자신의 저서에서 이 두 범세계적 형성체(cosmopolitan formations)에 대해 집중적으로 연구하였다).

a) 기록 방식 / 문자

"이 두 문화권 사이의 작지만 명백한 차이는 시각적 기호 그 자체에서 찾을 수 있다. 로마자는 라틴 문학의 필수 구성 요소이니, 예를 들어 'arma virumque cano(전쟁과 한 남자를 노래하노니)'[4]라는 구절은 단일한 글자 체계로 쓰였다. 반대로 산스크리트 문학의 시

각적 기호는 셀 수 없이 많다. ……" (폴록, 2000, p.605)

b) 트랜스로컬 공동체의 개념

"산스크리트 코스모폴리스에서는 '기독교 국가(Christendom)', '움마 신앙공동체(Ummah Islam)', '중국(Middle Kingdom)'과 같은 '거대 공동체(immense community)'에 대한 정교한 개념은 발견되지 않는다. 앤더슨(Anderson)은 라틴어, 아랍어, 중국어에 있는 고정성-대체불가능성, 혹은 임의적이지 않음-이 그러한 공동체를 구성함에 도움이 된다고 믿었는데, 산스크리트어에는 이 같은 고정성이 없다. 산스크리트어에서 사용된 문자는 시간에 따라 변화해 왔다."
(폴록, 1996, p.232)

동아시아에 대해서 우리는 분명히 다양한 비교의 척도들을 다루고 있다. 그러나 '중국' 문자에 있어 가장 중요한 점은 쓰인 기호가 갖는 '고정성'보다는 읽혀진 기호로서의 유연성에 더 많은 관심을 두어야 한다는 것이다. 이러한 점 때문에 조동일(1999b, p.52)은 한문은 기록언어이지 음성언어가 아니라고 명확하게 지적하였고, 또한 바로 이것이 산스크리트어, 라틴어, 아랍어 같은 여타의 '공통 문어'들과 한문이 갖는 중요한 차이점이라고 강조하였다.[5] 조동일의 견해에 따르면 이 같은 성격 때문에 한문에는 두 측면이 있으니, 한문은 공동 문

---

4) 이는 베르길리우스 『아이네이스』의 첫 문장이다.

5) 이기문(1975, pp.21~22)도 유사한 지적을 했다. "…… 그러나 한문과 라틴어의 중요한 차이점이 간과되고 있다. 전자는 순수하게 글쓰기 언어였던 반면, 후자는 여러 대학에서 글쓰기뿐만 아니라 말하기 언어로 사용되기도 하였다." 이것이 전근대 동아시아, 특히 한국을 규명할 때 '다이글로시아'를 사용하는 것에 반대하는 또 다른 이유이다.

어와 민족 언어라는 성격을 동시에 지니고 있다는 것이다. 조동일은 이러한 점이 중세시대에 이 지역에서 한문을 민족 언어로 대체하려는 긴급한 요구가 전혀 없었던 이유라고 설명한다. 영어권 학자들도 여러 가지 방식으로 같은 지점을 지적하였다. 마이어(Mair)의 경우, 한문 (Literary Sinitic)[6]은 "구어와 크게 단절된 반(半) 암호 해독"이며 따라서 본질적으로 "입으로 말할 수 없다"고 하였으며, 코르니츠키(Kornicki)는 한문을 읽을 때 "진정하게" 혹은 "올바르게" 발음하는 방법은 없다고 지적하였다.[7] 실로 2012년 UBC에서 열린 학술대회에서 발표된 존 휘트먼(John Whitman)의 논문 제목이 말하고 있는 것처럼, 우리는 동아시아를 (적어도 한국과 일본에 있어서는) "숨겨진 토착어(hidden vernaculars)"를 통해 살펴보고자 한다. 숨겨진 토착어라는 것은 행간에 토착어 주석을 다는 훈독 계열 방법에 숨겨진 토착어 읽기 관습인데, 이러한 모든 점이 애초에 간단히 고등/하등의 이분법으로 구분될 수 없다는 점에서 복잡성의 한 층을 더한다. 데이비드 루리는 최근의 저서를 통해 '알로그로토그래피(alloglottography, 이 개념에 대해서는 2006년 루비오(Rubio)의 저작을 보라)'로서의 훈독을 논하면서 이 같은 지적을 하였는데,

---

6) 빅토르 마이어(Victor Mair)는 한문을 'Literary Chinese'이나 'Classical Chinese' 대신에 'Literary Sinitic'이라고 부르자고 주장했고, 이는 영미학계에서 활발히 사용되고 있다.

7) 이러한 이유로 펭클(Fenkl)(2014, p.360)이 한 주장은 엉뚱하다. 그는 당나라를 배경으로 한 김만중의 17세기 (한국) 한문 소설을 번역하며 중국의 인명과 지명을 현대 중국어 병음으로 표기하였다. 그러면서 그는 자신의 방식이 게일(Gale)이 1922년에 고유명사를 한국식 독음으로 표기했던 번역보다 '진짜에 가깝다'고 주장하였다. 그렇지만 이러한 명사들은 중국 본토 내에서도 무수히 다양한 방식으로 발음되었으니, 그 모든 방식은 '진짜에 가깝다'. 펭클의 에세이에는 다른 문제들도 존재한다. 게일과 러트(Rutt)가 모두 카톨릭 신부였다는 그의 주장은 적잖이 큰 문제가 있다(게일은 장로교였고 러트는 성공회 주교였는데 주교를 은퇴한 후에 로마 카톨릭 교회로 편입되었다).

'Chinese writing'에 집중할 것이 아니라 '동아시아 글쓰기'를 지역 언어로 읽는 전통에 주목할 필요가 있다는 주장을 이 책의 결론에서도 반복하였다.[8]

그래서 남아시아나 유럽에서 토착어가 생겨난 역사적 과정들에 익숙한 폴록과 같은 학자들이 전근대 동아시아를 연구할 때면 "토착어가 어디에 있지?"라고 묻는다. 그 답은, '토착어는 항상 그곳에 있었다'는 것이다. 다만 훈독 유형의 토착적인 한문 읽기 관습에 숨어있어 우리의 시야에서 벗어나 있었을 뿐이다. 코르니츠키는 다음과 같은 말을 했다. "일본어 한마디도 알지 못했던 작가들이 일본에서 일본어로 읽히는 텍스트를 생산할 수 있었다는 사실은 이해하기 힘들지만 진실이다. 그리고 이러한 점들이 한문 읽기 전통의 실제이다."[9](코르니츠키, 2010, p.43)

여하튼 이렇게 시각을 바꾸게 되면, 근대 시기인 1900~1920년 사이에 한국과 같은 곳에서 작가들이 현대적이고 문학적인 한국어 표현을 그렇게나 빨리 만들어 낼 수 있었던(그 과정은 문학사를 연구하는 많은 학자에게 경탄을 불러일으킬 만큼 빠른 속도였다) 이유를 이해하는 데 도움이 될

---

8) 조동일도 비슷한 문제를 제기하였다. 동아시아에서 통용되던 고전을 '중국 문학'이라 지칭한다든가 동아시아에 소속된 세계 제국을 '중국인의 국가'라고 부르는 것은 '부당' 하다고 이의를 제기하였다. 코르니츠키 또한 같은 입장이었는데, "'Chinese texts'라는 개념은 허술하고 불만족스럽다."라고 하였다. 이러한 연장선에서 데네케(Denecke)가 일본 한문학에 대해 다음과 같이 논평했던 서술은 한국의 상황에도 유의미하다. "중국 한문의 영향력과 일본 한문학사는 그 역할이 축소되었기에 이것이 다시 주목받기는 어려울 것이다. 왜냐면 일본인의 의식에 있어서 그것은 논쟁적인 문제인 데다가 현재의 민족 문학사에 대한 암묵적인 비판을 함축하고 있기 때문이다. 그렇다고 중국인이 크게 관심을 가지는 영역도 아니다. ……"

9) 프랭크(Frank)(1988)의 "한 텍스트를 두 가지 언어로 읽는 것을 허용하는 놀라운 예"에 대한 논의도 참고하라.

것이다. 그렇지만 폴록과 같은 학자들은 여전히 자신들의 기본적 입장을 고집하고 있다. 그들에 따르면 동아시아를 제외한 세계의 모든 곳에서 토착어가 한창 만들어지고 있던 19세기가 다 지나갈 때까지, 한국에서는 토착어가 생성되는 과정이 전혀 없었던 것이 된다.

트랜스로컬 공동체가 자신을 어떻게 인식하고 있었는가에 대한 질문과 관련하여 다시 생각해보자면, 내가 개인적으로 선호하는 용어는 '시노그래픽 코스모폴리스(Sinographic Cosmopolis)'이다.[10] 일부 연구자들은 전근대 동아시아를 언급할 때 (한자문화권과 대비되는) '한문 문화권'이라는 용어를 선호하면서, 한문 문화권의 공통적 특징은 한자 그 자체가 아니라, 공통된 한문의 훈련과 그것이 구현하는 문화에 있다고 주장한다. UCLA의 토르퀼 더시는 그가 '시노 스크립트(Sino-script)' 코스모폴리스를 '시노 그래픽(Sino-graphic)' 코스모폴리스보다 선호하는 다른 유사한 동기를 제기했는데, 그것은 바로 'script'가 개별 한자보다 전체 글쓰기 시스템의 더 중요하고 체계적인 특징을 여하튼 잘 포착하기 때문이다.[11] 공유된 글쓰기 체계인 한문(かんぶん 또는 hăn)에 대해 여러 연구자가 유사한 맥락으로 강조하게 되자 스콧 웰스(Scott Wells) 또한 '[Literary] Sinitic Cosmopolis'(웰스, 2011)라는 용어를 선호하게 되었다. 이에 반해 위에서 언급한 바와 같이 아직도 상당한 학자들은 '중화권(Sinosphere)'(휘트먼, 2011)이나 사이토의 '한자문화권'이라는 용어를 선택하고 있다.

나로서는 '코스모폴리스'라는 개념을 계속 선호하고 있는데, 그 이유는 폴록이 그 개념을 쓰는 까닭과 똑같다. 즉 그것이 초-지역적 차

---

10)   킹(King)(2014) 참고.

11)   더시(Duthie)(2014, pp.16~18) 참고.

원이기도 하고, 정치적 차원(폴록, 2006, p.12)과 "정치 문화의 일반적 미학"(p.14)과 관련되어 의미가 잘 드러나기 때문이다. 이와 관련하여 나는 또한 다른 연구자들도 '코스모폴리스'를 다른 유사한 트랜스-로컬 문화의 형성에 대해 적용하기 시작했다는 점도 언급하고 싶다. 예를 들면 레베카 굴드(Rebecca Gould)(2008)의 '페르시안 코스모폴리스(Persian Cosmopolis)'나 로닛 리치(Ronit Ricci)(2011)의 '서남아시아의 아랍 코스모폴리스(Arabic Cosmopolis)' 등이 그것이다. 그리고 나는 'Sino-graphic'에서 'graphic'이 중요하다고 생각하는데, 필상학적(graphological)이고 기록학적(scriptological) 차원과 연결된다는 사실이 폴록이나 아래에서 언급하는 사람들이 연구한 다른 초거대지역과 동아시아를 근본적으로 구분해 주기 때문이다. 그리고 그 개념의 적용에서도 나는 'Sinographic'이라는 말에서 특히 '-graphic'을 옹호하려고 하는데 이는 개별적인 중국 문자(한자문화권의 한자)보다는, 이 지역의 글쓰기에서 일반적으로 이루어진 한문에 대한 의존을 말하려는 것이다. 즉 단순히 한자의 형태가 아니라 일본의 가나, 한국의 이두·구결·향찰, 베트남의 쯔놈 등에 의해 활용되고 추동되고 구현된 방식의 형태에 대해 강조하고 싶다.

최종적으로는 우리가 다루는 동아시아 지역의 '코스모폴리탄 언어'를 어떻게 표현할 것인가에 대한 문제도 다루어야 할 것이다. 이에 대해 나는 빅토르 마이어의 'Literary Sinitic'이라는 용어를 명백히 선호한다. 중국 또는 중국인에 대한 지식보다 훨씬 넓은 범위의 지식이 요구되는 현상을 논의하기 위해서는 'Chinese'라는 상대적으로 협소한 단어를 가능한 한 피하는 것이 좋기 때문이다. 그리고 이는 우리가 문제 삼고 있는 코스모폴리탄의 구조를 이해하기 위한 목적이기도 하다. 이 부분에 대해서는 조동일도 생각을 같이 한다(그의 저작 가

운데 드물게 영어로 작성된 「Historical Changes in the Translation from Chinese Literature: A Comparative Study of Korean, Japanese and Vietnamese Cases(한문 번역의 역사적 변화: 한국어, 일본어, 베트남어에 대한 비교 연구)」에서 확인할 수 있다). "동아시아의 고전적인 공통언어가 가진 시각적 차원은 이 문명의 통일성을 강화하며, 음성적 차원은 다양성을 강화한다. 그런데 고전 중국어(classical Chinese) 또는 문어 중국어(written Chinese)라는 개념은 적절하지 못하니, 이는 시각과 음성 두 차원 모두에 대한 오해를 불러 일으킨다." 조동일은 더 나아가 한국, 일본, 또는 베트남 중 어느 나라도 '중국어(Chinese)'라는 용어를 채택하지 않았으므로, 이 개념은 결과적으로 배제되었다고 주장하고 있다. 하지만 그가 '동아시아 문명의 글쓰기 언어'라는 의미로 제안한 '한(Han)'이라는 개념 역시 채택하기 곤란한 점이 있다. 그러한 점에서 나는 'Literary Sinitic'이라는 표현을 선호한다. 그러나 이 용어는 때에 따라 범박하게 들리기도 하므로 나는 이 표현 대신에 나의 전공(한국 어문학)과 관련된 '한문(19세기 후반 일본어 'かんぶん'에서 빌려왔다고 확실시됨)'이라는 개념을 종종 편하게 쓰기도 한다.

2) 관계

그렇다면 우리는 코스모폴리탄 기록 언어와 토착 언어의 관계를 어떻게 규정할 것인가? (적어도 영미권 학계에서) 최근까지도 가장 많이 쓰이는 표현은 '다이글로시아'이다. 그런데 다이글로시아는 사회언어학, 문화학, 역사학 등에서 당황스러울 정도로 다양하게 쓰여 왔고 지금도 쓰이고 있어 의미가 모호해지고 말았다. 이런 관점에서 코울마스(Coulmas)의 논문(1991)은 유용하다. 그는 일본의 20세기 이전 언어와 글쓰기의 생태에 대해 박식한데, 그의 연구에 따르면 일본의 상황은 한국만큼이나 매우 복잡하였다. 그는 다이글로시아에 관하여 "……해석과 재해석, 세련화와 이론적 정교화 과정에서 끝내 이 개념은 매우 진부하고 공허하게 되었다. 사회에 공존하는 문자 체계 가운데 다이글로시아라고 불리지 않는 경우는 거의 없다."라고 언급하였다 (p.125). 이러한 관점에서 흥미로운 사실이 있다. '다이글로시아'라는 개념이 형성된 것은 애초에 아랍권의 사회 언어적 형태에 대한 연구가 핵심적 역할을 하였는데, 근래에는 아랍어 연구자들조차 이 개념의 유효성에 의문을 제기하고 있다는 점이다. 마이어(1996, p.311)에서는 모로코에 대해 다룬 자신의 저작에서 다음과 같이 서술하였다. "애초에 일반 미디어를 위해 고안된 현대 표준 아랍어가 나온 이후 다이글로시아는 아랍어의 사회언어학적 복잡함을 설명하기에는 더욱 부적합하고 단순한 개념이 되고 말았다. M. H. 바칼라(Bakalla)는 이런 이유로 'spectroglossia'라는 개념을 더 선호한다(1984, p.87)".

박순함은 한국의 학계에 '다이글로시아'라는 개념을 처음으로 소개한 한국 학자 가운데 한 명이다(1997). 그런데 그녀 또한 이 용어의 적용 범위가 넓어지고 있으며, 이에 따라 이 용어의 하위개념이 점점 더 복잡해진다는 점에 대해 언급했다(p.65). 그러나 흥미롭게도 박순함은 이 용어를 일제 강점기 한국어와 일본어 사이의 관계에 적용하거나, 구소련 시절의 '고려말(고려인의 언어)' 같은 이주민의 다양한 언어와 한반도의 표준적 언어들 사이의 관계를 다이글로시아의 일종으로 보자는 참신한 제안에 한정시키고, 정작 이 용어를 전근대 한국에 적용하여 한문과 토착 한국어 사이의 관계에 적용하지는 않았다. 최근 몇 년 동안 한국 학자들 또한 이 용어를 전근대 한국의 한문과 토착 한국어 사이의 관계를 규정하기 위해 사용하기 시작했으나, 이 말을 어떤 한국어로 대응시켜 사용할지는 합의하지 못하고 있다. 이 용어는 '양층언어현상(박순함, 1997; 장유승, 2005)', '양층언어성(정소연, 2011)', '양층언어체계(조성산, 2009)', 이중언어체계(정소연, 2011, 여기에서 문제가 되는 두 언어를 '보편어'와 '자국어'라고 부른다)'라고 표현하기도 하고 'diglossia'를 한국어로 그냥 읽어 '다이글로시아(이현희 등, 2014)'라고 쓰기도 한다. 어떤 한국 학자들은 그냥 영어 단어 그 자체로 쓰기도 한다.

현대 한국의 상황에 대해 다이글로시아라는 용어를 사용하는 것은 더욱 위험할 수 있다. 이 단어에 내재된 '이분법(twoness)'[12](접두사 "di-"에 고유하게 내재된 이분법의 변증법적 함의)이 현대 한국 문자민족주의를 강화하기 때문이다. 이 용어에 내재된 대립적 구도에 의해 많은 한국 연구자들은 한문과 한글을 각각 악당과 영웅으로 성격을 규정하여, 영웅인 한글이 아직 계몽되지 못한 중세 표의문자 시기의 차별과 역경을 극복하고 마침내 계몽된 현대의 표음식 한국어를 쟁취해 낸다는 장엄한 목적론적 서사에 활용하였다. 이러한 유형의 담론은 유조영미(Young-mee Yu Cho) 교수와 같은 한국 연구자의 영문 저술에도 스며들었다. 유조교수는 '오래된 다이글로시아의 부담' 아래에서 '다이글로시아의 긴장은 천년 이상 지속'되었고, '다이글로시아적 긴장'은 커져만 가서, '상층어와 하층어로 첨예하게 양분되었다'라고 기술하였다. 그리고 이는 '언어학적이고 문화적인 불안감', '이럴 수도 저럴 수도 없는 숨막히는 다이글로시아의 제약'이라고 표현되었다. 또 유조교수는 이러한 다이글로시아를 '이 오래된 절망'이라고 규정지으면서 한글의 발명은 한국 문학을 발전시킬 수 있는 '자연스러움'이었다고

---

12) 파울릴로(Paulillo)(1994) 참고.

설명하였다. 그녀는 또 다음과 같이 말하였다. "현대 한국어는 스스로 시문학을 창작하게 됨으로써 유구한 다이글로시아의 부담을 벗어 던지고 마침내 살아났다."[13]

이러한 문자민족주의적 견해는 조동일의 독특한 이해 방식과는 확연히 대조를 이룬다. 조동일은 이렇게 썼다.(1999b, p.465) "한글을 사랑하자고 요구하는 것은 우스운 일이다. …… 민족 언어에 대한 애정 때문에 공통의 문학적 언어로 성취된 문화유산을 거부한다거나, 공통의 문학적 언어를 사용했다는 사실만으로 민족적 정체성을 배반하였다고 비판하는 것은 모두 지적 빈곤을 초래한다." 그리고 이러한 현상에 대해 좀 더 일반적으로 다음과 같이 말하였다(1999b, p.35). "공통의 문학적 언어는 민족 언어의 성장을 방해하지 않았다. 오히려 그것은 민족 언어의 성장을 촉진했다. 공통의 문학 언어로부터 각 민족은 글쓰기를 배웠다. 그리고 공통의 문자로 자신의 언어를 기록했고, 공통의 문학 언어로 전달되는 콘텐츠를 자신의 언어로 번역하였다. 그러면서 자신의 언어로 수행하는 글쓰기를 공통의 문학 언어와 동등한 수준으로 끌어올리기 위해 노력했다. 이것은 전 세계 어디에서나 확인할 수 있는 현상이다."[14]

---

13) 이와 같은 시대착오적이고 목적론적인 사고는 피터 H. 리(Peter H. Lee)에게서도 찾아볼 수 있다. "한국인의 주된 기록언어가 한문에서 한글로 전환[됨과 함께] …… 한국인에게 자연스러운 언어를 사용하려는 언어학적 열망은 실현되었다."(2003, p.337). 그리고 김기청(Kichung Kim 1996, pp.4~5)의 "한글의 창제는 한국의 기록언어 역사에 전환점이 되었다. …… 한글은 최초로 이방의 글쓰기 방식을 추방하였다. …… 이같이 말하기 언어와 글쓰기 언어 사이의 구분은 약화되었다. ……"는 언급도 참고.

14) 이와 유사한 관점은 이기문에게서도 확인할 수 있다(1975, p.25 참고). 그는 한국어가 한문과 밀접한 관계를 맺게 됨으로써 "…… 한국어에 한문적 요소가 넘치는 결과를 가져왔다. 이것은 한국어의 입장에선 굉장히 '악'으로 보일 수 있으나, 결과적으로는 '필요

그런 점에서 지금은 사어(死語)라고 할 수 있는 공통언어가 사용되었던 지역의 중세 문화 형성기의 공통어와 지역어 사이의 복잡한 관계에 대하여 '다이글로시아'라는 개념을 적용하는 것에는 몇 가지 문제점이 있다. 예를 들어 일본 불교를 연구하는 프랑스 학자 쟝-노엘 로베르(Jean-Noël Robert) (2006, p.29)는 '다이글로시아'라는 개념 자체가 사회언어학자들이 크리올의 언어부터 현대 그리스어에 이르는 너무도 폭넓고 다양한 상황을 특징짓기 위해 사용한 것이기 때문에 "오로지 사회언어학적 접근만이 올바른 연구라고 여겨지게 된다"라고 불만을 토로하였다. 와카바야시가 이 관계를 '언어학적 이원론(linguistic dualism)'(와카바야시, 2005, p.26)이라고 묘사한 것은 다이글로시아라는 말보다 별로 나을 것이 없다.

동남아시아의 산스크리트 역사 전문가인 토마스 헌터(Thomas Hunter)는 그의 논문(2011a, p.35)에서 산스크리트어와 고대 자바어의 관계를 '다이글로시아'로 설명하며 산스크리트어를 이중 언어 체계 가운데 상위계급의 언어로 보는 방식을 비판했는데, "이러한 결론은 산스크리트어와 문학적 체제로 부상한 고대 자바어 모두 일상의 언어와 구별되는 특별하고 정교한 언어기호였다는 점을 고려하지 못"하기 때문이다. 다른 말로 표현하면, '다이글로시아적'이라고 규정된 상황에서도 실은 두 개 이상의 언어가 관련되어 있다.[15] 데네케도 일본

악'이었다. 이 덕에 한국어는 성숙한 아시아 문명의 언어로서 제 역할을 적절하게 수행할 수 있게 되었다."고 보았다. 그런데 김 르노(Kim-Renaud)는 전근대 한국인을 "한국말을 하면서 중국어로 번역하여 기록하는, 특별한 종류의 다이글로시아에서 사는 사람들"이라고 묘사하면서 자신의 논리를 방어하기 위해 이기문의 논문을 인용했지만, 이기문은 '다이글로시아'라는 용어를 사용하지 않았다.

15)　헌터는 마이어(1993)에 대한 그의 논의에서 '글로시아들'에 대한 설명에 관해 비평을 남

과 관련하여 다음과 같은 유사한 지적을 했다(2006, p.280). "중국과의 직접적인 접촉이 적었던 까닭에, 일본 문학은 독특한 삼중언어의 세계를 발전시켰다. 삼중언어라고 함은 '한문', '일본 한문', 그리고 '일본어'로 능숙하게 문학을 창작하는 능력을 지칭한다. 일본 한문은 고도의 혼합 언어이다. …… 순수하게 언어학의 입장에서 보더라도 이 일본 한문을 '제3의 영역(별도의 영역)'으로 설명하는 것은 가능하지 않다." 전근대 한국은 언어적으로 또 문자적으로 다양한 형태로 특징지을 수 있으므로 일본만큼이나 모든 부분이 복잡하며, 그렇기에 '다이글로시아'라고 간단히 설명하는 것은 적절하지 않다.[16]

그렇다면 어떤 대안들이 있는가? 프랑스의 불교철학자인 장-노엘 로베르는 최근 몇 년 동안 아시아의 코스모폴리탄 언어와 토착어 문제에 대해 포괄적이면서 비교문학적으로 또 이론적인 방면으로 숙고해 온 유럽의 학자이다. 그는 "21세기를 위한 칸분: 사어들의 미래"라는 주제로 일본어 논문을 제출한 바 있고, "새로운 제안: 히에로글로시아(hieroglossia)"라는 제목의 또 다른 영어 논문을 제출하기도 하였다. 바로 그 영어 논문에서 그는 '다이글로시아'에 대한 비판을 이어

겠다(2011b, pp .6~10). 그가 논하는 '글로시아들'은 바흐친(Bakhtin)이 말한 '헤테로(이형)-글로시아'나 '폴리(다중)-글로시아'와 퍼거슨이 말한 '다이(이중)-글로시아'를 포괄하는데, 여기에 바칼라(1984)의 '스펙트로-글로시아'도 포함시킬 수 있다.

16) 전근대 한국에서 시행된 글쓰기 관습의 종류와 언어내-언어간(intra-inter) 번역에 대한 상세한 논의를 보기 위해서는 킹(발표예정-a)의 논문을 참조하라. 이러한 관점에서, 전근대 한국의 언어와 글쓰기 생태계에서 이른바 '이중성'을 약화시킨 것은 한문적 텍스트의 훈독 관행이 아니라 오래된 이두식 글쓰기 관행이었다. 이연숙의 견해와 다르게 이두는 '주변적'인 체제가 아니라 굳건하고 교섭적인 것으로, '한문적(그렇기에 文의 세계인)'이면서 '토착어적(諺)'인 야누스 체제였다(이현희(2014)와 이영경(2014)의 논문을 참조하면 유용할 것이다).

가는데 그치지 않고 다음과 같은 새로운 개념들을 제시하였다. '히에로글로시아(이 문제에 대한 그의 포괄적 개념이므로, '다이글로시아'는 단지 하위분류에 속하게 된다)', '하이퍼글로스(hypergloss, '상위'언어 혹은 코스모폴리탄 언어)'와 '라오글로스(laogloss, '하위'언어 혹은 토착어)'가 바로 그것이다. 로베르는 범-유라시아의 비교 문맥에서 바라보는 '칸분'에 대한 연구를 촉구하고(예를 들어 그는 라틴어 글쓰기와의 유용한 비교를 풍부하게 진행함) 천년간 유라시아 지역에서 이루어진 '히에로글로시아'적 상황에 대해 광범하고 유용한 정보를 제공하며 다음과 같이 썼다.

> "히에로글로시아적 관계에서 '의존적인 언어'(라오글로스-역자)는
> …… 종교인과 문인의 작업을 통해 고유한 어휘의 재구축이라는
> 대단히 섬세하고 심층적인 작업과 함께 히에로글로스에 기반하여
> 그 개념적 연결 관계를 재조정하는 작업을 수행한다. …… 라오글
> 로스에서 이루어지는 이 새로운 현상은 히에로글로스의 원본에
> 대한 주해라고 여겨지는데, 이것이 진정한 의미의 혁신은 아니다.
> 이러한 히에로글로스적 관계는 유라시아의 모든 종교와 문화 영
> 역에서 존재하는 듯하다."

그러면서 로베르는 일본어의 칸분 쿤도쿠(한문 훈독) 방법 즉 카에리텐(혹은 '뒤로 돌아가라'는 기호)의 사용이 '독특하다'고 하며 몇 가지 독자적인 주장을 폈는데, 이는 한국과 일본의 구결 주석에 있어서의 새로운 발견에 비추어 다시 살펴볼 필요가 있다. 그런데 한 가지 지적해야 할 점이 있으니, 중세 문화 형성기의 다이글로시아를 이 '히에로글로시아'라는 새로운 용어로 대체하자는 그의 제안은 종교를 지나치게 강조하기 때문에 문제적이다. 이러한 견해는 조동일과는 상통하지만

지금부터 다시 언급하고자 하는 쉘든 폴록과는 크게 의견을 달리한
다.

'공용어와 토착어'(cosmopolitan and vernacular)에 관한 일련의 중요한
연구들에서 폴록은 '다이글로시아'라는 용어를 사용하지 않고, '슈퍼
포지션(superposition)' 혹은 '하이퍼글로시아(hyperglossia)'라는 용어의
사용을 선호했다. "'바이링구얼리즘(Bilingualism)'뿐만 아니라 '다이글
로시아'라는 저 용어는 확연히 구분되면서도 그것이 사회 전반에 걸
친 현상이라는 사실을 포착하는 데 적절하지 않다. (다른 언어를 쓰는 사
람들에게) 문화적 기회가 차별적으로 주어진다는 것은 말할 필요도 없
다. 이는 여기에서 다루고 있는 산스크리트어와 여러 토착 언어(칸나다
어, 크메르어, 자바어)와의 관계를 통해 분명히 알 수 있다. 이러한 차별성
은 단순히 다른 언어들 사이에 내재된 분리성(di-)에 있는 것이 아니
라 고도의 중첩 현상(hyper-)에 있다. 두 언어 간의 긴장 관계, 예를 들
면 산스크리트어와 칸나다어 사이의 긴장 관계는 이러한 중첩 현상
에 직면함으로써 후자의 역사 전반에 흔적을 남긴다."(폴록, 1996, p.208)
그리고 다시 10년이 지난 후 그는 책에 다음과 같은 말을 썼다(2006,
p.50). "하지만 산스크리트어와 토착 언어는 기준이 서로 분리되므로
'다이글로시아'라는 용어는 이 관계를 설명하기에 완전히 부적절한
범주로 보인다. 왜냐하면 우리가 마주하는 현상은 그 지역 사람들이
단일한 언어라고 여겼던 언어에 있어서, 전형적으로 문어와 구어의
관계와 같은 '다양한 활용'과 '표준 언어' 사이의 내재적 분리(di-)에
있는 것이 아니고, 오히려 그 지역 사람들이 완전히 다른 언어라고 인
식했던 두 언어 사이에 극도로 중첩된(hyper-) 관계이기 때문이다. 내
가 '하이퍼글로시아'라고 칭하고자 하는 이러한 양상은 민족어 혁명
이 일어나기 이전에 남아시아에서 매우 흔한 현상이었다. ……" 다른

논문에서도 폴록은 다이글로시아를 "같은 언어의 상위 극점과 하위 극점" 사이에 적용되는 것으로 규정하였다. 반면 '하이퍼글로시아'는 "언어 지배의 가장 거대한 형식"을 지칭하며, 하나의 언어는 수사적 표현의 목적으로 사용되고 다른 언어는 일상적 기록의 목적으로 쓰이는 두 언어 사이의 관계를 표현하는 것이라고 하였다. 그리고 조동일과 마찬가지로 "하이퍼글로시아적인 언어의 존재가 바로 토착어가 존재할 수 있는 가장 중요한 조건이다"라고 말했다(p.284).

3. 새로운 용어를 향하여

나는 앞서 '시노그래픽 코스모폴리스'라는 용어를 선호하고, '다이글로시아'라는 용어에 반대한다고 주장하였다. '다이글로시아'에 반대하는 주장은 다수 존재하는데, 어떤 것은 일반적이고 이론적이며, 어떤 것은 특히 한국 사례와 관련이 있다.[17] 이론적으로 말하면 '다이글로시아'의 문제는 그것의 근본적인 '이분법'에서 찾을 수 있다. 즉 이 개념은 명확한 양극을 필요로 한다. 그러나 연속성이나 스펙트럼의

---

17) 기록 행위에 있어서 전근대의 조선과 일본에는 여러 중요한 유사점이 있었다는 점을 고려할 때, 데네케(2013)가 그녀의 책 전체에서 '다이글로시아'라는 표현을 지양했다는 점은 주목할 만하다. 하지만 그녀가 폴록의 연구를 인용하지도 않고 심지어 언급하지도 않는 것은 이해하기 어렵다. 이러한 사례가 이현희 등(2014)에도 나타나는데, 폴록에 대한 이해 없이 '공용어와 토착어'를 제기하고 그들의 저서 전반에 무비판적으로 '다이글로시아'라는 표현을 채용하는데, 이두와 구결에 대한 논의에 있어서는 이에 대한 반례들을 나열하고 있다. 아로카이(Árokay)의 논문들 또한 이 점에서 실망스럽다. 힐(Hill)(2010)은 카스케(Kaske)가 '다이글로시아'를 중국어에 적용시키려 한 시도들에 대해 의미 있는 비판을 제공한다.

개념이 필요하다는 주장은 문제를 해결하지 못하고 단순히 중간개체와 혼합개체들에 대한 문제만 강조할 뿐이다. 예컨대 파울릴로(1994, p.16)는 "중간개체가 고등-하등의 이분법(퍼거슨, 1991)과 구별되는 제3극의 표준 개체를 구성한다면 퍼거슨(1959; 1991)이 설명했던 근본적인 이원성은 무너질 것이다."라고 추측하기도 하였다. 그러나 필자는 한국과 일본 양국의 경우에서처럼 여러 가지 (표준 혹은 비표준의) 중간 기록 개체의 존재(구어 방언은 말할 것도 없이)만으로도 '다이글로시아'라는 용어를 무용지물로 만들기 충분하다는 견해를 표명하고 싶다. 여기에 덧붙여 다이글로시아 담론이 '이질적이고 사악한 한문'[18]에 대한 한글의 승리를 강조하는 근대 문자민족주의의 서사를 부채질하는 한국 특유의 문제도 지적할 필요가 있다. 그리고 여러 연구자가 지적한 다른 많은 문제까지 더하여 살펴보면, '다이글로시아'는 퇴장하는 것이 마땅하다.

그러므로 우리에게는 시노그래픽 코스모폴리스에서 '다이글로시아'의 대체어를 찾아야 한다는 문제가 주어지는데, 현재까지 가장 적합한 후보는 폴록의 '하이퍼글로시아'와 '슈퍼포지션'이다.[19] 그런데 고백하자면 나는 '하이퍼글로시아'에 대해 '시노그래픽 코스모폴리스'만큼의 애착을 갖고 있지는 않다. 왜냐하면 '하이퍼글로시아'는 단

---

18) 동아시아의 다이글로시아에 관한 스노우의 논문(2010)은 독특한데(그래서 환영할만한데) 동아시아를 하나의 거대한 '다이글로시아적' 말하기 공동체로 취급하며 귀중한 비교학적 논의를 제공하기 때문이다. 하지만 일본과 한국의 이차적인 학문에만 의존하는 면이 있고, 상대적으로 중국 중심적인 접근을 취했으며 이곳에 인용된 대부분의 연구에 대해 무지하다. '전통적' 다이글로시아를 '현대적' 형태와 구분하려는 그의 시도는 문제를 해결하기는커녕 심화시킬 뿐(혹은 단순히 대체할 뿐)이다.

19) 다이글로시아에 대해 퍼거슨이 내린 원래의 정의(1959)도 "상부/상층"이라고 표현한 점을 참고.

지 '-glossia'라는 용어들이 많아지는 것에 불과하기 때문이다. 사실 여러 가지 면에서 볼 때 이 '-glossia'들의 중요한 약점은 그 말뜻에 내재되어 있듯 말하기와 언어에만 관심을 가질 뿐, 시노그래픽 코스모폴리스의 주된 차별화 요소인 문자 체계, 특히 한자 글쓰기 체계를 간과하고 있다는 점이다.

나는 다른 지역이나 문맥, 언어를 설명하기 위해 고안되었기에 동아시아에는 부적절한 개념을 끌어다 쓰는 대신 동아시아의 고유한 용어를 찾는 편을 선호한다. 게다가 우리는 동아시아에 이미 적절한 개념이 있음을 알고 있지 않은가. 18세기와 19세기에 이르러 한국의 지식인들은 그들의 일상 언어생활을 특징지은 '구어와 문어의 불일치'(이기문, 1975, p.24)에 대해 날카롭게 자각하고 이에 대해 풍부하게 서술하였다. 이와 관련하여 조성산(2009, p.186)은 명청 교체가 조선후기 지식인들의 동문의식에 변화를 가져왔던 경로를 설명하였고, 이군선(2007, p.35)은 조선 지식인들이 청나라에 외교사절로 가서 필담을 하는 동안 중국인들이 손쉽게 그들의 생각을 써내려 가는 것을 보고 자신들의 말과 글이 "괴리"됨으로 인해 초래되는 어려움에 대해 어떻게 자각하게 되었는지 기술하였다. 이현희 등(2014)은 이러한 "괴리"에 대한 자각을 보여주었던 18, 19세기 한국 지식인들의 기록에서 명백한 사례를 뽑아 풍부히 제시하고 있다. 예를 들어 이광사(李匡師, 1705~1777)는 『오음정서(五音正序)』에서 "우리나라는 말과 문장이 다르다.[我東言與文異]"고 하였다.[20]

이상훈·백채원(2014, pp.253~540)은 이희경(李喜經, 1745~?)의 『설수

---

20) 김한결·김민지(2014, pp.126~27)에서 인용

외사(雪岫外史)』에 나오는 다음 구절을 인용하였다. "대개 문장은 말의 근본인데 문장으로 말을 하지 않고 (우리나라 사람은) 별도로 말을 만들었다. 그래서 '天'을 '天(티엔)'이라 말하지 않고 '하늘 천'이라고 한다. …… 말은 말이고 문장은 문장이다. …… 우리나라는 중국과 달리 말과 문장이 각기 다르다. 과연 어느 시대에 어느 누가 문장의 음을 지어냈기에 이런 괴리가 생겼는지 모르겠다. 무엇보다 먼저 중국어를 배워야 한다.[蓋文者, 言之本, 而不以文爲言, 別作其言, 故呼天不曰天而曰漢乙天.[21] …… 言自言而文自文也. …… 自言我國則不然, 言與文各殊. …… 果未知何世何人創得文音而有此乖謬耶. …… 莫如先解華音]"이와 비슷하게, 김한결·김민지의 저서(2014, pp.135~36)에서는 홍길주(洪吉周, 1786~1841)의 『숙수념(孰遂念)』에 수록되어 있는 「동언소초(東諺小鈔, 우리나라의 방언에 대한 짧은 기록)」에서 다음 내용을 인용하였다. "동방의 언어와 문자는 나뉘어 두 물건이 되어 서로 섞이지 않는다. …… 대개 중국의 경우 말과 글이 합치된다. 그래서 말이 바뀌면 글도 따라서 바뀐다. 동방은 말과 글이 서로 다르므로 비록 말이 변해도 글이 반드시 함께 바뀌지는 않는다.[東方之言語文字判爲兩件而不能相入. …… 盖華則言語文字合, 故語變而字隨以變. 東則言語文字別故語雖變而字未必俱變]"

근대에 와서 동아시아의 언어와 문자 사이에 존재하는 괴리를 해소하려는 최초의 운동은 일본 메이지 시대에 일어났으니 바로 '겐분이치(言文一致)'라고 불렸는데, "문어와 구어 일본어의 화해(rapprochement of written and spoken Japanese)"(코울마스, 1998), "말하기와 글쓰기 언어의 통합(unification of the spoken and written language)"(Tomasi, 1999, p.333),

---

21)   이 경우, 조선의 민족어인 '하늘'은 표음기호로 쓰인 한자를 사용해 번역되었고(漢乙), 조선식 한자 발음인 '천'은 한자 '天'을 사용해 번역되었다.

"말하기와 글쓰기의 합치(the congruence of speech and writing)"(카스케, 2006, p.19), "말하기와 글쓰기 언어의 통일(unity of spoken and written language)"(Gebert, 2013, p.13), "말하기와 글쓰기의 화해(reconciliation of speech and writing)"(Frederick, 2008, p.446; Levy, 2006, p.37) 등으로 다양하게 번역되었다. 이 용어는 이후 한국과 중국에서도 채용되었다(한국에서는 '언문일치'라 발음하며, 허재영(2011, p.43)에 따르면 1906년에 처음 사용된 증거가 있다. 중국에서는 '옌원이즈'라 발음하며, 5·4운동과 연결된 언어학적, 문학적 혁신에 있어 중요한 역할을 맡았다). 그러나 해체되어가는 시노그래픽 코스모폴리스에 속한 국가들에 있어 언어학적, 문학적 근대화의 중심이었던 말하기와 글쓰기 언어 사이의 일치(화해, 조화, 통합, 통일 등)를 지칭하는 용어에 대해서는 일반적인 합의가 나올 수도 있을 테지만, 그 이전의 상태를 무엇이라 정의할지는 매우 불명확하다. '일치'가 아니라는 점에서 당연한 대안은 '언문이치(言文二致, 말과 글의 두 극점)'가 되겠지만, '이(二)'라고 표현하게 되면 '다이글로시아'가 드러내었던 것과 똑같은 문제를 초래하고 만다.[22] 더 매력적인 대안은 '언문불일치(言文不一致)'

---

22) 이 표현이 '다이글로시아'처럼 한국 토착어 및 문자와 한문 사이의 역사적인 관계에 대한 문자 민족주의 해석에 녹아드는 방식은 개화기에 이기문이 쓴 한국말과 글쓰기에 대한 선구적인 저서에서 찾아볼 수 있다(이기문 1970, p.14). "…… 우리 조상들은 오랫동안 입으로는 국어를 말하면서 글로는 한문을 쓰는 기형적인 언어생활을 영위하였었다. 즉 음성언어와 문자언어의 이중구조 속에서 이만저만 큰 불편을 견디지 않으면 안되었다. 이 이중구조를 개화기 사람들은 "諺文二致"라는 말로 요약했었다." 이응호(1975, pp.219~220)도 위와 비슷하게 편파적으로 '언문이치'를 사용하였는데, 황성신문이 국한문체를 채용한 것을 비판하면서 이는 지식인층의 독재적이고 반한글적인 처사이며 언문이치(이응호는 그의 한글 전용론에 입각하여 "언문2치"라고 썼다)의 상황을 악화시켰다고 낙인을 찍었다. 개화기에 '언문이치'라는 표현이 때때로 사용된 것은 사실이나(이병근, 2003, p.10 에서는 1907년 국문연구의정안의 사례를 인용했다), 다른 표현들로는 '言文相離'("말하기와 글쓰기 상호간의 격리", 황성신문 1909.2.16; 백채원, 2014, p.84에서 재인용)와 '言文[이]不同'("말하기와 글쓰기의 불합치", 주시경, 『국어문법』, 1910, p.26; 정승철, 2006, p.81에서 재인용)이 있었다.

로, "말하기와 글쓰기 사이의 불일치(짝이 맞지 않음, 모순, 부조화, 불화, 불일치, 불협화음, 차이, 조화롭지 못함, 병립하지 못함 등)"를 뜻한다.[23] 이 용어는 오늘날 한국 학자들에 의해 사용되고 있으니 예를 들면 조성산(2009), 김한결·김민지(2014), 이상훈·백채원(2014) 등이 있다. 마지막 대안은 장윤희(2005, pp.109~110)가 제시했는데, 전통시대 구어와 문어의 관계를 표시하는 '(불)일치'라는 표현은 현대의 국어와 이를 표기하는 문자에 있어서의 불합치를 지적하는 문맥에서 혼란을 야기할 수 있다고 주장한다. 대신 그는 '언문괴리(言文乖離)'를 제안했는데 달리 표현하면 '말하기와 글쓰기 사이의 분리'라고 설명할 수 있을 듯하다.

언문불일치나 언문괴리 중 무엇을 택하더라도, 다이글로시아보다는 낫다고 할 수 있다. 다이글로시아는 앞으로 이러한 종류의 논의에서 차차 배제되어야 할 것이다.

---

23) 이를 '字文分裂'로 번역하고 싶은 욕심이 들지만, 채택되지 못할 것이 분명하다.

참고문헌

김한결·김민지,「언어관」,『근대 한국어 시기의 언어관, 문자관 연구』, 소
　명출판, 2014.

박순함,「양층언어구조(Diglossia) 연구의 약사」,『사회언어학』 5, 한국사회
　언어학회, 1997.

백채원,「20세기 초기 자료에 나타난 '言文一致'의 사용 양상과 그 의미」,
　『국어국문학』 166, 국어국문학회, 2014.

이군선,「朝鮮 士人의 言語文字 認識」,『東方漢文學』 33, 동방한문학회,
　2007.

이기문,『開化期의 國文硏究』, 一潮閣, 1970.

이병근,「近代國語學의 形成에 관련된 國語觀-大韓帝國 時期를 중심으
　로 -」,『한국문화』 35, 서울대학교 규장각한국학연구원, 2003.

이상훈·백채원,「문자관」, 이현희 외,『근대 한국어 시기의 언어관, 문자관
　연구』, 소명출판, 2014.

이영경,「다중문자 사용의 양상」, 이현희 외,『근대 한국어 시기의 언어관,
　문자관 연구』, 소명출판, 2014.

이응호,『개화기의 한글운동사』, 성청사, 1975.

이현희,「개관」, 이현희 외,『근대 한국어 시기의 언어관, 문자관 연구』, 소
　명출판, 2014.

장유승,「花王本記의 번역 양상에 대하여」,『民族文化』 28, 한국고전번역
　원, 2005.

장윤희,「국어생활사의 관점에서 본 문학작품의 가치」,『국어국문학』 141,
　국어국문학회, 2005.

정병설,「조선시대 한문과 한글의 위상과 성격에 대한 一考-心身寓言의
　비교를 통하여-」,『한국문화』 48, 서울대학교 규장각한국학연구
　원, 2009.

정소연,「龍飛御天歌〉와〈月印千江之曲〉비교연구 - 층언어현상(Diglossia)
　을 중심으로-」『우리어문연구』 33, 우리어문학회, 2009.

_____,「한문과 국어의 양층언어성(diglossia)을 중심으로 본 송강 정철의 한시와 시조 비교연구」,『한국학연구』 38, 고려대학교 한국학연구소, 2011.

정승철,「근대 국어학과 주시경」, 이병근 외,『한국 근대 초기의 언어와 문학』, 서울대학교출판부, 2005.

조동일,『하나이면서 여럿인 동아시아문학』, 지식산업사, 1999a.

_____,『공동문어문학과 민족어문학』, 지식산업사, 1999b.

_____,『문명권의 동질성과 이질성』, 지식산업사, 1999c.

조성산,「18세기 후반~19세기 전반 조선 지식인의 語文 인식 경향」,『한국문화』 47, 서울대학교 규장각한국학연구원, 2009.

허재영,「근대 계몽기 언문일치의 본질과 국한문체의 유형」,『語文學』 114, 한국어문학회, 2011.

亀井孝(Kamei, Takashi)·大藤時彦(Ōtō, Tokihito)·山田俊雄(Yamada, Toshio) 編,『日本語の歴史2-文字とのめぐりあい』, 東京: 平凡社, 1963.

金文京(Kin, Bunkyō),『漢文と東アジア: 訓読の文化圏』, 東京: 岩波書店, 2010.

高榮蘭(Ko, Youngran),‘グローバリズムが呼び覚ました「ゾンビ」に遭遇した時Ⅰ—漢字文化圏構想とベトナム戦争言説の交錯を手掛かりに’, the 75th meeting of the 日本比較文学会, Nagoya University, 2013.

Robert, Jean-Noël,『二十一世紀の漢文: 死語の将来』, 京都: 国際日本文化研究センタ—, 2001.

Árokay, Judit, Jadranka Gvozdanović and Darja Miyajima, eds., *Divided Languages? Diglossia, Translation and the Rise of Modernity in Japan, China and the Slavic World*, Dordrecht: Springer, 2014.

Bakalla, M. H., *Arabic Culture through its Language and Literature*,

London: Kegan Paul International, 1984.

Cho, Dong-il, "Historical Changes in the Translation from Chinese Literature: A Comparative Study of Korean, Japanese and Vietnamese Cases", Lieven D'Hulst and John Milton, *Reconstructing Cultural Memory: Translation, Scripts, Literacy*, Amsterdam: Rodopi, 2000(조동일(1999c)에 재수록).

Coulmas, Florian, "Overcoming Diglossia: The Rapprochement of Written and Spoken Japanese in the 19th century", Nina Catach, *Pour une théorie de la langue écrite*, Paris: Centre nationale de la recherche scientifique, 1988.

_____, "Does the Notion of Diglossia Apply to Japanese? Some Thoughts and some Documentation", *Southwest Journal of Linguistics* 10.1, 1991.

Denecke, Wiebke, "Janus Came and Never Left: Writing Literary History in the Face of the Other", Gunilla Lindberg-Wada, *Studying Transcultural Literary History*, Berlin: Walter de Gruyter, 2006.

_____, *Classical World literatures: Sino-Japanese and Greco-Roman Comparisons*, Oxford University Press, 2013.

Duthie, Torquil, *Man'yōshū and the Imperial Imagination in Early Japan*, Leiden: E. J. Brill, 2014.

Fenkl, Heinz Insu, "九雲夢 Kuunmong A Translator's Note" *Azalea: Journal of Korean Literature and Culture* 7, 2014.

Ferguson, Charles A, "Diglossia", *Word* 15, 1959.

_____, "Epilogue: Diglossia Revisited", *Southwest Journal of Linguistics* 10.1, 1991.

Fishman, Joshua A, "Bilingualism with and without Diglossia; Diglossia with and without Bilingualism", *Journal of Social Issues* 23.2, 1967; "Societal Bilingualism: Stable and

Transitional", *Sociolinguistics: A Brief Introduction*, Rowley, Mass.: Newbury House, 1970(개정).

Frank, Bernard, "Entre idéogrammes chinois et syllabaire japonais: l'étonnant example d'un text susceptible d'une lecture en deux languages", Anne-Marie Christin, *Espaces de la lecture*, Paris: Éditions Retz, 1988.

Frederick, Sarah, "Sirens of the Western Shore: The Westernesque Femme Fatale, Translation, and Vernacular Style in Modern Japanese Literature by Indra Levy (Review)", *Journal of Japanese Studies* 34.2, 2008.

Galik, Marian, "Some Theoretical Problems of the Interliterary Community of the Far East", Koji Kawamoto, Heh-Hsiang Yuan and Yoshihiro Ohsawa, *Inter-Asian Comparative Literature, The Force of Vision ICLA '91 Tokyo* v.6, 1995.

_____, "On the Character of the Intercultural Community of the Far East", *Revue de littérature comparée* 297, 2001.

Gallego, Maria Angeles, "The Languages of Medieval Iberia and their Religious Dimension", *Medieval Encounters* 9, 2003.

Gebert, Andrew, "The Writing Subject: Makiguchi Tsunesaburo and the Teaching of Composition", *Journal of Language, Identity & Education* 12.1, 2013.

Gould, Rebecca, "How Newness Enters the World: The Methodology of Sheldon Pollock", *Comparative Studies of South Asia, Africa and the Middle East* 28.3, 2008.

Heinrich, Patrick, "Things You Have to Leave Behind: The Demise of 'Elegant Writing' and the Rise of Genbun Itchi Style in Meiji-period Japan", *Journal of Historical Pragmatics* 6.1, 2005.

Hill, Michael, "The Politics of Language in Chinese Education, 1895-1919 (Review)", *Harvard Journal of Asiatic Studies* 70.2, 2010.

Hung, Eva and Judy Wakabayashi, eds., *Asian Translation Traditions*, Manchester [England] and Northampton, MA: St. Jerome Publishing, 2005.

Hunter, Thomas, "Translation in a World of Diglossia", Jan van der Putten and Ronit Ricci, *Translation in Asia: Theories, Practices, Histories*, Manchester, GB: St. Jerome Publishing, 2011a.

_____, 'Exploring the Role of Language in Early State Formation of Southeast Asia', Nalanda-Sriwijaya Centre Working Paper No. 7. February 8, 2011b.

Kaske, Elisabeth, 'Cultural Identity, Education, and Language Politics in China and Japan, 1870-1920' David L. Hoyt and Karen Oslund, The Study of Language and the Politics of Community in Global Context, Lanham, MD: Lexington Books, 2006.

_____, The Politics of Language in Chinese Education, 1895-1919, Leiden: E. J. Brill, 2008.

Kim, Kichung, An introduction to Classical Korean Literature. From Hyangga to P'ansori, Armonk: M.E. Sharpe, 1996.

Kim-Renaud, Young-Key, 'Sejong's Theory of Literacy and Writing', Studies in the Linguistic Sciences 30.1, 2000.

King, Ross, "Introduction", Jongsok Koh. Translated with a critical introduction by Ross King, *Infected Korean language, Purity vs. Hybridity: From the Sinographic Cosmopolis to Japanese Colonialism to Global English*, Amherst, New York: Cambria Press, 2014.

_____, "Inscriptional Repertoires and the Problem of Intra- vs. Iinterlingual Translation in Traditional Korea", Rainier Lanselle and Barbara Bisetto, *Intralingual Translation, Language Shifting, and the Rise of Vernaculars in East Asian Classical* and *Premodern Cultures*, Leiden: E. J. Brill, 2016.

_____, "The Language of the Sages in the Realm of Vernacular Inscription: Reading Sheldon Pollock from the Sinographic Cosmopolis", *Cosmopolitan and Vernacular in the World of Wen: Reading Sheldon Pollock from the Sinographic Cosmopolis*, Leiden: Brill, forthcoming-a.

_____, *Kugyŏl and Kunten-Glossing Techniques in Korea and Japan in Comparative Perspective*, Leiden: Brill, Forthcoming-b.

_____, *Accessing the Cosmopolitan Code in the Sinographic Cosmopolis: Learning Literary Sinitic in Traditional East Asia*, Forthcoming-c.

Kornicki, Peter, "A Note on Sino-Japanese: A Question of Terminology", *Sino-Japanese Studies* 17, 2010.

_____, Lecture 1: The Latin of East Asia? Lecture 2: Bluffing your way in Chinese, "Having difficulty with Chinese?-the rise of the vernacular book in Japan, Korea and Vietnam", Sanders Lectures, 2008.

Lee, Peter H, "Early Twentieth-Century Poetry", Peter Lee et al., *History of Korean Literature*, Cambridge, UK: Cambridge University Press, 2003.

Lee, Yeounsuk, "Homogenization or Hierarchization?: A Problem of Written Language in the Public Sphere of Modern Japan", Judit Árokay, Jadranka Gvozdanovic′, and Darja Miyajima, *Divided Languages? Diglossia, Translation and the Rise of Modernity in Japan, China and the Slavic World*, Dordrecht: Springer, 2014.

Levy, Indra, *Sirens of the Western Shore: The Westernesque Femme Fatale, Translation, and Vernacular Style in Modern Japanese Literature*, New York, New York: Columbia University Press,

2006.

Lurie, David, *Realms of Literacy: Early Japan and the History of Writing*, Cambridge, MA: Harvard University Asia Center, 2011.

Maier, Henk, "From Heteroglossia to Polyglossia: The Creation of Malay and Dutch in the Indies", *Indonesia* 56, 1993.

Maier, John R., *Desert songs: Western Images of Morocco and Moroccan Images of the West*, Albany, New York: SUNY Press, 1996.

Mair, Victor, "Buddhism and the Rise of the Written Vernacular in East Asia: The Making of National Languages", *The Journal of Asian Studies* 53.3, 1994.

Paulillo, John, *Finding the 'Two' in Diglossia, UTA Working Papers in Linguistics 1*, Program in Linguistics (now the Department of Linguistics & TESOL) at The University of Texas at Arlington, 1994.

Pollock, Sheldon, "The Sanskrit cosmopolis, 300-1300 CE: Transculturalization, Vernacularization, and the Question of Ideology", Jan E. M. Houben, *Ideology and Status of Sanskrit: Contributions to the History of the Sanskrit Language*, Leiden, New York, Köln: E. J. Brill, 1996.

_____, "The Cosmopolitan Vernacular", *Journal of Asian Studies* 57.1, 1998.

_____, "Cosmopolitan and Vernacular in History", *Public Culture* 12.3, 2000.

_____, *The Language of the Gods in the World of Men: Sanskrit, Culture and Power in premodern India*, Berkeley, CA: University of California Press, 2006a.

_____, "Response for Third Session: Power and Culture Beyond

Ideology and Identity-Hyperglossia and the Division of Linguistic Labor as a Research Problem", Seth L. Sanders, *Margins of Writing, Origins of Cultures*, Chicago, IL: The Oriental Institute of the University of Chicago, 2006b.

Ricci, Ronit, *Islam Translated: Literature, Conversion and the Arabic Cosmopolis of South and Southeast Asia*, Chicago and London: The University of Chicago Press, 2011.

_____, "Hieroglossia: A proposal", *Nanzan Institute for Religion and Culture Bulletin* 30, 2006.

Rubio, Gonzalo, "Writing in Another Tongue: Alloglottography in the Ancient Near East", *Margins of Writing, Origins of Cultures*, Oriental Institute Seminars 2, Chicago: The Oriental Institute of the University of Chicago, 2006.

Saitō, Mareshi, "East Asia as the Sinographic Sphere", The Cultural Foundations of the East Asian Classical World: A Program for Graduate Study, sponsored by the University of British Columbia Department of Asian Studies and the University of Tokyo MEXT Research Initiative 'Jodai Bungaku in East Asian Classics', April 17, 2009.

Snow, Don, "Diglossia in East Asia", *Journal of Asian Pacific Communication* 20.1, 2010.

Wakabayashi, Judy, "Translation in the East Asian Cultural Sphere: Shared Roots, Divergent Paths?", Eva Hung and Judy Wakabayashi, *Asian Translation Traditions*, Manchester [England] and Northampton, MA: St. Jerome Publishing, 2005.

Wells, William Scott, "From Center to Periphery: The Demotion of Literary Sinitic and the Beginnings of Hanmunkwa-Korea, 1876-1910", MA thesis, University of British Columbia, 2011.

Whitman, John, "The Ubiquity of the Gloss", *Scripta* 3, 2011.

Yi, Ki-moon, "Language and Writing Systems in Traditional Korea", *The Traditional Culture and Society of Korea: Art and Literature*, Honolulu: The Center for Korean Studies, 1975.

Yu Cho, Young-mee, "Diglossia in Korean Language and Literature: A Historical Perspective", *East Asia* 20.1, 2002.

제 2 부

동아시아 고전학의
문헌과 분석

『박통사언해』와 그 속에 인용된 『서유기』에 대한 새로운 탐구[*]

─『朴通事諺解』及其所引『西遊記』新探─

＿＿＿＿＿

판젠궈(潘建國)

1. 머리말

고대 한국의 중국어 회화서인 『박통사언해(朴通事諺解)』는 본문과 주석 여러 곳에서 중국 소설 『서유기(西遊記)』의 문장을 인용했다. 『박통사』와 또 다른 중국어 회화서인 『노걸대(老乞大)』의 간행 시기는 모두 고려왕조 후기(918~1392, 중국의 원대 말기에 해당)로 비정되며[1] 또 『박통사언해』 권하(卷下) 본문에는 "우리 둘이 책을 사러 가자." "무슨 책을 살까?" "『조태조비룡전(趙太祖飛龍傳)』과 『당삼장서유기(唐三藏西遊記)』를 사자." "책을 산다면 '사서육경'을 사는 것이 좋으니, 공자님의 책을 읽으면 반드시 주공의 이치를 통달하게 된다. 어찌 소설과 '사서육경'을 똑같이 여길 수 있는가?"와 같은 표현이 수록되어 있어 전 세계 소설 연구자들은 이 책에 인용된 『서유기』를 원나라 때의 텍스트로 본다. 그 텍스트를 '평화본(平話本) 『서유기』'라고 직접 명명하기도 하고[2] 심지어는 이 때문에 백회본 서유기의 예술적 성취마저 의심하

---

* 이 논문은 『嶺南學報』 第六輯, 香港嶺南大學中文系, 2016에 실린 「『朴通事諺解』及其所引『西遊記』新探」을 저자의 허락을 얻어 한국어로 번역한 것이다. 번역하는 과정에 저자가 논문의 일부를 수정하였기에 한국어 논문과 원문은 다소 차이가 있음을 밝혀둔다.

1) 이하의 논문을 참조하시오. 朱德熙, 「『老乞大諺解』『朴通事諺解』書後」, 『北京大學學報』1958年 第2期; 入矢高義, 「『朴通事諺解老乞大諺解詞彙索引』序」, 陶山信男, 『朴通事諺解老乞大諺解詞彙索引』卷首, 采華書林, 1973; 정광·양오진·남권희 공저, 「原本老乞大解題」, 『原本老乞大』(影印本) 卷首, 北京: 外語敎學與硏究出版社, 2002; 이태수, 『『老乞大』四種版本語言硏究』, 第二章 第二節 '古本『老乞大』時代考辨', 北京語文出版社, 2003, 11~21면; 汪維輝, 「『朴通事』的成書年代及相關問題」, 『中國語文』2006年 第3期.

2) 曹炳建, 『『西遊記』版本源流考』, 人民出版社, 2012, 53~55면의 제2장 3절 '원대의 평화본 『서유기』'에서는 『永樂大典』, 『朴通事諺解』, 『迎神賽社禮節傳簿四十曲宮調』, 그

기도 한다.[3] 그러나 다음과 같은 문제를 지적하지 않을 수 없다. 대다수의 소설 연구자들이 『박통사언해』를 활용할 때에 두 가지 문제점이 보인다. 첫째는 『박통사언해』의 본문 및 주석의 성립 연대에 대하여 꼭 필요한 설명과 고증을 누락한다는 점이고, 두 번째는 『박통사언해』의 본문과 주석에 인용된 『서유기』를 동일한 책으로 보아 구분하지 않는다는 점이다.[4] 이러한 문제는 소설 연구자들이 적시에 또 충분히 고대 조선의 중국어 회화서 문헌과 동아시아 한어사(漢語史)의 학술적 성과를 이용하지 못했다는 점에서 기인할 것이다.

2005년 중화서국은 중문학자 왕유휘(汪維輝)가 편집한 『조선시대한어교과서총간(朝鮮時代漢語敎科書叢刊)』을 출판하였는데, 『원본노걸대(原本老乞大)』, 『노걸대언해(老乞大諺解)』, 『노걸대집람(老乞大集覽)』, 『박

리고 『銷釋眞空寶卷』 네 책이 인용한 『서유기』 텍스트를 원대 평화본이라고 나열하였다. 그중 "고대 조선의 중국어 교과서 『박통사언해』 안에 평화본 『서유기』와 관련 있는 8조의 주석과 '차지국투성' 고사가 있으니, 우리는 이 판본을 '언해본'이라 부르겠다"라는 설명이 있다.

3) 黃永年의 『黃周星定本西遊證道書』는 "前言"에 구두점을 찍으며 교감하였고, 『박통사언해』의 본문(두 곳)과 소주(7조)를 분석하여 인용하고 기록한 『서유기』 자료의 뒤에 이르기를 "이러한 점은 원말 명초의 『서유기』 소설이 이미 후래의 백회본과 십분 근사하다는 것을 설명한다. 백회본은 이것을 바탕으로 원본을 거듭 조정하고 충실히 고쳐 써서 만든 것이다. 과거에는 백회본을 어떤 개인의 창작이라 생각하기도 했고, 창작자를 고명하고 위대한 전통적 관점을 지녔다고 추켜올리기도 하였는데 다시 생각해 보아야 한다."고 했다. 黃永年, 『黃周星定本西遊證道書』, 中華書局, 1998, 7면.

4) 그러한 사례를 들면 이러하다. 太田辰夫, 「『朴通事諺解』所引西遊記考」, 『西遊記の研究』, 研文出版社 1984; 矶部彰, 「元本〈西游记〉中孙行者的形成—从猴行者到孙行者」, 『中国古典小说戏曲论集』, 上海古籍出版社, 1985, 301~327면; 矶部彰, 『〈西游记〉形成史研究』, 創文社, 1993, 145~180면. 이 논문들은 모두 『박통사언해』 본문과 『노박집람』 주석에 인용된 『서유기』가 元代本 『서유기』의 하나라고 보았다. 중국 학자의 사례를 들면, 徐朔方, 「论『西游记』的成书」, 『小说考信编』, 上海古籍出版社, 1997, 324면; 曹炳建, 『『西游记』版本源流考』, 人民出版社, 2012, 53~55면의 경우도 원대본으로 보아 구분을 하지 않았다.

통사언해』등이 포함된 10종의 중국어 회화서를 집중적으로 영인하였다. 이는 동아시아 한어사 연구를 추동했을 뿐만 아니라, 중국 내의 소설 연구자들이 『박통사언해』의 자료적 성격 및 『서유기』의 성립 과정에 대한 연구의 필요성에 대해 재검토하게 되는 하나의 계기를 제공하였다. 예를 들면, 석창투(石昌渝)는 「『박통사언해』와 『서유기』 형성사의 문제」(2007)[5]에서 왕유휘가 편찬한 자료를 이용하여 현존하는 『박통사언해』 간본은 강희 16년(1677)본으로 명청 양대를 거치면서 조선 문인이 여러 번 수정한 것이기에 이미 원대 문헌의 원형이 아니라고 보았다. 따라서 여기에 인용된 『서유기』는 자연스럽게 원대의 소설로 볼 수 없으니 최소한 이에 대한 고증이 필요하다고 주장하였다. 그의 문제 제기가 합리적인지에 대해서는 학술적 검토가 필요하겠지만, 석창투의 다음과 같은 날카로운 지적은 받아들일 만하다. 그는 『박통사언해』의 "본문과 쌍행(雙行) 협주(夾注)를 구별해야"한다고 하였고, 주석에 대하여 "본문과 주석을 똑같이 취급하여 모두 원말의 텍스트라고 여기는 것은 정확하지 않다. 주석들은 물론 원대 『서유기』 평화(平話)의 내용을 인용한 것이겠지만 반드시 고증이 이루어져야 하며, 그것들을 원나라 사람이 원나라의 일을 이야기한 것이라고 확정할 수 없다."라고 하였다. 그가 여기서 한 걸음 더 나아간 연구를 하지 못했다는 점은 아쉬움이 남는다.

정리하자면, 현재 학계에는 『박통사언해』와 그 책에 인용된 『서유기』 연구에 관해 그럴듯해 보이지만 실은 모호하고 명확하지 않은 학술적인 문제들이 적잖이 존재한다. 예컨대 『박통사언해』 본문을 과연

---

5)　　石昌渝의 논문은 『山西大學學報』 2007年 第3期에 실려 있다.

원나라 문헌이라고 볼 수 있을까? 그 주석에는 청나라 초기 조선의 문인들이 덧붙인 내용이 섞여 들어가지는 않았을까?『박통사언해』의 본문과 주석에 인용된『서유기』는 동일한 책인가? 만일 그렇지 않다면 그들이 각각 인용한 것은 또 어떤『서유기』인가? 이러한 문제들은 모두 다시 정리하고 탐구할 필요가 있다.

2.『박통사언해』본문과 주석의 역사적 기원 및 성립 연대

한국과 중국학자들의 연구에 근거해보면, 중국어 회화서인『박통사』는 대략 고려 후기(중국 원나라 말)에 편찬되었다. 그 이름이 최초로 보이는 것은 조선『세종실록』5년(1423) 6월 조의 기사로 "예조에서 사역원의 첩정(牒呈)에 근거하여 계를 올리기를 '『노걸대』,『박통사』,『전후한(前後漢)』,『직해효경(直解孝經)』 등 서적은 간행본이 없기에 읽는 자들이 돌려가며 베껴 써서 외우고 익힙니다. 청컨대 주자소(鑄字所)로 하여금 인출(印出)하게 하소서'라 하니 그대로 따랐다."라고 하였고, 16년(1434) 6월 조 기사에는 "주자소에서 인출한『노걸대』,『박통사』를 승문원과 사역원에 나누어 주었다."라고 기록되어 있다. 이에 근거하여 다음과 같은 점을 알 수 있다.『박통사』는 오랫동안 조선 문인들에 의해 "베껴 쓰고 암송" 되다가 늦어도 1434년에는 간행본이 나왔다. 그런데 애석하게도 이 책은 현전하지 않는다.

조선 중종 시기에 이르러 언어학자 최세진(崔世珍, 1468~1542)이『박통사』와『노걸대』 두 책에 대한 언해와 주석을 달아『번역노걸대(翻譯老乞大)』,『번역박통사(翻譯朴通事)』 및『노박집람(老朴集覽)』 등의 책을 엮었다.[6] 세상에 전하는『번역박통사』는 조선 활자로 찍은 인본인데 이 책은 1974년 한국의 대제각출판사에서 영인 출판하였다. 그런데 아쉽게도 권상(卷上)만 남아 있으며『서유기』에 대해 언급한 2칙의 대화 부분은 일실된 권하(卷下)에 있는 듯하여 더욱 안타깝다.『노박집람』은『박통사집람(朴通事集覽)』,『노걸대집람(老乞大集覽)』,『단자해(單字解)』,『누자해(累字解)』등 4개 부분을 포괄하고 있으며 동국대학교에 활자본이 소장되어 있는데 이것을 1966년 한국학자 이병주가 영인 출판하였다. 세상에 전해지는『번역노걸대』,『번역박통사』그리고『노박집람』는 모두 간기(刊記)가 없다. 그러나 최세진이 지은『사성통해서(四聲通解序)』(중종 12년 1517년에 간행)에 따르면 최세진은『노걸대』와『박통사』두 책을 "언문으로 음과 뜻을 풀이"하였으며 아울러 "책 속에 있는 고어들을 모아『집람』이라는 책으로 간행하여 사람들이 보거나 익히기에 편리하게 하자고 건의"했다고 되어있다. 이 말을 살펴보면 이 세 책이 편찬되고 간행된 시기는 응당 1517년 전후일 것이다. 임진왜란(1592) 이후로는 세상에『노박집람』이 유통되지 않았다. 조선 현종 시기(1660~1674)에 문인 변섬(邊暹), 박세화(朴世華) 등이 수집한 구본『노박집람』을 이용해 그 안에 있는『박통사집람』을 분리하여『박통사』본문의 해당되는 조목 아래에 삽입해『박통사언해』3권으로 다시 편집하였다. 그리고 숙종 3년(1677)에 이 책을 간행하여 세상에

---

6) 『노박집람』범례 제1조에 "『反譯凡例』에 상세히 보인다."라는 구절이 있는데, 이『반역범례』는『翻譯老乞大朴通事凡例』를 가리킨다. 그러나『번역박통사』권상 제1칙 대화 중에 6가지 탕 이름을 언급하며, 제2칙에도 "금은두부탕"에서부터 여섯 번째 "계취부용탕"까지 모두 "탕 이름과 제조법은 미상이다.『集覽』에 설명이 보인다."라는 한문 쌍행 소자 간주가 있다.『박통사집람』권상을 살펴보면 이 6가지 탕 이름에 모두 상세한 주석이 있다. 이와 같이 서로 인용하여 증명하는 현상은 최세진이 한 해에『노걸대』,『박통사』의 언해 해석 작업을 동시에 진행하였을 것이란 점을 밝혀준다.

소개하였다. 이는 우리가 볼 수 있는 가장 이른 판본의 온전한『박통사』텍스트이다.

이상에서 우리는『박통사』가 원대 말기에 편찬되어 책으로 만들어졌고, 명청 두 시기에 걸쳐 수정, 언해, 번역되어 최종적으로『박통사언해』로 중편(重篇)되는 과정을 간략히 정리할 수 있었다. 그렇다면『박통사언해』가 간행된 시기(1677)부터 백회본(百回本)『서유기』가 성행한 청초 강희 연간에 이르기까지, 그 책들에 인용된『서유기』자료는 초기 소설 텍스트 생성 과정을 연구하는 데에 유효한 문헌으로 쓸 수 있는가? 아래에서는 본문과 주석으로 나누어 간략히 서술하도록 하겠다.

1)『박통사언해』의 본문에 관하여

앞서 서술한 바와 같이 현재 전하는『박통사』텍스트는 두 가지의 판본이 있다. 하나는 최세진의『번역박통사』(1517년 이전) 권상이고, 다른 하나는 변섬, 박세화 등의『박통사언해』(1677) 권상·중·하이다. 두 판본에 모두 남아있는 권상을 비교해보면, 본문은 모두 39칙의 회화이고, 몇 글자의 차이를 제외한 나머지 내용은 거의 비슷하다. 또 다른 회화서인『노걸대』의 정황도 이와 같다. 한국 학자 이태수가『번역노걸대』와『노걸대언해』의 본문을 교감하였는데 두 판본이 "거의 완전히 동일하며, 몇 글자의 차이만 있다."[7]고 밝혔으니 이것으로 방증이 될 만하다. 이로써 추측해보자면『번역박통사』와『박통사언해』

---

7) 이태수,「『老乞大』四種版本語言硏究」, 第二章 第一節 "『老乞大』版本源流", 北京: 語文出版社 , 2003, 8~9면 참조.

본문 3권은 기본적으로 서로 같다고 할 수 있으며 몇몇 자구상의 차이만 있을 뿐이다.

그렇다면 최세진의 『번역박통사』 본문은 원대 말기에 나온 『박통사』의 문체를 보존하고 있을까? 이것이 문제의 관건이다. 원본 『박통사』는 아직도 발견되지 않았기 때문에 직접적인 비교를 할 수는 없다. 그런데 다행스럽게도 1998년 한국학자 남권희가 대구의 개인장서 중에서 원본(혹칭 "고본") 『노걸대』를 발견하였는데, 그 책의 판식, 종이, 서체 등 모든 것이 이산본(泥山本) 『삼국유사(三國遺事)』(1395년 간행) 및 조선 태종 연간(1400~1418)에 간행된 『향약제생집성방(鄕藥濟生集成方)』과 거의 같았다. 이를 근거로 원본 『노걸대』는 대략 조선 태조에서 태종 연간에 간행되었을 것으로 추정되는데 이 시기는 중국 명나라 초기에 해당한다.[8] 한국학자 정광, 양오진, 이태수 등이 잇따라 원본 『노걸대』와 최세진의 『번역노걸대』 원문을 자세하게 비교하여 양자 간에 차이가 상당히 많다는 사실을 발견했다. 그런데 바로 이러한 점이 중국 소설 연구자들에게 『박통사언해』라는 텍스트의 성립 연대에 대한 의혹을 불러일으켰다. 예컨대 위에서 인용한 석창투는 다음과 같이 진술했다. "1998년에 초간본 『노걸대』가 한국에서 발견되었는데 이는 사람들의 시야를 열어주었다. 실제 원대 중국어는 원래 이런 모습이었으며 『노걸대언해』와는 이렇듯 큰 차이가 있었던 것이다. 연구의 심화에 따라 변화의 과정이 차차 분명해졌다. 『박통사언해』와 『노걸대언해』는 원대에 이루어진 원본(原本)에 대하여 아주 많은 수정

---

8) 남권희, 「朝鮮初期 刊行된 漢文本 『老乞大』 연구」(1998年 3月, 서강대학교 書志學會에서 발표). 여기서는 이태수, 「『老乞大』四種版本語言研究」, 第二章 第一節 "『老乞大』版本源流"의 "古本『老乞大』的發現"의 9면을 인용하였다.

이 가해진 이후의 판본으로, 이러한 수정은 3~400년에 걸친 중국어의 변천을 반영하고, 또 3~400년에 걸쳐 중국 사회생활에 일어난 변화를 반영하고 있다. 조선 현종 시기에 수정된 『박통사언해』를 무비판적으로 원대의 텍스트라고 하는 것은 분명 타당하지 않다." "『박통사언해』는 고려시대(대략 원대 말)의 텍스트가 아니다. 그것은 조선 시대 사람들의 수정을 거친 것이다. 그런데 수정이 이루어진 그 시기는 바로 백회본 『서유기』가 불티나게 팔려 그 영향이 거대하던 시기였다. 그러므로 이 텍스트에는 백회본 서유기를 읽은 사람들의 문장이 삽입되었을 가능성을 고려하지 않을 수 없다." 필자는 이러한 학설에 대해 실제 검토할 필요가 있다고 생각한다.

『노걸대』와 『박통사』는 모두 중국어 회화 교과서이기에 기본적으로 시대의 변화에 따라 적합하게 수정될 필요가 있었다. 그렇지 않으면 구어의 변화와 발전을 따라잡지 못하게 된다. 조선 『성종실록』에는 두 차례의 수정 과정에 대해 명확히 기록하고 있는데, 그중 하나는 성종 11년(1480) 10월 19일의 기사이다.

> 임금께서 주강(晝講)에 임하셨다. 시독관(侍讀官) 이창신(李昌臣)이 아뢰기를, "지난번에 어명을 받들어 두목(頭目) 대경(戴敬)에게 중국어에 대해 질정했는데, 대경이 『노걸대』와 『박통사』를 보고 말하기를, '이것은 바로 원나라 때의 말이므로, 지금의 중국말과는 매우 달라 이해하지 못할 곳이 많다.'고 하여 즉시 지금의 말로 두어 구절을 고치니 모두 해독할 수 있었습니다. 청컨대 중국어에 능한 자를 시켜 모두 고치게 하소서. ……" 임금이 말씀하셨다. "그것을 속히 간행하고 또 중국어에 능한 자를 선발하여 『노걸대』와 『박통사』를 바로잡으라."

다른 하나는 성종 14년(1483)의 수정인데, 재차 갈귀(葛貴) 등에게 명하여 『노걸대』와 『박통사』를 교정토록 한 뒤에 다시 몇 차례 수정을 가하였다. 현재 전하는 원본 『노걸대』와 『번역노걸대』 『노걸대언해』 사이에 보이는 텍스트의 차이는 바로 이러한 몇 차례 수정을 거친 결과인 것이다.

그런데 중국어 회화 교과서라는 성격은 또한 수정 작업의 중심을 어휘와 문법에 두도록 하였다. 한국학자들은 일찍이 명사, 대명사, 동사, 형용사, 부사, 개사, 후치사, 조사, 어순 변화 등의 측면에서 원본 『노걸대』와 『번역노걸대』의 차이를 상세히 분석하였다.[9]

예컨대 원본에서는 방향을 나타내는 말로 '壁'을 썼는데 '邊'으로 고쳐졌고, 원본은 복수명사를 나타낼 때 '每'를 썼는데 '們'으로 고쳐졌으며, 원본이 인칭대명사로 '俺', '恁'를 썼는데 '我', '你'로 고쳐졌으며, 원본이 어구를 맺을 때 '者'를 썼는데 '着'으로 고쳐졌으며, 원본이 '보다'는 뜻의 동사로 '覷'를 썼는데 '看'으로 고쳐졌으며, 원본의 부사 '猶自'를 '還'으로 고쳤으며, 원본의 개사 '投'가 '往'으로 고쳐졌으며, 원본의 종결조사 '也者'를 '了'로 고쳐졌으며, 원본의 양사(量詞) '盞'이 '杯'로 고쳐졌으며, 원본이 목적어를 도치하여 '咱每爲父母心盡了, 不曾落後(우리는 부모님을 위하여 마음을 다하였다. 일찍이 뒤떨어진 적이 없다)'라 한 것이 '咱們盡了爲父母的心, 不曾落後'로 고쳐졌다. 이러한 점은 어휘와 문법의 층위에 기반한 차이로 두 책에 존재하는 차이점의 대부분을 차지한다. 이를 통해 다음 사항을 명확히 알 수 있다. 첫째 원본 『노걸대』는 원대 후기 북경어의 특징을 비교적 잘 보존하고 있다.

---

9) 정광·양오진·남건희 공저, 「원본노걸대해제」, 『原本老乞大』(影印本) 卷首, 北京: 外语教学與研究出版社, 2002 참조.

둘째 『노걸대언해』는 원대 이후 변화한 명대 중국어의 관습을 구현하고 있다. 이외에 두 책은 일부 고유명사의 표현에도 일정한 차이가 있는데, 예를 들어 원본의 "大都"를 "北京"(혹은 "京", "京城", "京都") 이라고 고쳤고, 원본의 "順承門"을 "順城門"이라고 고쳤고, 원본의 "東京城"(혹은 "遼陽城")은 "遼東城" 이라고 고쳤다. 또한 원본의 "中統鈔"를 "白銀", "官銀" 등등으로 고쳤는데, 이는 원, 명 시대 사회생활(행정지리, 도시건축, 화폐형식 등)의 변화가 언어에 구체적으로 반영된 것이다.

특별히 지적할 점은 여러 숫자, 색채, 풀과 새의 명칭에서부터 역사적 인물과 역사적 사건 등 객관적인 내용에 이르기까지 시간이 지나도 변하지 않는 용어들은 원본 『노걸대』 와 『번역노걸대』 모두 일관성이 있다는 점이다. 이로 인하여 만약 『노걸대』, 『박통사』가 회화 교과서로서 유통되었던 특성을 충분히 인식하지 못하고, 단지 몇몇 어휘의 시대적 특징에 근거하여[10] 아무런 구분을 하지 않고 전체 『번역노걸대』, 『노걸대언해』 혹은 『번역박통사』, 『박통사언해』의 본문 간행 연대까지 회의한다면 이는 일부만 가지고 전체를 평가하는 것으로 균형감을 상실한 판단이다.

『박통사』와 『노걸대』의 간행 시기는 서로 비슷하여 이 두 책은 조선 시대의 문헌 기록에서 종종 병칭되어 마치 그림자처럼 서로 따랐다. 조선 중종 시기에 이르러 최세진은 두 책을 동시에 언해하여 뜻을

---

10) 예를 들어 熊篤, 「論楊景賢『西遊記』雜劇—兼說『朴通事諺解』所引『西遊記平話』非元代産物」, 『重慶師院學院學報』 1986年 第4期에서 『박통사언해』 본문에 있는 "順天府"라는 단어 하나를 근거로 하여, 순천부는 명나라 영락제 때 북경으로 천도한 후에야 사용하기 시작한 명칭이므로 "이것만으로도 충분히 『박통사언해』 본문이 원대에 간행된 것이 아님을 증명할 수 있으며, 여기서 인용하고 있는 『서유기평화』의 '차지국 도술시합' 이야기 또한 원대의 것은 아니다."라고 하였다.

풀이하였을 뿐만 아니라, 두 책의 상용 어휘를 발췌하여 어휘집『단자해』와『누자해』도 편찬하였다.『단자해』에는 '고본', '구본' 및 '금본'이라는 명칭이 함께 쓰이는 실례가 나타나 있으니, 아마도 최세진은 당시에 이미『박통사』와『노걸대』의 오래된 판본을 가지고 있었으며 그것들을 작업의 저본으로 삼았음을 알 수 있다. 1998년 한국에서 발견된 원본『노걸대』는 아마도 최세진이『단자해』에서 언급한 '구본『노걸대』'(적어도 그것과 같은 계통이다)인 듯하다. 그런데 애석하게도 원본『박통사』는 아직까지 발견되지 않았다. 하지만 두 책의 밀접한 관계에 근거하여 추측하자면, 이 원본『박통사』와 현존하는『번역박통사』및『박통사언해』사이의 글자 출입은 아마도 위에서 서술한 원본『노걸대』와『번역노걸대』,『노걸대언해』의 글자 출입 정황과 서로 유사할 것이다.

앞의 내용을 종합하면 다음의 결론을 도출할 수 있다. 조선 숙종 3년(1677)에 간행된『박통사언해』는 그 본문이 여러 차례의 수정을 거쳤으므로 원말의 원본『박통사』와 분명히 차이가 존재할 것이다. 하지만『노걸대』의 경우에 견주어보면 이러한 차이는 주로 어휘 및 어법적 측면과 사회생활의 변화를 반영하는 몇 가지 고유명사에 주로 집중되어 있으며, 여타의 측면에서는 큰 변동이 없을 것으로 짐작할 수 있다. 따라서 중국소설『서유기』를 언급한『박통사언해』권하의 회화 본문 2칙은『박통사』가 출간되던 초기의 모습이 보존되어 있으며 원말(元末)의 문헌을 수용한 것으로 볼 수 있으니 그 가운데 소설의 줄거리나 등장인물 등 객관적인 내용에 관련된 부분은 결코 표현을 수정하는 대상이 아니었기 때문이다.

2) 『박통사언해』의 주석에 관하여

『박통사언해』(1677)의 주석 부분은 조선 현종 시기 문인인 변섬과 박세화 등이 『노박집람』에 들어 있는 『박통사집람』의 내용을 나누어 해당하는 본문 아래에 편집해 만든 것이다. 그렇다면 그 가운데에는 변섬이나 박세화 등이 보충한 내용도 들어있을까? 언어학자 주덕희(朱德熙)는 일찍이 다음과 같은 의문을 품은 바 있었다. "『박통사언해』의 한문 주석은 최씨의 『박통사집람』에서 채용한 내용 이외에, 아마도 변섬이나 박세화 등이 보충한 것도 있을 것이다."[11] 주선생의 이러한 견해는 후대의 연구자들에게 자못 많은 영향을 끼쳤다. 『박통사언해』 권하에 『서유기』와 관련된 8조에 대한 주석이 있는데 그 내용이 비교적 상세하므로 그것은 아마도 백회본 『서유기』를 읽은 17세기 조선의 문인이 보충하였을 것이라는 의심이 매우 커졌다.

사실 이 문제의 해결은 어려운 것이 아니다. 1966년 한국 학자 이병도가 조선 활자본 『노박집람』 원본을 영인 출판했는데, 여기에 포함된 『박통사집람』 권하에는 "당나라 삼장법사[唐三藏法師]", "서역으로 불경을 가지러 가다[西天取經去]", "환난을 당해 쓰러지다[勼蹶]", "쇠를 녹이는 도인[燒金子道人]", "서유기(西遊記)", "손행자(孫行者)", "금두게체, 은두게체, 바라승게체(金頭揭地銀頭揭地波羅僧揭地)", "이랑신[二郞爺爺]" 이렇게 8개 조목이 있고, 그 아래에 길이가 일정치 않은 주석과 아울러 『서유기』 소설 내용이 있다. 필자가 『박통사언해』의 주석 문장과 하나하나 대조하여 비교해보니, 개별 글자의 차이(예컨대 "恠"와 "怪", "囙"

---

11)   朱德熙, 「『老乞大諺解』, 『朴通事諺解』書後」, 『北京大學學報』 1958年 第2期 참조.

과 "曰", "裝"과 "奘", "俱"와 "具")를 제외하고는 모든 점에서 완전히 일치했다. 이와 같을 뿐 아니라, 한국학자 김유범은 일찍이『박통사집람』과 『박통사언해』의 주석에 대하여 체계적인 비교와 교감작업을 진행하였다. 그 결과로 양자의 대부분이 일치하나 다만 대표자와 이체자 또는 정자와 속자의 차이가 존재하며 간혹 일부분은 표제 배열 순서가 일치하지 않는다는 점을 밝혔다.[12] 이를 통해 변섬과 박세화 등이『박통사언해』를 증편할 때 결코 자의적으로 문자를 더한 것은 아니라는 것을 알 수 있다.

생각해 보아야 할 점이 있다. 주덕희 선생이 1958년에 논문을 쓸 때 활용한『박통사언해』는 1943년 경성제국대학 법문학부『규장각총서(奎章閣叢書)』(제8종) 영인본인데, 이 책 부록으로『노걸대집람』과『단자해』가 있다. 주선생은『박통사언해』의 주석 분량이『노걸대집람』보다 훨씬 많다는 것을 발견했다. 또한 당시에는『노박집람』원본이 발견되지 않았기 때문에 주선생은 마침내 변섬과 박세화 등이『박통사언해』에서 내용을 보충한 것이라고 의심했으니 이는 타당한 의심이었다. 1966년에 이르러『노박집람』원본이 한국에서 영인 출판됨으로써 변섬과 박세화가 보충하였는가 하는 문제는 해소될 수 있었다. 하지만 한중 학술교류가 막혔던 탓에『노박집람』은 오랫동안 중국학자 특히 소설 연구자들에게 알려지지 못했다.[13] 2005년 왕유휘가『조

---

12) 김유범, 「『노박집람』중『박통사집람』과『박통사언해』의 협주 비교 연구」, 『어문논집』 62, 한국민족어문학회, 2010 참조. 여기서는 李順美, 『『老乞大』『朴通事』詞彙研究─ 以『老朴集覽』爲中心』 제2장 2절 "『老朴集覽』的體例", 復旦大學 博士學位論文, 2011, 15면 주석6을 인용함.

13) 지금까지『노박집람』의 전문에 대한 중국 학자의 논문은 다만 何茂活의「『朴通事集 覽』词语释源方法类解』 한 편뿐이다. 『寶雞文理學院學報』 2013년 4기에 실려 있다.

선시대 중국어 교과서 총간』을 펴냈는데 무슨 이유인지 모르겠지만 이 책이 누락되어 의문을 풀 기회를 놓치고 말았다. 오늘날까지『노박집람』은 중국에서 영인 출판되지 못하고 있으니 이는 매우 유감이다.

『노박집람』은 1517년 전후로 간행된 책이기에 오늘날 볼 수 있는 명나라 만력 시기 세덕당(世德堂)에서 간행한 백회본『서유기』의 간행 시기보다 훨씬 이르다. 따라서『박통사언해』주석에서 인용한 8조『서유기』자료는 분명히『노박집람』에서 가져온 것이라고 할 수 있다. 그러므로 이 책이『서유기』이야기의 초기 생성사를 탐구할 수 있는 학술적 문헌이라는 점은 조금도 문제가 되지 않으며 오히려 대단히 귀중한 자료라고 할 수 있다.

3.『박통사언해』의 본문과 주석에서 인용한『서유기』는 같은 책이 아님

앞에서 논증한 바와 같이『박통사언해』의 본문에는 고려 후기(즉 원말)에 완성된『박통사』의 원래 모습이 보존되어 있다.『박통사언해』권하에 있는 2칙의 회화[14]에서 언급한『서유기』는 원나라의 텍스트를 말하는 것이다. 그런데 이 텍스트는 멀리 고려로 전해졌으므로 간본(刊本)일 가능성이 비교적 크다.

그렇다면『박통사언해』의 주석에서 인용한『서유기』도 원대의 텍스트일까? 답은 그렇지 않다는 것이다. 이유는 다음과 같다.『박통사

---

14) 서술의 편의를 위해 "長老的佛像鑄了麼(장로님 불상을 주조하였습니까)"를 "제1칙"으로, "我兩個部前買文書去來(우리 두 사람은 책을 사러 가자)"를 "제2칙"으로 표기한다.

언해』권하 제2칙 회화에서 "차지국의 도술 시합[車遲國鬪聖]"이야기를 옮겨 서술할 때, 그 불경을 구하는 무리에 대해 다음과 같이 묘사하였다. "하루는 선생들이 나천대초(羅天大醮)를 거행하고 있었는데 당승(唐僧)과 사도(師徒) 두 사람이 성내에 있는 지해선사(智海禪寺)에 투숙하였다. 도인들이 별에 제사를 지낸다는 말을 듣고 손행자는 사부에게 나아가 말씀을 드리고 나천대초가 거행되는 제단에 가서 몸을 숨기고 ……"라고 되어있으며 뒤에 이어지는 모든 도술 시합 과정에도 당승과 손행자 두 명만 등장한다. 이러한 정황으로 다음과 같은 점을 알 수 있다. 『박통사언해』본문에서 인용한 원대 『서유기』텍스트는 불경을 구하는 무리로 단지 당승과 손행자 두 명만 등장하며, 저팔계, 사승(沙僧), 백룡마(白龍馬)는 등장하지 않기 때문에 불경을 구하는 이야기의 초기 형태에 해당한다고 할 수 있다.

그러나 『박통사언해』권하 "손행자"조의 주석에서 인용한 『서유기』는 이러하다. "그 후 당태종이 현장법사에게 칙명을 내려 서역으로 가서 경전을 구해오라 했다. 법사가 이 산을 지나는 길에 원숭이 요괴가 바위틈에 깔려있는 것을 보고, 불압(佛押)을 떼고 빼내어 제자로 삼고 법명을 '오공'이라 지어주었다가 '손행자'라 고쳐 불렀으며 사화상(沙和尙), 흑돼지 요괴 주팔계(朱八戒)와 함께 갔다. 길에서 만나는 요괴를 굴복시키고, 스승을 구해 고난에서 벗어나게 한 것은 모두 손행자의 신통한 힘이다." 불경을 취하러 가는 대오의 인원이 이미 당승, 손행자, 사화상, 흑돼지 요괴 주팔계 4명에 달하였고 단지 백룡마만 언급되지 않았다.

『박통사언해』본문과 주석에서 인용하는 『서유기』를 비교하면 불경을 가지러 가는 이야기의 발전에 따라 서로 다른 모습으로 전개되기에 한쪽은 간단하고 다른 쪽은 복잡하다는 차이가 있으니 이 둘은 결코 같은 책이 아니다.

여기서 한가지 언급해 둘 것이 있다. 일본 학자 오타 타츠오(太田辰夫)는 일찍이 1959년에 「『朴通事諺解』所引『西游記』考」(『神戸外大論叢』第10卷 第2號)를 발표하였는데 그때는 『노박집람』이 아직 영인 출판되지 않았기에 그는 자연히 『박통사언해』 본문과 주석의 연대 문제를 제기하지 못했다. 1984년 오타 타츠오는 『西遊記の硏究』(硏文出版社)를 펴내었는데 제4부가 「『朴通事諺解』所引『西游記』考」이다. 이때는 한국에서 영인 출판된 『노박집람』 자료를 이용하여 옛 원고를 수정하며 최세진이 주석을 달았던 시기가 1517년 즈음일 것으로 판단하였다. 그렇지만 안타깝게도 오타 타츠오는 한 걸음 더 나아가 본문과 주석에서 인용한 『서유기』 이야기 형태의 차이를 엄격히 구분하지 않고 "중국에서 새로 나온 서적이 수입되어 사람들에게 이용되려면 상당한 기간이 필요했을 것이다. 그러므로 최세진이 보았던 『서유기』가 새로 나온 명대 간본이었다고 말할 수는 없다. 그것이 설령 본문에서 사용한 것과 완전히 동일한 판본이 아니더라도 여전히 원대에 간행된 판본일 것이다. 따라서 본문에서 사용한 판본을 '박통사본 서유기'라 하고, 최세진이 주석을 달며 사용한 판본을 '집람본 서유기'라고 하여 두 가지를 구분할 수는 있지만, 그들은 아마도 동일한 판본이었을 것이니 이렇게 꼭 나눌 필요는 없다."(『西遊記の硏究』, 70면)라고 하였다. 『박통사언해』 본문과 주석에 인용된 『서유기』를 여전히 동일한 원대의 판본으로 본 것은 자못 유감스럽다.

여기서 필자는 『박통사언해』 본문에 나오는 2칙의 회화에 근거하여 원대본 『서유기』의 모습을 개략적으로 재구성하고 아울러 설명을 덧붙여 보겠다. 앞에서는 『박통사언해』에 인용된 『서유기』에 대한 설명에 있어 본문과 주석에서의 차이를 구분하지 않았으므로 여기서 다시 한번 두 종의 서로 다른『서유기』의 모습을 설명하여 각각의 정체성을 분명히 하는 것은 당연히 필요한 작업이다.

1) 책의 명칭이『당삼장서유기(唐三藏西遊記)』(혹은 "당삼장"서유기")이다.

『서유기』를 일컫는 명칭 가운데 어디에서도 "평화" 두 글자를 쓰지 않았다. 다만 회화 제1칙 중 "어떻게 그런 평화를 구하는가?"에서의 "평화"는『당삼장서유기』를 지칭하면서『조태조비룡기』도 포괄하고 있으니 이때의 '평화'는 당시 사람들이 중국 소설을 일컫는 일반적인 용어였다.

2) 불경을 구하러 가는 일행에 다만 당승(唐僧)과 손행자(孫行者) 둘만 있다.

『서유기』연구사는 불경을 구하러 가는 일행의 규모가 점차 커진 것은 서유기 이야기가 누적되어 발전한 텍스트임을 보여주는 한 지표라는 점을 밝혀냈다. 현존하는 가장 이른 시기의 서유기 텍스트인 송대(宋代)『대당삼장취경시화(大唐三藏取經詩話)』에서는 불경을 구하러 가는 일행을 "승려 일행 일곱명[僧行七人]"이라고 하였으나, 실질적인 역할을 하는 것은 삼장법사와 후행자(猴行者) 두 명뿐이고, 나머지 다섯 명의 수행 제자들은 단지 머릿수만 채우고 있을 따름이다. 감숙성(甘肅省) 안서현(安西縣) 유림굴(榆林窟)의 서하(西夏)시대 벽화로 제2·3굴에 그려진 "당승취경도" 또한 당승, 후행자, 백마 셋만이 그려져 있다.[15] 일본에 소장된『당승취경도책(唐僧取經圖册)』32장(원대 화가 왕진붕(王振鵬)의 작품으로 전해진다)에서 불경을 구하러 가는 일행은 주로 당승, 시자(侍子), 화룡마(火龍馬) 셋으로 그려져 있고, 단지 상책 제 15장 「옥기부인(玉肌夫人)」에서만 당승, 후행자, 시자, 화룡마 넷으로 그려져 있어 아직 저팔계와 사화상의 모습은 보이지 않는다.[16] 원대(元代)의 오창령(吳昌齡)이 편찬한 잡극 『당삼장서천취경(唐三藏西天取經)』 원본은 이미 전하지 않지만, 연구자들은 일찍이 만명(晚明)시대 희곡 모음집인 『만학청음(萬壑淸音)』과 청나라 초기의 『승평보벌(昇平寶筏)』 등에서 2개의 절(折)을 찾아냈는데 불경을 구하러 가는 사람은 두 경우 모두 당승과 두 명의 시종으로 되어있다. 원대 잡극이 한 편당 4개의 절로 구성된 체제라는 점을 감안하면, 다른 2절에는 손행자가 출현하였을 것이고, 또 여러 고난을 겪으며 서역국에 이르는 결말을 부연했을 터이니 아마도 저팔계나 사화상이 등장할 여지는 없을 것이다. 정리하자면 『박통사언해』 본문에서 인용한 원대본 『당승서역기』에 나오는 불경을 구하러 가는 일행의 모습은 송, 요, 하, 금, 원대에 걸쳐 서유기 이야기가 발전한 형태와 기본적으로 부합한다.

불경을 구하러 가는 일행으로서 당나라 승려, 손행자, 용마 이외의 인물이 등장하는 원대의 사료 가운데 지금 알려진 것으로는 광주박물관(廣州博物館)에 소장된 자침(瓷枕)을 들 수 있다.[17] 그 자침에는 왼쪽에서 오른쪽으로 몽둥이를 든 원숭이 행자, 갈퀴를 둘러맨 저팔계, 말을 탄 당승 그리고 가장 마지막에는 손으로 일산을 받쳐 든 승려 한 명이 그려져 있는데 그 승려는 일반적으로 사승(沙僧)이라고 알려져 있다. 그러나 이 승려는 지극히 수려하고 머리에는 해골 목걸이가 없

---

15) 王靜如, 「敦煌莫高窟和安西楡林窟中的西夏壁畫」, 『文物』 1980年 第9期 참조.

16) 磯部彰, 『東北亞善本叢刊』(彩色影印本) 第一册, 「唐僧取經圖册」, 二玄社, 2001 참조.

17) 『廣東省博物館展覽系列·藝術篇』 第63號 圖錄, 廣東省博物館, 2010 참조.

어 명초 양경현(楊景賢)의 『서유기잡극(西遊記雜劇)』이나 백회본에 나오는 사오정의 형상과는 전혀 다르므로 정말로 사오정인지에 대해서는 생각할 여지가 있다. 그러나 자침에 그려진 저팔계의 모습은 분명히 확인할 수 있다. 만일 자침의 연대 고증이 확실하여 오류가 없다면 이는 위에서 서술한 문헌과는 일정한 차이가 존재하는 것인데 이러한 차이는 이해할 수 없는 것은 아니다. 서유기 이야기의 발전과 전파에는 필시 공간적으로 불균등과 불일치가 존재할 수 있기 때문이다.

3) 일행이 겪은 역경 중 "차지국의 도술 시합" 이야기는 비교적 이른 시기에 완성되었다.

『박통사언해』 권하 제1칙의 대화에서 당나라 승려가 서역에서 불경을 가져오는 과정을 서술할 때, 비교적 허구적이고 문학적인 언어를 사용하였으니 예를 들면 다음과 같다. "얼마나 많은 찬 바람과 더운 습기를 겪었는가, 얼마나 뜨거운 해와 쏘는 바람을 맞았는가, 얼마나 많은 거친 산과 험한 물과 힘든 길을 지났는가, 얼마나 많은 괴물과 요괴들의 공격을 맞닥뜨렸는가, 얼마나 많은 사나운 호랑이와 독충들의 괴롭힘을 마주했는가, 얼마나 많은 마구니의 공격을 만났는가, 정말로 좋은 사람에게는 마귀의 농간이 많은 법이로다." 그런데 여기에는 구체적인 역경의 제목이 밝혀져 있지 않기에 원대본 『당승서유기』 텍스트에서 역경이 어떻게 서술되어 있었는지 후대 사람들은 알 수가 없다. 다만 제2칙에서는 "차지국의 도술시합" 한 사건을 생생하게 서술했다. "차지국의 도술시합" 이야기에 관해서는, 백회본 『서유기』를 제외한 나머지의 원명대 판본 가운데 이를 수록한 책을 볼 수 없으며, 『박통사언해』에서 서술한 (이 이야기의) 줄거리는 이미 자못 백회본과 근접하였기에 소설연구자들은 "이는 백회본『서유기』를 읽은 사람이 수정한 것이다."라고 의문을 품었다.[18] 그러나 이 의심은 타당하지 않다.

우선 앞에서 서술한 바와 같이『박통사언해』본문은 어휘나 문법의 변화와 무관한 문자에 대해서는 아무런 수정이 가해지지 않았기에 원나라 말기『박통사』의 초기 모습이 보존되어 있다. 그 다음으로『박통사언해』에 나오는 "차지국의 도술 시합"과 백회본『서유기』제44장부터 46장까지의 이야기에는 세부적인 차이점이 많이 존재한다. 순서에 따라 살펴보기로 하자. 1)『박통사언해』는 "당나라 승려와 사도 두 사람"이 "지해선사"에 투숙했다고 서술했는데, 백회본에서는 승려와 사도 4명이 "지연사(智淵寺)"에 투숙했다고 서술했다. 2) 도술 시합 이전의 상황과 관련하여『박통사언해』에서는 손행자가 나천대초의 단장(壇場)에 잠입해서 제수(祭需)를 훔쳐먹고, 철봉으로 백안대선(伯眼大仙)을 두 대 때렸다고 되어있는데『서유기』에서는 손오공, 저팔계, 사승 세 사람이 삼청전(三淸殿)에 잠입해 제수를 훔쳐먹고 도사들을 희롱한 사건이 나오는데 철봉으로 때린 이야기는 없다. 3) 도술 시합의 양측 인원과 관련하여『박통사언해』에서는 "당승 및 사도 2인"과 국사(國師)인 "백안대선"(원래는 호랑이 요괴) 및 그 제자인 "녹피(鹿皮)"라고 되어 있는데,『서유기』에서는 사도 4인과 국사 호력(虎力), 양력(羊力), 녹력(鹿力) 세 신선으로 되어있다. 4) 대결 항목의 순서와 관련하여『박통사언해』는 '좌선', '상자 안의 물건 알아맞히기', '끓는 기름으로 목욕하기', '목을 잘랐다가 다시 붙이기' 순서이다.『서유기』는 맨 앞에 '비

18)   石昌渝,「『朴通事諺解』與『西遊記』形成史問題」,『山西大學學報』2007年 第3期 참조.

를 부르기' 조목 하나가 추가되어 있고 그 이후에 차례대로 '좌선', '상자 안의 물건 알아맞히기', '목을 잘랐다 다시 붙이기', '끓는 기름으로 목욕하기'의 순서로 되어있다. 5) '상자 안의 물건 알아맞히기' 대결에 있어서 『박통사언해』가 복숭아와 복숭아씨를 맞추는 한 조목밖에 없는 반면에, 『서유기』에는 "궁실의 의복과 승려의 두루마기", "도사와 화상" 두 항목을 추가하였다. '목을 잘랐다 다시 붙이기' 대결에 있어서 백회본에는 "배 가르기" 작은 항목이 새로 추가되었다.

분명 『박통사언해』의 기술은 상대적으로 간단하고 소박하며 백회본은 복잡하고 자세하다. 만일 정말로 백회본을 읽은 어떤 조선 문인이 『박통사언해』의 "차지국 도술 시합" 부분을 수정하면서 백회본의 이야기를 따르지 않고 머리를 짜내 일부러 소략하게 만들고 여러가지 세부적인 차이를 만들어 냈다고 말한다면 이는 합리적이지 않다. 그러므로 양자 간의 관계를 학술적으로 정리하면 다음과 같다. 백회본의 "차지국"이야기는 곧 『박통사언해』에서 인용하고 있는 원대의 텍스트(중간에 과도기적 텍스트가 있을 수도 있다. 자세한 내용은 아래에서 다룬다.)에 근거하여 확대 개편 후 완성한 것이다.

"차지국 도술 시합" 이야기가 원대 『당승서유기』 텍스트에서 이미 비교적 완성되는데 이르렀다면, 왜 다른 원명(元明) 문헌에 기술된 것이 발견되지 않는 것인가? 이 문제에 대해서는 필자도 아직 좋은 해답을 찾지 못하였다. 아마도 원명 시기에 이미 "차지국 도술시합"을 담은 희곡 혹은 설창 텍스트가 생겨났는데 유실되었거나 아직 발견되지 못했을 수도 있다. 의심스러운 내용은 일단 유보하고 훗날의 상고를 기다리기로 하자.

4) 6년 걸려 불경을 가져왔다.

역사상 현장이 인도에 불경을 가지러 간 사건은 당태종 정관 3년(629, 일설에는 정관 원년 627년)에 출발하여 정관 19년(645)에 불경을 가지고 장안으로 돌아왔으니 총 17년의 세월(일설에는 19년)이 걸렸다. 명초 양경현의 『서유기잡극』 제23절 「송귀동토(送歸東土)」에는 "삼장국사가 서천에 간 지 17년이 되었습니다." "오늘 소나무 가지가 이미 동쪽으로 향하였으니 국사는 반드시 돌아올 것입니다."라는 내용이 있다. 백회본 『서유기』 제100회에는 당승이 정관 13년에 장안을 떠나 정관 24년에 장안으로 돌아왔다고 하여 전후를 모두 합하면 12년이지만, 본문에서는 14년이 걸렸다고 여러 차례 언급하였다. 이러한 각각의 설들은 비록 어느 정도 출입이 있으나 차이가 크지 않다. 오직 이 『박통사언해』에서 인용한 원본 『당승서유기』만 "6년 동안 여행하며 허다한 천신만고를 겪고 서역에 가서 불경을 가져왔다"라고 하였는데, 겨우 6년 만에 왕복했다는 것은 실로 사실과 이치에 부합하기 어려우니 근거가 무엇인지 알지 못하겠다. 유의할 점은 『박통사언해』 주석에서 인용한 『서유기』 또한 "법사가 칙명을 받들고 떠난 지 6년 만에 동쪽으로 돌아왔다."라고 하였다는 것이다.

4. 『박통사언해』의 주석에서 인용한 구본 『서유기』 고찰

윗글에서 이미 논증하였듯, 『박통사언해』의 주석과 본문에서 인용하는 『서유기』는 하나의 책이 아니다. 본문에서 인용한 것은 원대본 『당승서유기』이며 주석에서 인용하는 서유기는 1517년(명 정덕 12년)

즈음에 최세진이 편간한 『노박집람』에서 채록한 것이다. 그 당시 세덕당에서 펴낸 백회본 『서유기』는 아직 간행되기 이전이었으므로 주석에서 인용한 『서유기』 텍스트는 정덕 20년 이전인 명대 초기로 한정할 수 있다. 논술의 편의를 위하여 주석에서 인용한 서유기를 "구본 『서유기』"라고 명명하자.

그렇다면 이 구본 『서유기』는 도대체 어떤 소설인가? 필자는 『박통사언해』 권하의 여덟 조목의 주석 문장(서술의 편의를 위해 여덟 개의 주석은 "당나라 삼장법사[唐三藏法師]", "서역으로 불경을 가지러 가다[西天取經去]", "환난을 당해 쓰러지다[弓蹶]", "쇠를 녹이는 도인[燒金子道人]", "서유기(西遊記)", "손행자(孫行者)", "금두게체, 은두게체, 바라승게체(金頭揭地銀頭揭地波羅僧揭地)", "이랑신[二郎爺爺]"의 순서를 따라 주석 1번부터 주석 8번으로 표시했다)을 중심으로 하고 기타 관련 사료를 조사하여 구본 『서유기』 문장의 특징에 대해 아래와 같이 분석했다.

1) 서명이 『서유기』로 되어있다.

8개 주석 문장 가운데 1번을 제외하고 나머지는 모두 『서유기』라고 지칭하고 있는데 그 가운데 5번의 경우가 가장 명백하다. "삼장법사가 서역으로 가서 경전 육백권을 가지고 왔다 그 오고 간 시말을 기록하여 『서유기』라고 이름하였다."고 되어 있다.

2) 관음보살이 노승으로 변하여 장안으로 들어가 불경을 구할 사람을 찾는다는 이야기가 이미 실려 있다. 다음은 주석 2번이다.

『서유기』에 기록되어 있다. 옛날에 석가모니불이 서역의 영사뇌

음사(靈山雷音寺)에서 경·율·론 삼장의 금경을 찬술하고 반드시 그것을 동쪽으로 보내 어리석은 대중을 깨우치려고 동쪽으로 가서 불경을 구하러 올 사람을 찾아 달라고 여러 보살에게 말하였다. 그러나 서역에서 동토까지는 십만 팔천 리의 노정이요, 요괴가 또한 많기에 여러 보살이 감히 쉽게 응낙하지 못했다. 오직 남해 낙가산(落伽山)의 관세음보살이 구름을 타고 안개를 몰아 동토로 갔다. 멀리서 바라보니 장안 경조부에 한 줄기 상서로운 기운이 하늘을 뚫고 있었다. 관음은 노승으로 변하여 성으로 들어갔다. 이때 당태종은 천하의 승려를 모아 무차대회(無遮大會)를 베풀었는데 여러 승려는 한 고승을 단주(壇主)로 받들어 설법하도록 하니 곧 현장법사가 그 사람이었다. 노승은 법사를 보고 말했다. "서역의 석가모니가 삼장의 불경을 만들었는데 불경을 가지러 올 사람을 기다립니다." 현장법사가 말했다. "길이 있으면 도착할 때도 있겠지요. 서역이 비록 멀지만 나는 크게 발원하였으니 응당 가서 가져오겠습니다." 노승은 말을 마치자 하늘로 올라갔다. 황제는 관음의 화신이었음을 알고 곧 현장법사에게 서역으로 가서 불경을 구해오라고 하였다. 법사는 칙명을 받들고 가서 육년 뒤에 동토로 돌아왔다.

이 이야기와 백회본 제8장의 「우리 부처께서 불경을 만들어 극락을 전하시니, 관세음이 명을 받들어 장안으로 올라가네」와 제12장의 「현장이 정성으로 대회를 여니, 관세음이 현신하여 금매미로 변하시다」의 내용이 비슷한데 차이도 있다. 주석 2번에서는 노승으로 변화한 관세음이 직접 현장법사와 대화하고 소통하여 경전을 가져올 사람으로 정했는데, 백회본에서는 관세음과 현장법사 사이에 중개인인 "당태종"을 넣었다. 관세음이 궁에 들어가 태종을 만나 가사와 석장을 현장에게 주고 싶다고 하니 태종이 칙명을 내리는 과정을 통해 현장은 경전을 가지러 서쪽으로 가게 된다. 이 하나의 변화는 비록 미세하지만, 경전을 가지러 가는 동기가 원래는 순수한 종교적 사명이었는데 약간 "충군보국(忠君報國)"의 세속적인 색채가 섞여 들어갔다. 종교적 색채가 약해지고 세속적 분위기가 증가하는 것이 바로 서유기 이야기가 발전하며 변화한 경로 가운데 하나이다.

3) 손행자의 출신에 대한 이야기가 이미 실려 있다. 다음은 주석 6번이다.

『서유기』에 기록되어 있다. 서역에 화과산(花果山)이 있고 산 아래에는 수렴동(水帘洞)이 있는데 그 앞에는 철판교가 있고, 다리 아래로는 만 길의 계곡이 있으며 계곡 주변에 만 개의 작은 동굴이 있으니 그 동굴 안에 원숭이가 많이 살았다. 이름을 제천대성(齊天大聖)이라 하는 늙은 원숭이 요괴가 있었는데 신통력이 광대했다. 천궁 선도원에 들어가 반도 복숭아를 훔치고, 또 태상노군의 신령한 단약을 훔쳤으며 또 서왕모 궁으로 가서 왕모의 수선의(繡仙衣) 한 벌을 훔쳐 집으로 돌아가 경선의회(慶仙衣會)를 열었다. 태상노군과 서왕모가 모두 옥황상제에게 아뢰니, 옥황상제는 이천왕(李天王)에게 천병 십만대군과 여러 신장을 이끌고 가도록 명을 내렸다. 이천왕이 화과산에 이르러 제천대성과 싸웠으나 패배하였다. 그러자 순산(巡山) 대력귀(大力鬼)가 올라가 천왕에게 고하기를 관주(灌州) 관강구(灌江口)의 신 소성이랑(小聖二郎)을 등용하여야 포획할 수 있다고 하였다. 천왕은 태자 목차(木叉)와 대력귀를 보내 이랑신에게 부탁하였다. 이랑신이 신병을 거느리고 화과산을 포위하니, 원숭이 무리가 나와 싸웠으나 모두 패하고 제천대성도 잡혀 죽게 되었는데 관음은 옥황상제에게 청하여 (제천대성은) 죽음을 면케 되었다. 관음은 거령신(巨靈神)에게 명하여 제천대성을 압송해 하계로 내려가서 화과산 바위틈 사이에 끼워 넣도록 하였다. 하반신에 여래가 그린 부적을 붙여 봉인하고 산신과 토지신으로 하여금 지키도록 하고서 배고프면 철환을 먹고 목마르면 구리즙을 마시게 했다. 관음은 말하기를 자신은 동토로 가서 경전을 구하러 올 사람을 찾을 터인데 그 사람이 이 산을 지나갈 때 제천대성이 그를 따라 서역에 가는 모습을 보게 되면 그때 풀어주겠다고 하였다. 그 후에 당태종이 칙령을 내려 현장 법사가 서역으로 가서 경전을 구해오도록 하였는데, 현장 법사가 이 산을 지나다가 원숭이 요괴가 바위틈에 낀 것을 보고 불압을 제거하고서 빼내었다. 그를 제자로 삼고 법명을 오공이라고 지었다가 손행자라고 고쳐 부르고 사화상과 흑돼지 요괴 주팔계와 함께 길을 떠났다. 가는 여정에서 요괴를 무찌르고 스승을 구해 고난에서 탈출시켰던 것은 모두 손행자의 신통한 능력 덕분이었다. 법사가 서역에 이르러 경전 삼장을 받고 동쪽으로 돌아오자, 법사는 깨달음을 얻어 전단불여래(旃檀佛如來)가 되고 손행자는 역왕보살(力王菩薩)이 되었으며 주팔계는 향화회상정단사자(香華會上淨壇使者)가 되었다.

이 주석은 손행자의 출신 이야기를 요약한 것으로, 백회본 1~7회의 내용과 대략 대응된다. 그러나 세부적인 사항에 있어서는 명백히 백회본보다 예스럽고 간략하다. 다만 주목해야 할 것은, 주석 6번에서 인용한 구본『서유기』중의 몇몇 세부사항은 백회본과 같지 않고 도리어 명초『서유기잡극』과 비슷하다는 점이다. 예를 들면 제천대성이 하늘에 올라 복숭아를 훔치고, 노군의 영단약을 훔치고, 또 "왕모의 비단옷"을 훔쳐 돌아와 "경선의회"를 열었는데, 이러한 세부사항은 백회본에는 보이지 않는다. 그러나『서유기잡극』9출(出)「신불강손(神佛降孫)」에 나오는 손오공의 대사에서 이르기를, "나는 왕모의 선도 100개와 선의 한 벌을 훔쳐 부인에게 옷을 주고, 오늘 경선의회를 열었다."라고 하였으니 구본『서유기』와 궤를 같이 한다. 여기에서 손행자가 자신이 선의를 도둑질한 목적이 "부인에게 옷을 선물하기 위해서"라고 밝혔는데, 이는『서유기잡극』에서 그가 금정국(金鼎國) 공주를 데려다가 아내로 삼았기 때문이다. 이러한 세부사항은 우리에게 다음과 같은 내용을 시사한다. 백회본에서 선의를 도둑질한 사건을 삭제한 것은 아마도 백회본에는 손오공의 아내가 없기 때문이었으니 선의를 도둑질할 이유가 존재하지 않았다. 또한 제천대성이 싸움에서 패배한 뒤에 "화과산 바위틈"에 깔렸다는 주석6의 내용이『서유기잡극』제9출에서는 "이 몹쓸 놈을 화과산 아래에 억눌러놓고 당승이 오기를 기다려 그를 따라 불경을 가지러 가게 한다."라고 되어있다. 그런데 백회본에서는 제천대성이 여래불의 다섯 손가락이 변화하여 만들어진 "오행산"의 아래에 깔렸다고 나온다. 이에 반해 몇몇 대목은 구본 『서유기』가『서유기잡극』과 같지 않고 도리어 백회본과 동일한 경우도 존재한다. 예컨대 구본『서유기』에서 손행자가 사는 곳은 화과산 수렴동으로 이는 백회본 서유기와 동일한 반면『서유기잡극』에는 "화과산 자운라동(紫雲羅洞)"이라 되어있어 오히려『대당삼장취경시화』와 연관성을 보이며 더 옛스러운 분위기를 자아낸다. 또한 구본『서유기』에서는 손행자의 명칭을 "제천대성"이라 하여 백회본과 동일하지만『서유기잡극』에서는 "통천대성(通天大聖)"이라고 하였다. 이와 같이 구본 『서유기』가 『서유기잡극』과 백회본 사이에서 출입하는 정황은 다음과 같은 점을 나타낸다. 즉 구본 『서유기』는 분명 두 책 사이에 위치한 과도기적 텍스트이다. 구본 『서유기』는 아마도 『서유기잡극』에서 더하거나 덜어낸 것이며, 백회본은 또한 구본 『서유기』에서 더하거나 덜어낸 것이다.

4) 경전을 구하러 가는 무리에 이미 당승, 손오공, 사화상 및 흑저정 주팔계가 있다

위의 주석 6번을 보라. 구본 『서유기』에 나오는 경전을 구하러 가는 무리의 구성을 보면 심지어 배열 순서까지 모두 『서유기잡극』과 유사하다. 특히 사화상의 사문 서열에 대해 살펴보면 『서유기잡극』에서는 당승이 먼저 사승을 받아들이고 두 번째로 팔계를 받아들여 사승이 두 번째 사형이 되는데, 백회본에서는 먼저 팔계를 받아들이고 다음에 사승을 받아들여 팔계가 두 번째 사형이 된다. 구본 『서유기』는 사화상을 팔계 앞에 배열하고 있어 『서유기잡극』과 밀접한 관계임을 보여준다. 이밖에도 구본 『서유기』에서는 팔계를 '흑저정(黑猪精)'이라고 칭하고 있는데 『서유기잡극』 제13출에서는 팔계를 묘사할 때 "흑풍동(黑風洞)에 숨어 있어", "흑풍대황이라고 자호하며", "광사모와 흑포삼"을 입고 "얼굴은 검은 석탄 덩어리 같다"고 하였으니 이는 분명히 흑저정인 것이다. 백회본에서는 비록 팔계가 지닌 흑저정으로서의 특징이 희석되기는 했지만 제18회에서 그가 처음 고로장(高老庄)에 이르렀을 때를 묘사하며 "하나의 검은 뚱보"이며 "머리와 얼굴은 돼지의 모습과 유사했다"고 하여 희미하게 흑저정의 흔적이 남아있다. 여덟 개 주석 문장은 모두 용마를 언급하지 않았다. 구본 『서유기』에서는 용마가 경전을 구하러 가는 무리에 들어있었을까? 이것을 확증할 수는 없지만 경전을 구하러 가는 무리의 완결성과 『서유기잡극』과의 유사성에 비추어보면 구본 『서유기』에는 응당 용마가 포함되어 있었을 것이다.

5) 여정에서 겪은 환난이 적어도 열 개 이상이니, 이미 상당한 규모를 갖추었다

다음은 주석 3번이다.

> 지금 살펴보니, 법사가 서천으로 갈 때, 처음에는 용타국(師陀國) 경계에 이르러 독뱀과 맹호의 화를 입었다. 그 다음으로는 흑웅정(黑熊精), 황풍괴(黃風怪), 지용부인(地湧夫人), 지주정(蜘蛛精), 사자괴(獅子怪), 다목괴(多目怪), 홍해아괴(紅孩兒怪)를 만나 거의 죽다 겨우 살아났다. 또 극침동(棘針洞), 화염산(火炎山), 박시동(薄屎洞), 여인국(女人國) 그리고 여러 험한 산과 물을 만났으니, 요괴에게 해를 입고 환난에 고생한 것이 얼마나 되는지 알 수 없다. 이것이 이른바 '조릴(刁蹶)'이다. 『서유기』에 상세히 보인다.

주석에서 여러 가지 환난을 나열하면서, "처음에 만난", "그다음으로 만난", "또 만난" 등의 시간순서적 표현을 사용하고 있는데, 이러한 것들이 바로 구본 『서유기』 내용상 실제 발생 순서라는 것을 보여준다. 흥미로운 것은 이러한 순서와 제목이 산서성(山西省)에서 발견된 만력 2년의 초본(抄本) 『영신새사예절전부(迎神賽社禮節傳簿)』(이하 『예절전부』라고 칭함)에 수록된 대희(隊戲) 『당승서천취경(唐僧西天取經)』에 보이는 내용과 서로 비슷하다는 점이다. 위에서 서술한 재난 이야기들이 고본 『서유기』의 모든 재난을 포함하는지 아닌지는 아직 확인하기 어려우나, 그것들은 거의 다 백회본 내에서 상응하는 서술들을 찾을 수 있다. 이에 관해서는 선배 학자들이 많이 언급하였으니 여기서는 췌언하지 않는다.

필자는 여기에서 특별히 "사타국"에서의 고난에 대해 주목하고 싶다. 앞선 연구자들은 대부분 이 사건을 백회본 제75회부터 77회까지의 "사타령(獅陀嶺)" 사건과 연결했는데, 이는 분명 견강부회이다. 구본 『서유기』에서는 명확히 "삼장법사가 서천으로 가던 때에, 처음 사타국 경계에 이르렀다"고 했으니 이것이 서쪽 여행의 첫 번째 고난이라는 것을 분명히 보여준다. 그러나 백회본의 "사타령" 사건은 70회 부근에 있으니, 서로 간의 시간적 거리가 실로 크다. 구본 『서유기』에는 사타국에서 "독사와 맹호에게 해를 입었다"고 명확하게 설명하고 있으므로 그 위험도가 높지 않았음을 알 수 있다. 그러나 백회본에 있는 "사타령"의 고난에서는 등급이 매우 높은 세 마리의 마귀가 등장한다. 그 진신(眞身)은 나뉘어 문수보살의 푸른 사자, 보현보살의 흰 코끼리, 그리고 여래불의 외삼촌 대붕금시조(大鵬金翅鳥)가 된다. 이 부분은 책 전체에서도 편폭이 가장 길고 가장 위험한 환난이다. 이를 통해서 보면 어찌 되었든 "사타국"과 "사타령"이 같은 환난을 가리킨다고는 할 수 없다. 그렇다면 이 신비로운 "사타국"은 도대체 어디에 있을까? 그것은 또 어떤 사건을 서술한 것일까?

실제로 "사타"는 아마 몽고어 Saltul을 연속해 읽어 음역한 것으로, 문헌에는 또한 "살리탑올륵"이라고도 많이 번역되어 있으니, 뜻은 "회회"가 된다.[19] 이른바 "사타국"은 실제로는 회회국인 것이다. 명나라 초본 『녹귀부(錄鬼簿)』 권상에 원나라 오창령의 『당삼장서천취경』이라는 잡극이 기록되어 있는데 그 아래에 "늙은 회회인은 동루에서 부처를 부르고, 당나라 삼장은 서천에서 경을 구하였네"라는 제목이 있다. 또 청나라 초의 『승평보벌(升平寶筏)』에도 이 잡극의 두 절이 기록되어 있는데, 그 제2절 제목이 「사만국에서 앞으로의 여정을 향해 나아가다」이다. 두 작품은 이 대목에서 당나라 승려가 장안을 출발하여 "사만국"에 도착한 뒤 나이 든 회회인과 젊은 회회인의 열정적인 접대를 받았다고 서술하고 있으며 아울러 불경을 구하기 위한 앞으로의 여정을 분명하게 가리키고 있다. 나이 든 회회인이 부른 『고미주(沽美酒)』 곡에는 "중화를 떠나 이 불국에 오시니, 당신은 이곳 달사만(闍獅蠻)의 땅에 도착하였네.", "사부님 당신은 우리를 일개 달사만의 회회인이라 비웃지 마소서."라는 구절이 있다. 연구에 따르면[20] 여기서 말하는 "달사만"은 몽고어 dasman을 음역한 것이고, 또한 "답실만(答失蠻)"이라고도 번역한다. 회회인 가운데 지식과 학문을 갖춘 교사를 가리키며, "사만"[21]은 "달사만"을 줄여 부른 것이니, "사만국"은 또한 회회국 중

---

19) 鍾焓,「民族史硏究中的"他者"視角─跨語際交流, 歷史記憶及華夷秩序語境下的回回
     形象」,『歷史硏究』2008年 第1期 參照.

20) 方齡貴,「獅蠻, 闍獅蠻」,『古典戱曲外來語考釋詞典』, 上海: 漢語大詞典出版社; 昆明:
     雲南大學出版, 2001, 327~333면; 馬建春,「元代答失蠻與回回哈的司的設置」,『宗敎
     學硏究』2005年 第1期 參照.

21) 고대 소설과 희곡에서 무관의 복식을 서술할 때 흔히 "獅蠻帶"라는 칭호가 등장한다.
     方齡貴는 "달사만"과 관련 있다고 여겼으나 구체적인 형태는 상세하지 않다. 실제로
     "사만대"는 胡人이 사자를 희롱하는 그림이 새겨진 허리띠를 가리킨다. 20세기 70년
     대 南京 玄武湖 唐家山 明墓에서 명대의 옥으로 된 사만대가 출토되었는데, 20개의 옥
     판으로 이루어졌고 모든 옥판의 위에 균일하게 胡人이 사자를 희롱하는 그림이 새겨
     져 있다. 이 胡人이 회회인인지 아직 확인하기 어렵지만 연구자들은 이 도안이 "回回識
     寶"에서 영향받았을 가능성이 있다고 본다. 張瑤·王泉,「南京出土獅蠻紋玉帶板」,『中
     国历史文物』2002年 第5期 參照. "回回識寶"에 대해서는 钟焓,「"回回识宝"型故事试
     析」,『西域硏究』2009年 第2期 參照.

하나인 것이다. 이 절 가운데에도 아주 중요한 대목이 하나 더 있다. 젊은 회회인이 규불루(叫佛樓)[22]로 가서 늙은 회회인에게 내려가 당승을 만나보라고 청하였는데, 늙은 회회인은 다음과 같이 말하였다. "가는 길에 승냥이, 호랑이와 표범이 매우 많으니, 당신들은 나와 함께 가야 한다." 이를 통해 "사만국"에는 "승냥이, 호랑이와 표범"이 많이 있었던 것을 알 수 있다. 이러한 점들은 구본『서유기』가 열거한 "사타국"의 정황과 거의 일치한다. 이것에 의거해 추론해보면, "사타국"고

---

22) 규불루에 대해서 黃永年은 일찍이 송말원초 鄭思肖의『心史·大義略敘』를 인용하며 말하기를 "회교인이 부처를 섬겨 규불루를 창건하였는데 심히 고준하였다. 이때에 한사람이 무거운 맹세를 내어 누대 위에 올라 큰소리로 부처를 외치는 소리가 끊이지 않았다"라고 하였는데, 여기서 외침의 대상이 된 부처는 사실 모두 이슬람교의 창시자인 무하마드를 가리킨다.『黃周星定本西游證道書』 '前言', 中華書局, 1998, 4면 참조. 필자가 이외에 몇 가지 자료를 보충한다. 남송 文天祥,『文山集』권14「偶成二首」중 한 수에 이르기를, "등잔불 그림자 가물거리고 밤기운 맑은데, 삭풍은 꿈에 불어와 강가의 성을 건너네. 아직 종을 치지 않았건만 잠에서 깨니, 문득 인가에서 부처를 부르는 소리가 들려오네.[燈影沉沉夜氣淸, 朔風吹夢度江城. 覺來知打明鍾未, 忽聽鄰家叫佛聲]" 원나라 胡助,『純白齋類稿』권14,「戱作東門竹枝詞 五首」의 2수, "병이 그쳐 광주리 들고 잔가지 주우니, 동문은 자못 궁벽하여 수레 먼지 적도다. 오랫동안 규불루 부근에 살았더니 눈이 깊고 코가 높은 사람들 익숙히 보네.[病卒攜筐拾墮薪, 東門稍僻少車塵. 久從叫佛樓邊住, 慣見深眸高鼻人]" 청나라 劉智,『天方至聖實錄』(淸乾隆 金陵啓承堂刻五十年 袁國祥印本) 권19의 기록, "劉氏鴻書에 이르기를 위구르인들이 신봉하는 바는 다만 一天이 있음만 알아서 다른 신이나 부처는 모두 받들지 않는다. 비록 신이며 불이라고 하지만 이것은 모두 하늘이 낳은 바이니 모름지기 하늘에 절하고 하늘에 구하여 도를 구함으로써 바야흐로 신도 되고 부처도 된다. 하늘이 가르쳐주지 않는다면 어떻게 신과 불이 될 수 있겠는가. 이에 나를 낳고 나를 기른 것이 모두 하늘이고 만물도 모두 하늘이 낳은 것임을 알지니 그러므로 하늘을 받든다. 만약 따로 다른 신이나 불을 모신다면, 이것은 두 마음이 있는 것으로 사람이 불충하고 불효하는 것과 같다. 그 종교는 단지 하늘을 받들 줄만 알기 때문에 매해 정월 초하루에 일어나 새벽에 복을 부르짖으며 얼굴을 벽에 향하여 '눈으로는 사특한 색을 보지 않는다'라고 하며, 손가락으로 귀를 막고 '귀로는 음탕한 소리를 듣지 않는다'라고 한다. 그러고는 머리를 들고 하늘에 부르짖는 것을 '복을 구한다'라고 하는데 양손으로 받드는 것을 '接福'이라 하고 그러한 뒤에 절하고 감사하는 것을 '叫福'이라 하니, '叫福樓'를 세속에서 叫佛樓로 전했으니, 잘못된 것이다."

난의 대략적인 줄거리는 오창령의 『당삼장서천취경』 제2절 "사만국" 과 서로 비슷하다. 아마도 구본 『서유기』의 서쪽 여행에서 첫 번째 고 난은 바로 잡극 『당삼장서천취경』을 고쳐 만든 것으로 "사타국"은 고 본 『서유기』를 나타내는 하나의 표지가 될 것이다. 이와 관련된 또 다 른 예시로 『예절전부』에 기록된 대희(隊戲) 『당승서천취경』에 "당 태 종의 수레, 당나라 열 명의 재상 그리고 당승이 손오공·주오능(朱悟 能)·사오정·백마를 이끌고 사타국에 이르니 흑웅정(黑熊精)이 금란가 사(錦襴袈裟)를 도둑질하여 팔백리 황풍대왕(黃風大王)이 ······"[23]라 하 여 "사타국" 이야기가 서쪽으로 가는 여행에서 맨 처음 만난 고난으로 배치된 것은 절대 우연이 아니다. 만력 2년(1574) 이전에 이미 산서성 (山西省) 민간의 대형 대희로 유행하였던 것인데 그 고사의 저본이 혹 구본 『서유기』인지는 확실하지 않다.

6) 6년만에 동쪽으로 돌아오니 불경 600권을 가져오다

주1,[24] 주2, 주5를 보라. 구본 『서유기』에서 서쪽으로 떠난 여행 에 걸린 시간이 6년인 것은 원대본 『당삼장서유기』와 일치한다. '동 행(東行) 6년'이라는 것은 하나의 매우 특별한 숫자이기 때문에 둘 사 이에는 모종의 연관이 있을 수 있음을 보여준다. 가져온 불경의 양이 600권이라는 것은 필시 역사에 기록된 현장이 불경을 얻은 수에서

---

23) 「迎神賽社禮節傳簿四十曲宮調」影印本, 『中華戲曲』 1987年 第3期 참조.

24) 『박통사언해』 권하의 주1 "당삼장법사" 조에 다음의 내용이 실려 있다. "세속의 성은 진, 이름은 위며 낙주 구씨현 사람이다. 정관 3년 칙명을 받들어 서역으로 떠나 경전 600권 을 가지고 돌아왔으므로 '삼장법사'라고 불렸다."

유래한 것일 것이다. 당나라 사람 경파(敬播)와 우지녕(于志寧)이 지은
『대당서역기서(大唐西域記序)』와 현장의 제자인 변기(辯機)가 지은『대
당서역기찬(大唐西域記贊)』 모두 현장이 획득한 경론이 657부이며 황
제의 명을 받들어 한역하였다고 하였다. 그런데『대당삼장취경시화』,
『서유기잡극』, 백회본『서유기』는 모두 "일장지수(一藏之數)"가 5048권
이라고 과장하고 있다.

7) 불경을 가져오는 임무를 이룬 후에 당승은 깨달음의 결과로 전단 불여래(旃檀佛如來)가 되고, 손오공은 깨달음의 결과로 대력왕보살 (大力王菩薩)이 되고, 주팔계는 깨달음의 결과로 향화회상정단사자 (香華會上淨壇使者)가 됨

주석 6번을 보라. 구본『서유기』의 득도 후 칭호를 백회본과 서로
비교해보자. 당승은 백회본에서 "전단공덕불(旃檀功德佛)"로, 저팔계는
"정단사자(淨壇使者)"로 봉해지는데, 이는 대략 서로 같다. 그런데 손오
공은 "투전성불(鬪戰聖佛)"로 봉해지니, 종교 품계가 "보살"에서 "불"로
승격되었고 또 특별히 "투전"이라는 두 글자를 강조하고 있으니, 이러
한 변화는 연구자들이 이미 지적한 바와 같이 백회본『서유기』가 손
오공이 요괴를 이겨내는 능력과 전투 정신에 대하여 강조하려는 뜻이
있었음을 반영한다. 그 외의 경전을 가지러 가는 무리에 속했던 두 사
람도 백회본에서는 득도 후의 칭호를 얻으니 사화상은 "금신나한(金身
羅漢)"으로, 백용마는 "팔부천룡마(八部天龍馬)"로 봉해진다. 그러나『박
통사언해』의 주석에서는 둘 모두에 대해 오히려 언급하지 않았다. 더
욱이 사화상은 같은 조 주석 6번에서 이미 명확히 경전을 가지러 가
는 무리에 들어있으므로 칭호가 없을 리 없다. 주석을 달았던 최세진

이 우연히 없애버린 것인지, 아니면 전파 과정에서 누락된 것인지 알수 없다.

위에서 서술한 여덟 조목의 주석을 종합하면, 구본『서유기』의 줄거리와 내용은 이미 자못 규모를 갖추었으며 손오공의 출현에 대한 배경 이야기, 관음이 경전을 가지러 갈 사람을 찾은 것, 삼장이 무리를 모으는 것, 여러 고난을 겪어낸 것, 진경(眞經) 등의 경판을 얻은 것이 포함되어 있었음을 알 수 있다.『박통사언해』주석에서는 이러한 이야기의 발생 순서에 대해 명확하게 설명하지 않았으므로 다만 내재적 논리가 풍부한 정도에 근거하여 말하자면 구본『서유기』는 백회본의 대략적인 모습에 이미 상당히 근접해 있었다. 이 외에 구본『서유기』는 1517년(최세진이『노박집람』을 편찬한 조선 중종 12년) 이전에 이미 한반도에 전해졌으니 구본『서유기』가 중국에서 간행된 시기는 응당 이보다 이르며 또한 일정 정도 퍼져 있었을 것이다. 현존하는 명대 문헌을 살펴보면 명 가정 연간에 주홍조(周弘祖)가 저술한『고금서각(古今書刻)』권상에는 산동(山東)의 노부(魯府)와 등주부(登州府)에서 간행한『서유기』에 대해 기록했는데 이 두『서유기』가 소설인지에 대해서는 아직 검토가 필요하지만 다만 간행 시기로 보면 이 책은 아마도 구본『서유기』(혹은 구본의 번각본)일 것이다.

5. 구본『서유기』와 백회본의 학술적 관계

현재 전하고 있는 백회본『서유기』는 명나라 만력 연간에 금릉의 세덕당본을 수정한 후인본(後印本)이다.[25] 이 책의 권두에 있는 진원지(陳元之)의『간서유기서(刊西遊記序)』에 의거하면 세덕당본을 출판한 사람이 일찍이 고서를 샀는데 "특이하다고 여겨 호사가들을 시켜 교정토록 하고 권차를 잡아서 인쇄했다"고 되어 있어 연구자들은 이 책을 '전세본(前世本)'이라고 칭한다.[26] 그런데 이 '전세본'이 곧 『박통사언해』 주석에서 인용하고 있는 구본 『서유기』라고 단정할 수는 없다. 그러나 구본 『서유기』와 백회본의 대응되는 이야기를 비교해보면 다음과 같은 점을 확인할 수 있다. 백회본(혹은 그 저본)은 분명 구본 『서유기』의 내용을 흡수했으니 이는 다만 백회본과 구본 『서유기』에 존재하는 많은 유사한 이야기와 인물 설정에서 드러날 뿐만 아니라(앞에서 이미 논증했으므로 여기서 재론하지 않는다) 더욱 중요한 것은 구본 『서유기』에만 있는 어떠한 세세한 부분들이 백회본에서 비록 생략되었더라도 희미한 흔적을 남기고 있다는 점이다.

예를 들면 구본 『서유기』에서 서쪽으로 떠나 첫 번째 만난 고난이 "사타국(師陀國)"인데 여기에서는 당승과 사도들이 회회국에서 만난 고난을 그리고 있다. 백회본에는 "사타국"이라는 첫 번째 고난이 없다. 그러나 제15회에서 당승과 손오공이 백룡마를 거두어 서쪽으로 걸어가는 여정을 서술하며 "이번 여행은 두 달 동안 태평한 여정이었으니 만난 것이라고는 모두 노노(虜虜)와 회회(回回)의 사나운 짐승과 호표 뿐이었다."고 하였다. 그런데 여기서 '노노와 회회의 사나운 짐승과 호표 뿐'이었다는 대목은 곧 이미 산삭된 "사타국" 이야기를 은밀히 간직하고 있는 것이다. 그리고 구본 『서유기』의 손오공은 경전을 얻는 데 성공한 후에 "대력왕보살"로 봉해졌는데, 이 봉호는 현재 다만 이 본에서만 보이고, 백회본에서는 이미 "투전승불(鬪戰勝佛)"로 고

---

25) 上原究一, 「世德堂刊本『西遊記』傳本考述」, 『文學遺産』 2010年 第4期 참조.

26) 吳聖昔, 「論『西遊記』的"前世本"」, 『臨沂師專學報』 1997年 第5期 참조.

쳐졌다. 그런데 백회본에는 여전히 행간에 손오공이 "대력왕보살"에 해당한다는 흔적이 남아있다. 제44회에는 차지국의 국왕이 호력, 양력, 녹력이라는 세 신선에게 미혹되어 부처를 훼손하고 승려들을 멸하여 여러 승려들을 쿠리(苦力, 중노동에 종사하는 중국이나 인도의 하층 노동자)로 만들어 도관을 건설하도록 하였다. 그런데 여러 승려는 꿈에서 신을 만나니 그 신은 "꿈속에서 우리를 위로해주시며 죽지 말고 고통을 견디며 동토 대당(大唐)의 성승(聖僧)으로서 서천에 경전을 구하러 가는 나한을 기다리라고 하였다. 그의 수하에는 제자가 있으니 바로 제천대성인데 신통력이 광대하며 오로지 충성스럽고 선량한 마음을 지녀 인간 세상의 공평하지 않은 일들을 해결해주어 힘들고 위태로운 자를 도와주며 고아와 과부를 구휼한다고 했다. 그러니 그가 와서 신통력을 발휘하기만 하면 도사들을 무찌르고 다시 승려들의 불교를 높여줄 것이라 하였다." 그리하여 당승 사도의 무리가 차지국 성 밖에 도착했을 때 홀연히 한편의 함성이 들려 손오공이 몸을 공중으로 날리니 "그 성문 밖에 모래사장 공터가 하나 있는데, 많은 중이 모여 그곳에서 수레를 끌고 있는 것이 보였다. 알고 보니 일제히 힘을 모아 함성을 지르고 '대력왕보살'이라 제창하여 당승을 놀라게 한 것이었다." 여기에서 승려들이 열렬히 '구성제천대성(救星齊天大星)'의 출현을 고대하면서 소리 높여 부른 이름은 "대력왕보살"이었으니, 두 존재 간의 대응 관계가 드러나고 있다. 앞에서 서술하였듯 『박통사언해』 본문에서 인용한 원대본 『서유기』에는 이미 비교적 성숙한 차지국 고사가 있고, 주석에서 인용한 구본 『서유기』 또한 차지국 고난을 언급하고 있으니 비록 세세한 부분에서 미흡함이 있긴 하나 백회본의 차지국 고난에서 "대력왕보살"이 출현하는 것과 견주어보면, 구본 『서유기』는 응당 원대본의 차지국고사를 계승하여 개정하였으며, 백회본은 구본『서유기』내용을 새로이 확대 개편한 것이다.

사실상 서유기 이야기의 후기 텍스트로서 백회본이 편찬될 때 적극적으로 이전 텍스트의 줄거리도 흡수하고 증보 개정한 것이 틀림없다. 이러한 종류의 수정은 때로 백회본에 존재하는 몇몇 이해하기 어려운 텍스트의 균열을 초래하기도 하였다. 예를 들어 백회본 제59, 60, 61회는 화염산에서 손오공이 세 번 파초 부채를 부친 이야기를 서술하고 있다. 소설은 철선공주(鐵扇公主)의 파초 부채를 묘사하며, "본래 곤륜산 뒤에 있던 것으로, 혼돈개벽 이래로 천지가 생성한 하나의 신령한 보물로서 곧 태음의 정기가 모인 잎사귀이기 때문에 화기를 능히 절멸할 수 있다."고 하였다. 문제는 이것이다. 이미 이 부채가 철제가 아니라면, 어째서 나찰녀의 별칭을 '철선공주'라고 부르는 것인가? 명초 양경현의『서유기잡극』제18출을 검토해보면, 철선공주를 소개하며 "철제 부채 하나를 쓰는데, 무게가 천여 근이다. 그 위 24개의 뼈대가 있는데 1년 24절기를 따른 것이다. 한번 부채질하면 바람이 일고 두 번 부채질하면 비가 내리고 세 번 부채질하면 화기가 곧 멸하여 바야흐로 화염산을 지날 수 있다."고 하였으니 비로소 "철선공주"의 내력이 여기에 있음을 알 수 있다. 구본『서유기』에도 "화염산"의 고난이 있는데, 안타깝게도『박통사언해』주석에 그 줄거리를 옮겨 적지 않았기에『박통사언해』가 육중한 쇠부채를 한층 신이한 "파초부채"로 고친 것인지는 알 수 없다.

종합하자면 구본『서유기』의 존재를 확인하는 것은 서유기 이야기의 발전 및『서유기』소설 텍스트의 생성사에 있어서 매우 중요한 부분을 보충할 뿐만 아니라 또한 한 가지 사실을 제시한다. 백회본『서유기』가 비록 상당히 성숙한 구본의 기초 위에 세워졌지만, 똑같은 이야기에 있어서도 백회본『서유기』는 더욱 풍부하고 세밀하며 더욱 문학적인 첨삭과 수식이 더해졌다는 점이다. 그러므로 구본 『서유기』의 존재에 근거하여 백회본 『서유기』 편작자의 예술적 공헌을 부정하거나 의심할 수는 없을 것이다.

『박통사언해』와 『서유기』 판본의 흐름

고려후기 (늦어도 1434 간행)	『朴通事』	
	↓	
1517 추정	『翻譯朴通事』	최세진
1974		대제각출판사 영인(佚)
1517 추정	『老朴集覽』	최세진
1966		이병주 영인 (동국대학교 소장본)
	↓	
	임진왜란	
	↓	
현종시기 편집 1677 간행	『朴通事諺解』	변섬, 박세화

송대	『大唐三藏取經詩話』	
	↓	
서하	『唐僧取經圖』	
	↓	
원대	『唐僧取經圖冊』	
	『唐三藏西天取經』	오창령 잡극
	↓	
명대	『西遊記雜劇』	양경현
	↓	
명 만력(청초 유행)	世德堂本(百回本)	

조선후기 실학파의
총서 편찬과 그 의미[*]

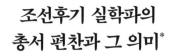

－『삼한총서(三韓叢書)』·
『소화총서(小華叢書)』를 중심으로－

———

김영진

1. 서론

18세기 들어 새롭게 등장한 서울의 개성적 인물 군상(群像) 및 다양한 도시문화적 양상에 대해서는 그간 지속적인 연구가 진행되었다.[1] 특히 최근에는 전대(前代)와는 사뭇 다른 이 시기 문인들의 '취(趣)' 추구 경향을 보여주는 일련의 흥미로운 자료들이 계속 발굴되고 있다. 화훼초목(花卉艸木), 조화(造花) 매화, 담배, 비둘기, 앵무새, 호랑이, 물고기, 벼루, 인보(印譜) 같은 소재를 가지고 쓴 잡록들이 그것이다.[2] 이들 저작의 찬술자 가운데는 실학자로 분류되는 인물들이 많이 포함되어 있다. 실학자하면 으레 '경세·실용', '현실 비판', '리얼리즘' 등의 어휘부터 떠올리게 되는, 그 진중한 모습들을 생각할 때, 과연 같은 인물의 저작인가 하는 느낌이 든다. 새롭게 조명되고 있는 이런 저작들의 출현에는 명청 총서류 저작들[3]의 국내 유입이 하나의 큰 원인이

---

*   이 논문은 『한국 한문학 연구의 새 지평』(이혜순 외, 소명출판, 2005)에 실린 동일 제목의 원고를 일부 개정한 것임.

1) 대표적으로 다음과 같은 논문을 들 수 있다. 이우성, 「18세기 서울의 都市的 樣相」, 「實學派의 書畵古董論」, 『한국의 역사상』, 창작과비평사, 1982; 임형택, 「18세기 藝術史의 視角-柳得恭作「柳遇春傳」의 分析」, 『이조후기 한문학의 재조명』, 창작과 비평사, 1983; 박희병, 「조선후기 예술가의 문학적 초상-藝人傳의 연구」, 『한국고전인물전연구』, 한길사, 1992; 강명관, 「조선후기 서적의 수입·유통과 장서가의 출현」, 「조선후기 京華世族과 古董書畵 취미」, 『조선시대 문학 예술의 생성 공간』, 소명출판, 1999 등.

2) 본고 2절에서 해당 자료들의 출전을 밝힌다.

3) 일반 총서류 외에 『三才圖會』, 『圖書編』 같은 백과사전적 성격의 책도 포함시킬 수 있다. 이들 책에는 版畵가 많이 수록되어 있다. 명대 서적들에는 揷圖本이 유행하였다. 특히 지도 부분에 대한 관심은 조선이나 일본에서 매우 컸다. 일본에서는 『三才圖會』에 영향을 받아 『和漢三才圖會』가 편찬, 출간된 바가 있으며(안대회, 「18, 19세기 조선의 백과전서파(百科全書派)와 『화한삼재도회(和漢三才圖會)』」, 『대동문화연구』 69, 2010 참조) 『圖書編』(명 章潢이 편찬하고 제자 萬尙烈이 1613년 127권으로 간행)의 경우 太湖 李元鎭(1594~1665)이 열람

되고 있다. 동시기 일본의 경우 역시 비슷한 상황이다. 원굉도(袁宏道, 1568~1610)의『병화사(瓶花史)』는 일본에서 꽃꽂이 문화를 진작시키면 서『원중랑류삽화도회(袁中郎類揷花圖會)』(1809년 간) 같은 책이 간행되었고, 칼 제작과 관련된 것을 모아놓은『장검기상(裝劍奇賞)』(1781년 간, 7권 7책)[4], 담배에 대한 책인『언록(蔫錄)』(1797년 간, 3권 3책),『삼재도회』의 일본판인『화한삼재도회(和漢三才圖會)』(1713년경) 등이 중국 총서류의 영향 하에 나온 저작들이다.

본고는 다채로운 개성을 선보였던 18세기 총서류 저작들의 흐름 속에, 박지원(1737~1805)과 서유구(1764~1845)가 편찬을 시도했던『삼한총서(三韓叢書)』와『소화총서(小華叢書)』의 편찬 과정 및 성격을 짚어 보고자 한다.

이 시기 새로운 지식 수용의 교두보는 명·청의 서적이다. 명청 시대는 종래의 주자학(성리학)의 사상 범주를 넘어 양명학·서학 등 다양한 사상이 전파되었고, 문학과 예술이 보다 전문화되면서 아울러 대중화가 이루어진 시기였다. 명청 서적의 수장(收藏)과 독서 경험은 바

한 이래 그 후손 이익을 비롯하여 이규경 등에 이르기까지 실학자들에게 애독서였다. 도곡 이의현은 1720년 연행에서 이 책을 구입해 오기도 하였다.

4) 이 책은 국내에는 장서각 등에 소장되어 있다.『장검기상(裝劍奇賞)』이란, 오사카의 도장 구·잡화상이었던 이나바 신에몬(1740~1786)에 의해 쓰인 일본 최초의 본격적인 근부 사 인명록을 포함하는 책이다. 발간은 천명 개원년(1781) 9월. 원래는 도장구를 소개한 책이었으나, 그 부록으로서 제 6권에 인룡사명보, 제7권에 근부(네츠케)사명보와 서체 (오지메)·옥석에 관한 소개가 쓰여 있다. 근부사명보에는 도합 54명의 이름이나 특징이 목록화되어, 작품의 일부가 도설되어 있다. 유명한 삼륜, 우충, 아락, 위룡, 단월, 강우, 경도정직, 아충, 길장 등이 게재되어 있고, 그들이 이미 18세기 후반까지 유명한 근부사 였다는 것을 알 수 있는 귀중한 역사적 자료가 되었다. 그러나 오사카의 잡화상이 쓴 책 이기 때문에, 교토·오사카의 근부사가 많이 언급되고 에도나 지방의 근부사는 게재가 누락되어 있다는 지적도 있다.

로 조선 후기 경향(京鄕)간의 문화 차이로 이어졌다.[5] 경화벌열가의 경우 대규모로 중국책을 수장하는 것이 유행을 이루었고, 책을 직접 구하기 힘든 경우 이를 전문적으로 베끼는 초서(抄書) 문화도 등장했다.[6] 18세기 후반 서울의 경우, 청조(淸朝) 문화의 유입, 유행이 보편화되었고, 국왕 정조 역시 청 문물에 대해 일정 정도 수용적 태도를 보였다.[7] 다음 유만주(兪晩柱, 1755~1788)의 언급은 박지원을 비난하는 것이기는 하나 이 시기 문화 풍조를 잘 보여주고 있는 것이기도 하다.

문채(文采)가 극에 달하면 사치(奢侈)로 빠지니 사치는 문채의 폐이

---

5) 『사문유취』 한 질만 있으면 시골에서 행세할 수 있다는 이학규의 전언("……此鄕, 則以口誦『三國演義』爲能事, 家藏『事文類聚』爲稀玩, 八九年間, 見聞如此. 每憶前日數君子之言, 不覺浩歎." 「與」, 『낙하생집』, 민족문화추진회, 364면)이라든지 "嶺南에서는 비록 문학으로 이름난 자라 할지라도 집에 『世說新語』를 가지고 있는 자가 전혀 없다"(嶺南雖號爲能文者, 家置『世說』者絶罕. 誦習閱覽, 不出四書三經『史略』『通鑑』『古文眞寶』『朱書節要』『濂洛風雅』而已. 其外許多叢編巨帙瑰文異書, 都不知有此. 『欽英』1778년 9월 22일조)는 유만주의 전언은 이 시기 경향간의 문화 차이를 여실히 증명해주는 사례들이다. 서울에서는 명청 서적의 수집이 열기를 띠었고 아울러 대형 장서가들이 많아지는 문화 현상이 생겨났다. 허균(許筠, 1569~1618), 민성휘(閔聖徽, 1582~1647)를 대표적으로 들 수 있다. 허균 장서에 대해서는 장유승, 「16세기 말 17세기 초 명대 서적 수입의 배경」, 『동아시아의 문헌 교류; 16~18세기 한·중·일 서적의 전파와 수용』, 소명출판, 2014를, 민성휘의 장서에 대해서는 김영진·안정은, 「민성휘(閔聖徽) 가문의 장서 연구 -7대손 민경속(閔景涑)과 유만주(兪晩柱)의 서적 왕래를 겸하여」, 한국한문학연구 80, 2020를 참조.

6) 李德懋·李箕元·金淑·盧命欽·趙衍龜 등은 이 방면에 조예가 깊었던 가난하고 미천한 서생들이다. 이덕무의 경우 讀書慾이 강하여 주변의 장서가들에게 책을 빌려 많은 抄書 작업을 하면서 독서하였고, 때로 생계의 수단으로 사대부(이서구, 심염조 등)의 부탁을 받고 抄書 작업을 하기도 하였다. 오래 전에 이덕무의 撰으로 알려져 영인·소개된 『騷壇千金訣』이란 책도 실은 『大雅堂訂正枕中十書』(明 李贄 輯; 袁宏道 校; 釋如德 閱, 명판본 10권 10책, 규장각 소장)내의 동일서를 베낀 것임이 확인된다. 淸 陳鼎의 『留溪外傳』을 베낀 규장각 소장의 『磊磊落落書』(7卷 3冊)와 淸 尤侗의 『擬明史樂府』(개인소장)를 베낀 책 등은 이덕무의 친필본으로 그의 '抄書' 작업의 한 實例를 확인할 수 있다.

7) 박철상, 「정조와 경화세족의 장서인」, 『문헌과해석』 23, 문헌과해석사, 2003을 참조.

다. 중인(中人) 이하의 부류들이 이런 것을 좋아함을 면치 못한다. 그러니 박지원배가 북쪽 오랑캐〔淸〕로 경사됨도 이상할 것이 없다. 들으니 문예의 사이에 종유(從遊)하는 즐거움이 북쪽 오랑캐가 더욱 심하다고 하니 박지원이 이를 즐기게 된 까닭이다.[8]

정조에 의해 그 문학과 인품이 모두 '순(醇)'하다고 평가받은 성대중(成大中, 1732~1809)은 다음과 같이 말했다.

> 진의 글씨〔晉帖〕와 당시(唐詩)를 보면 의사(意思)가 절로 좋아지니 사람의 기질(氣質)을 변화시킬 만하다.[9]

한편 박지원은 안의현감 재임 중에 아들에게 보낸 편지에서 영남 첩첩산중 속의 무료함과 갑갑함을 호소하며 그 타개책으로 조선과 청의 서화 작품 감상을 말하고 있다.

> 석치(石痴) 정철조(鄭喆祚, 1730~1781)의 두 첩과 그림 두루마리는 잘 도착했다. 지난번 보내온 나빙(羅聘, 1733~1799)의 대나무 그림 족자는 기이한 솜씨더구나. 온 종일 강물 소리가 울부짖는데, 마치 몸이 배 가운데 앉은 것처럼 흔들흔들 하였다. 대개 고요하고 적막하기 짝이 없는지라 강물 소리가 그렇게 들렸던 것이다. 문

---

8) "文采極, 則入於奢侈. 奢侈者, 文采之弊也. 在中人以下, 難免嗜慕. 如祇流之傾嚮北虜者, 顧亦無怪. 聞文藝間遊從之娛, 北虜爲甚. 祇所以樂此也. ……"(『欽英』1785년 12월 23일조)

9) 『靑城雜記』(이병도소장본), 「質言」, "晉帖唐詩, 覽之, 意思自好, 足以變化氣質."

을 닫아걸고 숨을 죽이며 이 두루마리를 때때로 펼쳐 감상하지 않았더라면 무엇으로 이 마음을 위로했겠느냐? 대개 날마다 열 몇 번씩은 말았다 폈다 하니, 작문의 요령을 익히는 데 크게 유익함이 있다. (중략) 재선(在先) 박제가의 집에 소유하고 있는 우리나라로 건너온 중국 사람의 시필(詩筆) 몇 첩을 빌려 볼 수만 있다면 마땅히 요 며칠 사이의 답답증을 누그러뜨릴 수 있을 것 같구나. 하지만 그 인간이 형편없고 무도하니, 어찌 지극한 보물을 잠시인들 손에서 내놓겠느냐? 다만 한 번 빌려보렴.[10]

이런 언급을 보면 '완물상지(玩物喪志)'라는 말은 적어도 이 시기 서울의 문인들에게는 색 바랜 관념이 아닌가 하는 생각도 든다. 전대와는 크게 달라진 이러한 현상의 원인은 여러 가지겠지만 명·청 문화라는 외적(外的) 자극과 영향에 필자는 특히 주목하고 있다. '총서(叢書)'의 유행 역시 이와 관련된 중요한 한 현상이다.

2. 조선후기 유입된 중국의 유서(類書) 및 총서(叢書)와 그 영향

'유서(類書)'는 유별로 분류된 백과사전 성격의 책이고,[11] '총서(叢

---

10) "石痴兩帖及畵軸依到. 頃來羅聘竹簇, 奇筆也. 盡日河聲如吼, 身搖搖如坐舟中. 盖靜極寂極, 故河聲然也. 閉戶屛息, 非得此卷時時展玩, 何以慰懷? 盖日十數舒卷, 大有益於作文蹊逕耳. (중략) 在先家所有東來今人詩筆數帖, 如得借觀, 當寬此數日躁症, 而其人也, 罔狀無道, 安能以至寶, 蹔時出手乎? 第須借之."

11) 유서에 대해서는 김영선,「韓國 類書의 書誌學的 硏究」, 중앙대 박사논문, 2003; 최환,

書)'는 한 분야에 대해 집필된 개개의 단행 저서들을 한 데 모아놓은 것이다.[12]

명나라 초엽 양신(楊愼, 1488~1559)[13]으로 시작된 박학(博學)을 기본으로 한 명물고증학(名物考證學)은 명청대 총서류 성행의 선성(先聲)을 알렸다. 왕세정(王世貞, 1526~1590)의 박학은 사실 선배인 양신의 성과를 상당 부분 끌어온 것으로 알려져 있다.[14] 주지하듯이 유서(類書)·총서(叢書)의 편찬은 명대에 들어와 대대적으로 성행하였다. 그 원인으로는 전대(前代)와는 비교할 수 없을 만큼 급성장한 상업 출판의 발전과 문인들의 예술·아취 선호의 생활태도, 고증학의 발달과 박학 지향, 문인들의 창작의 재료로써의 기능 등을 들 수 있다.

조선조의 문인들에게 크게 읽힌 명·청 총서로는 진계유(陳繼儒, 1558~1639)의 『미공비급(眉公秘笈, 일명 寶顔堂秘笈)』(廣函, 彙函, 補函, 正函,

----

『한중 유서문화 개관』, 영남대학교 출판부, 2008.04; 안대회, 「李睟光의 『芝峰類說』과 조선 후기 名物考證學의 전통」, 『진단학보』 98, 진단학회, 2004.12 등의 관련 논문이 있다.

12) 중국에서 '叢書'라는 명칭을 처음 쓴 것은 唐 陸龜蒙의 『笠澤叢書』(이때 '叢書'의 '叢'은 '자 잘하다'는 의미의 謙辭로 붙인 것일 뿐이 책은 일반 시문집이다)가 처음으로 보이고, 우리나라에서 개인 저작을 모아 '叢書'라는 이름을 붙인 것은 徐命膺의 『保晚齋叢書』가 처음으로 보인다. 한편 유득공, 성해응, 이규경, 박규수 등은 자신의 저작에 '書種'이란 단어를 썼다 (『冷齋書種』, 『蘭室書種』, 『五洲書種』, 『鶴庵書種』).

13) 양신은 저작의 양이 명대 학자 가운데 最多로 알려져 있다. 약 200종 가량이 된다고 하는데 이수광의 『지봉유설』에도 그의 글이 다량 포함되어 있다(이런 것 때문에 凝齋 李喜之는 이수광의 시화가 거의 양신의 것을 베껴왔다고 비판하기도 했다. 양신의 『升菴詩話』는 조선에서 훈련도감자 목활자로 간행되었다). 그의 이 방대한 저작들에 부친 自他의 序跋을 모아 간행된 책도 있다(王文才·張錫厚 輯 『升庵著述序跋』, 云南人民出版社, 1985).

14) 신흠, 「鐵網餘枝序」, 『象村稿』 2, 민족문화추진회, 12면; 강명관, 「16세기말~17세기초 擬古文派의 수용과 秦漢古文派의 성립」, 『한국한문학연구』 18, 1995, 296면에서 재인용.

秘函, 續函 등), 도종의(陶宗儀)·도정(陶珽)의『설부(說郛)』(120권) 및『속설부(續說郛)』(44권), 상준(商濬)『패해(稗海)』,『한위총서(漢魏叢書)』, 오진방(吳震方)『설령(說鈴)』[15], 육즙(陸楫)『고금설해(古今說海)』(142권), 장조(張潮)『소대총서(昭代叢書)』[16](갑집·을집·병집 합 150권), 장조(張潮)·왕탁(王晫) 공편『단궤총서(檀几叢書)』[17](初集·二集·餘集 합 102권) 등을 들 수 있다. 각 총서의 성향 차이가 커서, 이들 총서의 성격을 개괄적으로 논하기는 힘들다. 즉, 소설류에 치우친 것도 있고, 여타 시화·잡록·아사 등이 골고루 수록된 것도 있고, 개인의 심성 수양 및 한적(閑寂)·아취(雅趣) 생활에 치우친 것도 있다. 특히 각종 화보(花譜)를 위시하여 하나의 품목(品目)에 관련된 연원(淵源), 품평(品評), 제조 방법 등을 기술한 것들이 많이 있다. 이러한 다양한 층차를 가지는 총서의 유입에 조선의 문인들도 제각각의 반응들을 보였고, 이를 본떠 총서를 편찬하는 일이 생기기 시작했다.

총서의 유입과 열독(閱讀)은 허균(1569~1618),[18] 이수광(1563~1629)[19]

---

15) 『說鈴』은 前集, 後集으로 나뉘어 있는데 康熙 44年(1705) 徐倬 序가 붙은 본(목판본 16책, 규장각 소장), 嘉慶4年(1799) 重刊本 등 여러 종의 이본이 있다. 박지원, 유만주, 이옥 등이 『설령』을 읽었음이 확인된다.

16) 장조가 편찬한『昭代叢書』는 甲集(1697년 刊), 乙集(1700년 刊), 丙集이 차례로 간행되었다(丁集은 편찬을 마쳤으나 비용 문제 때문에 출판하지 못했다).『소대총서』는 장조의 갑·을·병집 이후 楊復吉에 의해 丁集·戊集·己集·庚集·辛集이, 沈楙德에 의해 壬集·癸集이 편찬되어『昭代叢書 合刻』(世楷堂 刊)으로 간행되었다.

17) 張潮는『소대총서』의 간행과 거의 동시기에 벗 王晫과 함께『檀几叢書』(初集·二集·餘集)를 편찬하였다. 이 책은 正祖에 의해 俗學의 대표 서적으로 지목된 책 중 하나이다.

18) 허균은 1614, 1615년의 중국 使行에서 4,000여 책을 사가지고 왔다.『夷門廣牘』을 비롯해 그가 접한 총서류 저작의 실체에 대한 보다 면밀한 검토가 요구된다. 허균이 접한 총서들에는 도가적 성향의 글도 많이 표함되어 있다. 허균은 청년 때 지은『鶴山樵談』에 이미 명 鄭曉가 편찬한 야사『吾學編』을 인용하고 있으며, 月汀 尹根壽에게 올린 편지(『惺所覆瓿稿』, 卷之二十○文部十七,「尺牘 上」, '上尹月汀 丙午八月')에서『夷門廣牘』에 수록

이래 점증하여 18세기 와서 크게 성행하였다. 김창협(1651~1708)이 일찍이 『패해(稗海)』에 대해 비교적 긍정적인 평[20]을 한 것부터 시작하여 유만주의 『흠영』, 이덕무의 『이목구심서』[21], 이옥(李鈺)의 경우 등을 보면 이들이 얼마나 다양한 총서들을 접하고 있는지를 잘 볼 수 있다.

우선 진계유 편 『미공비급(眉公秘笈)』의 영향을 보자. 이 총서는 허균의 『한정록』으로부터 시작하여 19세기 초까지도 줄곧 영향을 끼쳤다. 특히 '청언(淸言)' 방면에의 영향이 강했다. 청언 외에도 원굉도의 유명한 잡저소품인 「병화사(瓶花史)」와 「상정(觴政)」 역시 이 『미공비급』에 수록되어 더 널리 전파되었다. 진계유는 정치를 벗어나 산림 속에 한적하는 고사(高士)의 태도와 취미에 관한 여러 편의 책을 남겨 이후 그것이 거의 교과서처럼 읽힘으로써 사이비 고사(高士) 양산의 계기가 되었다고 비판받기도 하였다. 『미공비급』의 청언소품에 영향 받

된 『病榻遺言』을 거론하고 있는데 涵芬樓 영인본 『夷門廣牘』에는 『病榻遺言』이 보이지 않아 후고를 요한다. 현재 명 만력 간본 『夷門廣牘』은 대만고궁박물원, 천진도서관, 일본 존경각, 일본 내각문고 등에 소장되어 있는데 이본의 대교가 필요하다. 한편 허균의 『閑情錄』은 이 시기 중국 총서 수용의 한 단면을 여실히 보여주고 있다. 『한정록』에 대해서는 한영규, 「閑寂의 선망과 『한정록』」, 『문헌과해석』 19, 2002 여름 참조.

19) 1614년에 완성된 『지봉유설』에는 인용서목이 없어 명확히 파악할 수는 없지만 범례에 348가의 서적을 참조하였다고 하였다. 『說郛』, 『吾學編』, 『三才圖會』, 『堯山堂外記』 같은 필기, 유서, 총서 외에 王世貞과 楊愼의 저작이 특히 많이 인용되어 있다. 안대회, 앞의 논문, 275 면 참조.

20) 『농암집』 「雜識·外篇」 제74칙. 한편 이덕무는 "세상 사람들이 『패해』에서 기이한 얘기가 많이 실린 『선실지』, 『유양잡조』, 『이문총록』편만 볼 뿐이라"고 언급하기도 하였다 (『이목구심서』.

21) 이 책은 이덕무 나이 26세 때 저술된 것인데 등장하는 총서의 양이 엄청나다. 독서광이어서 스스로 「看書痴傳」까지 지었던 그의 모습을 여실히 볼 수 있다. 이덕무의 『앙엽기』 7에는 「중국사람들이 기록한 우리 나라의 고사 항목」이 있는데 연암의 『삼한총서』 서목과 함께 이들이 기획한 총서의 성향을 알 수 있는 유용한 자료이다.

아 신흠(1566~1628)의 「야언(野言)」으로부터 18세기에까지 많은 청언 소품들[22]이 나왔다. 대표적으로 유언호(兪彦鎬, 1730~1796)의 『임거사결(林居四訣)』[23], 김상숙(金相肅, 1717~1792)의 「중언(重言)」(『배와유고』 내), 성대중의 「질언(質言)」(『청성잡기』 내), 윤가기(尹可基, 1747~1801)의 『적언(適言)』(부전)[24], 이덕무의 『선귤당농소(蟬橘堂濃笑)』·『이목구심서』, 유만주의 『흠영』(일부), 홍원(洪薳, 1764~1818)의 『금고기문(今古奇文)』[25] 등을 들 수 있다.

18세기로 접어들어서는 청대의 총서인 『소대총서』·『단궤총서』가 또 많은 영향을 주었다. 이 두 총서는 앞의 『미공비급』과 함께 가장 소품적인 총서로 꼽을 수 있는데, 그러면서도 『미공비급』과는 또 성격이 상당히 다르다. 『미공비급』이 산인(山人)으로서의 아태(雅態), 수양(修養), 취미 등을 많이 담은 반면, 『소대총서』·『단궤총서』에는 미녀, 꽃 등을 소재로 한 작품, 각종 희작(戱作) 산문, 어떤 한 사물의 내원을 밝히는 원예류(園藝類)·보록류(譜錄類) 잡저 등이 풍성히 담겨져 있다. 조선 후기에는 이 안에 수록된 '소집(小集)'들을 본떠 만든 책들이 나

---

22) 조선중엽 간행되어 대대적으로 읽혔던 明 薛瑄의 『讀書錄』도 일정 부분 淸言과 관련이 있다. 허균이 『한정록』을 찬하는데 자료로써 포함되어 있던 都穆의 『玉壺氷』도 조선에서 간행되었다. 『옥호빙』의 조선 간행과 관련해서는 박철상, 「『옥호빙(玉壺氷)』의 조선 전래와 그 판본 재검토」, 『문헌과해석』 85, 2019를 참조.

23) 1781년 編. 옛사람의 서적 중에 淸談과 韻事에 관계되는 구절을 '達', '止', '逸', '適'으로 나누어 편차하였다. 한국정신문화연구원(『息軒手艸』 내, 필사본 1책) 및 통문관, 국립중앙도서관, 단국대 퇴계기념도서관, 중앙대, 경기대 등에 소장되어 있어 조선후기 꽤 많이 필사 유통되었음을 알 수 있다.

24) 이덕무의 「適言贊」(윤광심 편 『병세집』에 수록)이 남아 있어 이 자료의 실체를 알 수 있다. 윤가기는 1801년에 獄事로 숨진 인물로 유득공, 박제가와 사돈이다.

25) 1786년 編. 필사본 3책, 국사편찬위원회 소장.

왔는가 하면, 개별 작품을 모방해 지은 것들도 나왔다.[26] 『소대총서』,
『단궤총서』의 원예류·보록류 잡저[27](명초의 『설부(說郛)』 같은 총서에도
이런 류는 이미 많이 실려 있다)를 본뜬 조선 문인들의 잡저가 또 많
이 나왔는데 특히 이덕무·유득공 등 연암그룹원들의 초년 저작에 많
다. 즉 이서구의 『녹앵무경(綠鸚鵡經)』(1771, 부전)[28], 유득공의 『발합경
(鵓鴿經)』[29]·『속백호통(續白虎通)』(1772년 이전, 부전)[30]·『동연보(東硯譜)』
(연대 미상, 부전), 이덕무의 『윤회매십전(輪回梅十箋)』(1768) 등이 그것이
다. 이 외에도 이덕무의 친구인 소천자(小川子)의 『지연보(紙鳶譜)』(가
제, 1768년 무렵)[31], 유득공의 당숙인 유박(柳璞)의 『화목품제(花木品第)』
(1780년 무렵)[32], 심윤지(沈允之)의 『초목화훼보(草木花卉譜)』(부전)[33], 김려

---

26) 우선 『本草綱目』의 문체를 흉내내서 지은 작품들로 「○○本草」(吳承學은 이를 '藥方式小
品'이라 명명하였다), '募緣疏', '○○約'체 등. 以上에 대한 보다 구체적인 것은 김영진, 『조
선후기의 명청소품 수용과 소품문의 전개 양상』, 고려대 박사논문, 2004.02, 22·23면
주) 74, 81 참조. 한편 『소대총서』 수록작 가운데 조선조에 큰 영향을 끼친 것으로 「將
就園記」(황주성 찬), 張潮의 淸言集 『幽夢影』 등이 있다.

27) 홍낙순(1723~1782)의 「蛇譜讚」은 『소대총서』에 수록된 陳鼎의 「蛇譜」를 읽고 찬을 지
은 것이다.

28) 푸른 앵무새에 대한 기록으로, 『연암집』에 「녹앵무경서」가 있다. 이 책의 또 다른 서명
이 『不離飛鳥編』이라는 사실은 정민, 「18세기 지식인의 완물 취미와 지적 경향」, 『고전
문학연구』 23, 한국고전문학회, 2003 참조.

29) 집비둘기에 대한 저작으로 鵓哥館 유득공이 지은 것이다. 정우봉, 「《동국금석평》의 자
료적 가치」, 『민족문화연구』 37, 고려대 민족문화연구원, 2002 및 정민, 앞의 논문 참조.

30) 유득공이 지은 호랑이에 관한 저작이다. 연암의 다음 글을 통해 유득공이 이런 책을 지
었음을 알 수 있다. "惠風家有續白虎通, 漢班彪撰, 晋崔豹注, 明唐寅評, 僕以爲奇書,
袖歸, 燈下細閱, 乃惠風自集虎說, 以資解頤. 僕可謂鈍根. 唐寅字伯虎故耳. 雖然可博
一粲, 覽已可卽還投." 박지원, 『연암집』 「與遠心齋」.

31) 전하지 않는다. 박지원의 「旬稗序」의 내용에서 뽑아보았다.

32) 정민, 「18세기 원예문화와 柳璞의 《花庵隨錄》」, 『한국시가연구』 14, 한국시가학회,
2003 참조.

의 『우해이어보(牛海異魚譜)』(1801), 이옥의 『연경(烟經)』(1810) 등을 더 들 수 있다.[34] 앵무새, 집비둘기의 생태·종류·관련 시문, 호랑이에 관한 자료 모음, 밀랍으로 만든 매화 제조법, 종이연, 화목(花木)의 품등, 진해(鎭海) 앞 바다의 희귀한 물고기의 종류, 담배의 유래와 재배 및 그 풍치 등을 내용으로 하고 있다. 『소대총서』에 수록된 『화미필담(畫眉筆談)』, 『단궤총서』에 수록된 『합경(鴿經)』 등이 『녹앵무경』, 『발합경』에 영향을 주었을 것이고, 『미공비급』의 「호회(虎薈)」 같은 저작이 『속백호통』에 영향을 주었을 것이다.[35] 한편 화훼 기르기 등에 관한 다양한 정보를 담은 『비전화경(秘傳花鏡)』(明, 陳淏子 저)이라는 책이 또 들어와 이런 방면에 많은 영향을 주었다. 위에 예시한 것 중 연암그룹원의 저작들은 대부분 초년기의 희작(戲作)으로, 문집에 실리지 않거나 일실되고 말았다.[36] 연암 그룹원들의 이러한 호사취적 소품들이 흥미

---

33) 沈允之(1748~1821)는 小楠 沈能淑의 부친이다. 문집이 전하지 않아 이 자료의 실체도 현재 파악되지 않고 있으나 金相休의 『華南漫錄』(국립중앙도서관, 필사본 6책)에 이 저작에 부친 서문이 있어 정보를 알려준다.

34) 독창적인 저작은 아니나 『酒政』(필사본 1책, 버클리대 아사미문고) 같이 經, 史, 詩文 작품 등에서 술과 관련된 기사를 방대하게 뽑아놓은 호사취 강한 책도 남아 있다.

35) 이보다 앞서 松谷 李瑞雨(1633~1709)가 중국과 우리나라의 호랑이 관련 기사, 시문을 모아 『虎史』(부전)라는 책을 편찬한 일이 있다. 吳尙濂(1680~1707)의 『燕超齋遺稿』 권 5에 「虎史序」가 수록되어 있다.

36) 이서구와 유득공의 시문, 저작은 본인 스스로에 의하여 젊은 시절의 작품이 많이 刪削 되었음을 알 수 있다. 최근 이서구의 초년 글 모음(『自問是何人言』, 필사본 1책)이 발견되었는 바(김윤조, 「이서구 산문 연구」, 『어문학』 76, 한국어문학회, 2002), 여기 실린 작품들은 자신이 만년에 정리한 『척재집』(규장각 소장, 16권 8책, 『한국문집총간』 영인)에 거의 실리지 않았다. 초년기의 발랄한 문예 취향을 여실히 느낄 수 있다. 유득공도 마찬가지다. 다만 이덕무의 경우 느닷없는 죽음으로 말미암아 스스로에 의한 刪削이 가해지지 않았고, 아들 역시 부친의 저작을 있는 그대로 다 모아 『청장관전집』으로 만들었다. 이 점 유득공·이서구와는 크게 차이나는 부분이다.

로운데, 하지만 이런 성향의 저작은 이들의 한창 젊은 나이 온갖 것에 대한 지적 호기심으로 가득한 때의 그것으로, 중년을 넘어서면서 이들에게 이런 호사취는 많이 사라졌다. 유득공, 이덕무는 1779년 검서관이 되어 관원(官員)으로 편입되면서 일정하게 태도나 시각이 바뀔 수밖에 없었을 것이다. 세 검서관을 비롯한 연암그룹원들의 박학(博學) 지향의 종극적(終極的) 목표는 이덕무가 박제가에게 부친 다음의 편지에서 간취할 수 있다.

> 우리들이 20년 전에 백가서를 박람하여 풍부하다 하겠으나. 궁극적인 뜻은 바로 경사(經史)에 완전함을 기함이요. 책을 지어 이론을 세운 것은 경제 실용에서 벗어나지 않으니, 스스로를 가만히 어중(漁仲-鄭樵)·귀여(貴與-馬端臨)의 반열에 붙여 생각하였소.[37]

이들은 정초의 『통지(通志)』, 마단림의 『문헌통고(文獻通考)』 같은 국가의 장고(掌故), 제도(制度)와 문원(文苑)의 보익(補益)이 되는 대저작의 편찬을 늘 염두에 두고 있었던 것이다. 이러한 견해는 어린 시절 이덕무를 숙사(塾師)로 두었던 이서구도 마찬가지다.[38] 앞서 보았던 문학 분야의, 또는 사대부 일상의 아취 있는 생활 태도로서의 총서(叢書) 수용 또는 호사취 강한 저작으로의 총서 수용과는 차원을 달리한다고 할 수 있다. 이는 곧 실학파들의 총서에 대한 관심과 지향을 지표(指

---

37) 이덕무, 『청장관전서』, 「與朴楚亭」, "吾儕, 二十年前, 汎覽百家, 亦云富有, 畢竟歸趣, 卽全經全史, 而著書立言, 不出經濟實用間, 竊自付於漁仲貴與之間."

38) 이서구, 『薑山詩集』, 「薑山集自序」, 1779. "余少慕鄭浹漆馬貴與之學, 嘗妄言'爲文詞, 不根據乎禮樂刑政經濟實用之本, 可無作也.' 其持論如此, 故尤不喜作詩, 見人讀晉魏唐宋諸名家詩者, 輒勸令移讀他書."

標)해 주는 것이기도 하다.

이러한 연암 일파의 총서류 저작에 대한 태도 또는 태도 변화와 대별되는 지점에 이옥(李鈺, 1760~1815)이 있다. 그는 초기의 문학 성향을 만년까지 고수했다. 그의 중년 이후의 저작들인 『백운필(白雲筆)』(1803), 『연경(烟經)』(1810) 같은 필기잡저류는 전반적으로 호사취로 일관하고 있다.[39] 『연경』[40] 자서를 잠시 본다.

> 옛 사람들은 일상 생활에 대해 책으로 기록을 남기지 않은 경우가 없다. 때문에 추평공(鄒平公-段文昌)은 『식헌(食憲)』 50장을, 왕적(王績)은 『주보(酒譜)』를, …… 채군모(蔡君謨)·정위(丁謂)는 『다록(茶錄)』을 남겼다. …… 이에 옛 사람들이 사물에 있어 진실로 기록할 만한 한 가지 훌륭한 점만 있더라도 그 사물이 미미한 것이라고 버리는 일이 없이 그 감춰진 것을 모으고 그 온축된 것을 천양하여 모아 책으로 만들어 후세에 알리지 않음이 없다는 것을 알 수 있다. 그래서 온갖 만물의 미미한 것조차 드러내 천하후세와 더불어 그 쓰임을 공변되게 하니 그 의도가 어찌 한 때 한묵(翰墨)의 장난이리오! …… 우리나라에 담배가 들어온 것도 200년이 되어 간다. 그것을 재배하는 자는 마치 기장·마를 재배하는 것 같이 하여

---

39) 김영진, 「이옥 문학과 명청소품」, 『고전문학연구』 23, 2003.6; 안대회, 「이옥의 저술 『담배의 경전(烟經)』의 가치」, 『문헌과해석』 24, 2003 가을 등에 의해 소개되었다.

40) 영남대 소장 4권 1책(25장)의 소형 책자이다. 絲欄空卷 필사본인데 판심에 '花石庄本'이란 글자가 찍혀 있다. 이옥이 자신의 堂號까지 찍힌 개인원고지를 만든 것은 꽤 의미가 있다. 적어도 일정 수준 이상의 문인, 저술가라는 自他의 인정 없이 개인원고지는 쓰지 않는 것이 당시의 관례이기 때문이다. 아울러 '화석장본' 필사본이 나왔다는 것은 이옥의 또 다른 저작이 있을 개연성을 높이는 것이기도 하다.

뿌리고 심는 법이 지극하다. 복용하는 자는 마치 술을 가까이하는 것과 같이 하여 닦고 만드는 법이 갖추어졌다. 품종이 점차 많아지자 명품(名品)이 나뉘게 되고, 지교(智巧)가 점차 발달하여 기용(器用)이 갖추어지게 되고, 꽃과 달빛 아래 피울 때면 술의 묘리를 느끼게 되고, 푸른 것 붉은 것을 사를 때면 향의 의사를 느끼게 되고, 은으로 된 담뱃대 꽃을 새긴 담뱃갑에선 차의 풍치를 느끼며, 꽃을 가꾸고 향을 말릴 때면 진귀한 열매 이름있는 꽃에 부끄러움이 없으니 200여년 간에 의당 문자로 기록한 책이 있을 법한데 찬집가(纂集家)들 중에 담배에 대해 기록했다는 것을 들어보지 못했으니 어찌 물(物)이 미미하고 일이 쓸데없어 필묵을 일삼기에 부족하다 여겨서가 아니겠는가! 대개 그러한 저작이 있는데도 내가 아직 보지 못한 것인가? 고루하여 견문 좁은 것을 부끄러워해야 할 것인가? 아니면 그것이 나온 지 오래되지 않았기에 아직 겨를이 없어 후대 사람이 저술하도록 여지를 남겨둔 것인가? 나는 담배에 대한 벽(癖)이 매우 심하여 사랑하고 좋아한다. 그래서 비웃음을 두려워 않고 망령되이 이에 대해 찬술을 하게 되었다. 소략하고 잘못되고 황잡하여 진실로 그윽하고 신비한 것을 드러내지 못하였지만 기술하는 뜻은 주록(酒錄)·화보(花譜)의 류(類)에 가깝다 할 것이다. 경오년(1810) 매미가 우는 달 하완(下浣)에 화석산인(花石山人)은 제하다.[41]

담배를 너무도 좋아했던 이옥은 때문에 담배에 관한 일부(一部) 저

---

41) 원문은 생략함.

작을 남긴 것이다.[42] 글의 서두에 음식 및 화실(花實) 관련 잡저소품을 무려 20종[43]이나 거론하고 있는데서 이런 종류의 저작에 대한 이옥의 평소 탐독을 알 수 있고, 담배를 극찬한 부분에서 이옥의 그 애호의 정도를 가늠할 수 있다.[44]

---

42) 서문에서의 이옥 말대로 담배 관련 저작은 중국에서도 이옥의 『烟經』 이전엔 나온 것이 거의 없다. 陸耀의 『烟譜』(분량 소략)는 건륭 연간에 쓰여진 것이기는 하지만 1833년에 간행된 『昭代叢書』合刻本에 처음 실렸고, 비교적 상세하다 할 수 있는 『烟草譜』(陳琮)는 1815년에 지어졌다. 한편 일본의 大槻茂質(1757~1827, 일본의 蘭學派 학자)도 담배에 대한 책인 『蔫錄』(1797년 刊, 이 책은 李尙迪, 李圭景 등이 언급한 바 있다)을 남겼다. 한편 유득공도 『烟經』을 지은 사실이 있음을 정약용의 글을 통해 알 수 있다. 다산은 「寄游兒」에서 학유가 養鷄를 한다는 말을 듣고 "農書를 잘 참조해 시험해 보고, 여러 책 중에 양계에 관련된 것들을 정리하여 『鷄經』 같은 책을 하나 만듦에 陸羽의 『茶經』이나 柳惠風의 『烟經』 같이 한다면 또한 하나의 훌륭한 것이 될 터이니 이는 俗務에 나아가서 淸致를 띄는 것이라"고 하였다. 이 편지는 내용으로 보아 1805년 다산의 장남 學淵이 부친의 配所에 와 있을 적에, 다산이 서울에 있던 둘째 아들 學游에게 보낸 편지임을 알 수 있다. 필자는 유득공의 『연경』은 1796~98년 무렵에 지어졌고 그 성격 역시 農書에 충실한 것으로 추정한다(유득공은 1798년 무렵 서형수가 주도한 『海東農書』의 편찬에 깊이 관계하고 있었다). 같은 魚譜를 편찬해도 정약전(『玆山魚譜』)과 김려(『牛海異魚譜』)의 것이 현저한 성향 차이를 드러내듯 유득공의 『연경』과 이옥의 『연경』도 그러했을 것이다. 이 점에서 위 자료의 유득공의 『연경』을 이옥의 『연경』과 동일한 것으로 본 안대회의 견해(전게 「이옥의 저술 '담배의 경전(烟經)'의 가치」 222면)는 再考되어야 한다고 생각한다. 이옥 『연경』이 담배 재배에 대한 소개가 없지 않으나 그 전반적인 성격을 놓고 볼 때, 정약용이 好評했으리라고는 생각되지 않는다. 한편 훗날 정학유는 부친의 당부에 부합하는 『種畜會通』(3책, 개인소장본)이란 책을 찬술하였다.

43) 鄒平公 『食憲』, 王績 『酒譜』, 鄭雲叟 『續酒譜』, 竇革 『酒譜』, 陸羽 『茶經』(周絳 補), 無文錫 『茶譜』, 蔡襄 『茶錄』, 丁謂 『茶錄』, 范曄 『香序』, 洪芻 『香譜』, 葉廷珪 『香錄』(즉 『名香譜』), 蔡襄 『荔枝譜』, 沈立 『海棠譜』, 韓彦直 『橘錄』, 范石湖 『梅譜』·『菊譜』, 歐陽修 『牧丹譜』, 劉貢父 『芍藥譜』, 戴凱之 『竹譜』, 僧 贊寧 『筍譜』

44) 이옥은 이미 32세(1791) 때 담배를 의인화한 「南靈傳」을 지은 바 있으니 『연경』은 그 후속작이자 완결편이라고 할 수 있다. 참고로 말하자면, 군주인 正祖도 애연가여서 1796년 초계문신 親試에 '南靈草'로 策問을 내리기까지 했다(『弘齋全書』 권52).

3. 박지원과 『삼한총서(三韓叢書)』

앞서 연암그룹원 및 이옥의 호사적 성격의 총서형 잡저를 잠시 거론하였지만 이 시기 조선의 총서 편찬과 관련하여 가장 주목할 것은 『삼한총서』와 『소화총서』이다.[45] 박지원의 아들 박종채(1780~1835)가 부친의 평생 사적을 기술한 『과정록(過庭錄)』에는 다음과 같은 『삼한총서』 관련 언급이 있다.

> 선군은 중년에 일찍이 중국과 우리 문헌 가운데 서로 뒤섞여 나타나는 것과 사실이 중국 및 외국의 교섭(交涉) 관계에 있는 것을 뽑아 모아서 한 가지의 총서(叢書)로 만들고자 하셨다. 먼저 목록을 갖추고 수시로 기록하여 책을 이룬 것도 20~30권이 되었는데, 총괄하여 이름 붙이기를 『삼한총서』라 하셨다. 강가(한강 三浦에 있다. 삼종형의 별장 洗心亭)에 거주하고부터 집안에 다섯 차례나 상사(喪事)가 있어 비통하고 슬프고 환난을 겪은 나머지 거두어 점검할 수 없었고, 관직에 종사한 이래로 또 흩어져 거의 없어져 버렸다. 지금 묵은 종이에 다만 서목(書目)의 대개(大槪)만 남아 있다. 전체를 편입한 것도 있고, 거질 가운데 한 두 조목을 인용한 것도 있고, 본디 그런 책이 없는 것을 초록하여 모아 책을 이루어 편입한 것도 있고, 책이 없어진 지 이미 오래여서 서명만 남아 있는 것을

---

45) 이외에 김려에 의해 편찬된 야사총서 『한고관외사』, 『창가루외사』와 시문 모음인 『담정총서』도 중요하지만 이들은 성격이 다르기에 논의로 한다. 특히 『담정총서』는 淸初 周亮工 편 『尺牘新鈔』(一編·二編·三編), 장조 편 『友聲』처럼 벗들 사이에 오간 서간모음집과, 장조 편 『우초신지』처럼 벗들의 산문작품을 모은 책들에 일정한 영향을 받아 만들어진 것으로 생각된다.

안설(按說)을 붙여 널리 상고하기를 기다린 것도 있다. 지금 이 목록은 대개 초본(草本)인데다, 그나마도 열에 한 둘 정도만 남은 것이다. 우선 여기에다 붙여 기록하여, 이루지 못한 대략을 알게 한다.[46]

박종채는 이어 총 178건의 삼한총서 기사 서목을 나열하였다.[47] 이

---

46) "先君中歲, 嘗欲取華東文獻之互見錯出者, 及事實之中外交涉者, 集爲一部叢書. 先具目錄, 而隨錄成卷者, 亦可三二十卷, 總名三韓叢書. 及居江干, 家有五喪, 悲傷患難之餘, 不復收檢, 從宦以來, 仍又散佚殆盡, 今於故紙中, 徒存書目梗槩. 盖有以全部編入者, 有就巨帙中引用一二則者, 有本無書種而鈔輯成書以編入者, 有書亡己久而姑存名目附以按說以俟博攷者. 今此目錄, 蓋亦艸本而亦十之一二矣. 姑附記於此, 以識未就之大略云."

47) "古文尙書百篇考, 賄肅愼之命序, 孝經雌雄圖, 晦齋訂定大學, 朱子孟子集註, 樂經, 顏子朝儀圖, 箕子實記, 箕子八條, 歷代史朝鮮列傳, 朝鮮五侯年表, 朝鮮五侯年表辨, 范史循吏傳, 范史獨行傳, 天子東來錄, 東來帝王攷, 華人東君攷, 漢武帝東征將率錄, 隋煬帝東征將率錄, 唐太宗東征將率錄, 皇明征倭將率錄, 唐征百濟將率錄, 唐征高句麗將率錄, 唐征新羅將率錄, 新羅封爵年攷, 高句麗封爵年攷, 百濟封爵年攷, 歷代東來使者攷, 交聘志, 錦槃錄, 賓擧錄, 仕唐錄, 東國外孫帝者攷, 麗王入朝錄, 忠宣王賓遊錄, 唐檢校官職錄, 中國擧哀攷, 東人中國后妃錄, 元公主高麗后錄, 皇明死節陪臣攷, 華人遊宦錄, 宣和奉使高麗圖經, 宗系辨誣始末, 戊戌辨誣始末, 海東泉幣攷, 長白山攷, 四郡二府攷, 平壤圖經, 渤海國志, 通倭攷, 樂浪七魚攷, 日知錄, 職方外記, 吾學編, 桂苑筆耕, 平百濟碑, 黃巢檄, 有學集錢曾註, 征倭事實, 再造藩邦志, 東還封事, 芝峯類說, 懲毖錄, 稗海, 說郛, 王思禮父子, 高仙之, 黑齒常之, 高延壽, 惠眞, 泉男生, 安市城主, 金仁問, 金春秋, 崔致遠, 張保皐. 鄭年, 毋丘儉, 董越朝鮮賦, 倪謙朝鮮記事, 奉使錄, 徐兢奉使錄, 皇華集, 感舊錄, 飄纓錄, 耽羅聞見錄, 寄齋雜記, 漂海錄, 航海朝天錄, 水路朝天錄, 月沙朝天錄, 月汀朝天錄, 雪海航海錄, 潛谷朝天錄, 東溟航海錄, 雪亭朝天錄, 通文館志, 御製全韻詩註, 句五志, 黃功事, 春坊日記, 徐賢妃諫東征疏, 光海夫人諫背明室疏, 奇皇后, 碩妃, 呂妃, 眞德女主詩, 高麗婢, 崇禎時宮人, 鷄林二女, 恭愍王后魯國公主, 義信公主, 楊子方言, 鷄林類事, 水經, 樂府筮篌引註, 通典所引晉陽秋, 蕭子雲書, 端門痛哭事, 乙支文德詩, 鷄林相贈白傅詩, 全唐詩, 眉公秘笈, 說鈴, 淸一統志, 潘南先生斥元尊明疏, 三學士傳, 皇明陪臣攷, 稼齋燕行錄, 一菴燕行錄, 陶谷日錄, 息菴日錄, 玉吾齋日錄, 夜明簾, 新羅人事, 薛罽頭事, 朱子語類高麗事數則, 明皇賜詩, 東坡焚圖經事, 朴林表, 朴忠, 錢謙益高麗板柳文跋, 劉玄子東國書籍紙墨, 弇州朝鮮三咨"

서목은 전체의 10분의 1, 2 정도일 뿐이라고 한다. 한편 박종채는 책으로 필사가 완료된『삼한총서』가 20~30권 정도라고 했는데 현재 필자가 발굴·확인한『삼한총서』의 실물은 다음 8책이다(이중『북학의』가 중복됨). 즉 국립 위창문고 1책, 고대 만송문고 3책, 박지원 현손 박영범(朴泳範) 구장(舊藏) 4책이 그것이다.

'天' 金石錄[48], 국립 위창문고

'黃' 征東錢曾註/戊戌辨誣錄(李廷龜), 고려대 만송문고

'宇' 看羊錄(倭中聞見錄/賊中封事), 上同

'宙' 耽羅聞見錄 등 6종[49], 단국대 연민문고(박영범 구장본)

'□' 北學議, 고려대 만송문고

'□' 北學議, 이가원(박영범 구장본)[50]

文, 曉心事, 新羅法師, 佛印待義天事, 楊次公館伴王昫事, 夫餘國主傳, 金英哲傳, 高麗秘色, 高麗人蔘事, 高麗人蔘贊, 陽村應製詩註, 王秀才問答, 乾淨筆談, 塘報, 使行別單, 池北偶談, 列朝詩集, 明詩綜, 古鐵條記, 高麗寺記, 長白山記, 白頭山記, 明文奇賞, 甘藷譜, 書畵譜, 西洋鐵琴譜, 洞簫譜, 笙簧譜, 看竹集, 陸友仁墨史, 權妃, 宣武祠碑, 金生昌林寺碑, 劉仁願碑, 毌丘儉紀功碑, 彭吳道道碑, 招賢院碑, 普光寺碑.'(以上 178조) 그런데 이가원은『삼한총서』의 목차(별권인지 실체가 미상이다)가 '古文尙書百篇'에서 '李懷玉'까지 총 148종이 나열되어 있다고 하였다(이가원,『연암집』逸書·逸文 및 附錄에 대한 소고, 『국어국문학』39·40, 국어국문학회, 1968). 이회옥(일명 李正己)은 唐에서 활약한 고구려 출신 장수인데, 여기 178종에는 포함되어 있지 않다.

48) 여기에는 〈東明王鏡〉, 〈毌丘儉紀功碑〉, 〈新羅太宗陵碑額〉, 〈郞空大師碑陰〉, 〈金生書昌林寺碑〉, 〈劉仁願紀功殘碑〉, 〈平濟塔〉 등 동국 금석문 7종이 수록되어 있다. 이들의 내용 및 분석은 朴現圭「國立中央圖書館藏本 朴趾源《金石錄》해제」(2004년 9월 3일 문헌과해석 발표문 및 9월 28일 수정고)를 참고할 수 있다.

49) 「瀛海奇聞」(작자 미상),『耽羅記』,「循海錄」,「海山雜誌」,「耽羅聞見錄」,「橘譜」(以上 鄭運經 著).

50) 매일경제신문 1982년 11월 20일(토)에 연민 이가원의 기고문 "연암 박지원의 稿本과 逸書"가 실렸는데 이 글에서 연민 선생은 후손가에서 받은 삼한총서 4종 —『탐라문견

'□ 紀年兒覽, 이가원(박영범 구장본)[51]

'□ 熱河避暑錄, 단국대 연민문고(박영범 구장본)

위창문고본과 만송문고본은 표지 제첨 글씨가 같아 동일 세트임을 알 수 있다.(위창문고본은 '연암산방(燕岩山房) 판심(版心) 사고지(私稿紙)'를 쓰진 않았음.) 다만 위창문고본의 표제 아래 책의 순서를 나타내는 천은 후에 추기(追記)한 것으로 보인다.[52] 특이한 것은 위창문고본의 본문 끝장에는 '正喜/金石/文字'라는 추사 김정희의 주문방인(朱文方印)이 찍혀 있다. 이 낱권은 박지원→유득공→유본학 형제→김정희로 소장자가 바뀐 것으로 추정된다.[53] 만송문고본은 모두 '연암산방(燕岩山房)' 판심 사고지(私稿紙)를 쓰고 있다.[54]

『삼한총서』는 거의 연암의 단독적인 작업으로 보인다. 혹 도움이

록』, 『기년아람』, 『북학의』, 『열하피서록』을 거론하였다. 그러나 현재 단국대 연민문고에는 『탐라문견록』과 『열하피서록』만 보일 뿐, 『기년아람』과 『북학의』는 확인되지 않는다. 어쨌건 연암 수택본 『북학의』는 2종이 있었음은 명백하다 하겠다.

51) 삼한총서라고 쓰인 『기년아람』은 현재 확인되지 않는다. 다만 성균관대 존경각에 '연암산방'이 판심에 새겨진 필사본 『기년아람』 8권 6책본이 소장되어 있어 참고할 만하다.

52) 글씨가 다를뿐더러 위창문고본 및 박영범본 『열하피서록』 모두 권수제에 "三韓叢書卷之"라고만 적혀 있다.

53) 김정희는 유득공과의 교유도 있지만 특히 그 아들인 유본학·본예 형제와 매우 가까이 지냈다. 국립 위창문고에 소장되어 있는 유본학(1770~1839 이후)의 『問菴集』(필사본 1책)에는 김정희가 2차(1812, 1813년)에 걸쳐 過覽했다는 기록이 친필로 쓰여 있고, 몇 곳에는 頭評을 달기도 했다(김영진, 「유득공의 생애와 교유, 年譜」, 『문헌과해석』 29, 2004년 겨울 참조). 한편 유본예(1777~1842) 역시 부친의 뒤를 이어 금석학에도 관심을 기울였음이 확인된다. 실물은 아직 확인되지 않고 있으나 『임원경제지』 인용서목에는 『樹軒金石錄』이란 책이 올라 있다. 수헌은 유본예의 호이다.

54) 연암이 이 私稿紙를 정확히 언제부터 썼는지는 미상이지만 현존본들은 대개 안의현감 때 필사된 것들이다. 다만, 만송문고본 『삼한총서』 중 『북학의』만은 안의현감 재직보다 이른 시기에 사용한 사란공권 인출지이고, 필사 상태 역시 이른 시기의 것이다.

있다면 박제가, 이덕무, 유득공, 이서구의 합력(合力)이 있었을 것이다.[55] 유만주(1755~1788)의 기록에 의거하면,『삼한총서』편찬 작업은 1784년 7월 한창 진행되고 있음을 알 수 있다.[56] 적어도 1783년에는 이 작업이 시작된 것으로 보인다. 하지만 박종채의 말대로 집안의 잦은 상사(喪事)와 벼슬살이로 인해 중지되고 말았으니 1787년 무렵일 것이다.[57]

『삼한총서』의 편찬 방식은 어떤 사실을 두고 중국측 기록과 우리측 기록이 병존하는 경우, 우리 나라와 외국(대부분 중국)과의 교섭에 관계된 일들을 중심으로 저작 전체를 수록하거나 해당 부분만을 초록하는 형태였다. 예를 몇 가지 들어본다.

각종 연행록 및 '무술변무록(戊戌辨誣錄)', '동환봉사(東還封事)', '징비록(懲毖錄)', '간양록(看羊錄)' 등과 같이 중국, 일본에 사행을 하거나 외교적인 문제가 있는 경우를 실은 자료가 많다. '유학집전증주(有學集錢曾註)'는 전겸익의『유학집』에 손자인 전증이 붙인 주석으로 만송문고본『삼한총서』에 이 부분이 마침 실려 있다. 이는 「송유편수반조조선십수(送劉編修頒詔朝鮮十首)」의 제6수에 대한 전증의 장편의 주석으로, 즉 임진란 발발의 배경과 명이 원군을 보내게 되는 과정 등에 대한 상

---

55) 이덕무의『앙엽기』, 유득공의『고운당필기』등에『삼한총서』와 관련되는 기사가 많이 수록되어 있다.

56) "美公(박지원-필자)文章, 固外道異端, 而此亦因才過而悟深, 故然耳. …… 今其『三韓叢書』, 有終則爲必傳之書. 畧考凡例. 中原圖籍之凡關于東事者, 皆節取之. 如楊子『方言』, 則取其朝鮮洌水之間, 而合錄之. 他書稱是.(『欽英』1784년 7월 6일조)

57) 박종채, 김윤조 역주『역주 과정록』, 태학사, 1997, 296~303면. 잦은 喪事와 벼슬살이는 다음과 같다. 1786년 7월 선공감감역 부임, 1787년 1월 아내(전주이씨)상, 1788년 만며느리(덕수이씨)상, 1788년 7월 형(박희원) 상, 1789년 6월 평시서주부 및 제릉령 부임. 1791년 한성부판관 부임. 1791년 12월 안의현감 부임.

세한 기록이다. '감구록(感舊錄)'은 왕사정의 『감구록』에 청음 김상헌의 시가 실린 것을 초록한 것이다. 이덕무의 『청비록』에 관련 기사가 있다. '고려사(高麗寺)' 역시 이덕무의 『앙엽기』 권7 「대각국사」조(육차운 『호연잡기』 기록) 및 동서(同書) 권8 「혜통준선사(惠通浚禪師)」조 등에서 확인할 수 있다. '고철조기(古鐵條記)'는 『우초신지(虞初新志)』(청 張潮 편) 권16에 실린 것으로, 우(禹)임금이 치수(治水)할 때에 얻은 철끈에 대한 기사이다. 나라의 보배로 대대로 궁중에 전해 내려오다가 만주족의 침입 때 시중으로 흘러 나왔는데 안목 있는 조선 사신이 구입해 갔다는 내용이다. '고려인삼찬'은 『열하일기』 「동란섭필」에 보인다.

『삼한총서』의 현존 서목을 통해 보면, 이 총서에 실린 자료들은 결국 우리 나라에 관련된 제반 전고(典故) 총집으로, 대부분 한·중 교빙(交聘) 관련 자료이다. 총서 편찬의 의도는 역사 사실 고증·변증을 통한 조선의 자기 주체성·정체성 확립으로 귀결된다고 볼 수 있다. 부수적으로는 역사 장고(掌故)에 대한 지식 넓히기, 중국 인사와의 학술 교류의 장(場)에서의 바탕 재료 등의 역할을 가진다.[58]

연암일파의 총서 편찬과 지향에는 국조(國朝) 전고(典故)를 위한 중국과의 교섭사, 또는 중국측 자료에 오른 우리 나라 관련 기사의 모음에 관심이 집중되었다. 금석문, 방언, 예문지, 역사, 경학, 경세후생[耕農] 등 경사(經史)와 문학, 경세치용에 상관되는 것이라고 요약할 수 있다.

---

58) 중국시선집에 실린 조선 관련 기사의 오류(『열하일기』 「피서록」 일부와 이서구의 『강산필치』 등에는 『열조시집』 및 『명시종』 등에 실린 조선 작가들의 오류를 철저하게 고증하여 바로잡고 있다), 국내에 소재한 상고시대에 금석문에 대한 자료 등이 대표적이다.

4. 서유구 집안의 다양한 학적 관심과 그 주변, 『소화총서』

홍한주(1798~1868)의 『지수염필(智水拈筆)』[59]에 풍석 서유구(1764~ 1845)가 편찬 기획한 『소화총서』에 대한 다음과 같은 기사가 있다(앞 조에는 서유구가 옹정제 때 나온 『고금도서집성』[60]을 극찬하는 내용이 있다).

> 풍석(楓石=서유구)이 만년에 『임원경제지(林園經濟誌)』를 편찬했는데 대개 근세에 통행되는 『산림경제(山林經濟)』에 의거해 더욱 보태어 모은 것으로 수집한 것이 극히 넓어 산거경제(山居經濟)의 책이 될 만하다. 또 일찍이 우리나라의 필록(筆錄) 만기(漫記) 수백 종을 모 아 『소화총서(小華叢書)』라고 이름하였으니 항해공(沆瀣公=홍길주)의 『숙수념(孰誰念)』 같은 것이 그 안에 들어있었다. 그러나 베껴서 책 을 이루지 못한 채 풍석 또한 세상을 뜨니 안타까운 일이다.[61]

서유구의 『소화총서』를 논하기에 앞서, 조부 서명응[62]으로부터 내 려오는 가학(家學)의 성향, 그 숙부인 서형수의 총서 편찬 시도를 함께 논해야 할 것이다. 이 집안은 서명응으로부터 여러 차례 연행(燕行)[63]

---

59) 일본 천리대도서관 소장(금서룡 구장). 서벽외사해외수일본 13으로 아세아문화사에서 1984년 영인.

60) 옹정 9년 완성, 曆象, 方輿, 明倫, 理學, 方物, 經濟로 분류. 총 5,002책. 정조 연간에 서 호수가 사행가서 구입해 옴.

61) 『지수염필』 권1, "楓石晩年編成林園經濟誌, 盖依近世所行山林經濟爲之, 而益加裒輯, 捃摭極該贍, 可爲山居經濟之書. 又嘗編取我東人筆錄漫記數百種, 名曰『小華叢書』, 如沆瀣公『孰邃念』, 皆入其中, 而未及繕寫成書, 楓石亦捐館可歎也."

62) 서명응의 『보만재총서』, 『보만재잉간』에 대해 정조는 극찬을 하였다.

63) 1755년 서명응(서명선이 자제군관으로 동행), 1760년 이휘중(서명응 매제. 이의봉이 자제군관으로

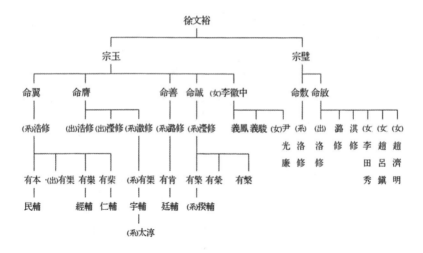

을 통해 선진문물을 접하였고, 그만큼 서책의 수장도 많았던 것을 알
수 있다.[64] 이 집안의 가계도는 다음과 같다.[65]

　서형수(徐瀅修, 1749~1824)의 「답성비서대중(答成秘書大中)」은 이 시기
총서에 대한 당대인들의 인식이 어떤지, 연암그룹원들이 만들고자 했
던 총서의 성격이 어떤지, 총서 편찬 참여자들이 누구인지 등을 구체
적으로 보여주고 있는 자료다.

　　보내주신 편지에 총서(叢書)의 편찬에 힘을 합치자는 말씀은 뜻이

　　동행), 1769년 서명응, 1776년 서호수, 1790년 서호수, 1799년 서형수 등이 연행을 하
　　였다.
64)　서형수의 「必有堂記」 등 참조.
65)　서유구 가문의 성격, 총서와 관련하여 조창록, 「풍석 서유구에 대한 한 연구-'임원경제'
　　와 『번계시고』와의 관계를 중심으로」, 성균관대 박사논문, 2003 및 유봉학, 「서유구의
　　학문과 농업정책론」, 『연암일파 북학사상 연구』, 일지사, 2000 등을 참조.

매우 훌륭합니다. 저 소품(小品)이라고 비난하는 자들은 어찌 총서를 안다 하겠습니까. 대개 총서라는 명칭은 하당(何鏜)이 편집한 『한위총서(漢魏叢書)』에서 시작되었으니 그 구목(舊目) 백종은 모두 소품이 아닙니다. 경익(經翼)으로 연원(淵源)을 상고하고, 별사(別史)로 휼괴(譎怪)한 것을 넓힐 수 있으며, 자여(子餘)로 문호(門戶)를 분변할 수 있고, 재적(載籍)으로 소요(逍遙)의 재료로 삼을 수 있습니다. 가탁(假托) 표절(標竊)을 막론하고, 옛것을 당겨 지금 것을 증명하는 데에 도움되는 것이 적지 않습니다. 이 이후로 종인걸(鍾人傑)의 『당송총서(唐宋叢書)』, 상준(商濬)의 『패해(稗海)』, 진계유(陳繼儒)의 『비급(秘笈)』이 나온즉 대개 전인(前人)들이 이미 이루어놓은 책에 나아가 각각 자기 뜻으로 산보(刪補)하여 거취득실(去取得失)에 결점과 의론을 면치 못합니다. 장조(張潮)의 『소대총서(昭代叢書)』, 왕탁(王晫)의 『단궤총서(檀几叢書)』, 포정박(鮑廷博)의 『지부족재총서(知不足齋叢書)』에 이르러서는 더욱 자잘하며 군더더기가 많아 사람들이 드디어 소품이라 하며 염증을 내고 내버렸습니다. 알지 못하는 이들은 『한위총서』까지 아울러 소품으로 지목하면서 말하기를, "총서란 소품이란 뜻이다"라 하니 아, 어찌 이런 억울함이 있습니까! 그런즉 곡례(曲禮), 소의(少儀)의 이름이 어찌 굽고 작아서 그런 것이겠습니까.

우리나라 선배들의 문장·경학이 왕왕 미칠 수 없는 것도 있는데 이 습속의 박야(朴野)함과 견문의 좁고 누추함으로 말미암아 책을 짓거나 편집하는 의례(義例) 장정(章程)이 지금까지 컴컴한 밤과 같습니다. 그 가운데 등사(謄寫) 또는 간행된 몇 종은 식자(識者)가 보기에 이가 시린 것도 많지만 우리의 보배는 응당 우리가 애석해해야 할 것입니다. 게다가 장조(張潮) 이하 제가의 것에 비교한다면 넓고 크고 전아하고 실하다 해도 지나친 말이 아닙니다. 무릇 바다 귀퉁이 한 조그만 나라의 것이 천하의 진장(珍藏)을 모은 저 두세 명가(名家)의 것보다 낫다면 이것으로 족합니다. 다시 무엇을 구하겠습니까! 그 문목(門目)은 다만 『한위총서』의 것으로 종(宗)을 삼는데 각각의 저술에 본디 인(引)이나 서(序)가 없는 경우 우리 두 사람과 이군직(李君稷-李田秀), 박미중(朴美仲-박지원), 가질(家姪) 준평(準平-서유구)이 나누어 소인(小引)을 찬하여 앞에 실어야 하겠습니다. 권질이 많은 저술의 경우 이무관(李懋官-이덕무)은 뽑아 수록하고자 하나 저의 의견은 그렇지 않습니다. 『한위총서』 가운데 『설원(說苑)』, 『논형(論衡)』, 『홍렬해(鴻烈解)』 제편 역시 6, 7책이나 되지 않습니까! 다만 원서(原書)를 아직 구하지 못하는 것이 절반이니 여러 벗들이 힘써 널리 찾는 것을 믿을 수밖에요……[66]

---

66) 徐瀅修, 『明皐全書』 권5(민족문화추진회), 「答成秘書大中」, 99~100면. "示喩叢書編摩之相助, 意甚盛也. 彼以小品識之者, 豈足以知叢書哉! 盖叢書之名, 起自何鐙之輯『漢魏』, 而舊目百種, 皆非小品也. 經翼以考淵源, 別史以博誦怪, 子餘以辨門戶, 載籍以資逍遙, 則勿論其假托標竊, 有賴於援古證今之學, 尚不淺尠矣. 自是而爲鍾人傑之『唐宋』, 爲商濬之『稗海』, 爲陳繼儒之『秘笈』, 則槩就前人見成之書, 各以己意刪補而去取得失, 俱未免疵議. 以至張潮之『昭代』, 王晫之『檀几』, 鮑廷博之『知不足齋』, 尤零零瑣瑣, 付贅懸疣, 人遂以小品厭棄, 而不知者幷與『漢魏』都歸之小品曰: "叢書者, 小品之義也." 噫, 何其厚誣哉! 然則曲禮少儀之得名, 亦爲其曲而少也耶. 我朝前輩之文章經學, 往往有不可及者, 而惟是俗習朴野, 見聞寡陋, 著書編書之義例章程, 迄今窣窣如黑夜. 其膽布印行之若干種, 自識者觀之, 固多齒冷之處, 然東人之寶, 要當爲東人惜之. 且比之於張潮以下諸家, 雖謂之宏偉典實, 亦非過語. 夫以海隅之一偏邦, 獲勝於天下珍藏之數三名家, 斯已足矣, 亦奚他求哉! 其門目, 只當以『漢魏』爲宗, 而各種中, 本無引序者, 吾兩人與李君稷・朴美仲・家姪準平分撰小引以冠之. 其卷袟稍野者, 李懋官則謂當抄輯, 而鄙意不然. 『漢魏』中如『說苑』・『論衡』・『鴻烈解』諸篇, 豈不至六七冊乎? 但原書之未能得者居半, 惟恃諸益廣捜力訪……" 성대중이 먼저 보낸 간찰은 간본 『청성집』에는 보이지 않는다.

서형수는 이 글의 전반부에서 중국 총서의 의의와 연원, 후대적 변모 양상을 논했는데 특히『한위총서』에 대해 극찬을 하고 있다.[67] 즉『한위총서』는 후대 총서들이 '소품'으로의 병통을 보이는 것과는 전혀 다른 성격임에도 불구하고 함께 '소품'으로 비난을 받는 것이 부당하다고 여겼다.[68] 후반부에서는 몇몇 지인들과『한위총서』의 체제, 즉 경익(經翼), 별사(別史), 자여(子餘), 재적(載籍)을 기본으로 하여 우리나라 총서를 편찬하고자 그 구체적 실무를 논하고 있다. 이 편지는 1791년 성대중이 교서관(奎章外閣으로 궐 밖에 있었다) 교리로 있을 때 보낸 것으로 추정된다. 이때 성대중은 교서관에서 자주 홀로 숙직을 섰는데 박지원·이덕무·박제가·유득공·홍원섭·나열·이한진 등이 찾아가 시주(詩酒) 모임을 가졌음이 여타 자료들에서 확인된다.[69] 이 시기에 지어진 홍원섭(洪元燮, 1744~1807)의「화청성비서직중견증(和靑城秘書直中見贈)」(『太湖集』卷2)도 바로 이때 지어진 것으로 여기에도 총서 편찬에 대한 언급이 있어 이『소화총서』편찬 움직임이 이 무렵에 왕성했음을 알 수 있다.[70] 그러나 서형수, 성대중이 중심이 되고 서유구,

---

67) 유득공의 경우, 이미 1768~69년 무렵『한위총서』를 탐독하고 있었다(『국역청장관전서』2 「仍呵呵生聞柳金肝於宋子堂中, 癖漢魏叢書, 戲寄要和」, 170면).

68) 유만주 역시『소대총서』보단『당송총서』가 낫고,『당송총서』보단『한위총서』가 낫다고 평한 바 있다(『흠영』). 한편 서형수 및 연암그룹의『한위총서』에 대한 경세적 인식과 달리『한위총서』를 문학적으로만 흡취한 자들도 있었다. 당송팔가문 등에 식상한 일부 문인들에게 이 책은 그야말로 '漢魏古文'의 진수를 느끼게 해주는 것이었다. 이를 문학 창작에 적극 수용한 문인들의 글은 문체가 다분히 生澁한 느낌을 주게 되었다(이옥·강이천의 특정 시기, 일부 글이 이러함). 이옥 등은『한위총서』를 자신의 괴팍한 문체 추구를 위한 재료로 삼았고,『說鈴』같은 총서에서는 기이담을 수록한 필기잡록들만을 偏取·熱讀하기도 하였다. 자연히 그 자신의 잡록에도 기이담을 많이 수록하였다.

69) 김영진,「靑城과 靑莊館의 교유,『靑城雜記』」,『문헌과해석』22호, 문헌과해석사, 2003년 봄.

이덕무, 이의준, 박지원, 이전수(李田秀)[71] 등이 동참한 이 총서 편찬 작업은 박지원이 1791년 12월 안의현으로 부임했고, 성대중이 1792년 12월 북청부사로 부임하였으며, 1793년 1월 이덕무가 죽음으로써 크게 진행되지는 못한 것으로 보인다. 더구나 가장 핵심적인 기획자였던 서형수는 1806년 유배에 처해져 1824년 배소(配所)에서 죽고 말았다. 총서 편찬 과업은 이후 서형수의 조카인 서유구에게 이어졌다.

이덕무의 손자인 이규경(1788~1856)은『오주연문장전산고』에「소화총서변증설(小華叢書辨證說)」조를 남겨 이 총서 편찬에 얽힌 저간의 사정을 보다 구체적으로 알려주고 있다.

『창서만서(蒼墅漫書)』[72]에 말하기를, "참판 이의준(李義駿)이 일찍

---

70) 교서관에서 가까이 3일간 향을 맡았더니[芸香近被日三薰] /『배와서첩』과『성언』을 보이며 평하라 하네[坏帖醒言第課分]. 건물에선 장마비에 흙벽 떨어지는 소리 들었더니[屋角愁霖聽落塲] / 거리에선 무더위에 이글거리는 구름 두렵게 보네[街頭畏熱看燒雲]. 새로 지은 시로 아침 소식 기다릴 만하고[新詩可耐憑朝訊] / 남은 학질 기운 밤의 술자리를 방해하네[殘瘧猶妨取夜醻]. 총서를 넓게 편찬하고자 하나 우리는 늙었고[欲廣叢書吾輩老] / 전연 사의 훌륭한 아우 문장에 능하다네[典涓佳弟自能文]. *원주: 청성이 자신의 저서『醒言』과 배와 서첩을 가지고 왔다. 玉流生(李明淵, 1758~1803 - 인용자 주)이 지금 典涓司(후에 繕工監에 합쳐졌음 - 인용자 주) 直長이 되었다.

71) 1759년생. 본관 연안, 자는 君稷, 호는 農隱. 월사 이정귀의 후손으로 1786년 진사시에 합격한 후 청도군수 등을 지냈다. 서형수와는 가까운 인척이다(徐命敏의 딸과 혼인했음). 문집은 전하지 않고, 1783년 問安正使 李福源의 자제군관으로 심양을 다녀와『農隱入瀋記』(필사본 3권3책, 규장각 소장)를 남겼다. 이 자료는 임기중 편『연행록전집』30(동국대 출판부)에도 수록되었는데 農隱 李宜萬(1650~1736)의 1723년작으로 잘못 되어 있다.

72) 현전 여부가 확인되지 않는 책이다. 蒼墅는 徐有榘(1770~?, 자는 舜卿)의 호이다. 1795년 진사시에 합격했고, 1801년 徐美修의 자제군관으로 燕行하여『北遊錄』(부전)을 남겼다.『청장관전서』에 검서관으로 추천되고 있는 것으로 보아 서얼로 보인다("我純廟辛酉蒼墅徐公有榘入燕有北游錄. 與陳瘦石用光庶吉士筆談. 瘦石曰: 先生知『淸脾錄』誰所撰與? 蒼墅曰: 此弊國李公雅亭某甫所著. 先生何以見聞? 瘦石曰: 家至希曾侍讀號雪香, 前年從四川携回. 今借友人吳侍郎淑卿矣. 蒼墅問: 寫本與刻本? 則答爲蜀人李調元所刻, 共三卷. 蒼墅請見. 辭以淑卿遠出, 今不可索回云. 瘦石雪香江

이 우리나라 제현들의 저술을 모아 목(目)을 나누어 분류하여 경익(經翼), 별사(別史), 자여(子餘)의 셋으로 나누고 총괄하여 이름하기를 『소화총서(小華叢書)』라고 하였는데 책을 완성하지 못한 채 죽었다. 그 문인 서유비(徐有棐) 사침(士枕)이 내게 편목을 보여주었다"라 하였는데 이는 내가 일찍이 견문한 바와 다르다. 때문에 지금 간략히 변증한다.

나의 조부 아정(雅亭) 선생께서 일찍이 총서로 만들 만한 전현들의 저술 약간 종을 풍석(楓石) 서유구(徐有榘)에게 보냈는데 풍석공이 한번은 내게 말씀하시길, "아정공(雅亭公)이 준 편목에다가 요사이 제가들의 저술을 보태어 하나의 책으로 모아 전한다면 좋을 듯 하여 마음에 두고 책을 찾고 있으나 아직 서두르지 못하고 있네"라 하였다. 그 아우 유비(有棐) 또한 말하기를, "『소화총서』를 만들려고 하니 군(君) 집에 혹 소장하고 있는 것이 있거든 나를 위해 모아 주게"라 하였으니 대개 그 스승(이의준을 말함-인용자)이 일찍이 하려고 했던 것임을 말하지 않고 그 집성(集成)을 자임하였다. 하지만 재주는 짧고 힘은 늘어져 어찌 미칠 수 있으랴! 이공 의준과 서공 유구는 모두 나의 조부에게 가르침을 받고 그 책을 이루고자 하였으나 완수하지 못한 자들인 것이다.

이공 의준이 경익(經翼)에 넣으려고 했던 것은 17종이다. 권근(權近) 『학용변의(學庸辨疑)』, 신흠(申欽) 『선천규관(先天窺管)』, 송익필(宋翼弼) 『태극문답(太極問答)』, 김장생(金長生) 『경서변의(經書辨疑)』, 정구(鄭逑) 『오복연혁도(五福[服之誤]沿革圖)』, 이언적(李彦迪)

西省新城縣人," 『詩家點燈』二局 「淸脾錄刻本」條).

『대학보유(大學補遺)』, 윤봉구(尹鳳九)『역학천견(易學淺見)』, 김석문(金錫文)『역학도설(易學圖說)』, 박태보(朴泰輔)『투호의(投壺儀)』, 조성기(趙聖期)『사칠변(四七辨)』, 김준(金焌)『하도해(河圖解)』·『심의해(深衣解)』, 조연귀(趙衍龜)『학용도설(學庸圖說)』, 서명응(徐命膺)[73]『홍범직지(洪範直指)』, 아정공(雅亭公)『산이아(汕爾雅)』·『예기억(禮記臆)』, 최세진(崔世珍)『사서통해(四聲通解)』.

별사(別史)는 16종이다.[74] 유형원(柳馨遠)『군읍제(郡邑制)』, 허목(許穆)『청사열전(淸士列傳)』·『동사(東事)』, 임상덕(林象德)『동국지리변(東國地理卞)』, 홍백창(洪百昌)『금강산기(金剛山記)』, 홍세태(洪世泰)『백두산기(白頭山記)』, 신경준(申景濬)『해로고(海路考)』, 정운경(鄭運經)『탐라문견지(耽羅聞見志)』, 강항(姜沆)『간양록(看羊錄)』, 이서구(李書九)『하이국기(蝦夷國記)』, 서명응(徐命膺)『기자외기(箕子外紀)』, 성해응(成海應)『고려유민전(高麗遺民傳)』, 신흠(申欽)『왜구구흔지(倭寇構釁志)』, 이만운(李萬運)『고려방안(高麗榜眼)』, 송문흠(宋文欽)『여복고(女服考)』, 신숙주(申叔舟)『해동제국기(海東諸國記)』, 정원림(鄭元霖)[75]『산수경(山水經)』, 이아정공(李雅亭公)『청령국지(蜻蛉國志)』·『유현세보(儒賢世譜)』, 유득공(柳得恭)『발해고(渤海考)』·『사군고(四郡考)』, 이서구(李書九)『동방금석고(東方金石考)』, 한백겸(韓百謙)『동국지리지(東國地理志)』, 신류(申瀏)『북정

---

73) 徐瀅修의 잘못임.

74) 16종은 오류가 있다. 아래 실제 나열된 것은 27종이다.

75) 본관은 하동. 官은 都正. 農圃子 鄭尙驥(성호 이익의 제자)의 손자이자,『東國輿圖』를 만든 鄭恒齡의 아들이다. 사대부 화가 之又齋 鄭遂榮은 정원림의 조카이다. 정원림의 『東國山水記』는 필사본 3책으로 하버드대에 소장(유일본)되어 있다.

일기(北征日記)』, 남구만(南九萬)『동사변증(東史辨證)』, 『수산집(脩山集)』[76], 『동국수경(東國水經)』[77].

자여(子餘)는 41종이다.[78] 이이(李珥)『격몽요결(擊蒙要訣)』, 퇴계(退溪)『자성록(自省錄)』, 한원진(韓元震)『주자동이고(朱子同異考)』, 권근『입학도설(入學圖說)』, 『천명도설(天命圖說)』[79], 정도전(鄭道傳)『불씨변(佛氏辨)』, 남효온(南孝溫)『귀신설(鬼神說)』, 한백겸『정전설(井田說)』, 권극중(權克中)『참동소론(參同疏論)』, 이이『동호문답(東湖問答)』, 박세당(朴世堂)『색경(穡經)』, 나준(羅焌)[80]『통현(洞玄)』, 홍대용(洪大容)『의기지(儀器志)』, 이광사(李匡師)『원교필결(圓喬筆訣)』, 안명로(安命老)『연기신편(演機新編)』, 김준(金焌)『기형제(璣衡齊)』, 서호수(徐浩修)『혼개도의(渾蓋圖義)』, 서명응(徐命膺)[81]『학도관(學道關)』, 이아정공『사소절(士小節)』.

재적(土[82]載籍). 이제현(李齊賢)『역옹패설(櫟翁稗說)』, 유형원『반계수록(磻溪隨錄)』, 이수광(李睟光)『안남사신창화록(安南使臣和唱錄)』, 신흠『청창연화(晴窓軟話)』, 서거정(徐居正)『필원잡기(筆苑雜記)』·『동인시화(東人詩話)』, 장유(張維)『계곡필담(谿谷筆談)』, 김창협(金昌

---

76) 앞에 저자 李種徽의 이름이 누락되었다.

77) 앞에 저자 정약용의 이름이 누락되었다.

78) 역시 아래의 실제 서목의 종수와 일치하지 않는다. 또한 아래 載籍은 별개의 분류인데 서유직 또는 이규경이 혼동했거나 아니면 필사 과정의 오류일 것이다. 어쨌건 子餘 19종, 載籍 18종 총 37종이다.

79) 앞에 저자 鄭之雲의 이름이 누락되었다.

80) 버클리대 아사미문고본『소화총서목록』에는 저자가 羅烈로 되어 있다.

81) 徐瀅修의 잘못임.

82) 필사 과정에서의 衍文으로 보임.

協)『농암잡지(農巖雜識)』, 김창흡(金昌翕)『삼연일록(三淵日錄)』, 이아정공『청비록(淸脾錄)』, 강희안(姜希顔)『양화록(養花錄)』, 조귀명(趙龜命)『정제(靜諦)』·『분향시필(焚香試筆)』. 이승휴(李承休)『제왕운옥기(帝王韻玉記)』, 유득공『한도세시기(漢都歲時記)』, 이아정공『선귤당농필(蟬橘堂濃筆)』·『앙엽기(盎葉記)』, 정운경(鄭運經)『탐라귤보(耽羅橘譜)』.

창서(蒼墅가 기록한 것은 서유비(徐有棐))가 전한 것을 듣고 기록한 것에 불과할 뿐이다. 그래서 그 가운데 잘못이 많다. 또한 총서를 편찬하려고 한다면 들어갈 만한 것이 어찌 이에 그치겠는가! 근세에는 저술가가 매우 많아서 수습(收拾) 채록(采錄)할 수 있겠으나 크게 힘을 쏟지 않는다면 어떻게 빠짐없이 구하여 얻겠는가! 이참판이 황해도관찰사로 있을 적에 감영에 불이 나서 이 때문에 재앙을 입었으니 사람의 가슴을 아프게 한다. 일찍이 나의 조부를 따라 노닐면서 때로 책을 교정보는 일도 하곤 했다. 성품이 책을 좋아하고 학문을 좋아하였으니 또한 당세의 명재(名宰)였는데 끝내 화재의 재앙을 만났으니 사람들이 많이 애석해 한다.[83]

창서(蒼墅) 서유직(徐有稷)은 서유구·서유비 형제의 일가 서얼이다. 이규경은 윗 글에서『소화총서』의 원래 기획이 자신의 조부인 이덕무에서 비롯된 것인데,『창서만서』에는 우산(愚山) 이의준(李義駿, 1738~1798) 및 서유구 형제가 애초부터 이를 본격 주도를 한 것처럼 기술하고 있어 이에 불만을 드러내고 있다. 이의준에 대해서는 뒤에

---

83) 원문은 생략한다.

다시 논하도록 하겠고, 일단 여기 나온 서목(書目)들은 이의준이 기획한 총서의 일부로 보아 무방할 것 같다.

『소화총서』는 앞서 홍한주의 언급대로 완성(또는 간행)을 보지 못한 채, 현재 그 표제를 단 책은 발견된 바 없고, 학계의 주목을 받은 바도 없다. 필자는 최근 버클리대 아사미문고에 있는『임원경제지인용서목(林園經濟誌引用書目)』(필사본 1책) 안에 별도 편입된「소화총서목록(小華叢書目錄)」을 입수했다.[84] 이규경 당대에 이 총서의 실체를 두고 논란이 있었던 만큼, 또 이 총서의 편찬이 갖는 의미가 적지 않기에 구체적으로 살펴본다. 먼저「소화총서목록」을 제시한다. 고딕으로 된 글씨의 서명은 앞의 이의준 목록에도 나온 것이다. 원본의 일부 서명에는 ○표시가 있는데 원본 그대로 표시했다. 필사를 완료했다는 의미이다. 따라서 ○표시가 있는 책은 대부분 그 책 수가 병기되어 있다. 한편 집안 선조(즉 서명응, 서호수, 서형수) 저작의 경우 찬자의 이름을 기휘(忌諱)했는데, 필자가 따로 명기한다.

經翼 총 20종(이의준 목록과 7종 중복)

○『先天窺管』(申欽, 1책), 『先天四演』(서명응), 『易圖說』(金錫文), 『易四箋』(정약용), ○『易解』(朴齊家, 2책), 『河洛演義』(李厚晜), 『尚書逸旨』(서명응), ○『尚書補傳』(洪奭周, 6책), ○『洪範直指』(서형수), ○『詩故辨』(서형수, 3책), 『詩次考』(申綽), 『禮記淺見錄』(權近), ○『禮記臆』(李德懋, 1책), 『投壺增刪儀』(朴泰輔), 『深衣圖說』(南廷和), 『大學補遺 附或問』(晦齋), 『三禮小識』(徐有本)[85], 『經書辨疑』(沙溪),

---

84) 자료를 촬영해 보내주신 단국대 정재철 선생님께 이 자리를 빌어 감사드린다.

85) 이 책과 관련해서 참조되었을 것으로 추정되는『儀禮識誤』([宋]張淳 撰, 1774년 武英殿聚珍

『十經疾書』(李漢), 『律呂通義』(서호수)

史別 총 25종(이의준 목록과 11종 중복)

『箕子外紀』(서명응), 『箕子補傳』(李義駿)[86], ○『倭寇構釁志』(申欽, 1책), ○『東征將士錄』(仝上, 1책), 『懲毖錄』(柳成龍), 『看羊錄』(姜沆), 『再造藩邦志』(申炅), ○『海東異蹟』(홍만종, 1책), ○『京都雜誌』(柳得恭, 1책), ○『漢陽歲時記』[87](柳得恭), 『久菴地理考』(韓百謙), ○『東國水經註』(丁若鏞·李晴, 2책), 『我邦疆域考』(丁若鏞, 3책), ○『東國山水記』(鄭元霖, 3책), ○『東國名山記』(成海應), ○『西北邊界攷』(仝上, 1책), ○『西北疆域辨』(仝上, 1책), ○『六鎭開拓記』(仝上), 『金剛圖經』(徐有榘), 『海東諸國記』(申叔舟, 1책), ○『四郡誌』(柳得恭, 1책), ○『渤海考』(柳得恭, 1책), ○『蜻蛉國志』(李德懋, 2책), 『四裔考』(鄭厚祚), ○『東史世家』(洪奭周, 1책)

子餘 총 28종(이의준 목록과 11종 중복)

『入學圖說』(權近), ○『天命圖說』(鄭之雲), ○『擊蒙要訣』(栗谷), 『巍塘問答』(李柬·韓元震), 『道德指歸』(서명응), ○『訂老』(洪奭周, 1책), ○『參同契註解』(權克中, 1책), 『參同契疏論』(撰人更考)[88], ○『陰符經註解』(張維), 『洞玄』(羅烈), ○『五服沿革圖』(鄭述), 『居家雜服攷』

版 목활자본 3권 1책)라는 책이 고려대 화산문고에 소장되어 있는데 서유본의 장서인 2과 ('徐印有本', '混原')가 찍혀 있다.

86) 이의준은 이가환과 함께 『箕田考』를 편찬했다.

87) 이의준 목록에는 載籍으로 분류되어 있음.

88) 이의준 목록에는 權克中 저로 되어 있다.

(朴珪壽, 2책), 『學道關』(서형수), ○『士小節』(李德懋, 3책), 『四禮笏記』(具序), 『四禮考』(具序), 『家禮小識』(徐有本), ○『渾蓋通憲集箋』(서호수), ○『圓嶠筆訣』(李匡師), 『大東金石錄』(李俁), 『金石過眼錄』(闕名), 『五醫經驗方』(허준 등), 『農圃問答』(鄭重〔尚之誤〕驥), ○『杏蒲志』(徐有榘), ○『種藷譜』(徐有榘), ○『自升車圖解』(河百源, 1책), ○『種蔘譜』(撰人更考, 1책), 『耽羅橘林譜』(撰人更考)[89]

載籍 총 49종(이의준 목록과 10종 중복)

○『桂苑筆耕』(崔致遠), 『櫟翁稗說』(李齊賢), 『白雲小說』(李奎報), ○『破閑集』(李仁老), 『靑坡劇談』(李陸), ○『補閑集』(崔滋), 『應製錄』(權近), 『筆苑雜記』(徐居正), 『東閣雜記』(仝上), 『東人詩話』(仝上), 『慵齋叢話』(成俔), 『秋江冷話』(南孝溫), 『稗官雜記』(魚叔權), 『五山說林』(車天輅), 『畸翁漫筆』(鄭弘溟), 『小華詩評』(洪萬宗), 『松都奇異』(李德泂), ○『谿谷漫筆』(張維, 1책), ○『淸江詩話』(李濟臣), 『郊居瑣編』(任相元), ○『鰷鯖瑣語』(李濟臣), 『芝峯類說』(李睟光), 『耕釣餘事』(金相肅), 『安南國使臣唱酬錄』(李睟光), 『農巖雜識』(金昌協), ○『西浦漫筆』(金萬重, 2책), 『磻溪雜識』[90](柳馨遠), ○『罷釣錄』(李德壽, 1책), 『罷釣續錄』(仝上, 1책), 『星湖僿說』(李瀷), ○『自卜編』(仝上), ○『觀物編』(仝上, 1책), ○『百諺解』(仝上, 1책), 『東海〔海東之誤〕樂府』(李匡師), ○『薑山筆豸』(李書九), ○『二十一都懷古詩註』(柳得恭, 1책), ○『淸脾錄』(李德懋, 2책), ○『灤陽錄』(柳得恭, 1책), ○『盎葉記』(李德懋, 4책), ○『朔方風土記』(洪良浩, 1책), ○『北學議』(朴

---

89) 이의준 목록에는 鄭運經 저로 되어 있다.

90) 『반계수록』과 동일서로 보았음.

齊家. 2책), ○『霜嶽發問』[91](金龍馬. 4책), ○『睡餘放筆』(洪吉周. 1책), ○『睡餘演筆』(仝上. 1책), 『闕餘散筆』(金邁淳), 『韓客巾衍集』(이덕무·유득공·박제가·이서구), ○『草榭談獻』(成海應. 2책), ○『周漢雜事攷』(仝上. 2책), ○『淸修堂筆記』[92](李書九. 1책)

『소화총서』에 대해 홍길주(洪吉周, 1786~1841)가 다음과 같은 중요한 언급을 남겼다. 즉 서유구의 번계(樊溪, 지금 서울시 강북구 번동) 향저의 부속 건물인 광여루(曠如樓)에 대한 기문(記文)을 지어주면서 "공은 젊어서부터 수천만권의 책을 읽었고, 찬술한 것도『임원지(林園志)』,『소화총서』등 총 수백 권에 이른다. 지금 76세로 관직에서 물러나 교외에 거주하면서 오히려 부지런히 수집하고 보충하고 있다"[93]라고 하였다. 이는 1839년에 지어진 것으로 위의「소화총서목록」역시 1839년 무렵에 작성된 것으로 보인다. 앞서 본 홍한주의 기록에는『숙수념(孰誰念)』[94]이『소화총서』에 들어 있다고 하였으나 본 목록에는 미포함된 것으로 보아 이 이후에도 홍길주의 말대로 계속 추가가 있었던 듯하다. 현 목록에는 총 124종의 서적이 수록되어 있는데 이 가운데 꼭 절반인 62종에 필사를 완료했다는 ○표시가 있다.

서유구(徐有榘) 집안의 장서는 서울집과 향저(鄕邸)에 나뉘어 보관되

---

91) 이 책은 현재 오사카부립도서관에 유일본으로 있다.

92) 이 책은 일본 天理圖書館(今西龍 舊藏)에 유일본으로 있다.

93) 홍길주,『沆瀣丙函』권1(연세대소장본)「曠如樓記」. "公少讀書累千萬卷, 所纂述『林園志』『小華叢書』總累百卷. 今年七十有六, 致事郊居, 猶矻矻不休于蒐補." 한편 홍길주의『睡餘瀾筆』卷下에도 "楓石聞余有'放''演'兩筆, 求見之, 袖而去, 將錄入於所蒐『東國叢書』.『孰誰念』亦爲此丈所覘見. 余平生自秘之苦心, 未免壞破了, 可恨"이라는 구절이 보인다. 이 두 중요한 자료는 성균관대 조창록 선생께서 알려주었다. 감사드린다.

94) 버클리대 아사미문고 소장본은 '자연경실장' 판심 원고지에 필사된 것이다.

었을 터인데, 향저인 장단(長端)에 보관되어 있던 책들은 1920-30년 대에 이미 전부 흩어진 것으로 보인다. (1939년『동아일보』기사.) 버클리 대 아사미(淺見倫太郎) 문고와 오사카부립도서관(佐藤六石 수집본)에 많은 양의 책이 들어갔고, 장단과 가까운 위치에 있던 개성(開城)의 중경 (中京)도서관에도 일부가 유입[95]되었으며 이외에 국립중앙도서관, 서울대, 고려대, 숭실대 등에도 이 집안 장서의 일부가 보인다. 이런 기관들에 소장된 서유구가의 서적은 그의 사고지(私稿紙)인 '자연경실장 (自然經室藏)', '풍석암서실(楓石庵書室)' 판심제 사란공권(絲欄空卷)을 대부분 사용하고 있다. 집안이 대대로 총서의 편찬에 힘을 기울였고, 경제적으로도 비교적 여유가 있었던 만큼 대규모의 필사 작업이 진행되었던 것이다. 현재까지 필자가 확인한 것은 다음과 같다.

'자연경실장' 판심제 원고지:『睡餘演筆』,『睡餘放筆』,『林園經濟誌』,『樊溪詩集』[96),『冷齋詩集』,『薑山詩集』,『論語古今註』,『北學議』,『西浦漫筆』,『農巖雜識』,『鶴崗散筆』,『霜嶽發問』,『居家雜服考』(以上 오사카부립도서관),『海東異蹟』,『西銓政格受敎筵奏輯錄』,『京都雜志』,『四郡誌』,『我邦疆域考』,『林園十六誌引用書目』,『贍用志』,『先天窺管』,『西浦漫筆』,『孰誰念』,『西堂集』,『鯀鯖瑣語』,『破閑集』,『補閑集』,『綠帆詩話』(이상 버클리대 아사미문

---

95) 중경도서관에 소장된 책은 다음과 같다.『徐文裕文抄』(서문유 저, 필사본 1책),『律呂通義』(4책),『曆象考成補解』(1책),『曆象考成補解後篇』(1책),『燕行記』(1책),『渾蓋圖說集箋』(1책, 以上 서호수 저),『詩故辨』(3책, 서형수 저),『楓石集』(서유구 저, 필사본 14책),『醫書抄』(서유구 찬, 필사본 4책) 등 多數. 以上은『한국고서종합목록』(1968, 국회도서관)을 참조한 것임.

96) 이 자료에 대해서는 조창록,「풍석 서유구와『번계시고』」,『한국한문학연구』28, 한국한문학회, 2001을 참조.

고), 『東文八家選』, 『華營日錄』, 『洪範直指』(以上 東洋文庫), 『淸脾錄』, 『盎葉記』(以上 東京都立中央圖書館), 『三倉館集』(宮內廳 書陵部), 『雅亭詩集』(關西大), 『朔方風土記』(東京大 小倉文庫), 『麻科會通』(京都大 富士川文庫), 『完營日錄』(성균관대), 『仁濟志(林園十六志 내)』(山氣文庫), 『蘭湖漁牧志』, 『周易』(국립중앙도서관), 『與猶堂集』, 『我邦疆域考』, 『日省錄凡例』(以上 규장각 일사문고), 『燕巖集』(숭실대 한국기독교박물관), 『可觀珠機』[97](종로시립), 『夾漈遺稿』(한국정신문화연구원), 『東文選』(徐有棐 편)

'풍석암서옥' 판심제 원고지 : 『左蘇山人文集』, 『居家雜服攷』[98](以上 오사카부립도서관), 『杏浦志』(버클리대 아사미/화봉문고), 『周易口訣義』, 『王無功集』, 『林園十六志』('자연경실장' 원고지 혼용, 以上 국립중앙도서관), 『今世說』(1책), 『林園十六志』('자연경실장' 원고지 혼용, 以上 고려대)

　『소화총서』는 비록 완결되지는 못했지만, 서유구가 선대 또는 선배로부터 이어받아 상당 부분진행을 하였던 것이다. 대상 편목을 우선 만들고 여건이 되는대로 필사 작업을 병행하였음이 확인되는데 앞서 「소화총서목록」의 필사 완료 표시가 있는 책 가운데 현재 전하고 있는 책들은 다음과 같다.[99]

---

97)　필사본 1책. 宋 黃徹의 『碧溪詩話』 이하 宋 · 元 · 明人의 시화 9종을 抄한 것이다. 버클리대 소장 『綠帆詩話』(6권) 역시 중국 시화를 抄한 것으로 알려져 있다.

98)　이 책은 풍석암서실 원고지와 자연경실장 원고지를 섞어 필사하였다. 『박규수전집』(성균관대 대동문화연구원)에 영인되어 있다.

99)　『한국고서종합목록』(1968, 국회도서관), 『大阪府立圖書館藏 韓本目錄』(大阪府立圖書館, 昭和 43년), 『The Asami Library』(Chaoying Fang, University of California Press, 1969) 등을 참조하였다.

『先天窺管』(버클리 아사미), 『易解』(국립중앙), 『尙書補傳』(규장각), 『洪範直指』(천리도서관, 동양문고), 『詩故辨』(오사카부립), 『東征將士錄』(오사카부립에 『征倭詔使將臣錄』이란 제목으로 소장), 『海東異蹟』(아사미), 『京都雜志』(아사미), 『我邦疆域考』(아사미), 『東國山水記』(현 소장처 미상)[100], 『海東諸國記』(궁내청 외 여러 곳), 『四郡誌』(아사미), 『渤海考』(국립중앙), 『蜻蛉國志』(金澤庄三郞), 『東史世家』(오사카부립), 『天命圖說』(영남대 동빈문고), 『擊蒙要訣』(中京圖書館), 『訂老』(오사카부립), 『參同契註解』(오사카부립), 『五服沿革說』(간본), 『居家雜服攷』(오사카부립), 『士小節』(연세대 외), 『渾蓋通憲集箋』(中京圖書館), 『圓嶠筆訣』(오사카부립), 『種藷譜』(간본, 오사카부립), [101] 『桂苑筆耕』(간본, 오사카부립), [102] 『破閑集』(아사미), 『補閑集』(아사미), 『谿谷漫筆』(규장각, 일 내각문고), 『鮴鯖瑣語』(아사미), 『西浦漫筆』(오사카부립), 『罷釣錄』(오사카부립), 『罷釣續錄』(오사카부립), 『觀物編』(동양문고), 『薑山筆豸』(규장각 외), 『二十一都懷古詩註』(天理도서관 외), 『淸脾錄』(天理도서관 외), 『灤陽錄』(국립 외), 『盎葉記』(京都大 및 天理도서관), 『北學議』(오사카부립), 『霜嶽發問』(오사카부립), 『睡餘放筆』(오사카부립), 『睡餘演筆』(오사카부립), 『草榭談獻』(오사카부립), 『周漢雜事攷』(오사카부립), 『淸修堂筆記』(天理도서관)[103]

---

100) 이 책은 1909년 日韓書房에서 활자본으로 간행되었는데 그 저본은 '自然經室藏 版心 私稿紙' 필사본이었다. 저본이 된 필사본의 현재 행방은 확인되지 않는다.

101) 사본도 일본 동양문고 등에 소장되어 있다.

102) 사본도 일본 成簣문고, 이화여대 등에 소장되어 있다.

103) 이 중 『睡餘演筆』, 『睡餘放筆』, 『海東異蹟』, 『京都雜志』, 『四郡誌』, 『先天窺管』, 『西浦漫筆』, 『執誰念』, 『西堂集』, 『鮴鯖瑣語』, 『補閑集』, 『我邦疆域考』, 『居家雜服攷』, 『易解』(박제가 찬) 등은 '자연경실장' 및 '풍석암서실' 판심이 있는 원고지에 필사된 것이다.

결론적으로 말하면, 서유구의『소화총서』편찬 작업은 책 표제에 '소화총서'란 말을 쓰지 않았을 뿐 이상과 같은 상당한 진행이 있었던 것이다.『소화총서』수록 저작들은 서유구 당대에 나온 저작들이 많이 수록되어 있으나 앞 시대의 대표적인 저작도 망라되어 있다. 조선 후기의 실학적, 고증적 저작들과, 서유구 집안의 저술들 – 서명응의 경학·명물도수학, 서호수의 천문학·수학, 서형수·서유본의 경학, 서유구의 농학 등[104] – 이 많이 포진된 것도 눈에 띈다.「소화총서목록」에는 학계에 처음 알려지는 자료도 많다. 정원림의『동국산수기(東國山水記)』, 정후조의『사예고(四裔考)』, 나열의『통현(洞玄)』, 서호수의『율려통의(律呂通義)』, 하백원의『자승거도해(自升車圖解)』, 김용마의『상악발문(霜嶽發問)』,김상숙의『경조여사(耕釣餘事)』, 이서구의『청수당필기(淸修堂筆記)』등이 그것인데 현재는 일실되었거나 유일본으로 전하는 자료들이다.

앞서 서유구 집안의 가계도(家系圖)를 제시했는데 가계상에 눈여겨 볼 부분이 여럿 있다. 하나는 서호수·형수 형제의 고종사촌인 이의봉·의준 형제이다. 이의봉(李義鳳, 초명 商鳳, 1733~1801)은 어록(語錄)어휘사전인『고금석림(古今釋林)』의 편집자이다.[105] 그「인용자서(引用子書)」에는 중국과 우리나라 서적 1,500여 종이 인용되어 있다. 우산(愚

---

104) 서유본의『官制沿革攷』, 서유비의『東方藝文略』(부전) 등이 누락된 것이 아쉽다. 특히 후자의 경우, 추사 김정희 등 많은 이들이 우리나라『예문지』편찬에 관심을 기울였으나 상응하는 성과가 나오지 못한 것을 생각할 때 매우 귀중한 자료라 할 수 있다.

105) 1760년 사은사 서장관으로 가는 부친 李徽中을 따라 연행하여 연행록을 남겼다. 한문본(『北轅錄』), 한글본(『서원록』)이 모두 연세대에 소장되어 있다. 문집『懶隱囈語』는 현재 일실되었다.

凵) 이의준(李義駿, 1738~1798)은 서유구의 스승이기도 하고[106] 앞서 본 대로 『소화총서』의 기획에도 깊이 관여하고 있었다. 이 두 형제 모두 학술 방면에 조예가 있었는데, 서유구 집안과 상호 영향 관계가 깊다 (한편 이의봉·의준의 매제인 윤광렴은 『병세집(幷世集)』의 편자 윤광심의 동생이다). 또 하나는 『보만재총서』-『해동농서』-『임원십육지』-『규합총서』- 『태교신기』(사주당 이씨 저) - 『문통(文通)』(유희 편) 등의 찬자가 모두 인 척 관계로 얽혀 영향을 주고 있다는 점이다. 서유구의 형수인 빙허각 이씨에 의해 1809년 편찬된 『규합총서』[107]는 여성에 의해 편찬된 가 정학(家庭學) 총서(叢書)로 또 큰 의미를 갖는 저술이다.

---

106) 서유구의 초년 문집인 『풍석고협집』에 이덕무, 성대중과 評도 남겼다. 서유본의 「感舊 詩十首幷序」(『좌소산인문집』 권2) 젊은날의 절친했던 10명(徐瀅修, 이의준, 박제가, 유련, 유득공, 金泳, 沈鑃, 金安基, 성대중, 이희경)을 만년에 회고하며 7언시로 지은 것이다. 이의준에 대해 서 "鵠立承明侍講班, 纚纚經說動天顔. 他年石室誰題品, 竹坨亭林伯仲間"라고 읊었다.

107) 황해도 장연군 진서면 달성서씨가에서 발견. 빙허각 이씨(1759~1824)의 '빙허각전서' 3부 11책. 『규합총서』(5책), 『淸閨博物誌』, 『빙허각고략』 新朝鮮社에서 간행을 준비하 다가 못 되고 後二者는 분실되었다. 『규합총서』(빙허각 이씨 원저/정양완 역주, 보진재, 1975) 내에 실린 『동아일보』 1939.1.31일자 기사 및 정양완 「규합총서에 대하여」 등을 참조. 2001년 한국정신문화연구원에서 여러 이본들을 모아 다시 영인하였다. 이 책은 酒食 議, 縫紝則, 山家樂, 靑囊訣, 術數略으로 類聚한 것이다. 남편 서유본의 「江居雜詠十五 首」의 제13수가 이 책과 관련이 있다. "山妻亦解注蟲魚, 經濟村家也不疎. 明月蘆洲同 夢在, 逝從笠澤續叢書." 原註에는 "余內子抄輯群書, 各分門目, 無非山居日用之要, 而 尤詳於草木鳥獸之性味. 余爲命其名曰閨閣叢書. 歷代叢書裒輯一家書, 謂之叢書, 始 自陸天隨(唐 陸龜蒙-인용자)『笠澤叢書』故云."라는 중요한 언급이 있다. 빙허각 이씨의 自 序는 1809년 동짓날에 쓰여졌다. 한편 서유구의 아들 徐宇輔 역시 「題閨閣叢書後」 (1813년 무렵 작, 『秋潭小藳』卷上, 규장각소장 필사본)를 남겼다. "刀尺寒工視蔑如, 著書自號卽 憑虛. 陰陽卜筮通玄古, 山野經綸溯太初. 倬矣閨門才莫埒, 用之家國智優餘. 文章知是 班昭亞, 女史叢中第一居."『빙허각고략』에는 조선후기의 학자인 柳僖(1773~1837)의 모 친 師朱堂 李氏(1739~1821)의 『胎教新記』에 붙인 跋文이 들어 있다. 족보를 통해, 사주 당은 빙허각의 외사촌 동서임이 밝혀져 있다(『규합총서』 「청낭결」의 '胎教'조에는 사주당의 『태교 신기』가 많이 참조된 것으로 알려져 있다). 빙허각이씨는 이 시기 서화수장가로 유명했던 六橋 李祖默(1792~1840)의 고모이기도 하다.

5. 결론

① 박지원의 『삼한총서』와 서유구의 『소화총서』는 결국 미완으로 끝났지만, 본고에서 그 편찬 과정 및 자료의 성격 등을 밝힘으로써 이들의 시도가 조선 후기 학술사에서 매우 중요한 의미를 가짐을 논하였다.

② 『삼한총서』의 경우, 1,000여 년의 한·중 교섭 관계 자료에 전면적으로 치중하면서 아울러 우리나라의 장고(掌故), 특산(特産), 지지(地誌) 등에 관련된 책들을 포함하였다. 『소화총서』의 경우, 『삼한총서』 내의 전저(專著)들을 거의 수용하면서 당시까지 나온 우리나라의 대표적인 저술들을 모두 실학적, 고증적 면모를 강하게 띠면서 주체적 시각, 자긍적 자세를 견지하고 있다.

③ 이덕무·유득공 등 일부 '연암그룹원'들은 초·장년기에 왕성한 지적 호기심 속에 호사취적 성향도 없던 것은 아니나 종극적으로는 역사·문화·학술을 총합하는 일부(一部)의 대저작의 편찬에 목표를 두고 있었다. 『삼한총서』·『소화총서』는 이 시기의 대표적인 실학자에 의한, 이들의 의식 지향이 적극 반영된 학술 저작이라고 평가할 수 있다. 아울러 이들 '연암그룹원'들에게는 당시 청대를 휩쓸고 있던 고증학의 여파가 보인다는 점(『강산필치』 등), 경세실용과 농학(農學)을 기반으로 하고 있으면서도 예술·아취 같은 도시문화적 성향도 드러내고 있는 『임원경제지』의 예에서 보듯, 여유롭고 감각적인 취향도 가지고 있다는 점 등 그 세세한 결도 간과해서는 안 될 것이다.

④ 이 시기는 소품으로서의 총서류, 경세실용 지향의 총서류, 학술총집으로의 총서류 등 다양한 양태의 총서류 저작들이 등장하고 있는데, 아울러 야사총서(野史叢書)의 편찬이 성행했다는 점[108]도 이 시기

총서 유행의 독자적인 한 양상이라 할 만하다. 유만주, 김려, 심노숭이 특히 이 방면에 관심과 성과가 많았다.

⑤ 명청 총서의 유입과 그 영향, 조선 후기 다양한 총서 편찬 움직임이 갖는 학술사 내에서의 의미 고찰이 향후 보다 면밀히 진행되어야 할 것이다.[109]

⑥ 서유구 가문의 여러 총서 및 저술들의 상호 연관, 학술사적 의미에 대하여 실학적 측면에서, 소론의 전통에서, 달성서씨 가문내[110]에서 보다 면밀한 고찰이 요구된다.

끝으로 남는 문제는 박지원, 이덕무, 서유구 등 실학파 문인·학자들의 총서에 대한 관심과 함께 동시대 임금 정조의 총서 기획, 즉 주자문헌에 대한 총집과 해동농서총집의 편찬이 있었다. 정조의 총서 기획의 성과와 한계, 특히 경화사족 또는 실학파 문인들의 지향점과의 대비·고찰이 필요하겠다. 아울러 20세기로 넘어오는 길목에 육당 최남선 등이 기획하고 일부 간행되었던 '조선총서'와의 연결고리 및 그 현대적 활용도 적극 고려되어야 하겠다.

---

108) 안대회, 「김려의 야사정리와 『寒皐觀外史』의 가치」, 『한고관외사』, 1, 한국정신문화연구원, 2002 등을 참조.

109) 17세기 말~18세기 초의 器機·技術 관련 저작인 『謏聞僬說』(필사본 1책, 종로시립 및 국립중앙) 같은 서적과 朴齊家-李喜經-(정약용)-李剛會 등으로 이어지는 器機에 대한 관심, 서유구-박규수, 홍만선-서형수(『海東農書』)-서유구-정학유(『種畜會通』)로 이어지는 영향관계, 김정희 등에서 보이는 어휘 고증·금석학과 청대 총서류(추사는 『花鏡』, 『談微』, 『山堂肆攷』, 『陔餘叢考』 등의 총서류를 보고 있다)의 관계, 명 楊愼의 『異魚圖讚』과 정약전 『玆山魚譜』 영향 관계 등등을 떠올려봤다.

110) 서유구는 서지(『누판고』) 및 활자(취진자목활자, 전사자), 간행(『계원필경』, 『종저보』) 방면 등에 모두 조예가 깊었다. 서명응의 경학·명물도수학, 서호수의 천문학·수학, 서형수의 경학, 서유구의 농학, 서유본의 경학·천문·수학, 서유비의 문학(그는 『동문류』, 『동문팔가선』, 『동방예문략』 등을 편찬했다) 등에 특장이 있었다.

참고문헌

夷門廣牘, 載 景印元明善本叢書十種, 涵芬樓.

紀錄彙編, 載 景印元明善本叢書十種, 涵芬樓.

吾學編, 載 北京圖書館古籍珍本叢刊, 書目文獻出版社, 影印本.

張潮 編, 昭代叢書(全四冊), 上海古籍出版社, 1990年影印本.

張潮 王晫 編, 檀几丛书, 上海古籍出版社, 1990年影印本.

鮑廷博 編, 知不足齋叢書, 中華書局, 1990年影印本.

陶宗儀 編, 說郛三種, 上海古籍出版社, 2012年影印本.

章潢 編, 圖書編, 廣陵書社, 2011年影印本.

강명관,『조선시대 문학 예술의 생성 공간』, 소명출판, 1999.

김영선,「韓國 類書의 書誌學的 硏究」, 중앙대학교 박사학위논문, 2003.

김영진,「靑城과 靑莊館의 교유,『靑城雜記』」,『문헌과해석』22호, 문헌과
　　　　해석사, 2003년 봄.

김영진,「이옥 문학과 명청소품」,『고전문학연구』23, 한국고전문학회,
　　　　2003.

김영진,『조선후기의 명청소품 수용과 소품문의 전개 양상』, 고려대학교 박
　　　　사학위논문, 2004.

김영진,「유득공의 생애와 교유, 年譜」,『대동한문학』27집, 대동한문학회,
　　　　2007.

김영진·안정은,「민성휘(閔聖徽) 가문의 장서 연구 -7대손 민경속(閔景涑)과
　　　　유만주(兪晩柱)의 서적 왕래를 겸하여」,『한국한문학연구』80, 한국
　　　　한문학회, 2020.

김윤조,「이서구 산문 연구」,『어문학』76, 한국어문학회, 2002.

박종채, 김윤조 역주『역주 과정록』, 태학사, 1997.

박철상,「정조와 경화세족의 장서인」,『문헌과해석』23, 문헌과해석사,
　　　　2003.

박철상,「『옥호빙(玉壺氷)』의 조선 전래와 그 판본 재검토」,『문헌과해석』

85, 문헌과해석사, 2019 겨울.

박희병,『한국고전인물전연구』, 한길사, 1992.

안대회, 「김려의 야사정리와『寒皐觀外史』의 가치」,『한고관외사』1, 한국 정신문화연구원, 2002.

안대회, 「이옥의 저술『담배의 경전(烟經)』의 가치」,『문헌과해석』24, 문헌 과해석사, 2003 가을.

안대회, 「李睟光의『芝峰類說』과 조선 후기 名物考證學의 전통」,『진단학 보』98, 진단학회, 2004.

王文才·張錫厚 輯『升庵著述序跋』, 云南人民出版社, 1985.

옥영정, 「『임원경제지』현존본과 서지적 특성」,『풍석 서유구와 임원경제 지』, 소와당, 2011.

유봉학,『연암일파 북학사상 연구』, 일지사, 2000.

이가원, 「『燕巖集 逸書·逸文 및 附錄에 대한 小攷」,『국어국문학』39~40, 국어국문학회, 1968.

이우성,『한국의 역사상』, 창작과비평사, 1982.

이혜순 외,『한국 한문학 연구의 새 지평』, 소명출판, 2005.

임형택, 「18세기 藝術史의 視角-柳得恭作「柳遇春傳」의 分析」,『이조후 기 한문학의 재조명』, 창작과비평사, 1983.

장유승, 「16세기 말 17세기 초 명대 서적 수입의 배경」,『동아시아의 문 헌 교류; 16~18세기 한·중·일 서적의 전파와 수용』, 소명출판, 2014.

정민, 「18세기 원예문화와 柳璞의《花庵隨錄》」,『한국시가연구』14, 한국 시가학회, 2003.

정민, 「18세기 지식인의 완물 취미와 지적 경향」,『고전문학연구』23, 한국 고전문학회, 2003.

정우봉, 「《동국금석평》의 자료적 가치」,『민족문화연구』37, 고려대 민족문 화연구원, 2002.

조창록, 「풍석 서유구와『번계시고』」,『한국한문학연구』28, 한국한문학회, 2001.

조창록, 「풍석 서유구에 대한 한 연구-'임원경제'와 『번계시고』와의 관계를
　　　중심으로」, 성균관대학교 박사학위논문, 2003.
최환, 『한중 유서문화 개관』, 영남대학교 출판부, 2008.
한영규, 「閑寂의 선망과 『한정록』」, 『문헌과해석』 19, 문헌과해석사, 2002
　　　여름.

18세기 조선의 『사기』 「화식열전」 주석서와 그 수사학적 주석*

안대회

1. 머리말

이 논문에서는 18세기 조선의 학인이 저술한『사기』「화식열전」 주석서 문헌을 대상으로 그 주석의 특징을 분석하려 한다. 앞서 필자는 조선후기「화식열전」주석서 문헌을 조사하여 분석한 논문을 발표하였다.[1] 그 논문에서는 단행본과 선집으로 유통된「화식열전」필사본이 수집 종이고, 주석서가 여러 종에 이른다는 사실을 처음으로 밝혀냈다. 주요한 2종의 주석서로 편주자 미상의『경사주해(經史註解)』에『화식전주해(貨殖傳註解)』가 포함되어 널리 필사되어 읽혔고, 정양흠(鄭亮欽)의『고금집주신교화식전(古今集註新校貨殖傳)』필사본이 10여 종 이상 전해지고 있음을 소개하였다. 그밖에 1796년 정조의 명에 따라 김이교(金履喬)와 홍석주(洪奭周) 등이『사기선찬주(史記選纂注)』를 완성하였고, 1798년에 정약용(丁若鏞)이 주석서를 완성한 사실도 밝혔다. 뒤의 2종은 아쉽게도 현존하지 않는다. 그 논문을 통해 18세기에는 적어도 4종의「화식열전」주석서가 편찬되어 수십 종이 넘는 필사본으로 유통되며 독자들에게 인기를 얻었음을 새롭게 밝혔다.

논문을 발표한 이후 재조사를 통해 주석서를 1종 더 추가하였다. 현존하지 않는 2종의 주석서를 제외하면, 18세기에 나온「화식열전」주석서 가운데 최소한 3종의 주석서가 현존하고 있음이 드러났다.

* 이 글은『대동문화연구』113권(성균관대학교 대동문화연구원, 2022,3) 81~106면에 수록된「『史記』「貨殖列傳」주석서와 그 修辭學的 주석-18세기 조선의 주석서를 중심으로-」를 제목과 본문 일부 수정하였다.

1) 안대회,「조선후기『史記』「貨殖列傳」註釋書의 文獻的 연구」,『대동문화연구』110권, 성균관대학교 대동문화연구원, 2020.6, 201~230면.

3종의 주석서는 서로 다른 내용을 갖춘 독자적 저술이다. 독자적 저술이면서도 서로 관련성을 가지고 있고, 주석의 내용과 방향에서 공통점이 많다. 아쉽게도 『고금집주신교화식전』 외에는 주석자의 이름을 밝혀내지는 못했으나 대체로 18세기 학문의 자장에서 출현하여 상호 깊은 관련을 지닌 주석서이다.

이제 관심은 일련의 「화식열전」 주석서가 주석학의 관점에서 어떤 특징을 지녔고, 주석의 역사에서 어떤 기여를 했는가 밝혀내는 것이다. 나아가 이 시기 「화식열전」 주석서가 전체적으로 어떤 특징과 경향을 공유하였는가를 파악하는 것이다. 대체로 이 시기 주석서는 「화식열전」을 역사자료로 이해하는 한계를 넘어 그 문장을 분석하여 대의(大意)와 저자의 저술의도, 각 단락의 주제, 수사법 등의 특징을 밝히는 경향을 보였다. 주석의 방법과 내용이 역사적 고증을 지양하고 수사학적 주석을 지향하였다. 그 점에서 대체로 수사학적 주석의 방향을 띠고 있다. 이 논문에서는 현존하는 3종의 주석서와 그 전단계 주석 자료로서 중요한 가치를 지닌 김창흡의 「화식열전」 주석을 대상으로 삼아 수사학적 주석의 내용을 살펴보고자 한다.[2]

---

2) 이현호는 「朝鮮後期 『史記』 批評 硏究」(부산대학교 박사학위 논문, 2011), 59~156면에서 金昌協·金昌翕·安錫儆·姜橪天·丁範祖·李象秀의 『사기』에 대한 비평을 수사학적 관점에서 논의한 바 있다. 생략법, 반복법, 字評法, 換字法과 같은 표현과 함축법, 화려법, 과장법, 복선, 완급법, 도치법, 호응법, 냉소법, 開闔法, 排比句 활용 등의 문장법을 위주로 수사학적 비평을 분석하였다. 이 논문에서도 독립된 「화식열전」 주석서는 고려의 대상이 아니었다.

2. 「화식열전」 주석서의 문헌 검토

　「화식열전」은 『사기』 열전 69권에 수록되어 있다. 20세기 이전 조선후기의 독서계에서는 『사기』로부터 독립하여 『화식전』이란 이름으로 유통된 사본이 널리 유통되었다. 현재 남아 전하는 수량만 해도 어림짐작으로 수십 종 이상을 헤아린다. 백문본(白文本)이 있기도 하지만 대부분 주석본이다. 주석본에는 유송(劉宋) 배인(裴駰)의 『사기집해(史記集解)』, 당(唐) 사마정(司馬貞)의 『사기색은(史記索隱)』, 당 장수절(張守節)의 『사기정의(史記正義)』의 이른바 삼가주(三家注)를 초록한 것이 간혹 있기는 하나 드물게 보인다. 대다수는 조선학인이 새롭게 단 주석을 채택한 주석본이다.

　본격적인 주석의 내용을 살펴보기에 앞서 주석서의 문헌양상을 간략하게 정리하여 제시한다. 이미 출간한 논문을 기초로 하되 새롭게 찾아진 주석서와 진전된 논의를 보태 작성한다. 「화식열전」 주석서는 대략 다음 4종으로 구별해 볼 수 있다.

　1) 『사찬(史纂)』에 수록된 「화식열전」 사본이다. 1610년 무렵 이항복(李恒福)이 명간본(明刊本) 『사찬』을 산정(刪定)하여 훈련도감자로 간행한 판본을 저본으로 필사한 사본이다. 이 판본의 「화식열전」에는 윤근수(尹根壽)와 차천로(車天輅)가 주도한 구결(口訣)이 달려있고, 『사기평림(史記評林)』에 실린 주석에서 일부 내용을 가져와 편집해 수록하였다. 문맥을 이해하는 데 도움을 줄 만한 주석을 아주 간명하게 싣는 정도였다. 대체로 삼가주(三家注)에서 채택한 주석보다는 난외 상단에 달려있는 미평(眉評)에서 간추려 단 주석이 더 많다.[3] 자연히 역사적 고증보다는 내용의 풀이나 문맥을 설명한 주석이 중심을 이루고 있다. 『사찬』본 「화식열전」은 17세기 이후 널리 읽혀 이 사본도 적지

않게 남아있다. 이것을 뼈대로 삼아 주석을 첨가한 주석서가 많기 때문에 그 영향을 무시할 수 없다. 특히, 여기에서 단락을 나눈 방법은 이후 주석서에도 큰 영향을 끼쳤다.

2) 『화식전주해(貨殖傳註解)』는 본디 『경사주해(經史註解)』에 수록된 6편의 주석서 가운데 하나이나 원 책에서 분리되어 독립된 저작으로도 널리 유통되었다. 이 책에는 「주례(周禮)·고공기(考工記)」, 「백이전(伯夷傳)」, 「화식전(貨殖傳)」, 「조황후전(趙皇后傳)」, 「한마제백봉선의기(漢馬第伯封禪儀記)」, 「조성왕비(曹成王碑)」가 실려있다. 이 저작은 1732년 이후 영조 시기에 편찬된 것으로 추정한다. 편주자는 미상이다. 6편의 개별 작품에는 상세한 주석이 달려있는데 성명 미상의 학자가 그만의 창의적 관점과 내용을 담아 단 주석이다. 대체로 고증적 주석보다는 수사학적 주석을 위주로 하였다. 각 작품의 내용과 문맥을 정확하게 이해하도록 유도하는 주석이다. 참신한 내용이 많고, 그 수준이 높아서 참고할 만한 가치가 있다.

이 주석서는 저술 이후 상당히 널리 읽혔다. 전체 내용을 담고 있는 『경사주해』 또는 『경사오선(經史五選)』은 지금까지 사본 4종이 전하고 있다. 『화식전주해』는 원 책에서 분리되어 독립적으로 널리 유통되어 그 수량이 적어도 20여 종을 웃돈다. 사기선집에는 「백이전」과 함께 수록된 경우가 적지 않다. 특히, 단국대 도서관 소장 『사기정선(史記精選)』에는 「백이전」, 「화식전주해」 뿐만 아니라 「한마제백봉선의기」까지 여타 작품과 함께 수록되었다. 그중 「화식전주해」는 『경사주해』나 독립된 『화식전주해』를 보완하여 증보한 주석서이므로 주목할 만하다.

---

3)   사본 가운데 『史記評林』의 三家注 위주로 간추려 단 주석본도 간혹 보인다.

3)『고금집주신교화식전(古今集註新校貨殖傳)』(이하『신교화식전』으로 표기한다)은 정양흠의 저술이다. 대략 1770년대 후반에서 1780년대 초반에 편찬된 것으로 추정한다. 완전한 하나의 단행본으로 기획되어 저술되었다. 현재 20여 종 이상의 사본이 전하고 있다. 몇 종의 주석서 가운데 체계가 충실하고 주석의 분량이 가장 많아 심혈을 기울인 주석서로 평가한다. 정양흠은 "옛 주석을 가져와 중복된 것을 없애고 같고 다른 것을 고찰하였다."라고 말하여 선배 주석가의 주석을 참조하였음을 밝혔다. 그가 말한 옛 주석은 곧『사기평림』등에 실려있는 중국 주석가의 주석으로 그는 이것을 '한음(漢陰)의 설'이라는 말로 제시하였다.[4] 또 '혹설(或說)'이란 말로 근세 학자의 견해를 갖춰 놓았다고 밝혔는데 이것은 대체로 조선학인의 주석이다.

『신교화식전』은 문자의 고증에서부터 어구와 지리, 지명, 물산에 상세하게 주석을 가하였고, 난해한 어구를 풀이하고 문장의 아름다움에 대해 평가하고 비평하였다. 전체 의미의 설명과 경영이론에 대한 보완설명까지 이루어져 종합적이고 참신한 주석서로서 가치가 높다. 이상『화식전주해』와『신교화식전』은 수준이 높고 유통된 사본의 수도 많아 당시에 꽤 인기를 얻은 주석서였다.

4) 이밖에 새롭게 발견한 주석서가 또 있다. 표제는「화식전」으로 되어있어 다른 사본과 구별되지 않으나 주석의 내용은 다르다. 다른 주석서와 구별하기 위해 잠정적으로「화식전신주(貨殖傳新註)」로 표기

---

4) 필자가 앞의 논문에서 漢陰을 18세기의 남인 출신 학자로 추정한 것은 명백한 오류이다.『사기평림』난외 상단에 달려있는 諸家의 眉評에서 문장을 절취하여 간략한 새 문장으로 새로 작성하여 마치 漢陰 한 사람이 단 주석처럼 제시하는 바람에 착오를 일으켰다. 이 자리를 빌어 오류를 바로잡는다.

한다. 현재 2종의 사본이 필자의 수중에 있는데 사본간에 내용의 차이가 조금 보인다. 편주자는 미상이고, 주석은 간략한 설명 위주로 되어있다. 『신교화식전』의 영향이 적지 않게 보여서 대체로 18세기 후반 정조 치세에 나온 주석서로 추정한다. 사본 유통은 상대적으로 많지 않았다. 문장의 호응과 같은 수사적 특징을 해명하는 데 집중한 주석서로 그 독자성을 인정할 만하다.

3. 주석서의 주석과 그 특징

앞에서 18세기 이후 조선에서 널리 읽힌 「화식열전」 주석서 문헌을 간략하게 정리하였다. 이 장에서는 각 주석서가 보이는 주석의 내용과 특징을 살펴보고자 한다. 앞 장에서 주석서로 거론한 4종의 주석서 가운데 첫째 것은 『사기평림』의 주석을 간략하게 재편집하였으므로 다루지 않고, 나머지 3종의 주석서를 중심으로 살펴본다. 3종의 주석서를 살펴보기에 앞서 삼연(三淵) 김창흡(金昌翕, 1653~1722)이 「화식열전」에 붙인 해설을 먼저 살펴본다. 그 이유는 그의 해설이 3종의 주석서에 막대한 영향을 끼쳤을 뿐만 아니라 주석서의 편찬을 추동한 저술로 판단하기 때문이다. 이들 1종의 해설과 3종의 주석서는 수사학적 주석의 방향을 취하여 「화식열전」을 문학작품으로 감상하고 분석하려는 태도가 명확하게 드러난다. 이 장에서는 이 점을 중심으로 살펴보고자 한다.

1) 삼연(三淵) 김창흡(金昌翕)의 「화식전차기(貨殖傳箚記)」

18세기 「화식열전」 주석서 편찬에 물꼬를 튼 학자는 김창흡이었다. 주석서를 편찬한 것은 아니나 『사기』의 문장을 세밀하게 분석한 13칙의 차기를 통해 「화식열전」의 분석방향을 제시하였다. -이 글에서는 그의 해설을 「화식전차기」라는 이름으로 부른다.- 「화식전차기」는 「화식열전」의 수사적 특징을 창의적으로 분석하였다. 김창흡은 세심한 분석을 통해 문장의 오묘함을 파악하고자 하였고, 구체적 문장을 사례로 서사법과 구법, 전체 주제 등에 주목하여 분석하였다.[5] 「화식전차기」는 『삼연집(三淵集)』 권35~36에 실린 「만록(漫錄)」에 수록되어 있고, 1732년에 간행된 이후 널리 읽혔다. 이 차기에서는 독창적 분석이 제기되고 있는데 그중 다음 세 가지 측면을 주목할 만하다.

하나는 「화식열전」 전체를 크게 두 개 부분으로 나누어 보는 시각이다. '한나라가 흥기하여[漢興]'라는 대목을 기점으로 '神農以前'부터 '豈非以富耶'까지는 상고(上古)에서 진(秦)까지의 시기로 이를 고전(古傳)이라 명명하였다. 반면에 '漢興海內'부터 '豈所謂素封者耶'까지 한대(漢代)의 경제사는 한전(漢傳) 또는 금전(今傳)으로 명명하였다.[6] 고전(古傳)의 "서로 왕래하지 않았다[不相往來]"와 한전(漢傳)의 "천하를 두루 다녔다[周流天下]"는 두 가지 상반된 경제 행위를 내세워 한나라 건

---

5) 金昌翕, 『三淵集』 권36, 「漫錄」, 韓國文集叢刊 166輯. "古今讀此傳者, 例不能細心推究, 融貫大旨." "覽者或未暇細繹意旨而妄作註評, 殆無異衆盲摸象, 或箕或杵, 未究全體之如何, 亦可慨已. 昔曾南豐敎陳后山以二年讀此傳, 蓋欲其細著工夫, 悟此文之爲妙也."

6) 金昌翕, 위의 글. "〈貨殖傳〉, 當分兩截, 作古今傳看. 自'神農以前', 以至'豈非以富耶'爲古傳, 自'漢興海內', 至'豈所謂素封者耶'爲漢傳."

국 이전에는 물자의 교류가 제대로 이루어지지 않았고, 건국 이후에는 활발하게 이루어졌다는 큰 구도를 설정하였다. 이 구도는 이후 조선학인의 시각에 큰 영향을 끼쳐 다수가 이 구도를 받아들였다.[7] 이 구도는 「화식열전」의 이해에 꽤나 효과적이다.[8]

둘째는 「화식열전」의 핵심 요지를 보는 시각이다. 김창흡은 이목구비를 부자가 되려 하는 근본이고, 성색취미를 부를 얻으려는 재료로 보았다. 이목구비의 욕망을 마음껏 채우기 위해 성색취미의 재료를 천하 사방의 물산에서 찾아다니는 실태를 「화식열전」의 요지로 이해하였다.

셋째로 요지를 파악하는 방법으로서 자안(字眼)에 주목하였다. 부자가 되고자 하는 모든 사람의 정상(情狀)을 하나는 왕래(往來), 다른 하나는 낙(樂)이라는 자안이 구현하고 있다고 보았다. 왕래는 첫 대목의 "서로 왕래하지 않았다[不相往來]"는 노자(老子)의 말을 인용하는 데서부터 나온다. 이 두 글자는 교역하여 부를 얻고자 하는 자연스런 욕망과 행동을 묘사하는 어휘로 보았다. 소국과민(小國寡民)을 선호하는 노자의 사유와는 반대로 부를 얻기 위해 사방을 왕래하고 부를 얻어 즐거워하는 태도를 설명하는 어휘로 「화식열전」에서 흔히 쓴다고 보았다.[9] 후대의 주석서인 『화식전신주』에서는 김창흡의 주장에 주목하여

---

7) 安大會, 앞의 논문. 이 구도를 후대에 어떻게 받아들였는지를 자세히 설명하였다.

8) 「화식열전」 전체를 크게 두 개 부분으로 나누어 보는 分段法은 吳見思의 『史記論文』 권129 「화식열전」의 결론에서도 제시되고 있다. "此文分兩半篇, 前半是富國富家, 後半是本富末富奸富. 前半序漢以前事, 後半則漢以後事." 吳見思는 1686년에 이 책을 완성하였으나 간행은 1886년에 되었으므로 김창흡의 주장과 교섭은 없었다.

9) 金昌翕, 위의 글. "其中來往二字, 爲一篇字眼, 所以從頭劈破, 擧老子之言而翻之者, 亦以往來爲說, 眞所謂舞文手也."

전기 전체에서 "왕래"가 어떻게 변용되어 쓰였는지를 일일이 밝히고 있다.

낙(樂)이란 글자도 빈번하게 쓰여 부를 탐내고 부러워하는 뜻을 드러내는 자안이라고 설명하였다.[10] 『화식전신주』에서는 또 이 글자가 전기에서 어떻게 변용되어 쓰였는지를 일일이 밝혔다.

이 밖에도 문장의 특징과 수사법을 몇 개의 차기(箚記)에서 논하였다. 하나의 흥미로운 사례로 "남초 사람들은 언변이 좋고 말을 교묘하게 잘하지만 믿기는 어렵다. 강남은 지세가 낮고 습하여 남자들이 일찍 죽는다[南楚好辭, 巧說少信, 江南卑溼, 丈夫早夭.]"라는 대목에 대한 문장 분석을 꼽을 수 있다. 경제지리를 설명하는 자리에서 이 문장은 주제와는 동떨어진 이야기에 가깝다. 그 때문에 『사기평림』에 수록된 미평에서 예사(倪思)는 화식과는 무관한 말로 굳이 말할 필요가 없는 한담에 불과하다고 지적하였다.[11] 그러나 김창흡은 이 대목을 사마천 문장의 규모가 굉장하고 활달함을 보여주는 훌륭한 사례로 평가하였다. 겉으로는 교역하고 부를 축적하는 주제와는 관련이 없어 보이나 경제활동의 범위를 넓게 보고 말하여 작은 것조차도 누락하지 않은 작법을 보여준다고 했다. 만약 지금 사람이 화식에 관한 글을 짓는다면 반드시 이렇게 짓지 않을 것이라고 했다.[12]

나중에 『화식전주해』에서도 이 대목에 예사의 구설을 싣고, 김창흡

---

10) 金昌翕, 위의 글. "樂之一字亦字眼, 故篇中頻頻提掇, 足可見健羨之意."

11) 淩稚隆, 『史記評林』 권129, 「貨殖列傳」. "倪思曰: 好辭巧說, 謂詞賦之類, 此復何與于 貨殖, 直足閒談."

12) 金昌翕, 위의 글. "若論其規模宏闊, 則如言'南楚好辭, 巧說少實, 江南卑濕, 丈夫早夭.' 似 無關於交易積著, 而廣說無漏, 使今人撰殖貨文字, 必不如此. 此正如衛詩之美莊姜, 廣 述門閥容色, 以及鱣鮪葭菼, 浩無津涯. 朱子所謂韓文力量, 不及漢文者, 豈指此等處耶."

의 주장을 전부 인용하여 찬동하였다. 그리고 그 내용이 화식과 실제로 관련이 된다는 부가 설명을 붙이기도 하였다.[13] 또 19세기의 저명한 학자이자 문인인 이상수(李象秀, 1820~1882)는 「화식열전」에서 여러 지방 사람의 성정을 아울러 언급함으로써 그 풍속을 드러냈다고 호평하였다.[14] 문장과 수사법을 논한 김창흡의 주장은 이렇게 이후 조선 학인에게 거듭 재평가되었다.

김창흡은 주석서를 간행하지는 않았으나 「화식전차기」에서 「화식열전」의 대의와 수사법, 자안 등 수사학의 관점에서 문장을 세밀하게 분석하려는 시도를 훌륭하게 완수하였다. 18세기에 등장한 수사학적 주석서는 김창흡의 논의로부터 출발하지 않은 것이 없다고 할 만큼 그의 해설은 큰 영향을 끼쳤다. 여러 주석서뿐만 아니라 그런 주석과 평가의 내용은 이상수의 「화식전평(貨殖傳評)」에서까지 재론되고 있다.

2) 『화식전주해(貨殖傳註解)』의 수사학적 주해

『화식전주해』는 독립된 주석서로서 일정한 관점과 체계를 갖추고 있다. 본문 뒷부분에 실린 총평 6칙은 「화식열전」의 성격과 대의, 저자의 의도, 서사와 구도 등을 설명하여 주석자의 주석방향과 특징을

---

13) 편자 미상, 『貨殖傳註解』, 필자 소장 『貨殖傳』, 1책, 사본. "按巧說少信早夭, 亦非筆下曼衍, 爲此閑談也. 實有關於交易積著之道, 不知此, 則見欺易而計有失矣." 반면에 『新校貨殖傳』에서는 그중 好辭巧說에 대해 倪思의 說을 소개하고 "按此言, 南楚飾辭多僞, 則恐不當歸重詞賦也."란 按說을 달았다.

14) 이상수, 『峿堂集』 권20, 「貨殖傳評」, 한국문집총간속 134집, 399면. "倪思謂南楚好思巧說, 此復何與于貨殖. 以此推之, 江南丈夫早夭, 徐僮淸刻矜己諾, 益復何義乎? 盖貨殖傳之備述五方, 固爲行賈射利之資, 因以並及齊民之性情. 不如是, 何以見其風俗乎?"

명료하게 밝혔다. 그중 3칙은 『사기평림』 총론에 실린 동빈(董份)의 비평으로 작자의 의도와 작품의 평가를 논하고 있다. 다음에 실린 1칙은 김창흡의 「화식전차기」 1칙으로 앞 절에서 설명한 것과 같은 내용이다. 동빈과 김창흡의 관점을 수용한다는 취지이다.

편주자 본인의 총평은 2칙으로 하나는 「화식열전」에서 펼친 이익 추구의 묘사가 일으킬 위험성을 경계하였다. 사마천은 이익 추구를 경계했고, 「화식열전」의 이익 추구 옹호는 비분강개한 심경에서 발로된 것이므로 그 논리에는 조심해서 접근해야 한다고 주장하였다. 자신이 「화식열전」을 채택하여 주석을 가하는 동기는 주제가 아니라 문장의 기이함 때문임을 강조하였다.[15]

다른 하나는 문장의 기이함을 실제로 확인하는 차원의 분석이다. 「화식열전」의 문맥과 문장구조를 많은 분량의 글로 깊이있게 분석하였다. 일종의 작품 실제비평에 속한다. 「화식열전」을 지리 분석[度地], 풍속 관찰[察俗], 시기 분석[相時]의 3개 강령으로 요약하고,[16] 역대 부자가 부를 축적한 방법을 앞의 세 개 강령으로 유형화하였다. 이 강령에 따라 천취귀출(賤取貴出), 근검(勤儉), 임인(任人)의 순서로 세 가지 실행 방법을 제시하였다. 종합적으로 세 가지 방법을 통괄하는 방법을 성일(誠壹)로 제시하였다. 이상에서 말한 세 가지 강령과 실행 방법을 주축으로 삼아 「화식열전」의 문장이 전개된다고 분석하고 편주자

---

15) 『貨殖傳註解』, 위의 책, 42장. "太史公之戒利如此, 則是傳蓋出於激而然, 而世必有眞以是爲法者, 其於防源之道, 豈不舛乎! 特其文奇, 故錄之."

16) 주석자는 度地는 物産의 有無, 穀物品種의 적합 여부, 교통의 원활함 여부, 인물의 多寡를 살피는 것을 뜻하고, 察俗은 주민의 기질, 풍습, 빈부가 어떠한지를 파악하는 것을, 相時는 한해의 풍흉, 물가의 등락, 세상사의 성패를 파악하는 것을 가리킨다고 설명하였다.

는 다음과 같이 설명하였다.

> 따라서 이 전기는 앞뒤의 세 가지가 처음부터 끝까지 반복된다.
> 의론이 채 끝나지 않았을 때 홀연히 서사가 나오고, 서사가 채 끝
> 나지 않았을 때 또 의론이 나온다. 잡다하고 뒤섞여 출몰하기에
> 그 변화를 헤아릴 수 없다. 그러나 그 서차(序次)와 배포(排鋪)는 지
> 극히 공교롭고 치밀하다.[17]

「화식열전」은 『사기』에서도 문체가 매우 독특하기로 유명하다. 생
애주기를 따라 서사를 전개하는 것이 대부분 본기나 열전의 문장서술
방법이다. 이와 달리 「화식열전」은 서사와 의론이 착종되어 서술의
맥락을 종잡기 어렵다. 역사적 고증까지 포함하여 가장 난해한 열전
의 하나로 손꼽혔다. 위에 인용한 바와 같이 『화식전주해』는 「화식열
전」의 지극히 공교롭고 치밀한 전개를 높이 평가하였다. 또 제21단락
끝 대목에서는 전후 문맥의 긴밀한 관련성을 두고 "문법이 잡다하게
착종되어 출몰하면서 이어지고 있는 대목은 지극히 신묘하다."[18]라고
평가하였다. 전기 전체의 구성과 전개를 단조롭지 않고 착종되고 복
잡하며 치밀한 문체로 파악하였다.

『화식전주해』 총론에서 「화식열전」의 문체를 이해한 관점은 본문
의 주해에서 실제로 적용되고 있다. 무엇보다 우선하는 주해의 방법
은 「화식열전」 전체 구성을 24개 단락으로 나누어 분석한다는 점이

---

17) 위의 책, 43~44장. "故是傳以前後三者, 反覆終始, 而議論未了, 忽出敍事, 敍事末了,
又出議論, 雜錯出沒, 變化不測. 然其序次排鋪, 極爲巧密."
18) 위의 책, 36장. "其文法雜錯出沒處, 極神妙."

다. 총론 제6칙의 끝부분에서는 각 단락의 구성과 호응관계를 간명하게 종합하고 있는데 그 내용을 정리하면 다음과 같다.[19)]

> 제1~2단락: 재산증식 욕구와 본능의 제시
> 제3~8단락: 주진(周秦) 시대 거부(巨富)의 사례로 욕구를 입증
> 제9~14단락: "한흥(漢興)" 이후 중국 경제지리와 풍속의 설명
> 제15단락: 중국 남녀귀천의 치부(致富) 실태
> 제16~17단락: 현인과 부자의 부를 제후와 비교
> 제18~22단락: 당세 부자의 치부 사례와 향유 실태.
> 제23단락: 치부의 방법과 도리
> 제24단락: 자질구레하고 간악한 잡기를 통해 부를 일군 자의 서술. 또 "성일(誠壹)"을 전기의 귀결로 삼음

전체 문장을 24개 단락으로 구분하고 각 단락이 어떻게 서로 연결되어 서술되고 있는지를 밝혀놓았다. 각 단락에서는 본문 아래 두 줄로 주해를 달고 본문 끝에는 대의를 총괄하는 평문을 달아서 각 단락의 대의와 호응관계, 문장작법, 난해어구를 풀이하였다. 사례를 들어 설명하면, 제3단락 총괄 평문에서는 "오른쪽 제3단락에서는 태공망(太公望)과 관중(管仲)의 부유함을 서술하여 위 문장의 '위로는 나라를 부유하게 하고, 아래로는 집안을 부유하게 한다[上則富國, 下則富家]'는

---

19) 위의 책, 44장. "首一二段, 言貨之不得不殖, 其下至第八段, 敍周秦之富者以實之. 自漢興, 至第十四段, 敍天下之地俗. 第十五段, 言天下之人男女貴賤求富之狀, 第十六七段, 言賢人賈人之富與列侯等者, 其下至二十二段, 敍當世之富者以實之. 第二十三段, 言守富之道. 第二十四段, 敍當世之以微小姦惡雜技而富者以卒之. 又以誠壹二字爲歸宿."

말을 사실로 밝혀놓았다."[20]라고 설명하였다. 제2단락에서 설명한 화식론(貨殖論)을, 제3단락에서 구체적 사례를 들어 입증하는 관계임을 지적하였다. 여기서 쓴 '사실로 밝혀놓았다[實]'는 말은 곧 '사례를 들어 입증하였다'는 의미로 해석할 수 있다.

이처럼 『화식전주해』에서는 곳곳에서 '실(實)'이란 술어를 사용하여 위에 나온 주장의 근거 사례를 제시하고 있다. 위 단락에서 경제이론을 설명하고, 아래 단락에서는 그 이론을 경영에 도입하여 전개한 행적의 사례를 설명하는 것이다. 간단하게 말하면, 위에서는 '의론'을, 아래에서는 '서사'를 사용한 서사법으로 해석하였다.

『화식전주해』에는 글자와 어휘, 지명, 물명을 설명하고, 난해한 구절의 의미를 풀이하는 기본적인 주석을 기초로 하기는 하나 문장의 맥락을 파악하고, 전후 문장의 호응, 문장의 우수성을 비평하는 주석의 비중이 더 크다. 특히 자법, 구법 등에 주목하였다. 예컨대, 제9단락의 "단지 포(襃)와 사(斜)가 그 입구를 통괄한다[唯襃斜綰轂其口]"에서 관(綰)이란 글자가 나온다. 「화식열전」 두 군데서 쓴 이 글자는 지역의 길목을 장악했다는 의미로 쓴 독특한 개념이다.[21] 삼가주를 비롯하여 대부분 주석서에서는 이 글자를 주목하지 않았다. 색은에서 수레바퀴통에 모이는 것 같다고 설명을 덧붙인 정도이다. 『신교화식전』에서는 관(綰)은 관(貫)과 같다고 한 뒤 색은의 주석이 그 의미를 제대로 밝히지를 못했다고 하면서 자세히 부연 설명하였다.[22] 『화식전주해』에서

---

20) 위의 책, 44장. "右第三段, 敍太公·管仲之富, 以實上文'上則富國 , 下則富家'之言."

21) 이 글자를 이재운의 『海東貨殖傳』에서도 두 군데서 사용하고 있고, 이중환은 『擇里志』에서 다섯 군데에서 사용하고 있다.

22) 위의 책, 49장. "綰, 貫也. 索隱曰, 若車轂之湊, 欠明. 按輻之所湊者, 轂, 轂之所綰者輻,

는 "관(綰)은 '얽어매다'이다. 촉중(蜀中)의 길은 모두 포(襃)와 사(斜)를 거쳐야 하는데 골짜기는 협속(狹束)하고, 그 입구가 실타래가 매듭진 곳에서 묶이고, 수레의 살이 바퀴통에 모이는 꼴이다. 글자를 놓은 것이 지극히 맑고 오묘하다"라고 평했다.[23] 그 의미를 분명하고도 흥미롭게 해석했고, 그 글자의 용법을 적절하게 평가하였다.[24]

3) 『고금집주신교화식전(古今集註新校貨殖傳)』의 수사학적 주해

정양흠의 『신교화식전』은 자신의 독법과 견해를 위주로 만든 주석서이다. 차천로의 『사찬』「화식열전」의 주석정리와 김창흡의 「화식전차기」 이래 18세기 주석학자가 전개한 주석서의 정점에 위치한다. 지리, 지명, 인명, 물산에 대한 자세한 주석에서부터 텍스트에 대한 꼼꼼한 비평, 글자와 어구의 풀이, 난해한 문장의 해석, 문장의 아름다움에 대한 비평에 이르기까지 종합적인 주석이다. 고증과 비평이 어우러진 주석서로서 그 가치를 인정할 만하다.[25] 이 주석서는 역사적 고증에도 주목하고 있으나 여전히 중심은 수사학적 주석에 있다.

먼저 저자는 사마천이 「화식열전」을 쓴 근본 취지를 해명하는데 주석서 편찬의 의도가 있음을 분명히 밝혔다. 서문에서 편찬의도를 자세하게 밝혔는데 그 글에서 부를 추구하는 것은 인간의 본성이므로

     輻湊在彼, 綰轂在我, 義自別也."

23) 『貨殖傳新註』에서는 "綰, 綰純其要津也."라 주석을 달았다.

24) 牛運震은 『空山堂史記評註』(中華書局, 中國 北京, 813면)에서 이 표현을 字法이 기이하고 형용을 잘했다고 평했다.

25) 안대회, 앞의 논문.

역사가로서 사마천은 「화식열전」을 쓰지 않을 수 없었다고 했다. 그럼에도 불구하고 사마천이 부유함과 이익을 추구하여 썼다고 비난하는 것을 해명하고자 한다고 했다.[26] 사마천 본인이 부유함과 이익을 추구했는지 추구하지 않았는지 그 여부와는 무관하게 역사가의 위치에서는 이익추구의 본능을 가진 인간의 경제적 관심사를 한 개 부분으로 쓸 수밖에 없다고 해석하였다. 합당한 논리이다.

하지만 「화식열전」의 근본 취지를 찾아 밝히는 것은 문장의 난해함으로 인해 쉽지 않다고 하였다. 「화식열전」의 수사법에 주목해야 하고, 수사학적 주석을 달아야 하는 이유를 여기에서 찾았다. 주석서의 마지막 대목에서는 이렇게 말했다.

> 태사공의 문장은 엉성하고 흩어져서 법도 밖에서 솜씨를 발휘한다. 사실을 바로 거론하여 옳고 그름에 구구하게 매인 적이 없으나 대의는 올바름에 어긋나지 않았다. 따라서 그의 책은 읽기가 매우 어려워서 정밀한 마음으로 찾지 않으면 그 뜻이 어디에 있는지 찾을 수 없다.[27]

이 글에서 사마천의 문장, 특히 「화식열전」을 보는 그의 관점이 드러나 있다. 문장은 겉으로는 엉성하고 산만해 보여 수사법을 파악하기 어렵다. 세밀하게 분석해야 수사법을 찾아낼 수 있고, 그 수사법의

---

26) 그 서문은 앞의 논문 212~214면에서 인용하여 자세하게 살폈다.

27) 鄭亮欽 저, 『古今集註新校貨殖傳』, 사본, 필자 소장, 21~22장. "太史公爲文章, 踈闊發越, 自肆於繩墨之外. 直擧其事, 未嘗屑屑於是非, 而大義不詭於正. 故其書讀之甚難, 非精心求之, 不得其意之所存."

이해를 통해 이 열전의 근본 취지를 밝혀낼 수 있다. 여러 곳에서 정양흠은 그 점을 주장하여 "태사공의 입언은 겉으로는 성글어도 안으로는 세밀하니 쉽게 헐뜯어서는 안 된다."[28]라고 말했다. 실제로 정양흠은 저술의 입론을 찾아내는 것에 큰 비중을 두었다. 이렇게 입론의 근본 취지, 대의의 파악, 수사법의 해명은 서로 깊은 관련을 맺고 있다. 다음에 사례를 들어 설명한다.

"富者, 人之情性所不學而俱欲者也."로 시작하는 긴 문단을 설명하면서 정양흠은 "이 장은 천하에서 부를 즐기고 이익을 추구하는 정상을 극언하여 어진 자나 어리석은 자나 똑같이 대하여 한 데로 돌아갔다. 태사공의 입론은 이 대목에 이르러 더는 남겨둔 것이 없다."[29]라고 하였다. 이후 부를 추구하는 세상 사람들의 행동을 묘사한 대목에서 정양흠은 "이 장에서는 세속의 정을 곧이곧대로 서술한 것이니 태사공의 의견이 이렇다는 것은 아니다."[30]라고 하였다. 그리하여 "이것으로 이익을 숭상하고 가난을 부끄러워했다고 태사공을 헐뜯는 자는 너무 지나친 것이 아닌가?"[31]라고 하여 반고(班固)를 중심으로 한 사마천을 헐뜯은 역대의 논자들을 역으로 비판하였다. 앞서 『화식전주해』에서도 설명한 것처럼 사마천을 비난하는 시각에는 비판적이었다.

「화식열전」의 근본 취지를 밝히면서 그 취지가 문장 전체에서 상호 호응을 이루며 키워드로 등장한다고 보았다. "본문에서 '자연의 징험

---

28) 정양흠, 위의 책, 13장. "太史公立言, 外疏內密, 未可容易訕議."

29) 정양흠, 위의 책, 14장. "此章極言天下樂富求利之情狀, 一賢愚而歸之. 太史公立論至此, 無復餘蘊矣."

30) 정양흠, 위의 책, 15장. "此章直敍世俗之情, 非太史公意見如此."

31) 정양흠, 위의 책, 15장. "以此譏太史公崇利羞貧者, 不已過乎?"

이다'라 하고, '배우지 않아도 모두 바란다'라 하고, '사물의 이치이다'라 한 말은 모두 입론의 본의이다."[32]라고 하여 세 가지 말이 상호 호응하며「화식열전」입론임을 확인하였다. 이는 사마천 경제관의 핵심을 짚어낸 것이다.[33]

또 정양흠은 '왕래(往來)'라는 말을 키워드로 인식하여 "무릇 화식(貨殖)하는 정상을 형용할 때는 모두 '왕래'라는 글자로 드러냈다."[34]라고 보았다. '서로 왕래하지 않는다[不相往來]'라는 어구에서는 외부 세계를 동경하지 않고 이익을 추구하지 않는 고대 사회의 교역상 특징을 대변하는 상징적 구절로 이해하였다.[35] 이 견해에는 김창흡의「화식전차기」에 영향을 받은 흔적이 보인다. 다만 영향을 받은 관점이기는 하나 그만의 해석이 들어가 있다.

수사와 서사의 특징에 대한 설명도 곳곳에서 이루어지고 있다. 예컨대, 고전(古傳)의 끝대목 "夫傳鄙人牧長, 清窮鄉寡婦, 禮抗萬乘, 名顯天下, 豈非以富邪?"에서 의문형으로 끝내고 있고, 금전(今傳)의 끝대목 "千金之家比一都之君, 巨萬者乃與王者同樂, 豈所謂素封者邪非也?"에서도 의문형으로 끝내고 있다. 정양흠은 이 점에 주목하여 은연중 옳고 그름을 따져서 옳다고 생각하는 곳을 좇는 태도를 보인다고 풀이하였다.[36] 사마천이 이런 수사법을 쓰는 이유를 세주(細注)

---

32) 정양흠, 위의 책, 15장. "曰自然之驗, 曰不學而俱欲, 曰物之理也, 皆立論本意也."

33) 김경호, 「『史記』「貨殖列傳」의 구성과 "自然之驗"의 의미」, 『사림』 46권, 2013, 481~513면.

34) 정양흠, 위의 책 같은 곳. "凡形容貨殖情狀, 皆以往來字發之."

35) 정양흠 저, 위의 책, 1장. "言上世之民, 甘樂其所遇, 而無外慕求利之心. 故雖其居相接, 亦不相往來."

36) 정양흠, 위의 책 같은 곳. "古今傳, 皆以豈非字終之, 隱然有辭難歸重之意."

에서 밝혔다. 즉, 후대인이 논란을 일으킬 것을 대비하여 남과 문답하
는 의문형 수사법을 사용했다고 분석하였다.[37] 흥미로운 설명이다.

또 문장의 수사를 평가하는 사례를 들어 설명하면, "의돈은 염지의
소금으로 부를 일으켰고, 한단의 곽종은 야철업으로 성공하여 제왕과
부유함이 비슷하였다[猗頓用鹽鹽起, 而邯鄲郭縱以鐵冶成業, 與王者埒富.]"에
는 다음과 같은 주석을 달았다. "이 장은 문장법이 돈좌(頓挫)하여 장
강이 곧장 쏟아지다가 문득 물굽이나 깊은 못을 이루어서 노닐고 수
영할 수 있는 것과 같다. 읽으면 독자로 하여금 숨이 절로 느긋하게
만든다."[38] 이는 문장의 수사에 대한 평이다. 이처럼 『신교화식전』에
서는 수사법과 언어구사 방법, 글자의 독특한 사용, 문리, 필력의 문제
를 다수 다루고 있다.

4) 『화식전신주(貨殖傳新註)』의 수사학적 주해

이 주석서는 주해자를 밝힌 단서가 없다. 주석은 간명하게 단 편이
다. 주석의 내용을 보면, 김창흡 이래 『화식전주해』와 『신교화식전』
의 주석을 나름의 관점에 따라 취사하여 채택하였다. 주해자의 관점
을 몇 군데서 밝히고 있다. "이와 같은 대목은 마땅히 세심하게 보아
야 한다[此等處, 宜細心見之.]"라고 말하며 꼼꼼한 독서와 분석을 요구하
였다.

---

37) 정양흠, 위의 책 같은 곳. "太史公爲此傳, 已料後人必有議己者. 故其造言遣辭, 往往與
人答問, 相難其論, 亦已精矣."

38) 정양흠, 위의 책, 6장. "此章文法頓挫, 有如長江直瀉, 忽作曲瀨深潭, 可以遊, 可以泳,
讀之使人氣息自舒."

『화식전신주』의 주해에서 주목할 점은 크게 두 가지이다. 하나는 문장의 맥락과 호응의 수사법에 유난히 주목한 것이고, 다른 하나는 자안을 비롯한 수사법의 여러 측면을 중시해 설명한 것이다.

먼저 맥락과 호응의 수사법을 논한 특징을 살펴본다. "산서(山西)" 이하 천하의 물산을 열거한 대목에서 "皆中國人民所喜好"에 주석을 달아 "위에 나오는 욕(欲)자의 뜻에 호응한 것이다"라고 했다. 또 "天下熙熙, 皆爲利來; 天下壤壤, 皆爲利往."이라는 유명한 구절에 주석을 달아 "利來와 利往은 위의 不相往來와 호응한다[利來利往, 應上不相往來.]"라고 하였다. 또 "富好行其德"에는 "富好行其德은 뒤에 나오는 안건의 복선이다[富好行其德, 伏後案]"라는 주석을 달았다. 이 밖에도 "은연중 호응한다[暗應]"나 "이어진다[接]"라는 어휘를 써서 위 단락과 아래 단락의 호응관계를 밝혀놓았다.

이와 같이 문장의 맥락을 찾아 전후 단락과 문장의 호응을 중시하는 주석이 전기 전체에서 많은 비중을 차지한다. 전기 전체를 맥락 중심으로 따지고 분석하는 문장가의 관점을 드러냈다. 이는 자안의 설정과도 긴밀하게 연결되어 있다.

『화식전신주』에서는 몇 개의 주요 자안을 주목하였다. "왕래(往來)"와 "욕(欲)"과 "낙(樂)"이다. 이를 구체적으로 살펴보면, 먼저 "왕래"이다. 김창흡 이래 주석가는 "왕래"를 「화식열전」의 자안으로 보았는데 특히, 『화식전신주』에서 가장 주목하였다. "서로 왕래하지 않았다[不相往來]"라는 문구 아래에 "왕래 두 글자는 한 편의 강령이다"[39]라는 주석을 달았다. 이후 서사의 맥락을 이 문구로 해석하였다. 바로 아래에 나

---

39) 편자 미상, 『馬史抄』, 「貨殖列傳」, 사본, 필자 소장, 1장. "往來二字, 爲一篇綱領."

오는 "거의 행해질 수 없을 것이다[幾無行矣]"에 "無行의 行자는 왕래 두 글자의 주석이다."[40]라고 주석을 달았다. 그 내용만을 거론하면 "재물이 흐르는 물처럼 행하기를 바란다[財幣欲其行如流水]의 欲其行 역시 왕래의 뜻이다." "제나라로 가고[適齊], 도땅으로 간다[之陶] 역시 왕래가 글자를 바꾼 것이다." "周流와 交易, 通共하여 얻다[通得] 역시 왕래의 뜻이다." "隙이라고 쓴 것이나 北隙이라고 쓴 것, 동쪽으로 통한다고 쓴 것 또한 왕래의 뜻이다." "이웃하다[隣], 얽어매다[縮] 역시 왕래의 뜻이다." "連騎·聘享도 왕래의 뜻이다." "郡國에 두루 퍼져있다는 말 또한 왕래의 뜻이다." "連車騎와 遊諸侯 역시 왕래의 뜻이다." "어염과 상고의 이익을 좇는다 또한 왕래의 뜻이다."라고 하여 열 군데 이상에서 왕래와 의미가 통한다고 해석하는 주석을 달았다.

다음은 "욕(欲)"자이다. 앞부분의 "耳目欲極聲色之好, 口欲窮芻豢之味."에 "욕자에 착안해야 마땅하다. 화식의 근본이 이목구비의 욕망과 성색취미의 기호에 있음을 보라."[41]라고 하였다. 그 관점에서 "故壯士在軍"에는 "이 아래는 바로 욕자의 각주이다."[42]라고 주를 달고, "산서" 이하 천하의 물산을 열거한 대목에는 "산서 이하는 욕망하는 사물을 열거하여 말한 것이다."[43]라는 주석을 달았다.

다음으로 "낙(樂)"자의 경우에는 "身安逸樂"에 "악자는 여기에서 처음 나온다. 또한 한 편의 선색(線索)으로 부러워하는 뜻을 볼 수 있다."[44]라고 주석을 달았고, "衣食之欲, 恣所好美矣."에는 "恣所好美는

---

40) 편자 미상, 『貨殖傳』, 사본, 필자 소장, 1장. "無行之行字, 往來字之註."

41) 위의 책, 1장. "欲字, 當着眼. 貨殖之本, 爲耳目口鼻之欲·聲色臭味之好."

42) 위의 책, 8장. "此以下卽欲字註脚."

43) 위의 책, 3장. "山西以下, 列言所欲之物."

악자의 각주이다."라고 주석을 달았다. 이처럼 자안에 속하는 글자를 문장 전체에서 어떤 호응관계를 보이고 있는지 집요하게 찾아내고자 하였다.

이 밖에도 수사와 관련된 문제를 함께 논하였다. "通邑大都, 酤一歲千釀" 이하 각종 물품의 시장가격을 논한 대목의 묘사에서 당시 시장의 거래장부가 사마천의 손에서 나타났고 이는 "대단히 좋은 문자[絕好文字]"라고 평가했고,[45] 전기 후반부의 "纖嗇筋力"에 "이 아래는 조롱하는 듯 부러워하는 듯하여 말이 춤추는 듯하다."[46]라고 평했고, 또 "자질구레하게 한 가지 일도 버리지 않았다."[47]라고 평했다. 또 여러 차례 「유협전(遊俠傳)」과 유사한 문체임을 논하였고,[48] 또 범려의 치부를 설명하면서 "능히 인재를 선택하여 때에 맡길 줄 안다[能擇人而任時]."에 대해 "이 한 구절은 태사공이 서사를 하던 중에 의론을 펼친 것이지 범려의 말이 아니다."[49]라고 한 것을 통해 의론과 서사의 차이를 이해하였다.

---

44) 위의 책, 1장. "樂字始此, 亦一篇線索, 可見健羨之意."

45) 위의 책, 10장. "或云什二言, 雜惡業什分中得二分之利. 此市肆簿劵, 出太史公手, 便是絕好文字."

46) 위의 책, 12장. "此下似嘲似羨, 其辭鼓舞."

47) 위와 같은 곳. "零零碎碎, 不捨一物."

48) 鄒魯 지역의 풍속을 설명하며 "그 풍속이 유자를 좋아하여 예의를 차리기에 백성들이 조심스럽고 신중하다[俗好儒, 備於禮, 故其民齪齪.]"에 대해 "지나가는 말로 유자를 기롱하였고, 또 「유협전」의 뜻을 띠고 있다.[自好儒至此, 過說譏儒, 又帶遊俠傳意.]라 하였다.

49) 위의 책, 3장. "此一句太史敘事中議論, 非范蠡之言." 이 문장의 앞뒤는 범려의 행위를 묘사한 것이기에 이 말 자체도 범려의 말로 볼 여지가 있으나 『화식전신주』에서는 사마천이 개입한 의론으로 해석하였다. 관련한 주석은 성균관대 동양사연구실, 「『사기(史記)』〈화식열전(貨殖列傳)〉 역주1」, 『중국사연구』 제18집, 2002.5, 371면.

4. 수사학적 주석서의 의의

18세기 조선에서 유통된 「화식열전」의 주석서에는 다음과 같은 공통점이 있다.

하나는 대부분 구결토(口訣吐)가 달려있다.[50] 사본마다 구결토는 조금씩 차이가 나지만 큰 차이는 아니다. 구결토가 달린 것은 「화식열전」을 문학 독서물로 활용했음을 의미한다.

하나는 다수 사본에 평점(評點)이 달려있다. 구결토와 마찬가지로 평점도 사본마다 차이가 난다. 이 역시 필사자의 관점에 따라 평을 가하며 문학 독서물로 활용했음을 의미한다.

하나는 필사본 다수가 질 좋은 종이에 정성 들여 정사(淨寫)하였다. 대개는 손때가 많이 묻어서 많이 읽고 공부한 흔적을 남기고 있다.

이 세 가지 공통점은 「화식열전」 단행본이 널리 읽힌 독서물임을 드러낸다. 당시 독서계에서는 「화식열전」을 학습하고 감상하는 열기가 팽배하였고, 그 결과 적어도 수십 종 이상 되는 단행본 내지 선집의 일부로 인기를 얻으며 읽혔다. 주석서 사본의 상태는 이 열전을 수십 번에서 수백 번을 읽었던 당시 독서인의 애독열[51]을 입증한다. 「화식열전」 주석서가 역사적 고증이란 사료 주석의 울타리를 벗어나 수사학적 주석 태도를 확연하게 드러낸 이유가 여기에 있다. 그래서 17세기에 간행된 『사찬』본 「화식열전」 이래 번잡한 역사적, 지리적

---

50) 안대회, 위의 논문.

51) 서신혜, 「貨殖傳 수용의 양태와 경향」, 『한국문화』 38권, 2006, 31~55면; 이현호, 위의 논문, 13~33면; 양중석, 「조선 문인들이 본 『사기』 「화식열전」」, 『중국문학』 89권, 2016, 37~55면.

사실의 고증을 지양하여 주석의 분량을 최소한으로 축약하거나 문장의 수사와 평가에 경도된 경향이 주도하였다. 이 주석의 방향은「화식열전」을 중국 고대사 및 경제사의 고전으로 읽는 토대 위에서 문체가 독특한 문학의 고전으로 감상하고 분석하려는 의도를 드러내고 있다.

1) 수사학적 주석의 방향

위에서 살펴본 1종의 해설과 3종의 주석서는 서로 관련돼 있다. 앞선 주석서를 참고하여 새로 주석서를 편찬하면서 수사학적 주석의 방향성을 공유하고 있다. 그 방향성 가운데 두드러진 특징은 대략 두 가지 정도로 요약할 수 있다.

하나는 전체 문장의 서술 속에 숨어 있는 주제를 파악하는 수사학적 관심의 일환으로「화식열전」을 관통하고 있는 요지와 사마천의 의도를 파악하고 있다. 김창흡「화식전차기」이래 주석서는 이익 추구의 욕망을 자연스런 인간의 본능으로 이해하였고, 글 전체가 이 요지를 관통시키는 구성을 갖추고 있다고 이해하였다. 이익 추구의 욕망을 표현하는 욕(欲), 왕래(往來), 낙(樂)과 같은 몇몇 글자를 자안(字眼)으로 이해하여 문장을 분석하였다.

한편 주목할 점은 이익 추구의 자연스런 욕망을 사마천 본인의 욕구로 보는 것에 대한 거부이다. 정양흠이 "이 장에서는 세속의 정을 곧이곧대로 서술한 것이니 태사공의 의견이 이렇다는 것은 아니다."[52]라고 한 말에서 명료하게 밝힌 것처럼 사마천 본인의 이익 추구

---

52) 위의 27번 각주.

욕망이 아니라는 점이다. 『화식전주해』에서는 이 생각을 더 강하게 드러내 사마천은 이익 추구를 경계했다고까지 말했다. 조선시대 지식인의 이익 추구에 대한 거부감을 반영한 주장이다.[53] 다만 이 주장은 이익 추구를 긍정할 때 쏟아질 강한 비난을 미리 막으려는 장치로도 볼 수 있으므로 주석자의 확고한 신념으로 단정짓기는 어렵다. 사마천의 욕구 여하와는 무관하게 「화식열전」의 주석서에서는 이익 추구의 욕망을 긍정하는 논의를 펼친다는 점이 핵심이다.

하나는 산문 문장을 분석하는 분석법이 두루 적용되고 있다. 먼저 전체가 하나의 문장으로 서술된 「화식열전」을 단락을 구분하여 분석하였다. 단순하게는 두 개의 단락으로, 자세하게는 『화식전주해』에서는 24개 단락으로, 『신교화식전』에서는 46개 단락으로 나누었다. 이것은 문장의 장법을 분석하는 전통적인 방법을 적용한 것이다. 이를 기초로 문장의 구법과 자법을 논하고, 자법의 하나로 자안을 제시하였다. 이 자안은 또 문장 전체의 요지를 파악하는 문제와 연결돼 있다.

문장 분석의 세부로 들어가면, 독특한 문장의 분석과 설명, 구절과 글자의 독특한 사용과 표현법, 문리, 필력 등 수사의 다양한 측면을 고루 다루고 있다. 열전임에도 불구하고 서사와 의론이 교차하고 중첩되면서 전개되는 서사법의 특징을 밝히는 데도 관심을 기울였다. 특히, 문장의 맥락과 호응에 주목하여 전체 문장을 상호관련 하에 자세하게 분석하였다. 『화식전신주』는 유난히 문장의 맥락과 호응에 주목하여 세세히 살펴서 제시하였다. 이처럼 김창흡 이래 주석서와

---

53) 안대회, 「李載運의 『海東貨殖傳』과 巨富列傳」, 『한국실학연구』 제37호, 2019.6,
     301~342면; 안대회, 「18세기 새로운 富의 인식과 理財論—이재운의 『海東貨殖傳』
     연구」, 『역사비평』 제128호, 2019.9, 436~469면.

19세기에 들어와 이상수의 「화식전평」에 이르기까지 수사학적 주석의 자장 안에서 「화식열전」을 분석하였다.

2) 명청(明淸) 주석서의 수사학적 주석

18세기 조선에서 「화식열전」의 주석서가 다수 나오고 그것이 널리 읽힌 현상은 동아시아 주석서의 경향과 관련을 맺고 있다. 명청시대에 경사(經史) 문헌에 대한 수사학적 주석이 주도적 경향의 하나로 전개되었고, 이는 동아시아 경학 전반에 나타난 현상이다. 우운진(牛運震, 1706~1758)이 『맹자논문(孟子論文)』, 『사기평주(史記評註)』, 『논어수필(論語隨筆)』 등 경학과 사학 문헌을 주해하였는데 이들 저술에서 문장평론의 성격이 주도하는 현상[54]을 사례의 하나로 꼽을 수 있다. 그의 사례처럼 『사기』 선집과 주석서에서는 평점을 가하고 수사학적 주석을 가하는 경향이 특히 우세하였다. 명대에는 전후칠자(前後七子)의 복고주의에 영향을 받아 문단이 고문(古文)의 학습에 힘을 기울였고, 『사기』를 고문의 전범으로 간주하였다. 그에 따라 문장의 심미적 가치를 해명하는 주석서와 평점본이 다수 편찬, 간행되었다.[55] 대표적인 저작에 능치륭(凌稚隆)의 『사기평림』과 『사기찬』, 모곤(茅坤)의 『사기초(史記抄)』 등이 있다. 특히 능치륭의 저작은 『사기』 문장의 심미적 이해를 위한 고전적 위치를 지닌 저술로 조선과 일본에서까지 폭넓게 받아들여졌다.

---

54) 江志豪, 「牛運震之文章評論學」, 香港中文大學 博士學位論文, 2004; 유민정, 「한·중·일의 수사학적 경전해석 :『孟子』주석서를 중심으로」, 성균관대학교 박사학위논문, 2019.

55) 楊昊鴎, 「论《史记》文章学经典地位在明代的形成」, 『文史哲』, 2014년 제3기, 통권 342호, 124~132면.

청대에 들어서도 탕해(湯解)의 『사기반해(史記半解)』나 오견사(吳見思)의 『사기논문』 등 수사학적 경향의 선집과 주석서가 등장하였다. 건륭 가경 연간의 학계에서 『사기』 연구는 '고증파'와 '평론파'로 나눌 수 있는데[56] 전자에 양옥승(梁玉繩)의 『사기지의(史記志疑)』가 있다면 후자에는 동성파(桐城派)의 여러 관련 서적이 있다. 수사학의 관점에 치중하여 『사기』를 분석한 동성파는 청대 고문 창작의 핵심 유파로서 문장을 학습하는 전범으로 『사기』를 해명하고자 하였다.[57]

일본의 경우에도 에도 시대에 『사기평림』의 화각본(和刻本)이 간행되어 널리 읽히면서 『사기』 문장을 학습하는 경향이 강하였다. 더욱이 고문사파 문장론이 문단을 주도한 일본 한학계에서는 『사기』를 심미적으로 이해하는 경향이 강세를 보였다. 『사기평림』의 미비한 부분을 보완하여 아리 한페이(有井範平)가 1884년에 『보표사기평림(補標史記評林)』을 간행한 것이 그 대표적 성과이다.[58]

조선에서 「화식열전」의 수사학적 주석서가 널리 유행한 현상에는 이와 같은 동아시아 학술 경향이 배경으로 작용하고 있다. 직접적으로는 명대의 『사기평림』과 『사기찬』에서 큰 영향을 받고 있다. 그러나 다른 주석서의 영향을 언급하기에는 문헌적 근거를 찾기가 어렵다. 문헌적 근거는 부족하지만 오견사의 『사기논문』이나 우운진의 『사기평주』에서 「화식열전」에 가한 수사학적 논평에는 조선 학자의 견해와 유사한 점이 다수 발견된다는 점에서 그 방향은 비슷하다.

---

56) 이강범, 「梁玉繩의 "志疑"와 崔述의 "考信"-淸代 『史記』 연구의 두 방향」, 『中國語文學論集』第101號, 중국어문학회, 2016, 281~306면.

57) 邱詩雯, 『淸代桐城派史記學研究』, 2018,

58) 張新科, 「《史记》在日本的传播与研究」, 2014,

3) 18세기 조선 학계의 경향

17세기에 복고주의의 팽배와 함께 『사기』와 『한서』 등 선진양한 고전의 독서열이 한층 고조되었다. 18세기 들어서도 진한고문에 대한 관심은 지속되어 『사기』는 가장 중요한 전범의 하나로 독서의 대상이 되었다.[59] 『사기』 「화식열전」이 다른 열전에 비해 특별히 주목받아 주석서가 여러 종 출현하게 된 배경에는 당시 문단의 복고주의와 그에 따른 진한고문의 애호와 밀접한 관련이 있다. 문인들은 진한고문의 어떤 문장보다 기이한 문장으로 「화식열전」을 주목하였다.

김창흡이 「화식전차기」에서 문장의 기이함을 구체적으로 분석하고자 하는 열의 아래 「화식열전」의 기이한 문장을 수사학의 관점에서 파헤쳐보려는 욕구가 출현하였다. 『화식전주해』에서는 주석서를 편찬하는 동기를 설명하면서 이익 추구의 욕구를 전파할 우려가 있음에도 불구하고 문장의 기이함 때문에 주석서를 편찬한다고 밝혔다.[60] 모범으로 간주해야 할 문장의 특징을 밝히는 차원에서 「화식열전」의 수사적 특징을 해명하겠다는 생각을 표명하였다. 다른 주석서 역시 기이한 문장의 수사학적 특징을 밝혀 학습의 편의를 도모하겠다는 의도를 공유한다.

한편, 「화식열전」 주석서가 인기를 얻은 데는 문장 외에 상공업과 이윤 추구의 주제와 밀접한 관련이 있다. 상공업과 이윤의 추구를 죄악시하고 억압하는 당시 유교사회에 대한 반성과 반작용이 작동하여, 이윤의 추구를 긍정하고 상공업을 진흥해야 한다는 사유의 원천으로

---

59) 하지영, 『18세기 진한고문론의 전개와 실현 양상』, 소명출판, 2019, 35~60면.

60) 『貨殖傳註解』, 위의 책, 42장. 각주 13번 참조요.

서 「화식열전」에 주목한 결과이다. 18세기 이후에 상공업 진흥에 관한 사유를 적극적으로 표출한 저작에는 「화식열전」 주석서 몇 종이 있고, 그밖에는 이중환(李重煥, 1690~1756)의 『택리지(擇里志)』(1751), 이재운의 『해동화식전』(1751), 박제가(朴齊家, 1750~1805)의 『북학의(北學議)』(1778)가 있다. 이들 저작이 이윤 추구와 상공업 진흥의 사상을 전개한 대표적인 저술들이다.

중상주의적 상업론을 전개한 이들 저작은 「화식열전」의 이념과 관련이 깊다. 「화식열전」 주석서의 글과 이재운이 『해동화식전』에서 주장한 것과 유사점이 있는 데서 확인할 수 있다. 19세기 들어 「화식전평」을 써서 상공업에 대한 이해를 높인 이상수는 「안부론(安富論)」을 짓기도 했다. 그 글에서 부자가 천지를 위해 재물을 축적하고 국가를 위해 재물을 보관해둔다고 인정하고, 그를 근거로 부자를 핍박하지 말고 편안히 상업활동을 하도록 보호하자고 주장했다. 또 「전가잡훈(傳家雜訓)」의 '재리(財利)' 조에서도 유자(儒者)가 이재(理財)를 모르면 통달한 사람이 아니라는 주장을 펼쳤다. 이상수가 이재와 부자를 긍정하는 진전된 사유를 전개한 데는 「화식열전」과 그 주석서가 영향을 끼쳤다고 볼 수밖에 없다. 「화식열전」은 18세기 이후 부와 상업을 보는 사유의 원천으로 작동하였고, 그 주석서가 다수 나온 배경에는 이런 관계가 있다.

5. 맺음말

이 논문에서는 18세기 조선 학인이 저술한 『사기』 「화식열전」 주석서의 내용을 수사학적 관점에서 분석하였다. 18세기 이후 조선에서는 『사기』 가운데 「화식열전」이 독립되어 단행본으로 널리 유통되었고, 주석서가 여러 종 저술되었다. 「화식열전」에 대한 관심과 주석서의 저술은 다른 열전과 비교해도 특별하고, 인접한 국가의 독서 상황과 비교해도 특별하다.

구체적으로 「화식전차기」, 『화식전주해』, 『신교화식전』, 『화식전신주』 등을 세밀하게 분석해보면, 수사학적 주석의 방향을 공유하고 있음을 발견할 수 있다. 편찬자가 다른 저술임에도 주석서 사이에는 관련성이 깊고, 주석의 경향이 유사하다. 주석서는 「화식열전」을 하나의 저술로 분리하고, 주석을 통해 그 문학적 형상화의 특징을 해명하려 하였다. 이와 같은 주석의 방향은 「화식열전」을 중국 고대사 및 경제사의 고전으로 읽는 기초 위에 문체가 독특한 문장으로 감상하고 분석하려는 의도를 드러내고 있다.

이는 명청 이래 동아시아에서 수사학적 주석서가 널리 편찬되고 수용된 현상과 관련을 맺고 있다. 복고주의 문학의 성행과 함께 『사기』가 고문의 전범으로 학습되던 문단의 상황과 결부된 현상이다. 한편, 이윤의 추구를 긍정하고 상공업을 진흥해야 한다는 사유의 원천으로서 18세기 조선의 학계가 「화식열전」에 주목한 사실도 무시할 수 없다. 18세기 조선 학인이 편찬한 「화식열전」 주석서는 동아시아의 『사기』 이해와 문단의 경향, 조선의 경제인식과 문학의 지향과 관련하여 주목할 저술임을 확인할 수 있다. 뒤를 이어 몇 종에 이르는 「화식열전」 주석서 문헌을 교감하고 편집하여 단행본으로 출간함으로써 학계가 쉽게 자료에 접근할 수 있도록 하는 연구를 진행하고자 한다.

참고문헌

金昌翕,『三淵集』, 한국문집총간 165~167집.

瀧川龜太郎,『史記會注考證』, 東京大學 東洋文化硏究所, 1960.

凌稚隆 編 車天輅 校,『史纂』, 7책, 訓鍊都監字 活字, 1612.

凌稚隆 編,『增定史記纂』, 10책, 顯宗實錄字本 活字, 1674.

李載運 지음, 安大會 옮김,『海東貨殖傳』, 휴머니스트, 2019.

毛金霞,『史記敍事硏究』, 陝西人民敎育出版社, 西安, 2006.

牛運震,『空山堂史記評註』, 中華書局, 中國 北京, 2012.

李象秀,『峿堂集』, 한국문집총간속 134집.

저자 미상,『貨殖傳』, 1책, 사본, 필자 소장.

鄭亮欽,『古今集註新校貨殖傳』, 1책, 사본, 국립중앙도서관, 필자, 장서각
　　　등 소장.

편자 미상,『經史五解』, 1책, 사본, 필자 소장.

韓兆琦,『史記箋證』, 江西人民出版社, 2004.

江志豪,「牛運震之文章評論學」, 香港中文大學 博士學位論文, 2004.

邱詩雯,『淸代桐城派《史记》學硏究』, 2018,

김경호,「『史記』「貨殖列傳」의 구성과 "自然之驗"의 의미」,『사림』 46권,
　　　2013, 481~513면.

瀧 康秀,「齋藤拙堂「梅溪遊記」と『史記』貨殖列傳 ― 文章における敍事
　　　と議論」,『漢文學解釋與硏究』, 漢文學硏究會 編, 2008, 10집,
　　　37~54면.

凌朝棟,「選讀精彩篇章 傳播《史記》文化 ―《〈史記〉選本硏究》成果要覽」,
　　　渭南師範學院學報, 2020, 35⑶, 30~34면.

서신혜,「貨殖傳 수용의 양태와 경향」,『한국문화』 38권, 2006, 31~55면.

성균관대 동양사연구실,「『사기(史記)』〈화식열전(貨殖列傳)〉 역주1」,『중국
　　　사연구』 제18집, 2002.5, 361~384면.

성균관대 동양사연구실,「『사기(史記)』〈화식열전(貨殖列傳)〉 역주2」,『중국

사연구』제21집, 2002.12, 295~311면.

안대회, 「18세기 새로운 富의 인식과 理財論—이재운의『海東貨殖傳』연
구」,『역사비평』제128호, 2019.9, 436~469면.

안대회, 「李載運의『海東貨殖傳』과 巨富列傳」,『한국실학연구』제37호,
2019.6, 301~342면.

안대회, 「조선후기『史記』「貨殖列傳」註釋書의 文獻的 연구」,『대
동문화연구』110권, 성균관대학교 대동문화연구원, 2020.6,
201~230면.

양중석, 「조선 문인들이 본『사기』「화식열전」」,『중국문학』89권, 2016,
37~55면.

杨昊鸥, 「论《史记》文章学经典地位在明代的形成」,『文史哲』, 2014년 제
3기, 통권 342호, 124~132면.

유민정, 「한·중·일의 수사학적 경전해석:『孟子』주석서를 중심으로」, 성
균관대학교 박사학위논문, 2019.

이강범, 「梁玉繩의 "志疑"와 崔述의 "考信"-淸代『史記』연구의 두 방향」,
『中國語文學論集』第101號, 중국어문학회, 2016, 281~306면.

이현호, 「朝鮮後期『史記』批評 硏究」, 부산대학교 박사학위 논문, 2011.

张新科, 「《史记》在日本的传播与研究」, 2014.

하지영, 『18세기 진한고문론의 전개와 실현 양상』, 소명출판, 2019.

박영교(朴泳敎)의
『해동이아(海東爾雅)』에 대하여*

-서술방식과 저술의식을 중심으로-

———

김용태

1. 머리말

국립중앙도서관에는 『해동이아(海東爾雅)』라는 다소 낯선 제목의 고서가 소장되어 있다. 이 자료의 존재는 아직까지 학계에 보고되지 않았는데, 그 독특한 제목이 비상하게 주목을 끈다. 주지하듯 『이아(爾雅)』는 '십삼경'에 속하는 '경전'이다. 경전은 전통시대 동아시아에서 최고의 보편적 가치를 담지하고 있다고 인정되었던 고전이다. 그런 점에서 볼 때, '해동이아'라는 제목은 일견 낯설게 느껴진다. 예컨대 『해동전도록(海東傳道錄)』 같은 책은 제목을 통해서 그 내용의 방향성을 직관적으로 짐작해 볼 수 있지만, '해동논어(海東論語)', '해동서경(海東書經)'과 같은 제목이 성립될 수 있는 것인지 선뜻 판단이 서지 않는 것이다.

그렇지만 『이아』는 다른 경전을 이해하기 위한 언어 도구적 성격을 지니고 있고, 동아시아의 한문 글쓰기가 본래 보편성과 특수성의 이중성을 지니고 있으므로, '해동이아'란 제목이 오히려 동아시아의 한문 글쓰기가 지닌 특성을 잘 보여준다고도 볼 수 있다. 그런데 이 자료에는 서발(序跋)이 없어 저술의도를 직접적으로 파악할 방법은 없는 상황이다. 하지만 내용을 살펴보면 『해동이아』는 '조수초목(鳥獸草木)'을 대상으로 전대의 각종 서적에서 자료를 취합한 뒤 자신의 견해를 덧붙이는 방식의 유서(類書)라고 그 성격을 규정할 수 있다.

도서관에서 제공하는 이 자료에 대한 서지정보와 각 책의 표지와 첫 면을 소개하면 다음과 같다.

이 논문은 2018년 대한민국 교육부와 한국연구재단의 지원을 받아 수행된 연구임.(NRF-2018S1A6A3A01023515).

서명: 海東爾雅
권수: 卷1-2, 3-5, 12-15. 8卷3冊(全15卷6冊). 筆寫本
저자: 朴泳敎(朝鮮)
발행: [發行地不明]:[發行處不明], [19世紀]
형태: 上下雙邊 左右單邊 半郭 19.8 x 13.9 cm, 有界, 12行24字 內向黑
　　　魚尾; 27.0 x 17.0 cm

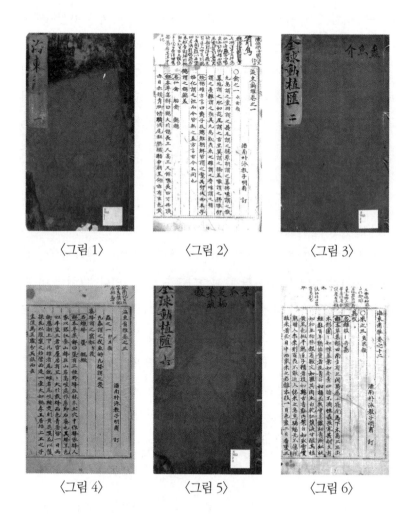

〈그림 1〉　　　〈그림 2〉　　　〈그림 3〉

〈그림 4〉　　　〈그림 5〉　　　〈그림 6〉

서지사항을 통해 알 수 있듯이『해동이아』는 전체 6책 가운데 3, 4, 5책이 결권이고 1, 2, 6책만이 전하고 있다. 〈그림 1〉은 제1책의 표지 사진이다. 제목이 희미하긴 하지만 '海東爾雅'라고 되어 있음을 볼 수 있다.

〈그림 3〉과 〈그림 5〉를 보면 특이하게도 제목이 "해동이아"가 아닌 "全球動植匯"로 바뀌었음을 볼 수 있다. "全球動植匯"라는 말은 '전 지구의 동물과 식물 모음'이라 할 수 있으니 그 지향점이 '해동'에서 '전 지구'로 대폭 확장된 것이다. 하지만 내제(內題)는 변함없이 '海東 爾雅'로 되어 있으므로 이 책의 제목이『전구동식회』가 될 수는 없다. 그런데 또 눈여겨보아야 할 지점은 바로 두주(頭註)이다. 〈그림 2, 4, 6〉에서처럼『해동이아』에는 곳곳에 두주가 달려 있는데, 본문 내용에 대한 보충도 있지만 대부분은 새로운 내용의 첨가이다. 그리고 그 첨 가된 내용들은 '全球動植匯'라는 표제에 어울릴 법한 해동 이외 지역 의 동식물들에 대한 것이 대부분이다.

자료 상태를 전체적으로 살펴보건대,『해동이아』는 한 차례 저술 과정을 거친 바탕 위에서, 두주에 가필하며 자료를 확충하는 방식을 통해『전구동식회』로의 전면적 개편을 기획했던 것이라 생각된다. 만 약 현전하는 자료를 바탕으로 하여 후반 작업이 이루어졌다면 그것은 아마도 두주의 내용을 본문으로 옮겨 편집하면서 내제 또한 "全球動 植匯"로 수정되었을 것으로 추측된다. 전 세계의 동식물을 대상으로 했다는 점에서 그 기획 의도가 대단히 야심찼음에 주목하지 않을 수 없다.

〈그림 2〉는 제1책의 첫면인데 두 번째 줄에 "潘南朴泳教子明甫 訂"이라고 적혀있다. 이와 같은 '서지사항'을 통해『해동이아』의 저자 는 '박영교(朴泳教)'로 확정할 수 있다. '반남(潘南)'은 박영교의 본관이

고 '자명(子明)'은 그의 자(字)이다. 맨 끝에 '著'또는 '撰'이 아니라 '訂'이라고 표시한 것은 이 책이 기존의 여러 책에서 자료를 취하는 차록(箚錄) 방식[1]을 취하고 있기는 하지만 자신의 견해를 적극적으로 드러내는 '고증(考證)'에 주안점을 두었기 때문이 아닐까 생각된다.

『해동이아』는 '조수초목'에 대한 서적이므로 이에 대한 본격적 연구는 '박물학', '본초학' 나아가 '생물학' 분야가 감당해야 마땅하다고 할 수 있다. 그러나 이 자료가 아직까지 학계에 전혀 알려지지 않은 상태이기에, 본고에서는 우선 자료의 형식과 내용상의 특징을 짚어보고 학술사적 측면에서 저술의식에 대해 살펴봄으로써 학계 제현의 관심을 촉구하고자 한다.

2. 저자 박영교에 대하여

『해동이아』의 저자인 박영교는 일반에 널리 알려진 인물은 아니다. 그렇지만 그의 동생 박영효(朴泳孝)가 철종 임금의 사위였으며 태극기를 처음 게양했던 사실은 널리 알려져 있다. 이 형제는 갑신정변을 주동하였던바 이후 박영효가 일본으로 망명하여 친일파의 길을 걸었음은 역시 익히 알려진 사실이이다. 하지만 박영교는 '삼일천하' 끝에 청군에 의해 죽음을 당하고 말았기에 알려진 것이 별로 없다. 그런데 황현(黃玹)이 남긴 다음의 기록은 박영교란 인물이 당대에 어떻게 인식되고 있었는지를 이해하는 데 도움을 준다.

---

1)   차기체 필기의 특징에 대해서는 진재교(2007), 참조.

박영교는 자가 자명(子明)으로, 금성 현령으로 석갈(釋褐)하여 얼마 안 되어 통정대부 품계에 올랐다. 임오년(1882) 가을 전라 어사를 제수 받았는데, 임금이 은밀히 유시하기를, "잘해보라. 군이 복명할 것이 없으니, 마땅히 너를 그대로 전라 감사에 임명하겠다."하였다. 박영교는 아주 좋아하며 명을 받들었다. 그가 경내에 들어선 지 한 달 만에 위엄과 서슬이 추상같았고, 탐학하고 무능한 자들을 연달아 쫓아내었으며, 권귀들까지도 꺼리지 않았으니 온 도내가 두려워 굴복했다. 계미년(1883) 봄 임금의 마음이 중간에 바뀌어 들어오라는 어명이 급하게 내려오자 그는 임금의 식언을 한탄하며 불쾌한 감정에 일을 처리하지 못하고 장부를 마구 묶어서 빨리 말을 몰아 수원 용주사에 이르렀다. 서리 10여 인을 앉혀놓고 미처 처결하지 못한 장부는 입으로 불러서 정리하여 정본(淨本)의 서계를 만들었다. 초고도 작성하지 않고 붓을 들어 써 내려가 모두 하룻밤 사이에 종결을 내었던 것이니, 그의 기억력이 절등한 것이 이와 같았다.[2]

황현의 이 같은 전언에 의거하건데 아마도 박영교는 비상한 두뇌의 소유자로서 부정부패와 정면으로 맞섰던 인물로 당대에 인식되고 있었음을 알 수 있다. 서른다섯이라는 젊은 나이에 생을 마감했던 박영교가 6책 분량의『해동이아』를 저술하고 또『전구동식회』로의 과감한 확대 개편을 기획할 수 있었던 데에는 이런 능력이 바탕이 되었을 것으로 생각된다.

---

2)   임형택 외 역,『역주 매천야록 상』, 문학과지성사, 2005, 189면.

박영교의 부친 박원양(朴元陽, 1804~1884)은 환재(瓛齋) 박규수(朴珪壽)의 일족으로 본래 수원에서 살았는데 중간에 서울 북촌으로 옮겨와 살았으며 '북촌시사'의 일원이 되어 박규수, 조면호(趙冕鎬), 신석희(申錫禧) 등의 인물들과 활발히 교유하였다.[3] 그가 철종과 사돈이 되었던 것은 박규수의 추천이 있었기 때문이라고 알려져 있다. 이러한 인연으로 인해 박영교는 부친과 가까웠던 북촌시사의 선배들을 가깝게 따랐던 것으로 보인다. 관련 자료가 많이 남아 있지는 않지만, 신석희가 1871년 무렵에 지은 시들을 보면 박영교·박영효 형제가 종종 등장한다. 「삼월 그믐날 막료들과 함께 수원성을 둘러보는데 박영교·박영효도 함께하다」, 「성범(聖範) 원석천(元錫天)과 자명(子明) 박영교(朴泳敎) 양군이 방문하다. 두 사람은 모두 성대하게 시명(詩名)이 있다」, 「팔월 십일일 박영효가 서울에서 왔기에 그를 불러 낙남헌(洛南軒)에서 박영교와 함께 시를 짓다」, 「기쁘게도 단계(端溪) 조재풍(趙在豊)이 왔기에 그를 데리고 화홍루(華虹樓)에 올랐는데 박영교·박영효 두 젊은 친구도 함께 하다」[4] 등의 시제에서 신석희를 따르는 박영교의 모습을 확인할 수 있다. 또 조면호는 1877년에 「박영효·박영교가 달빛을 안고 오다(朴子相子明帶月而來)」(『玉垂集』 卷20)라는 낭만적 시를 짓기도 하였다.

두 젊은이 달빛 따라 이르니

---

3)   김용태(2008), 177면 참조.

4)   申錫禧, 『葦史詩稿(京都大 소장본)』, 「三月晦日 與僚佐巡城 朴子相子明偕」; 「元聖範錫
     天朴子明泳敎至 兩君皆盛有詩名」; 「八月十一日 朴子相 自洛來 見招 同子明共賦于
     洛南軒」; 「喜趙端溪至 携登華虹樓 朴兩少友偕」.

놀라고 기뻐 가슴이 확 트이네.

촛농은 눈물처럼 흘러 밀랍을 거두고

붉은 벼루 깨어져 시험 삼아 홍색 글씨 써보네.

담소는 맑아 밤빛을 흔들고

기운은 빼어나 가을바람 일으키네.

잘디잔 인간세상의 일 따위야

우리들이 어찌 잘하기를 기필하리오.

二君隨月至, 驚喜豁心胸.

燭淚推收蠟, 硃池敗試紅.

談淸揮夜色, 氣逸動秋風.

齷齪人間事, 吾儕豈必工.

이 시를 보면 박영교 형제가 조면호를 밤에 찾아 갔고, 조면호는 기쁘게 맞아주고 있다. 또 밤이 깊도록 속세와는 동떨어진 청담을 나누었다고 하니 이들의 관계가 자못 깊었음을 짐작해 볼 수 있다. 박영교 형제는 북촌시단의 후배세대 그룹이었다고 볼 수 있을 듯하다.

박영교는 북촌시단의 선배들을 종유하던 즈음에 음직으로 출사를 시작했다. 1872년 건릉참봉을 시작으로, 1875년 의금부도사, 1876년 종친부직장, 1877년 한성부 주부, 1878년 금성현령, 1881년에는 수찬과 헌납의 자리에 올랐다. 1882년에는 정식으로 문과에 급제하여 교리와 승지를 거쳐 1883년에 전라도 암행어사를 나갔다가 다시 우승지에 올랐다. 1884년에 갑신정변을 주도하였다가 죽음을 당하는 과정에 대해서는 역사학계의 연구들을 참고할 수 있다. 편년자료를 보면 1885년부터 박영교의 부관참시를 요청하는 상소가 답지하고 있다. 이는 박영교가 전라도 암행어사를 나갔을 때 그에게 탄핵을 당했던 인사들의 개인적인 원한과 결합되어 더욱 상승작용을 일으켰던 것 같다. 그러다가 1894년에 이르러서야 박영교의 처 등 가족들이 방면되고 박영교 본인의 관작도 회복되었다. 그리고 1910년에는 정이품 규장각 제학에 추증되고 '충목(忠穆)'이라는 시호도 내렸다.

『해동이아』 이외에 박영교의 저술로 알려진 것으로 『지구도경(地球圖經)』이 있다. 1882년에 지석영(池錫永)이 상소를 올려 '외교의 시무를 진달'하면서 "『만국공법(萬國公法)』, 『조선책략(朝鮮策略)』, 『보법전기(普法戰紀)』, 『박물신편(博物新編)』, 『격물입문(格物入門)』, 『격치휘편(格致彙編)』 등의 책과 교리 김옥균이 편집한 『기화근사(箕和近事)』, 전 승지 박영교가 편찬한 『지구도경(地球圖經)』, 진사 안종수(安宗洙)가 번역한 『농정신편(農政新編)』, 전 현령 김경수(金景遂)가 편찬한 『공보초략(公報抄略)』 등의 책"[5]을 널리 보급하여 활용할 것을 건의하였던 데서 박영교가 『지구도경』이란 저술을 하였던 것을 확인할 수 있다. 제목을 통해 보면, 아마도 이 책은 전 세계를 대상으로 한 지리학 서적이었을 것으로 추측된다. '전구동식회'의 기획과 표리를 이룬다고 볼 수 있겠다. 이외에 문집 등은 전하지 않고 있다.

그런데 『매천야록』에 따르면 갑신정변이 실패로 돌아가자 박원양은 박영교의 열 살 된 아들 즉 자신의 하나 밖에 없는 손자를 먼저 죽이고 스스로 목숨을 끊었다고 되어 있다.[6] 이러한 전언은 갑신정변에 대한 전문적인 연구서에서도 사실로 받아들여지고 있다.[7] 갑신정변이 실패함에 따라 박영교는 대역죄인이 될 수밖에 없었던바 손자 또

---

5) 『승정원일기』 고종 19년 임오(1882) 8월 23일(병자).

6) 임형택 외 역, 앞의 책, 224면.

7) 박은숙(2005), 86면 참조.

한 역적의 아들로 살아갈 것을 염려한 조부의 극단적 행위로 이해되고 있는 것이다. 그런데 『반남박씨세보(潘南朴氏世譜)』(2012)를 살펴보면 박영교의 아들은 당시 죽지 않았다.[8] 『반남박씨세보』에서 박영교의 아들 '박태서(朴太緒)'조의 내용을 옮기면 다음과 같다.

> 자(子) 태서(太緒). 자(字) 성초(聖初), 고종 을해(1875)생. 관(官) 주사(主事). 경진(1940) 졸. 묘 서산(瑞山) 정미면(貞美面) 도산리(道山里) 곤좌. 배(配) 남양홍씨(南陽洪氏) 부(父) 승지 진유(晋游), 조(祖) 경후(敬厚), 외조 승지 완산(完山) 이응인(李應寅). 고종 갑술(1874)생 무술(1989) 6월 13일 졸. 묘 숙모 서씨묘우 건좌. 배 수안계씨(遂安桂氏) 부 운규(運奎). 고종 임진(1892)생. (『반남박씨세보』 권5, 121면)

박태서의 생년이 1875년이므로 갑신정변이 일어났을 때 '열 살'이었을 것이다. 또 족보상에는 '양자'라고 표시되어 있지도 않다. 박태서는 남양홍씨와 결혼하였다가 사별한 뒤 수안계씨와 재혼한 것으로 되어 있다. 그리고 이 기사에 이어지는 족보의 하단을 보면 박태서가 아들 다섯(贊玉, 贊慶, 贊聖, 贊赫, 贊俊)을 두었다고 되어 있다. 아무래도 『매천야록』의 기록을 사실로 보기는 어려울 듯하다. 상상해보건대 박태서의 목숨을 살리기 위해 일부러 조부에 의해 죽음을 당했다는 비극적 소문을 내었던 것은 아닐까 하는 생각도 해보게 된다.

---

8) 《위키피디아》 "박원양" 항목을 보면 김구의 『백범일지』와 조병옥의 『나의 회고록』을 근거로 "장남 박영교의 아들 중 박태서(朴泰緒) 등만이 유모의 손에 의해 구출되어 피신, 극적으로 목숨을 구한다."라는 설명이 보인다. 그런데 필자가 『백범일지』와 『나의 회고록』(語文閣, 1963판; 선진, 2003년판)을 살펴보았으나 관련된 내용을 찾을 수 없었다.

한편 박태서[9]는 주시경(周時經) 등과 함께 조선어 연구를 함께 하기도 하였고,[10] 『장학보(獎學報)』라는 잡지를 창간하여 최초로 단편소설을 현상공모하기도 하였다.[11] 이러한 박태서의 활동은 '언어 문제'를 중시했던 부친의 학문의식을 일정하게 계승하는 의미가 있다고 할 수 있을 듯하다. 전통학문이 근대의 학술과 문화 활동으로 연속되는 사례로 볼 수 있지 않을까 한다.

3. 『해동이아』의 체제와 서술방식

『해동이아』의 전체 목차는 다음과 같이 구성되어 있다.

권수	대분류	소분류	표제어 종수	비고
1	鳥類	1.水禽類 2. 原禽類 3. 林禽類 4. 山禽類 5. 雜鳥	一百十三種	제1책
2	獸類	1. ( )獸類 2. ( )獸類 3. ( )獸類 4. ( )獸類 5. 寓獸類 6. 畜類	一百十五種	제1책

---

9) 《한국사데이터베이스》의 〈대한제국관원이력서〉에서 '朴太緒'란 인물이 검색된다. 생년이 1875년이고 본관이 '반남', 주소가 '漢城 北署 觀光坊 諫洞契 諫洞 第三十一統 第九戶'이므로 이 사람이 바로 박영교의 아들임이 틀림없다. 〈이력서〉에 따르면 박태서는 1898년 일본 와세다 대학 정치과에 입학해 1901년 졸업하여 1906년에 귀국하였다. 같은 해 普成館 飜譯員에 고용되고, 1907년에는 普成館校正員에 선발되고 이어 官立 漢城日語學校 副教官으로 임용되었다가 1908년 청원 사직을 하였다.

10) 고영근(2008), 7면: 71면 참조.

11) 정영진(2016), 참조.

3	虫類	1. 卵生蟲類 2. 化生蟲類 3. 濕生蟲類	一百十八種	제2책
4	鱗蟲類	1. 龍類 2. (※蛇類) 3. 魚類 4. 無鱗魚類	一百十六種	제2책
5	介蟲類	1. ※거북이류 2. ※조개류	三十七種	제2책
6	百草類		二百八十九種	결락
7	百草類		二百二十一種	결락
8	百木類		一百種	결락
9	百木類		八十四種	결락
10	花類		一百十一種	결락
11	果蓏類		五十三種	결락
12	果蓏類	3. 夷果類 4. 味果類 5. 蓏果類 6. 芝栭類	九十四種	제6책
13	芝栭類		二十六種	제6책
14	菜蔬類	1. 葷菜類 2. 柔滑菜類	七十八種	제6책
15	百穀類	1. 麻麥稻類 2. 稷粟類 3. 菽豆類	四十三種	제6책

권6부터 11까지 "소분류"에 해당하는 내용이 없는 것은 제3, 4, 5책이 현재 결락되어 있기 때문인데, "종수"를 알 수 있는 것은 제1책의 앞부분 목차에 해당 내용이 나와 있기 때문이다. 이 '종수'를 모두 더하면 1689종이 된다. 조수초목만을 대상으로 한 유서(類書)에서 이렇게 표제어가 방대한 경우는 『해동이아』 이전에는 있지 않았다는 점이 자료의 일차적인 특징이다. 그리고 "수류(獸類)"의 소분류에서 앞에 "( )"를 둔 것은 원문 자체에 한 칸이 비워져 있음을 나타낸 것이다.

저자가 세부 분류를 설정하고자 했다가 마무리 짓지 못한 부분이라 생각된다. 또 "개충류(介蟲類)"의 소분류에서 "※"표시를 한 것은 원문 자체에는 공란으로 되어 있는 것에 필자가 임의로 설명을 가한 것이다. 그런데 『해동이아』의 대분류와 소분류는 전적으로 『본초강목(本草綱目)』의 분류를 가져온 것으로서[12] 별다른 독자성은 보이지 않는다. 다만 '수류'의 경우에는 『해동이아』 나름의 독자적인 분류 기준을 모색했던 것으로 보인다는 점은 지적할 필요가 있겠다.

그런데 앞에 언급했듯이 『해동이아』는 1차로 원고의 정서가 끝난 뒤에 두주(頭註) 등의 가필(加筆)이 이루어졌는데 목차 부근에 다음과 같은 내용의 가필이 보인다.

『박물편』의 기록이다. 천하의 곤충과 금수는 종류가 매우 많다. 그중에 사람들이 그 이름을 알고 그 성질도 아는 것만도 30만 종을 헤아린다. '척골속(脊骨屬)'에 속하는 것으로 첫째는 '태생류(胎生類)', 둘째는 '난생류(卵生類)' 셋째는 '어류(魚類)'이고 넷째는 '개류(介類)'인데 서양 사람들은 이것을 다시 8족(族)으로 나눈다. 첫째는 '위족(韋族)'이니 물소, 코끼리, 돼지, 말 따위이고, 둘째는 '지족(脂族)'이니 상괭이, 해마, 고래 따위이고, 셋째는 '번추족(翻蒭族)'이니 소, 양, 낙타, 사슴 따위이고, 넷째는 '식의족(食蟻族)'이니 천산갑 무리 따위이고, 다섯째는 '착치족(錯齒族)'이니 담비, 두더지, 토끼, 쥐 따위이고, 여덟째는 '우족(禺族)'이니 원숭이 무리 따위이다.[13]

---

12) 참고로 『和漢三才圖會』의 경우도 조수초목의 분류는 전적으로 『본초강목』과 같다.

13) "博物篇曰, 天下昆虫禽獸, 種類甚多. 人知其名而識其情者, 計得三十萬種. 其有脊骨

여기서 『박물편』은 영국인 의사 벤자민 홉슨(Benjamin Hobson, 1816~1873, 合信)이 1855년 상해(上海) 묵해서관(墨海書館)에서 펴낸 『박물신편(博物新編)』을 가리킨다. 홉슨은 1839년 마카오에 왔고 1847년부터 의술을 통해 선교활동을 하였던 인물이다. 『박물신편』은 서양의 과학기술을 직접적으로 중국에 소개한 최초의 서적으로 평가받는데 홉슨은 이외에도 서양의 의술을 소개하는 『서의약론(西醫略論)』 등의 저술도 내었다.

앞에서 언급하였던 1882년에 지석영이 올렸던 상소에도 『박물신편』이 언급되어 있었는데, 최한기(崔漢綺, 1803~1877)가 『박물신편』 등 홉슨의 저술을 활용하여 『신기천험(身機踐驗)』을 저술했던 것이 1866년이니[14] 『박물신편』은 발간과 거의 동시에 조선에 유입되었다고 보아야 할 것이다.

위에 인용된 부분은 『박물신편』 3집에 수록된 「조수약론」의 첫머리를 그대로 옮겨온 것으로[15] 당시 서양의 생물학에서 수행하던 동물분류법을 소개하는 내용이다. 박영교는 아마도 이 자료를 통해 서양의 생물 분류법을 알게 되었을 터인데, 이 내용을 구태여 여기에 옮겨 적은 것은 『전구동식회』로 개편할 때 반영하려는 의도가 아니었을까 짐작된다. 그러나 이러한 분류법은 『본초강목』의 분류법과 완전히 다르

之屬, 一爲胎生, 二爲卵生, 三爲魚類, 四爲介類, 西人分爲八族, 一曰韋族, 如犀象豕馬是也, 二曰脂族, 如江豚海馬鯨鯢是也, 三爲翻舄族, 如牛羊駝鹿之類, 四爲食蟻族, 如穿山甲之類, 五爲錯齒族 如貂蝟兎鼠之類, 八爲禺族, 如獼猴之類."

14) 김철앙(2004), 참조.

15) 옮겨 적는 과정에서 탈락이 있었다. "如貂蝟兎鼠之類" 다음에 이어지는 "六爲啖肉族如猫獅虎獺豺熊之類 七爲飛鼠族 如蝙蝠之類"가 빠졌다. 필자는 『박물신편』의 원문을 일본 국립국회도서관에서 제공하는 원문 이미지 서비스를 통해 확인하였다.

므로 적당하게 절충할 수 있는 성질의 문제는 아니다. 그런데 박영교의 고민이 이 지점에서 더 진전되었다는 흔적은 찾을 수가 없다. 아쉽게도 동서양 분류법의 차이를 확인하는 데서 작업은 멈추어져 있다.

『해동이아』는 목차에 이어 친절하게도 '인용서목'이 정리되어 제시되어 있다. 그 서목을 살펴보면 처음에는 서적의 성격에 따라 순서를 정하고 그에 따라 정리하려고 했던 듯하다. 그러나 뒤쪽으로 갈수록 잡다하게 모여 있는 것으로 보아 시간에 쫓겨 정리를 마무리하였다고 추측된다. 맨 앞쪽에는 본초 및 의학 관련 서적이 제시되어 있다.

本草綱目集解(李時珍), 本草拾遺(陳藏器), 本草圖經(蘇頌), 本草必讀, 本草衍義(寇宗奭), 本草洞詮, 本草備要, 救荒本草(周憲王), 海藥本草(李珣), 食物本草(汪穎), 吳晉本草, 開寶本草(馬志), 嘉祐本草(掌禹錫), 名醫別錄, 吳瑞日用, 醫學入門, 古今醫統, 炮炙論(雷斅)

다음에는 이아 및 소학류 서적이다.

爾雅, 爾雅翼(羅願), 廣雅(張楫), 埤雅(陸佃), 埤雅廣要, 廣志(郭義恭), 說文(許愼), 切韻(蔣昉), 唐韻(孫愐), 廣韻, 字說(王安石), 吾學編(鄭曉), 正字通(張自烈), 蒼頡解詁, 名苑

다음에는 경전 및 제자류 서적이다.

禮記註, 詩疏(陸機), 書傳註(蔡沈), 莊子(莊周), 列子(列禦寇), 尸子, 抱朴子(葛洪), 大戴禮(戴聖), 楚詞(屈原), 文選(蕭統), 炙轂子(王睿)

다음에는 정사 및 잡사류 서적이다.

漢書註, 魏志, 後漢書, 晉書, 唐書, 宋書, ⑷天祿識餘, ⑷隣幾雜志, ⑷六街花事, ⑷農政全書(徐光啟), ⑷大明會典(申時行), ⑷大淸一統志, 遼志(葉隆禮), 帝王世紀, 黃帝內傳 (※"頭"표시는 頭 註임을 나타냄)

다음에는 지리 및 풍토기 관련 서적이다.

方國志, 蜀志, 西域記(劉郁), 桂海志(范成大), 風土記(周處), 虞衡志(范成大), 冀越志(熊太古), 交廣志, 山海經, 衡岳志, 大明一統志(李賢等), 廣州記(裵淵), 十洲記, 林邑記, 益州記(任豫), 嶺表錄(劉恂), 襄沔記, 閩書, 漳州府志, 交州記(劉欣期), 南州記, 北戶錄(段公路), 疏矻記, 洛陽伽藍記, 益州方物圖, 臨海異物志, 荊陽異物志, 嶺南異物志, 南州異物志, 南方異物志, 嶺表錄異(劉恂)

다음은 식물, 동물, 과실 등에 대한 전문적인 서적들이다.

南方草木狀(嵇含), 草木子(葉子奇), 群芳譜, ⑷菊譜(范成大), ⑷五雜俎(謝肇淛), 廣群芳譜, 梅譜, 花木志(曹丕), 秘傳花鏡(陳昊子), 橘譜, 菌譜, 花木, 草本花譜, 大本花譜, 禽經(師曠), 禽蟲述(遠達), 相貝經, 山家淸供, 種花果法(張約齋)

다음은 기타 필기류들이다.

博物志(張華), 廣博物志, 異苑(劉敬叔), 格物論, 格物摠論, 物類相感志, 類從志, 事類合璧, 事物紀原, 事物紀原補, 神異經(東方朔), 玄中記, 搜神記, (頭)癸辛雜識(周密), (頭)偃曝談餘(陳繼儒), (頭)玄覽, (頭)袖中錦, (頭)萬寶全書(毛文煥), (頭)李白詩注(楊齊賢), (頭)類書纂要(周魯),　　　拾遺紀(王子年), 三才圖會(王圻), 倭漢三才圖會(良安尙順), 農書(王禎), 方言(楊雄), 古今註(崔豹), 起居註, 酉陽雜俎(段成式), 五雜組, 癸辛雜志, 致富全書, 在園雜志(劉廷幾), 類書, 齊民要術(賈思勰), 南産志, 征異記, 海槎錄(顧玠), 朝野僉載, 容齋隨筆(洪邁), 三洞珠囊, 北夢瑣言, 潛確類書, 丹溪心法, 蔡條叢話, 劇談錄, 倦遊錄, 輟耕錄(陶九成), 齊東野語, 太平廣記, 洽聞記, 歲時記, 五行記, 瑞應圖, 中興徵祥說, 丹鉛錄(楊愼), 談苑(楊億), 人鏡經, 日詢手鏡(吳興王濟), 鶴林玉露, 姚旅露書, 遜齋閑覽, 資暇錄(李資玄), 食經(崔禹錫), 飮膳正要, 淵鑑類函(張英), 景煥間談, (頭)朝鮮詩選(藍芳威), (頭)朝鮮紀事(倪謙), (頭)遼東志, (頭)全遼志, (頭)鷄林類事(孫穆), (頭)朝鮮世紀, (頭)朝鮮志, (頭)日本紀, 遵生八牋, 開山遁甲圖, 開元遺事, 彙苑詳註, 畫譜, 蟹譜摠論, 羅山疏(竺法眞), 嘉話錄(劉禹錫), 孫炎正義, 字彙, 四聲字苑, 譚子化書(譚峭), 呂氏春秋(呂不韋), 元史(宋濂等), 唐詩(曺寅等), 白帖, 六帖, 高麗圖經(徐兢), 韓詩外傳(韓嬰), 淸曆, 漢淸文鑑, 朝鮮賦(董越), 墨客揮犀(彭乘), (頭)盛京通志(呂耀曾等), (頭)曝書亭集(朱彝尊), ※高麗史, 新羅史

다음은 조선 서적들이다.

東京雜記, 輿地勝覽(徐居正), 東國通鑑, 東醫寶鑑(許浚), 晉山世

藁, 譯語類解, 物名攷, 語彙, 詩傳諺解, 雅言覺非(丁若鏞), 異魚圖
贊(楊愼)(※조선의 서적이 아님), 熱河日記(朴趾源), 芝峯類說(李睟光)

다음은 기타 서적들이다.

毛詩義疏(沈重), 魏略(魚豢), 十六國春秋(崔鴻), 北史(李延壽), 南史
(上同), 宋史(脫脫等), 後周書(令狐德棻), 遼史(脫脫等), 金史(脫脫等),
元史(宋濂本), 明史(張廷玉等), 資治通鑑(司馬光), 通典(杜佑), 冊府
元龜(王欽若), 通志(鄭樵), 王才晉會續集(王思義), 大淸會典

대략 250여 종을 상회하는 인용서목이 제시되어 있는데 조수초목
만을 대상으로 하였다는 점에서 상당히 방대하다고 할 수 있겠다. 이
가운데에는 박영교가 직접 본 것이 아니라 간접 인용한 것도 상당할
것으로 추정되는데, 구체적인 자료 인용 방법 및 인용 서적의 특징에
대해서는 추후 자세한 고찰이 필요한 부분이라 할 수 있다.

그런데 본문에는 위 인용서목에 제시되지 않은 서적들이 주로 두
주에 등장하고 있다. 이는 『전구동식회』로 개편하는 과정에서 참고한
것으로 『직방외기(職方外紀)』, 『몽계필담(夢溪筆談)』, 『해국도지(海國圖
志)』, 『곤여도설(坤輿圖說)』, 『영환지략(瀛環志略)』, 『부남기(扶南記)』, 『해
국문견록(海國聞見錄)』, 『해록(海錄)』, 『매월통기전(每月統紀傳)』, 『천외
귀범초(天外歸帆草)』, 『천방전례(天方典禮)』 등이 제시되고 있다. 여기서
『직방외기』부터 『부남기』까지는 박영교 이전에도 인용된 서적들이지
만 그 이하는 활용예가 드문 경우이다.

먼저 『해국문견록』은 청나라 수사제독(水師提督) 진윤형(陳倫炯,
1687~1751)이 1730년에 완성한 책으로 중국 주변 바다에 대한 종합

적인 지리지라고 할 수 있다.『매월통기전』은 정식 명칭이 『찰세속매월통기전(察世俗每月統記傳, Chinese Monthly Magazine)』인 월간 잡지이다. 중국인을 대상으로 하여 근대지식, 세계종교, 뉴스 등을 전달하는 잡지로 1815년 창간되어 1821년까지 발행되었다.『해록』은 중국의 마르코 폴로라고 불리는 사청고(謝淸高, 1765~1821)가 세계 각지를 항해한 경험을 담아 1820년에 저술한 책이다.『천외귀범초』는 청나라의 관원으로서는 최초로 1866년에 영국의 여왕을 배알했던 빈춘(斌椿)이 해외여행 중의 감회를 표현한 시문집이다. 그리고『천방전례』는 중국에서 대표적 이슬람학자 가운데 하나로 꼽히는 유지(劉智, 1669~1764)가 1709년에 펴낸 이슬람교 해설서이다. 이러한 자료들은 당시로서는 대단히 최신의 자료였다고 할 수 있는바,『해동이아』의 자료적 특징을 잘 보여준다고 할 수 있겠다. 그렇지만 이 책들도 박영교가 직접 본 것인지 간접 인용한 것인지는 향후 면밀히 따져볼 필요가 있다. 예를 들어『매월통기전』은『해국도지』에서 간접 인용한 것일 수도 있는 것이다.

본문의 서술 방식은 '소분류'가 시작될 때 간략한 서문이 쓰여 있고 (없는 경우도 있음), 그 뒤 〈표제어(한국 명칭)〉, 〈명(名)〉, 〈해(解)〉, 〈안(按)〉의 순서로 구성되어 있다. 표제어에 대한 한국어 토박이 명칭이 있는 경우는 한자로 음차하여 표시하였고, 〈명〉에서는 표제어의 이칭(異稱, 한자어)들을 제시하였으며, 〈해〉에서는 표제어와 관련된 내용들을 각종 서적에서 차록하였으니 이 부분의 분량이 가장 크다. 〈안〉에는 저자의 견해가 주로 고증의 형태로 제시되어 있다. 모든 표제어에 〈안〉이 있는 것은 아니어서 그 분량은 〈해〉보다 훨씬 작지만, 자료적 의의에 있어서는 가장 중요한 부분이라 할 수 있다.『해동이아』의 첫 번째 '소분류'인 '수금류(水禽類)'의 서문은 다음과 같다.

○ 禽之一(水禽類)

무릇 조(鳥)는 '새[璽]'라 하고, 우(羽)는 '깃[妣]'이라 하고, 모(毛)는 '터얼[攄孼]'이라 하고, 호(胡)는 '벽불[冪拂]'이라 하고, 소(嗉)는 '산 멱[散幂]'이라 하고, 관(冠)은 '볏[肥如妣]'이라하고, 미(尾)는 꼬리[古 里]라 하고, 익(翼)은 날개[捺盖]라 하고, 훼(喙)는 부리[拂喙]라 하 고, 난(卵)은 알[憂]이라 하고, 추(雛)는 새끼[朔其]라 한다. 무릇 조 수충어 가운데 웅(雄)을 수[守]라 하고 자(雌)를 암[暗]이라 한다.

〈안(按)〉 양웅(揚雄)의 『방언(方言)』에 기록되어 있다. "작자(爵子) 및 계추(鷄雛)를 조선에서는 모두 구(轂)라고 한다. 그 알을 품어 아직 부화하지 않았지만 막 변화하려고 하는 것을 열(涅)이라 한 다." 그런데 지금은 이런 말들이 없다. 대개 방언은 고금이 같지 않은 것이다.[16]

서술의 관점이 언어적인 문제 특히 한자와 한국말과의 대응에 집중 되어 있어, 이 책의 제목이 어째서 "해동이아"인지를 알 수 있게 해주 고 있다. 다음은 '수금류'의 첫째 표제어인 '학(鶴)'의 서술방식을 살펴 보도록 하겠다.

○ 학(鶴)은 두루미[鵅鷁美]라고 한다.

〈명(名)〉 선금(仙禽) 태금(胎禽) 노자(鸕鶿)

---

16) 『海東爾雅』 권1, "○ 禽之一(水禽類). 凡鳥謂之璽, 羽謂之(妣), 毛謂之攄孼, 胡謂之冪拂, 嗉謂之散幂, 冠謂之肥如(妣), 尾謂之古里, 翼謂之捺盖, 喙謂之拂喙, 卵謂之憂, 雛謂之 朔其, 凡鳥獸蟲魚之雄謂之守, 雌謂之暗. 〈按〉 揚雄方言曰, 爵子及鷄雛, 朝鮮皆謂之 轂, 其卵伏而未孚始化謂之涅, 而今皆無之, 盖方言古今不同也."

〈해(解)〉『본초집해(本草集解)』에 기록되어 있다. "학은 곡(鵠)보다 크다. 길이는 3척이고 키는 3척 남짓이며 부리 길이는 4촌이다. 빨간 정수리, 붉은 눈, 붉은 뺨, 푸른 다리, 긴 목, 성근 꼬리, 엉성한 다리, 가느다란 발가락, 흰 털, 검은 깃인데 또한 회색이나 푸른색인 것도 있다. 항상 밤중에 우는데 소리가 구름까지 닿는다. 수컷은 올라가는 바람에서 울고 암컷은 내려가는 바람에서 우는데 소리가 어우러지며 잉태한다."

〈안(按)〉 허준(許浚)의 『동의보감(東醫寶鑑)』에서는 학의 속명을 두루미〔鵥鵬美〕라고 하였는데 역서(譯書)에서는 학을 학〔鶴〕이라 하고 자로(鵉鵚)를 두루미〔鵥鵬美〕라고 하니 두 설이 서로 어긋나는데 무엇이 옳은지 모르겠다. 그러나 살펴보건대 자로는 독추(禿鵚)로 그 모습이 학과 유사한데 정수리 살갗에 털이 없고 붉은 색이며 산멱 아래에 주머니가 있으니 이는 이른바 영검새라는 것으로 두루미와는 서로 같지 않으니 역서의 풀이가 틀린 것이다

〈해〉는 『본초강목집해』의 내용을 그대로 전제한 것이다. 〈안〉에서는 '학', '두루미', '자로'의 혼효에 대한 비판이다. 여기서 '역서'는 위의 인용서목에 소개되어 있는 『역어유해』이다. 이 책은 사역원에서 주도하여 만들었는데 실제로 '자로'에 대해 "두로미"라고 되어 있음을 볼 수 있다.[17] 『해동이아』는 이처럼 〈해〉에서 각종 자료의 관련 정보들을 소개하고 〈안〉에서는 상호 모순된 정보에 대한 판단이나 저자의 견문과 견해를 소개하는 방식으로 서술되고 있다.

---

17)　국립중앙도서관에서 『역어유해』(古323-3) 원문이미지를 제공하고 있다. 52면에 '鵉鵚: 두로미'가 보인다.

『해동이아』의 서술에 있어 또 한 축은『전구동식회』를 위해 가필한 부분이라 할 수 있다. 이 가필한 부분을 살펴보면 성격에 따라 두 가지로 나누어 볼 수가 있는데, 하나는 해동의 조수초목에 대해 기록하고 있는 외국 책의 자료를 모으는 것이고, 또 하나는 위에서도 언급한 바와 같이 세계 각지의 조수초목에 대한 정보를 모으는 것이다. 예시를 보이면 다음과 같다.

『송사(宋史)』의 기록이다. 고려에는 양, 토끼, 낙타, 물소, 나귀가 없다. 지대가 춥고 산이 많아 소나무 잣나무에 적합하다. 누에고치 실이 드물다.[18]

○ 타조:『천방전례』의 기록이다. 꼬리 길이는 수꿩과 같고 키는 3척인데 7, 8척에 이르기도 한다. 암컷의 키는 한 길 남짓이다. 등에 살이 있어 낙타와 같이 안장을 놓아 타고서 멀리 갈 수도 있다. 발굽은 푸른색이고 날개를 펼치면 굉장히 크다. 알은 단지 크기만 하여 그릇으로 만들 수도 있다.[19]

망고:『매월통기전』의 기록이다. 망고는 인도네시아에서 난다.[20]

첫 번째 인용문은 총목차 앞 장에 가필된 것인데 이 부분에는 한반

---

18) "宋史, 高麗, 無羊兎橐駝水牛驢, 地寒多山, 宜松柏, 少絲蚕."

19) "駝鳥, 天方典禮云, 尾長似雉雌, 高三尺, 至七八尺, 雌者高丈餘, 背有肉, 鞍似駝, 可乘致遠, 蹄蒼色, 張翅甚大, 其卵如甕, 可作器."

20) "芒果, 每月統紀傳曰, 芒果産葛剌巴."

도의 조수초목에 대해 기록한 중국의 서적을 집중적으로 초록해 놓고
있다. 그리고 '타조'는 '산금류(山禽類)' 부분에 가필되어 있고, '망고'는
'이과류(夷果類)'에 가필되어 있다. 그 출전을 『천방전례』와 『매월통기
전』을 들고 있긴 하나 모두 『해국도지』에 수록되어 있는 내용들이다.
『해국도지』에서 가져왔을 가능성이 크다고 봐야 할 것 같다. 가필된
내용에는 〈해〉나 〈안〉과 같은 체계가 없다.

4. '격치고증(格致攷證)'을 지향한 저술의식

『해동이아』는 제목에서 '이아'를 표방한데서 나타나듯이 언어적인
문제에 우선적인 관심이 두어지고 있다. 특히 역대 물명서(物名書)들
의 지속적인 관심사였던 한자어와 우리말의 올바른 대응이[21] 『해동
이아』에서도 핵심적 문제였다. 그래서 『해동이아』는 표제어를 달 때,
'鶴謂之鶋鸛美'(鶴:두루미), '鸛謂之晃璽 又謂之翰璽'(鸛:황새), '鵝謂之
琚胃'(鵝:거위)와 같은 방식으로 우리식 명칭을 표시하였다. 한 가지 의
문은 저자가 왜 한글을 사용하지 않았는가 하는 점이다. 이미 『해동이
아』 이전의 많은 물명서들은 한글을 이용해 우리식 명칭을 표시해왔
다. 그럼에도 불구하고 『해동이아』는 차자(借字) 방식을 통해 불완전
하게 우리말을 표현하고 있다.

차자 방식의 한계는 저자 또한 인식하고 있었다. 그래서 '鴇謂之汝

---

21) 물명서류의 성격에 대해서는 노대환, 「18세기 후반~19세기 전반 名物學의 전개와 성
격」, 『한국학연구』 31, 인하대 한국학연구소, 2013; 장유승, 「조선후기 물명서의 편찬동
기와 분류체계」, 『한국고전연구』 30, 한국고전연구학회, 2014 참조.

(借用羅語反)鷾(鶾:너새)'와 같이 전통절 반절법(反切法)을 동원하여 '여새'를 '너새'로 읽도록 유도하기도 하였고, '山啄木謂之根(緊讀)惡璽(山啄木:크낙새)'에서와 같이 '긴독(緊讀, 세게 읽기)'을 통해 '근악새'를 '크낙새'로 읽도록 하는 일종의 발음 부호를 스스로 고안하기도 하였다. 또 앞에서 보았던 '깃[䎝]'의 예와 같이 '吡'을 받침의 'ㅅ'음가를 내도록 하는 '말음첨기법(末音添記法)'을 활용하기도 하였고, '鶉謂之尔雛落伊(메추라기)'에서와 같이 '尔'를 써서 한자로 나타내기 힘든 '며(메)' 음가를 표시하기도 하였다.

이처럼 『해동이아』에서는 번거로운 차자방식을 차용하였는데, 그 이유는 저자가 상정한 독자가 누구인가, 하는 질문을 통해 실마리를 찾을 수 있을 듯하다. 만일 저자가 조선 사람만을 독자로 상정하였다면 이전의 물명서들이 그러했듯이 마땅히 한글을 활용했을 것이다. 그렇다면 저자는 『해동이아』를 저술하면서 조선 사람만을 독자로 상정하지는 않았다고 보는 것이 자연스러울 듯하다. 조수초목에 대한 조선식 명칭을 널리 모으고 그것을 정확히 표기하기 위해 애를 쓰면서도, 그것을 한자문화권에 속한 사람이라면 누구나 읽고 발음할 수 있도록 배려한 것으로 이해되는 것이다. 이는 『해동이아』라는 명칭과도 잘 어울리는 설명일 듯하다. '이아'라는 제목을 달게 되면 한자문화권의 한문 소양인이라면 누구든지 기본적으로 관심을 갖게 될 수밖에 없다. 거기에 '해동'이라는 수식어를 붙였다는 것은 '우리'를 바라보는 외부인의 시선을 의식한 것이라 생각된다.

그런데 사실 『해동이아』에 있어서 조선 토박이말의 음가를 정확히 표기하는 것보다 더 크게 문제 삼았던 것은 명칭의 혼효 현상이었다.

『역어유해』는 황서(黃鼠)를 족제비[足接]라 하고, 허준의 『동의보감』에서는 누서(鼺鼠)를 다람쥐[茶藍州]라고 하는데 모두 틀렸다. 족제비는 곧 황서랑(黃鼠狼)이니 황서를 잘 잡기 때문에 서랑(鼠狼)이라는 명칭이 생긴 것이다. 그런데도 황서를 족제비로 여기니 중국어를 번역할 때 자세히 살피지 않아서 그렇게 된 것이다. 또 허준이 다람쥐라고 여긴 것은 또한 정반대가 아닌가. 우리나라의 이른바 격물치지라는 것이 대개 모두 이와 같으니 탄식하지 않을 수 있겠는가.[22]

앞 절에서와 같이 여기서도『역어유해』와『동의보감』을 예로 들어 조선의 '격치(格致)' 수준에 대해 통탄을 하고 있다. 저자가 왜『해동이아』를 저술할 생각을 했는지 그 이유가 선명히 드러나 있다 할 수 있겠다.『해동이아』는 곳곳에서『역어유해』의 오류를 지적하고 있는데, 정약용(丁若鏞)의 작업도 많이 참고하였다.

정약용이 말했다. 우리나라 말에서 이어(鯉魚)를 잉어[鯉占魚]라 하고, 부어(鮒魚)를 붕어[鮒占魚]라 하고, 노어(鱸魚)를 농어[鱸占魚]라 하고, 사어(鯊魚)를 상어[鯊占魚]라 하니 숭어[秀占魚], 뱅어[拜占魚] 등 이렇지 않은 것이 없다. 이에 노(鱸)를 농어(農魚)라 하고 사(鯊)를 상어(霜魚)라 하는데 오류가 갈수록 심해지고 있다.[23]

22) 『해동이아』 권2, 〈鼺鼠〉. "譯語類解, 以黃鼠爲足接, 許浚醫鑑, 以鼺鼠爲茶藍州, 皆誤矣. 足接卽黃鼠狼也, 以其善捕黃鼠, 故得鼠狼之名, 而乃以黃鼠爲足接, 其於飜譯華語時, 必失詳審而然也. 鼺鼠卽飛生鼠也, 而許浚乃以爲茶藍州, 不亦相反乎. 我國之所謂格致者, 類皆如此, 可勝嘆哉."

23) 『해동이아』 권4, 〈鯉魚謂之鯉占魚〉. "丁若鏞曰, 東語, 鯉魚曰鯉占魚, 鮒魚曰鮒占魚, 鱸魚曰鱸占魚, 鯊魚曰鯊占魚, 秀占魚, 拜占魚, 莫不然者, 於是鱸曰農魚, 鯊曰霜魚, 訛誤

역서(譯書)는 늑어(勒魚)를 준치[俊治]라 하였는데, 『아언각비(雅言覺非)』에서 치어(鰣魚)를 준치[俊治]라 하고는 도리어 역서가 그르다고 한 것은 잘못이다.[24]

앞의 인용문은 『아언각비』에 나와 있는 내용을 그대로 옮겨온 것이니 박영교가 정약용의 견해를 그대로 수용한 경우이고, 뒤의 인용문은 정약용의 견해를 비판한 경우이다. 두 번째 인용문은 〈늑어(勒魚)〉조에 나온 〈안〉의 내용인데, 다음 조목이 바로 〈치어(鰣魚)〉조이다. 이 조목에서도 박영교는 "정약용이 치어(鰣魚)를 준치[俊治]라 하고 제어(鱭魚)를 웅어[葦魚]라 하고는 도리어 역서에서 늑어를 준치[俊治]라고 한 것을 그르다고 한 것은 잘못이다. 내가 세밀히 상고해 보니 치(鰣)가 곧 웅어[葦魚]이고 제(鱭)가 갈치[葛治]이다."[25]라고 하여 거듭 비판을 하였다.

이에 대해 다른 자료를 살펴보면 논의가 매우 복잡하다. 먼저 유희(柳僖)의 『물명고(物名攷)』에서는 늑어를 '쥰티'로 보았다. 『광재물보(廣才物譜)』에서는 치어를 '준치'라 하고는 늑어에 대해 "이 또한 준치인데 상세하지는 않다(此亦준치, 而未詳也)"라고 유보적 견해를 달아 놓았다.[26] 정약전(丁若銓)은 『자산어보(玆山魚譜)』에서 치어에 대해 "俗名蠢

轉甚矣."

24) 『해동이아』 권4, 〈勒魚謂之俊治〉. "譯書以勒魚爲俊治, 雅言覺非以鰣魚爲俊治, 反以譯書爲非者, 誤矣."

25) 『해동이아』 권4, 〈鰣魚謂之葦魚〉. "丁若鏞以鰣魚謂俊治, 鱭魚謂葦魚, 反以譯書之勒魚爲俊治者爲非, 誤矣. 余細考之, 鰣乃葦魚, 鱭乃葛治也."

26) 『物名攷』와 『廣才物譜』의 인용은 『조선후기한자어휘검색사전』(한국정신문화연구원)에서 취함.

峙魚"라 하여 '준치'로 보았고, 이에 대해 이정(李晴)은 "『역어유해』에
서는 준치어[蠢峙魚]를 늑어(肋魚) 일명 찰도어(鐁刀魚)라 했다. 그러나
『본초강목』에서는 늑어를 설명하는 조항이 따로 있다. 이에 따르면
늑어는 시어와 비슷하지만 시어보다 머리가 작고, 다만 배 아래에 단
단한 가시가 있으니 지금 민간에서 말하는 준치어가 아니다."[27]라고
안설을 달아 놓았다. 이규경(李圭景)도 『오주연문장전산고(五洲衍文長箋
散稿)』의 「어변증설(魚辨證說)」에서 이 문제를 다루었는데 "늑어는 치의
일종이다(勒魚, 鰣之一種也)"라는 절충적 견해를 제시하였다.

그런데 중국의 인터넷 백과사전인 〈百度百科〉에 따르면, 늑어의 학
명을 "Ilisha elongata"라고 소개하고 있는데 이는 우리말로는 '준치'
에 해당된다. 또 치어의 학명은 "Tenualosa reevesii"로 소개하고 있
고 이것은 '납작전어'이다. 이에 따르면 늑어를 '준치'라고 보았던 박
영교의 판단이 옳았다고 볼 수 있겠다.[28] 그러나 준치와 납작전어 모
두 '청어목'에 속한다는 점에서 애초에 논란이 있을 수밖에 없었다고
봐야 할 듯하다. 여하튼 조수초목의 올바른 명칭을 궁구하기 위해 박
영교가 매우 깊이 있게 탐구했다는 점은 인정할 수 있겠다.

박영교는 한자어와 우리말의 올바른 대응 문제를 넘어서 〈해〉에서
원용하고 있는 서적들'에 대해서도 고증을 가했다.

음(鷹)·준(隼)·요(鷂)는 모두 새매[璽昧]이다. 솔개[鴟]와는 크기와

---

27) 정약전 지음·정명현 옮김, 『자산어보』, 49면. 관련 원문은 다음과 같다. "譯語類解, 以
     蠢峙魚爲肋魚, 一名鐁刀魚. 本草綱目, 別有勒魚, 似鰣小首, 只於腹下有硬刺, 非今俗
     之蠢峙魚也."
28) 그러나 鰣魚를 웅어로 보았던 박영교의 견해는 틀린 것이 된다.

모양이 전혀 같지 않은데 빈호(蘋湖) 이씨(李氏)가 이를 같은 동물로 본 것은 잘못이다. 이제 『연감유함(淵鑑類函)』에 의거하여 바로 잡는다.[29)]

빈호 이씨는 『본초강목』의 저자인 명나라의 박물학자 이시진(李時珍, 1518~1593)을 지칭한다. 『본초강목』은 『해동이아』가 가장 많이 인용한 서적이지만 맹목적으로 따르지는 않은 것이다.

그리고 박영교는 고증을 수행하는 수단으로 문헌을 활용하는 것을 넘어 자신의 견문과 관찰도 적극 활용하였다.

이 매미는 5월에 처음 나오는데 말매미보다 조금 작다. 그 소리는 '매암, 매암'하는 듯 들려 대단히 청량하고 상쾌하다. 울기를 마치면 곧 날아가니 이는 곧 『시경』의 "五月鳴蜩"에서 말하는 매미이다. 이시진은 이 매미를 말매미로 여겼으니 틀린 것 같다. 이제 나의 견해에 의거하여 바로 잡는다.[30)]

『해동이아』는 기본적으로 독서 차록을 통해 정보를 축적하는 성격의 저술이지만, 이와 같이 견문과 관찰을 이용해 지식의 지평을 넓히는 데에도 나름 관심을 기울였다. 그래서 '사서(麝鼠, 사향쥐)'의 경우와 같이 전대 문헌의 내용을 정리하는 〈해〉가 없이 〈안〉만 서술하는 경우

---

29) 『해동이아』 권1, 〈鷗謂之率盍〉. "鷗隼鶃皆是璧昧也, 與鷗大小形狀, 自是不同, 而蘋湖李氏乃合爲一物者, 誤矣. 今依淵鑑類函正之."

30) 『해동이아』 권3, 〈蜩謂之每美〉. "此蟬五月始出, 差小於蚱蟬, 其聲如曰每暗每暗, 甚淸亮高爽, 鳴罷輒飛, 卽詩所謂五月鳴蜩者也. 蘋湖乃以蜩爲蚱蟬, 恐誤矣. 今據愚見正之."

도 있고, "산돼지는 깊은 산중에 있는데 신발 장인들이 그 빳빳한 털을 취해서는 바늘 삼아 꿰맨다."[31]라는 서술은 풍물지와도 같은 성격이라 할 수 있다. 또 "세상에서는 족제비 꼬리로 붓을 만드니 황모필(黃毛筆)이다. 『열하일기(熱河日記)』에서 말했던 '조선(朝鮮) 낭모필(狼毛筆)'이 바로 이것이다."[32]라는 서술은 '본초류'라기 보다는 문인취향의 고동서화 필기류로 보이기도 한다. 이러한 점이『해동이아』에서 중심적 위치를 차지하는 것은 아니지만 내용을 풍성하게 만드는 역할을 하고 있다.

그런데 박영교가『해동이아』를 통해 이와 같이 격치와 고증에 힘을 기울였던 이유는 다음과 같은 인식이 있었기 때문이었다.

> 대개 우리나라의 입말은 문자와 전혀 달라 명(名)과 실(實)을 따로 익혀야 하는 단어가 8, 9할보다 적지 않으니 의당 격치와 고증을 급선무로 삼아 모두 익혀야 한다. 그런데 성품이 게으르고 편한 것만 찾아 살피고 분별함을 좋아하지 않는다. 다른 사람이 혹 권하면 대답하기를 '스스로 괴롭게 익힐 필요가 없다. 비록 익히더라도 어디에 쓰겠나?'라고 한다.……당장은 비록 편하다 하더라도 이웃 나라에 부끄러움을 끼치는 것은 어떻게 할 것인가.[33]

---

31) 『해동이아』 권2, 〈豪猪謂之山刀野的〉. "豪猪, 深山中有之, 靴工取其刺毛, 作針縫之也."

32) 『해동이아』 권2, 〈鼬鼠爲之足接伊〉. "俗以此尾爲筆, 謂之黃毛筆, 卽熱河日記所謂朝鮮獷毛筆者也."

33) 『해동이아』 권5, 〈蟶謂之加利(鮭)〉. "盖我邦言語, 與文字判異, 名實各知者, 十不下八九, 則宜急格致攷證, 知而後已, 而性皆懶便, 不好審辨. 人或勸之, 則輒對曰, 不必自苦, 縱知安用.……目前雖便, 其於貽羞隣國, 何哉."

(전갈은-인용자) 지금 곳곳에 있는데도 사람들은 알아보질 못하여 여전히 중국에서 무역으로 들여와 약재로 쓴다. 대개 우리에게 있는데도 쓸 줄 모르니 이용후생을 가히 바랄 수가 없다.[34]

두 인용문에 나타난 박영교의 생각은 명확하다. 이렇게 정리해 볼 수 있다. '조선이 처한 언어적 환경은 입말과 글말이 분리되어 있기에 번거롭더라도 입말과 글말의 대응을 하나하나 익혀야 한다. 만약 이 것을 익히지 않으면 두 가지 폐해가 나타난다. 하나는 한자문화권의 다른 나라와 소통할 때 문제가 생긴다는 것이고, 또 하나는 조수초목을 효과적으로 이용하지 못하게 된다는 것이다.'

이러한 문제의식은 사실 매우 오래된 것이고, 이를 극복하기 위한 노력들도 지속적으로 이어져 왔다. 각종 물명서나 유서류의 꾸준한 편찬, 이용후생을 강조하는 실학파들의 학술활동을 그 예로 들 수 있다.[35] 『해동이아』는 그러한 전통을 계승하는 입장에서 좀 더 당대의 언어상황을 반영하고 있는 저술이라고 평가할 수 있을 것이다.

그렇다면 『전구동식회』는 어떻게 평가할 수 있을까? 『전구동식회』는 『해동이아』의 성과를 모두 흡수한 바탕 위에서 전 지구의 조수초목에 대한 유서를 지향하고 있다는 점에서 저술의식이 『해동이아』와 똑같다고 할 수는 없다. 그러나 미완으로 그치고 말았기에 저자의 의도와 목표를 평가하기 어려운 점이 있다. 미완의 상태지만 지금 남아

---

34) 『해동이아』 권3, 〈全蝎〉. "今處處有之, 人不識之, 尙貿於中原, 入藥用之, 盖我自有之, 而不知用, 其利用厚生, 不可望也."

35) 조선시대 유서가 편찬된 사적 흐름에 대해서는 안대회(2004); 김채식(2008); 조성산(2015); 양영옥(2016); 김선희(2016) 참조.

있는 자료는 다음 세 측면으로 나누어 살펴볼 수 있다. 첫째 『박물신편』에서 서양의 동물분류법을 전재한 부분, 둘째 외국 서적에서 우리나라의 조수초목에 대하여 기록한 내용의 수집, 셋째 외국의 조수초목에 대한 자료를 수집한 부분이다.

첫 번째 내용은 『전구동식회』의 전체 구성과 관련된 것으로 볼 수 있다. 그런데 정말 중요한 문제는 『본초강목』의 생물 분류와 『박물신편』의 생물 분류를 어떻게 하나의 체제로 엮어낼 것인가 하는 점이라 할 수 있는데, 지금의 상태로는 이에 대해 저자가 어디까지 고민을 했었는지 알 수가 없다. 그 두 분류를 하나의 체제로 만든다는 것은 지금의 학술 수준으로도 가능하지 않을 것이니 이를 박영교에게 기대한다는 것은 어불성설이라 할 수 있다. 그렇지만 이 두 체제를 하나로 만들어 보려는 생각을 했었다는 그 자체가 대단히 신선하게 여겨진다. 만약 이러한 시도가 중단되지 않고 계속 이어졌다면 방대하게 축적되어온 동아시아의 동식물에 대해 지식과 정보가 "현대 생물학"으로 보다 왕성하게 흡수되어 생물학 발전에 기여하지 않았을까 하는 기대를 품어보게 되는 것이다.

두 번째 측면도 매우 흥미롭다. 박영교가 왜 이 문제에 주목을 하였는지, 다음 두 가지 측면으로 나누어 생각해 볼 수 있을 듯하다. 하나는 앞에서 언급했던 한자문화권에서의 '소통' 문제이다. 외국에서 한반도의 조수초목에 대해 어떻게 기록해 놓았는지 살펴보게 되면 토박이말과 보편적 한자어를 올바르게 대응시키는데 도움을 얻을 수 있을 것으로 기대했음직한 것이다. 또 한 측면은 생물을 전 세계적 차원에서 바라보는 인식의 문제이다. 이와 관련해서는 다음의 자료를 소개하고 싶다. 필자는 김병욱(金炳昱, 1808~1885)의 문집을 검토하다가[36] 「제비집[鷰巢]」이라는 작품에서 "둥글게 만드는 법 누가 네게 가르쳐

주었나, 한결같은 집의 모양 전 세계에 통하네(團團制作誰敎爾, 一樣家規通九州)"라는 구절을 보고서 대단히 흥미롭게 여겼다. 필자의 좁은 식견으로는 김병욱 이전의 한시에서 이런 식의 발상을 본 적이 없었기에 이 시를 어떤 맥락에서 설명해야 할지 몰라 한동안 고민을 해보아도 해답을 얻지 못했었다. 그러다가『해동이아』를 검토하고 나서 이 시의 의의를 인식할 수 있었다. 이 시기에 이르러 김병욱이나 박영교 같이 개방적인 인사들은 인식의 지평이 '전 세계'로 확대되고 그에 따라 우리 땅의 생물이나 외국의 생물이나 똑같은 자연법칙의 지배를 받고 있다는 점을 새롭게 인식하게 되었던 것이다. 그렇다면『해동이아』에서 외국 문헌에 기록된 조선의 조수초목에 대해 관심을 가졌던 것은 '자기인식의 객관화'로 볼 수 있을 듯하다.

세 번째 측면이 양적으로도 가장 많은 부분을 차지하고, 의미에 있어서도『전구동식회』의 핵심을 이룬다고 할 수 있다. 조목수도 160여 개를 상회하니 조수초목을 다룬 유서로서도 결코 작은 분량이라 할 수는 없다. 그러나 표제어의 수집과 선정에 있어 어떤 계통성이 있는 것도 아니고,『해동이아』에서와 같이 〈명〉, 〈해〉, 〈안〉의 정연한 체제를 갖추고 있지는 못하다. 수집된 자료를 배치함에 있어서도『해동이아』의 분류를 기준으로 저자가 자의적으로 위치를 결정하고 있다. 예를 들어 '수금류(水禽類)'인지 '원금류(原禽類)'인지 '임금류(林禽類)'인지를 저자의 단편적 인상에 의거해 판정하고 있는 것이다. 그리고 결정적으로 내용의 신뢰도에 문제가 있다.『해동이아』에서 많이 인용한『본초강목』같은 서적은 조수초목에 대한 실제적인 경험과 지식이 오

---

36) 김병욱의 문집과 글쓰기에 대해서는 김용태(2014), 참조.

랫동안 축적되었던 바탕에서 나왔기에 '본초학'으로서 신뢰성을 담보할 수 있지만, 『전구동식회』에 소개되는 자료는 성격이 다소 다르다. '기문이사(奇聞異事)'를 기록하는 필기류가 아닐까 하는 생각이 들기도 하는 것이다. 다음에서 전형적인 예를 들어본다.

> 흑어(黑魚): 미국의 바닷가에 어떤 사람이 있어 작은 배를 몰며 물고기를 잡고 있었는데 별안간 보니 엄청나게 큰 하나의 검은 물체가 수면 뒤에 떠있었다. 그것을 배라고 여겨 급히 가까이 가서 갈고리로 당기니 검은 물체가 홀연 머리를 들고 두 팔뚝을 펴서 배를 감싸 안고 심하게 요동을 쳤다. 장차 침몰하게 된 위급한 즈음에 뱃사람이 급히 날카로운 도끼를 휘둘러 두 팔뚝을 끊으니 검은 물체는 아파하며 물속으로 들어갔다. 잠시 후 파도 사이에서 거품이 뿜어져 나오는데 전부 검은 액체였다. 잘려진 팔뚝을 보니 길이가 2장 5척이며 두께는 3촌이 못되었다. 비로소 검은 물체가 흑어임을 알았다.[37]

이 기사는 출처가 밝혀져 있지 않다. 표제어인 '흑어'는 한문에서 가물치나 오징어를 지칭하는데, 인용문의 내용으로 보아 고래 종류가 아닐까 싶다. 서술의 초점이 '흑어'의 생물학적 특성에 맞추어져 있는 것이 아니라 '뱃사람'의 행위에 맞추어져 있어 '본초학'의 범주를 벗어

---

37) 『해동이아』 권2. "黑魚:美國海口有人, 駕小舟捕魚, 瞥見一黑物. 甚巨, 浮於水面, 以爲舟, 遽逼近以鉤擔之, 黑物忽昂首, 舒二臂, 將舟抱攏, 極動勢. 將沈溺. 危迫間, 舟人急揮利斧, 斷其兩臂, 黑物負痛沒水而逝. 少頃, 波間漾出漚沫, 盡如黑汁, 視其斷臂, 長二丈五尺, 圍不過三寸許, 始知黑物爲黑魚也."

나 있다고 볼 수 있다.

이러한 점들을 놓고 볼 때, 동서양의 조수초목을 아우르려 했던『전구동식회』의 야심찬 기획이 실질적인 성과로 이어지지는 못하였음을 다시 한 번 확인하게 된다. 그럼에도 서양의 조수초목에 대한 정보를 가급적 많이 확보하려 했던 저자의 열정어린 고투는 마땅히 높게 평가받아야 할 것이다.

5. 맺음말

『해동이아』는 매우 독특한 책이긴 하지만 조선 후기의 박물학 전통을 자양분 삼아 세상에 나올 수 있었다. 조수초목만을 대상으로 했다는 점에서 정학유(丁學游)의『시명다식(詩名多識)』과 상통하는 부분이 많고, 저자의 견문과 관찰을 적극 활용했다는 점에서는 정약전의『현산어보』나 김려(金鑢)의『우해이어보(牛海異魚譜)』, 이옥(李鈺)의『백운필(白雲筆)』과 유사한 점이 많다. 또 방대한 서적을 참고했다는 점에서는 19세기를 대표하는 유서인『오주연문장전산고』나 조재삼(趙在三)의『송남잡지(松南雜識)』와 유사한 측면이 있다. 그리고 외국의 문헌에서 우리나라에 대해 기록한 정보에 깊은 관심을 기울였던 점에 있어서는 한치연(韓致奫)의『해동역사(海東繹史)』와도 성격이 유사하다. 그렇지만 조수초목만을 대상으로 한 유서 가운데『해동이아』만큼 분량이 많고 인용서목이 풍부하며 자신의 견해를 분명히 드러내어 서술한 책은 보이지 않는다는 점에서『해동이아』의 개성은 뚜렷하다.

더욱이『해동이아』를 바탕으로 전 지구의 조수초목에 대한 지식 정보를 모아『전구동식회』로 도약하고자 했던 야심찬 기획만큼은 비교 대상조차 찾기 어려울 만큼 독창적이다. 이 기획은 미완에 그치고 말았지만 이 점 때문에 박영교의 기획이 실패했다고 판정할 문제는 아니라고 본다. 애초에 이 기획은 한 사람이 감당할 수 없는 주제였다. 그러나 인류의 차원에서 본다면 언젠가는 이 과제를 수행해야 할 수밖에 없는 것이 아닐까? 그렇다면 저자 박영교에게는 미완에 대한 책임을 물을 것이 아니라, 문제제기에 대한 공로를 인정해주어야 마땅할 것이다.

현재 대학에서 교과서로 활용되고 있는 "동물분류학", "식물분류학" 관련 서적을 보면 전체 수백 페이지의 분량에서 한국의 전통적 동식물 분류에 대해서는 두세 페이지 정도만이 할애되어 있음을 볼 수 있다. 박영교가 19세기 중후반에 제기했던 문제의식을 이어받은 후속 연구가 참으로 빈약했음을 실감하게 되는데, 많이 늦은 감은 있지만 『해동이아』의 문제의식을 계승하는 작업이 앞으로 활발히 일어나기를 기대해 본다.

참고문헌

朴泳敎, 『海東爾雅』, 국립중앙도서관.
申錫禧, 『韋史詩稿』, 일본 京都大.
趙晃鎬, 『玉垂集』, 한국문집총간 속집125.
『譯語類解』, 국립중앙도서관.

황현 저·임형택 외 역, 『역주 매천야록 상』, 문학과지성사, 2005.
정약전 저·정명현 옮김, 『자산어보』, 서해문집, 2016.
정양완 외, 『朝鮮後期漢字語彙檢索辭典』(한국정신문화연구원), 1997.

고영근, 『민족어의 수호와 발전』, 제이엔씨, 2008.
김용태, 『19세기 조선 한시사의 탐색』, 돌베개, 2008.
박은숙, 『갑신정변 연구』, 역사비평사, 2005.

김선희, 「격물궁리지학, 격치지학, 격치학 그리고 과학」, 『개념과소통』 17,
　　　한림대학교, 2016.
김용태, 「金炳昱(1808~1885)의 글쓰기에 나타난 비판정신」, 『대동문화연
　　　구』 87, 성균관대 대동문화연구원, 2014.
김채식, 「李圭景의 『五洲衍文長箋散稿』 연구」, 성균관대 박사논문, 2008.
김철앙, 「최한기 편수 『신기천험』의 편집방법과 그의 『기』사상」, 『대동문화
　　　연구』 45, 성균관대 대동문화연구원, 2004.
안대회, 「李睟光의 『芝峰類說』과 조선 후기 名物考證學의 전통」, 『진단학
　　　보』 98, 진단학회, 2004.
양영옥, 「趙在三의 『松南雜識』 연구」, 성균관대 박사논문, 2016.
장유승, 「조선후기 물명서의 편찬동기와 분류체계」, 『한국고전연구』 30, 한
　　　국고전연구학회, 2014.
정영진, 「현상 단편소설 모집의 기원 『장학보』」, 『한국학연구』 42, 인하대
　　　한국학연구소, 2016.

조성산, 「조선후기 성호학파(星湖學派)의 고학(古學) 연구를 통한 본초학(本草學) 인식」, 『의사학』 24, 대한의사학회, 2015.

진재교, 「李朝 後期 箚記體 筆記 硏究:지식의 생성과 유통의 관점에서」, 『한국한문학연구』 39, 한국한문학회, 2007.

제 3 부

동아시아 고전학의
시각과 방법

청조 "문치(文治)" 정책의 재고찰[*]

- 清朝"文治"政策再研究 -

———

양니엔췬(楊念群)

1. 청조 "문치" 정책에 대한 연구의 흐름

청조의 '문치' 정책은 전대와 다른 점이 있었으니 이는 두 개의 커다란 역사적 요인에 의해 결정되었다. 그 첫째는 청조는 한족이 아닌 만주족이 세웠다는 점이다. 산해관을 넘어오기 전에 만주족은 그 문명 수준이 명조와 비교해 낙후되어 있었는데, 산해관을 넘어와 화하(華夏) 문화를 접하고 충격을 받아 마음속에 위축되고 불편한 감정이 생겨났다. 게다가 한족의 사(士)들도 걸핏하면 "이하(夷夏)의 구분"을 기치로 내걸며 오랑캐의 나라는 정통이 없다고 비판하였다. 따라서 청조의 제왕들은 한족 문명의 발달상을 부러워하면서 문교 정책을 실행할 때 항상 심한 열등감에 시달렸다. 그래서 종종 한족 사인(士人)의 일반적인 언행에 대해 과도하게 추궁하여 여러 차례 가혹한 탄압을 가했으니 결국 문화사업이 쇠퇴하고 암담해지는 결과를 초래하였다. 두 번째 요인은 강희제가 즉위하고부터 팔기(八旗)의 귀족이 역할을 나누어 정치를 담당하던 방식에서 차츰 벗어나 권력을 황제 자신에게 고도로 집중시켰다는 점이다. 이로 인해 황제가 언제나 자신의 '사적 의도'를 가지고 문치 정책의 최종 방향을 결정하게 되었고, 황제의 잘못된 행위를 제어할 수 있는 외부 역량은 갈수록 약화되었다. 심리적 열등감이 초래한 과민한 불안감은 자연스럽게 청조의 제왕들이 학문에 분발하도록 하였으니 급히 따라잡으려는 절박한 마음과 가혹하게 탄압하려는 마음은 서로 긴밀히 연결되어 있었다. 게다가 청

---

* 　이 논문은 『河北學刊』 第39卷 第5期(河北省社會科學院, 2019)에 실린 「淸朝"文治"政策再研究」를 저자의 허락을 얻어 한국어로 번역한 것이다. 번역하는 과정에 역자가 논문의 일부를 수정하였기에 한국어 논문과 원문은 다소 차이가 있음을 밝혀둔다.

조의 황제라는 특별한 지위는 그들의 복잡한 개인의 심리가 너무도 손쉽게 구체적인 제도 시행에 커다란 영향을 끼칠 수 있게 하였다. 따라서, 청조의 문치 정책을 논할 때는 중원에 진출한 이민족 정권이 지녔던 위의 두 가지 특징을 충분히 고려해야 한다.

청조가 문치 정책을 실시할 때 우선적으로 직면한 문제는 만주인의 부족한 문화 교양을 경멸하고 무시하는 명나라 사인에 대한 대응이었다. 이는 보다 수준 높은 문명공동체에 통합된 이민족이 열등감을 극복하는 데 필요한 첫걸음이었다. 만주인은 표면적으로는 중원의 대통을 계승한 뒤 점진적으로 명나라의 옛 정치 제도를 모방하여 백성들의 삶을 안정시키는 정책을 장려함으로써 경제가 회복되는 조짐을 보였다. 하지만 앞으로도 장구하게 명나라의 정통성을 계승해 나갈 능력이 있음을 부단히 증명해야 했다. 그래서 청나라 황제는 한족 사인 집단을 이해시켜야 했을 뿐만 아니라, 스스로 자신감을 갖도록 자신을 납득시키는 것이 더욱 필요했다. 중화민국 초기 학계에서 유행했던 학설에 따르면, 명나라 유민들의 복명(復明) 운동을 극히 우려하는 심리에서 나온 청조의 문치정책은 고의로 여러 차례 문자옥을 일으켜 사대부의 기백을 꺾고 점차 학풍의 변화를 유도하였다고 보는데, 그러한 시각은 만주인이 한족의 문화를 흡수하는 과정에서 생겨난 한족의 두려움에서 출발한 것이다. 이와 관련하여 가장 잘 알려진 예는 량치차오(梁啓超)의 '억압설'이다. 간단히 말해 억압설은 한족 학자가 청 황제의 문치정책에 위협을 느껴 세상에 나아가 개혁을 꾀하는 '경세(經世)' 지향을 버리고, 점차 무미건조하고 엄밀한 고거학(考據學)으로 앞다투어 변화해갔다는 것이다.

량치차오의 『청대학술개론(淸代學術槪論)』에 나오는 다음과 같은 서술이 이 인식을 대표한다고 말할 수 있다. "나는 평소 이렇게 말했다.

명말 청초에 '경세학파'가 번창했던 것은 여러 큰 학자들의 뜻이 위기에 빠진 나라를 구함에 있었기 때문이다. 그런데 그 학자들이 끝내 청 왕조에 등용되지 못하고 또한 크게 의심까지 받게 되었다. 이후 문자옥이 빈번하게 일어나자 학자들은 차츰 자신을 지키지 못할까 두려워하여 시휘(時諱)에 저촉되는 모든 학술을 감히 강습하지 못하였다. 그러나 뛰어난 선비들이 자신의 총명과 재능을 끝끝내 내버려 둘 수는 없었고, 결국 훈고에 힘쓰고 명물을 궁구하며 이른바 '세상에 대해 근심하지 않고 남과 다투지 않는다'라는 태도를 취하며 스스로 숨어버렸다."[1] 그리고 『논중국학술사상변천지대세(論中國學術思想變遷之大勢)』에서 량치차오는 다음과 같은 인식을 보였다. 고거학파의 방법론은 연역법에서 귀납법으로 나아가 어느 정도 과학 정신을 갖추었다는 의의가 있었지만, 그들이 문헌을 연구하고 수집하는 길로 유도되었던 것은 바로 '군주의 조종' 때문이라는 것이다. "학자들이 정전제와 봉건제를 논함으로써 세상을 경륜하던 선왕의 뜻에 조금이라도 가까이 가게 되면 왕왕 예상치 못한 견책을 받게 되고, 이에 느낀 바를 술회하거나 우연히 시문으로 표출하면 마침내 문망(文網)에 걸리는 일이 잇따라 일어났다. 또한 강학과 결사를 엄격히 금지하여 만명(晚明)의 유풍과 여운이 종적을 감추어 다시 나타날 수 없었다. 학자의 일거수일투족이 걸핏하면 가시밭길을 만나게 되니 재능과 지혜를 가졌더라도 다시는 펼 수 없어 이에 경전을 풀이하는 일에 내몰리고 말았다."[2]

량치차오는 청조의 강희, 옹정, 건륭 삼대의 학계를 정주(程朱)를 중심으로 하는 '관학(官學)'과 민간에서 고거(考據)를 중심으로 하는 '사학

---

1)　　梁啓超, 『淸代學術槪論』, 上海: 商務印書館, 1930, p.30.

2)　　梁啓超, 『論中國學術思想變遷之大勢』, 上海: 上海古籍出版社, 2001, p.119.

(私學)'의 대립으로 파악하였으며, 민간 '사학'은 절강성이 중심이라고 하였다. 그렇다면 과연 청대 고거학은 제왕이 여러 차례 일으켰던 문자옥에 의해 핍박받고 좌절되어 생겨난 민간의 독자적 학술로 보아야 하는가? 또는 그저 제왕의 의지에 따라 유도된 관학의 변종이라고 보아야 하는가? 이 문제에 대해 그동안 논의가 끊이지 않았다. 량치차오는 『사고전서(四庫全書)』를 편찬한 "사고관(四庫館)"이 바로 한학파의 본거지이며 『사고제요(四庫提要)』는 한학 사상의 결정체라고 보았다. 그는 "강희 중엽 이래 이어졌던 한송(漢宋) 논쟁은 사고관의 설치에 이르러 한학파의 완전한 승리로 귀결되었으니, 조정에서 이끈 학풍이 민간에서 자연 발생한 학풍을 압도했다고 말할 수 있다."라고 하였다.[3]

'관학'이 '사학'을 억압하고 수정하여 이끌었다는 량치차오의 '억압설'은 후대 학술계에 큰 영향을 끼쳤다. 그러나 순전히 민간학파였던 고거학이 나중에는 기층에서부터 굴기하여 최종적으로 정주학 중심의 관학을 압도했다는 그의 견해는 후학의 비판을 받았다.

오늘날 연구자인 장타오(張濤)는 청대의 건륭제가 '경학(經學)'을 선양했다고 하는 것은 단지 피상적 이해에 불과할 뿐이니, 결코 '경학'과 '이학(理學)'을 일부러 대립시킨 것이 아니라고 보았다. 이때의 '경학'은 곧 이학이다. 그러나 이는 의리를 공리공담 하는 이학이 아니라 경전과 역사서를 연구하는 송학 또는 경학과 같은 의미의 이학이니, 이는 건륭제의 입장에서는 실로 하나였으며 "옛날 성현의 학문일 뿐"이었다. 오늘날 사람들이 학문의 범주를 담론할 때 구분하는 의미와는 다르다. 제왕은 높디높은 곳에 있으니 어떻게 민간 학술의 미약한

3) 梁啓超, 『中國近三百年學術史』, 上海: 上海古籍出版社, 2014, p.21.

자취를 그때그때 환히 살필 수 있겠는가. 그러므로 청 건륭제 초년에 조정에서 경학을 중시했던 조처를 한송 논쟁의 시각에서 살피는 것은 부적절하다는 것이다.[4]

장하이쥔(姜海軍)은 청조 건륭제 시기 어용화된 이학은 나날이 고착화되고 강남의 고거학은 나날이 성행했다고 보았다. 남과 북 사이 경학, 유학의 차이와 분화를 줄이기 위해 청나라 조정에서는 시급히 사상을 정돈하여 중앙 왕조의 권위를 다시 세울 필요가 있었다. 이를 위해 건륭제는 칙명을 내려『사고전서』를 편찬토록 하였다. 이것을 통해 남북과 조야의 사상 차이를 통합하고 경학을 핵심으로 하는 학술 체계 곧 '청학'을 새롭게 세움으로써 전국 특히 강남지역에 대한 효율적인 통제를 실현하고자 하였다.『사고전서』편찬이 완성되고 전국에 반포됨에 따라 청학은 당시의 보편적인 학술 경향이 되었고, 또 강남 사대부들이 청나라 조정에 대해 문화적으로 가깝게 느끼게 되는 효과도 얻었다. 이러한 견해는 량치차오와 다른 점이 있다. 량치차오는 강남의 한학이 중앙 관학과는 대립적인 민간학파에 전적으로 속한다고 보았다. 그러나 쟝하이쥔은『사고전서』의 편찬이 결코 민간학파의 승리가 아니라 정부의 학술적 권위가 전국을 통합하고 통제한 결과이니, 최종적으로는 관학과 사학, 남과 북의 사상 그리고 조정과 민간 유자 사이의 거대한 간극이 극복됐으며, 실제로 이 이후 강남의 한학은 청대 관학 체계에 통합되어 학술의 주류가 되었다고 보았다.

청조는『사고전서』편찬을 기회로 지식 자원을 재정리하고, 여세를 몰아 강남의 사상 문화를 정돈하여 새로운 가치체계와 학술 경향

---

4) 張濤,『乾隆三禮館史論』, 上海: 上海人民出版社, 2015, p.284.

을 재건하였다. 이로써 중앙과 지방 유자 계층에 완전히 새로운 학술 사상 발전 모델을 확립하고, 청조 정권에 대한 강남 사대부들의 문화적 동질성을 규범화했다. 『사고전서』 편찬은 청조 초기 이래 정부의 이학과 지방의 경학이 함께 발전한 필연적 결과이며, 더욱이 청대 중기의 사상과 문화가 정치와 통합된 필연적 산물로서 남북과 조야 사상의 기본적인 통합을 최대한도로 실현하였다. 그러므로 이는 국가의 문화 프로젝트일 뿐만 아니라 청나라 조정이 강남지역을 통제한 국가적 정치 행위이기도 하다. 청학은 한학과 송학의 두 학술 경향을 통합하였고, 양자의 결합체이므로 청학의 출현은 일정 정도 청조 사상 문화의 대통일이 실현된 것으로 볼 수 있다.[5]

청조의 일부 구체적인 문화정책에만 관심을 기울였던 일부 연구와는 달리 총체적 관점에서 청조의 문화정책을 탐구한 연구로는 현재까지 예까오슈(葉高樹)의 저서가 가장 상세하다. 예까오슈의 저서 『청조전기적문화정책(淸朝前期的文化政策)』의 서문을 쓴 왕지아지엔(王家儉)은 예까오슈의 연구가 정치 문화의 방법론이라고 개괄하며, 사회윤리, 학술사상, 정치체제, 종교신앙 그리고 통치자의 세계관 및 통치이념까지 모두 포괄한다고 하였다. 예까오슈의 연구는 '정복 정권'과 '중원 정권'의 이중성을 파악하는 관점으로 접근하여 거대한 역사적 안목에서 '통치 의식', '한적의 만주어 번역', '관찬 사서', '사상통제', '각종 서적의 편수' 및 '만주어와 팔기제도' 등 6대 주제를 다루었고 청조 전기의 장기적 문화정책에 대해 총체적 시각으로 살펴보았다.

예까오슈는 무엇이 "문화정책"인가 하는 문제에 대해 하나의 정의

---

5) 姜海軍, 「淸中期南北學術的分立, 一統與『四庫全書』的編纂」, 『史學史研究』, 2016(2).

를 내렸다. 비록 동서고금에 있어 '무엇이 문화인가'에 대해서는 다양한 설이 분분하여 하나로 절충하기 어렵지만, 어떤 각도에서 판단하더라도 이른바 '문화'에 대한 최소한의 합의점은 대체로 생활방식에서의 공통인식을 바탕으로 하여 행위의 준칙을 세우는 것을 목표로 하며, 그것에 의거하여 집단적으로 형성되는 구체적 가치관이라는 점에서 벗어나지는 않는다고 했다. 통치자가 전제 권력을 통해 국가의 요구에 부합하는 집체적 가치관을 만들려고 시도하거나, 집체적 가치관으로 이끌어 가기 위한 다양한 조치를 해나갈 때 이른바 '문화정책'을 구성하게 된다. 청조의 관방 문헌 가운데 명확히 '문화정책'이라는 말은 나오지 않지만 '문교(文敎)', '교화(敎化)'는 많이 나타난다. 중원에 들어와 주인이 된 이후 만주족 통치자는 '한문화(漢文化)'를 대청제국의 주류가치로 선택했지만, 동시에 자기 민족의 문화가 쇠퇴하지 않고 유지될 수 있도록 했다. 문화정책 수립의 배후에 있는 통치자의 의도를 살펴보면, 이는 만주 정권이 오랜 기간 부단히 주변 민족과 문화교류를 통해 형성하였던, 만주를 중심으로 하는 다원 문화의 특징과 연관이 있다. 그러므로 청조의 문화정책을 탐구하기 위해서는 반드시 민족 관계나 민족 정책을 아울러 살펴보아야 비로소 문제의 본질을 규명함에 보탬이 있을 것이다.[6]

---

6) 葉高樹, 『淸朝前期的文化政策』, 稻鄕出版社, 2002, p.2 참고. 까오샹(高翔)이 이미 지적하였듯이 청조의 문화정책을 개괄함에 있어 비교적 온당한 설명 방법은 '문치'이다. '문치'는 중국 정치에서 늘 써왔던 말로, 정부가 사회의 정신생활을 건설하고 인도함을 가리키는데, 구체적으로는 문화교육의 발전과 전장제도의 정리를 말한다. 정부가 얼마나 유가학설을 계승하고 선양하였는가, 보통의 신민들이 얼마나 유가의 강상윤리를 받아들이고 따랐는가 하는 점이 전통 사대부들이 한 시대의 문치상황을 판단하는 중요한 척도였다. 그리고 문치의 내용은 사상통제를 핵심으로 하는 문화 건설이었다. 高翔, 『近代的初曙』, 社會科學文獻出版社, 2000, pp.53~54 참조.

이 책에서 말하는 청조의 문화정책은 다음과 같은 내용을 포괄한다. 민족 간의 관계와 문화의 상호작용을 중심으로 하는 통치 의식, '한문화'에 대한 이해를 목적으로 삼는 번역 사업, 신민의 교화를 목적으로 하는 관찬사서 편찬, 학술 정통을 확립하고 종교 신앙을 감독하며 정치와 언론의 제한을 수단으로 삼는 사상 및 언론 통제, 다양한 서적의 편찬을 방법으로 하는 문화 통제, 민족문화 수호를 사명으로 삼는 "만주어와 팔기제도" 유지 정책 등이 그것이다. 예까오슈는 '구조기능분석[structural functional analysis]' 관점을 활용하여, 문화정책을 제국 체계의 안정과 조화를 추구하는 수단으로 보고, 각각의 정책은 기능적으로 서로 연관되어 있다는 특징이 있으며, 또 제국의 지속에 도움을 주었다고 보았다. 그 목적은 민족 간의 관계 이론을 기반으로 하여 '민족문화의 생존 공간'과 '여러 민족문화의 재건 추세', 두 개의 큰 맥락에서 청조 전기 문화정책의 형성과 발전을 관찰하고 다시 만주족 군주가 제국을 통치하는 책략으로 확대하는 것이었다.

연구 방법의 측면에서 오랫동안 사학계에서는 만주족 군주의 중국 통치를 어떻게 볼 것인가에 대해 토론해 왔는데, 기본적으로 '정복왕조[dynastics of conquest]' 이론과 '한화(漢化)'의 관점으로 크게 나누어 개괄할 수 있다. '정복왕조' 이론은 정복자로서의 자의식을 부각하고, '한화'의 관점은 이민족 통치하에서 갖는 한문화의 가치를 드러내는 것으로, 이 두 관점은 각각 중시하는 바가 있고 일정한 논리가 있기 때문에 이 문제를 양 측면에서 살펴볼 수 있다. 이민족으로서 중국을 통치하는 만주족의 관점에서 말하자면, 자신의 민족적 특색을 유지하는 것과 한문화를 배우고 받아들이는 것은 아무런 모순점이 없었으니, 정책의 주도권이 항상 통치자의 손에 있었기 때문이다. 그러므로 청나라의 통치 정책은 사실 이민족의 의식을 가진 '정복 정권'의 특징과 한문화를 수용해 나간다는 측면을 모두 지니고 있었다.

청조 전기 역사 발전의 추이를 세밀하게 관찰하면, 시간이 지날수록 "중원 정권"으로서의 특징이 점점 더 뚜렷해지는 듯하지만, 청조 통치 정책의 운용을 살펴보면 처음부터 끝까지 "정복 정권"으로서의 특징이 감소하지 않았다. 만주족 통치자는 특히 역사적 경험에서 배우는 교훈을 중시하여, 한편으로는 요, 금, 원 삼조의 정복 역사에서 중원 통치에 관한 여러 사례를 찾고, 또 한편으로는 한족 왕조의 역사 전통에서 장기간 나라를 안정적으로 지배했던 방법을 탐색하였다. 이러한 양자 간의 상호작용을 통해 이루어진 청조의 통치 의식은 일방통행적으로 사안을 바라보는 '한화(漢化)'의 관점이나, 이민족과 한족의 병립을 중시하는 "정복 왕조"의 이론으로는 온전히 설명할 수 없다. "정복 왕조" 정권과 "중원 정권"이라는 두 가지 큰 특징이 결합되어 양자가 동시에 존재하고 동시에 드러나고 있어, 실제 필요에 따라 수시로 정책 운용을 조정하였다고 보아야 한다. 이러한 관점에서 몇몇 구체적 정책의 입안 및 집행을 조사해 보면 청조 전기 문화정책의 연구에 있어 또 다른 새로운 해석을 할 수 있을 것이다.[7]

예까오슈는 특히 청조의 종교정책을 들어 분석하였는데 그의 관점은 이러하다. 통치자가 정권의 안정을 도모하기 위해 종교정책을 세우는 과정에서 통치자 개인의 호오를 분명히 드러낼 수는 없다. 이는 불필요한 분쟁을 유발하지 않기 위해서인데, 만주족 군주들은 이러한 균형점을 충분히 파악하고 있었다. 만주 정권이 건립한 통치의 기반은 바로 몽골족과의 연맹에 기초하였으며, 동시에 신장과 서장(西藏,

---

7)   葉高樹(2002), 위의 책, p.14.

티베트) 지역의 다원적 종교 신앙을 포용하고 도와주는 태도를 채택함에 있었다. 그리고 이를 통해 청나라 내부의 각 종족이 청조의 통치에 대하여 구심력을 갖도록 하였다. 그 종교정책 제정의 기본 바탕은 중원정권의 특징으로 대변되는 숭유중도(崇儒重道, 유학을 존숭하고 도를 중시한다)의 정통 관념 위에 건립되어 이에 저촉되는 언행은 모두 좌도이단(左道異端, 그릇된 도와 이단)으로 배척되었으며, 결국 출사숭정(黜邪崇正, 사악함을 내치고 올바름을 숭상한다)의 정책 방침이 형성되었다. 강희제, 옹정제, 건륭제 세 황제는 여러 종교에 대해 각각 다른 통치 태도를 취하였다. 불교와 도교에 대해서는 존숭하면서도 제한하는 방법을 주로 썼고, 민간의 비밀종교는 박해와 금지를 우선하였다. 라마교는 회유하며 이용하는 것을 요점으로 하였다. 회교는 관용하면서도 억제함을 염두에 두었다. 천주교는 배척도 장려도 하지 않았는데 다만 총독과 순무가 여러 번 엄한 조사를 요청함으로서 중앙과 지방의 통치 태도상의 차이가 드러났다. "출사숭정"이라는 기본 원칙 이외에 청나라 강희제는 "인속의민(因俗宜民, 풍속에 따라 백성에게 마땅히 한다)"과 "각행기도(各行其道, 각자에게 적합한 도를 행한다)"라는 방침을 취하였다. 건륭제는 "그 정사를 닦되 풍속을 바꾸지 않으며, 그 정사를 가지런히 하되 각자에게 마땅한 것을 바꾸지 않는다[修其政不易其俗, 齊其政不易其宜.]"는 점을 강조하였으니, 또한 그 지역에 따라 알맞게 한다는 특색이 있었다. 이는 청나라 전기 문화정책의 융통성과 실무의 일면을 보여준다.

청나라 초기에 문자를 탄압하는 사건이 빈발하고 이에 대하여 청나라 황제가 취했던 처리 방법을 살펴보면, 표면적으로는 중앙 정부가 언론을 통제하는 수단으로 보이지만 그 배후에는 한층 더 심각한 의미가 있었으니, 그것은 바로 신민의 문화 활동 범위를 제한하는 것이었다. 특히 주목할 것은 청나라 조정이 언론을 통제했던 조치는 그 대응이 매우 기민하고 수법도 매우 잔혹했지만, 이러한 가혹한 정치는 "정복 정권"이 "중원 정권"의 전통적 통치기술을 계승한 것이며 한편으로는 그것을 더욱 부정적으로 발전시켜 마침내 공포 통치의 분위기를 형성한 것이었다. 만주족 군주는 정권을 지키려는 위기의식이 강했기 때문에, '문자옥' 사건의 발생 빈도, 사건의 연루 범위, 처벌의 정도가 매우 엄중했다. 문자옥은 역대 왕조가 활용한 전통적 통치술의 발현이었고, 신료들이 서로 배척하는 계략이었으며, 심지어는 일반 백성들이 원망을 품고 복수하는 수단으로 전락하기도 하였다.

예까오슈는 청 전기의 징서(徵書, 서적 수집-역자), 금서(禁書), 편서(編書) 세 가지 정책의 변화과정을 고찰하였다. 만주족 군주가 주도한 서적 정책이 수행했던 역할을 말하자면, 또한 다면적 특징을 드러내고 있었다. 서적을 수집할 때는 문화의 보호자였고, 서적을 금지할 때는 문화의 통제자였으며, 서적을 편찬할 때는 문화의 찬조자였다. "문치"를 추구하기 위해서 그들은 보호자와 찬조자로 자처하여 "은혜"를 보이고자 했고, 정권의 공고화를 도모하기 위해서는 통제자의 모습을 드러내어 "위엄"을 드러냈다. 그리고 매우 기민하게 역할 전환을 함으로써 문화 통제의 목적을 달성하였다.[8]

청조 건륭제가 실시한 문화정책 가운데 각종 대형 유서의 편찬은 중요한 의미를 지녔으니, 예를 들어 『사고전서』를 편찬한 수단은 '우금우징(寓禁于徵)'이었다. 즉 서적 수집이라는 명목으로 청조에 유해한 서적을 선별하여 깨끗이 제거하려고 하였다. 여기에는 물론 고서를

---

8)   葉高樹(2002), 위의 책, p.325.

보존한 공로가 있지만, 선별 기준을 정할 때 '윗사람'의 뜻에 부합하고자 하여, 만주인이 산해관으로 들어오기 이전의 역사 사적이나 송명 이래 '화이지변(華夷之辨)'에 관련한 내용에 대해서는 모두 가혹한 처리 방식을 취했다. 그러므로 후대의 적지 않은 학자들은 청 왕조가 문헌을 훼손하고 멸실한 죄가 문화적 역량을 축적한 공로보다 크다고 단언하였다. 예를 들어 어떤 논자는 "숨어 있던 고서들이 이 정책에 의해 다시 드러났지만, 명나라 사람의 저술 가운데 조금이라도 저촉되는 내용이 있는 것은 또한 이 정책으로 인해 멸실되었다. 건륭제는 문헌을 보존했다는 점에서 공적이 없지 않지만, 문화를 훼손한 죄 또한 진실로 면하기 어렵다."라고 하였다.[9]

청나라 건륭제의 금서 조치는 책판을 파기하고 책을 태우도록 했을 뿐만 아니라 개인이 소장하거나 널리 유통되는 통로도 금지하고자 했는데 그 효과는 분명했다고 말할 수 있다. 그러나 일부 사람들은 이에 의문을 제기했다. 예를 들어 부정민(卜正民, 티머시 브룩 - 역자)은 인쇄 문화의 관점에서 명청 왕조가 국가적으로 도서를 검사하고 도서를 거래했던 것의 효과를 재평가하였다. 그리고 청나라 초기에는 도서 인쇄 산업이 발달하고 도서 거래 시장이 방대하였기에 황제가 금지 도서의 수집이나 유통 및 확산을 완전히 통제하거나 제거하기 어려웠다는 점을 상기시켰다. 이러한 관점에서 보면 청나라 황제는 책을 금지할 때, 영국 군주가 전국적인 출판상인 연합체와 협력하였던 것과 같은 제도적 이점을 갖지 못했다. 다만 관료적 조직에만 의존하였는데 책을 금지하는 일에 있어서 관료제는 비효율적이었다. 이는 관료제가 텍스

---

9)　郭伯恭,『四庫全書纂修考』, 國立北平研究院史學研究會, 1937, p.5.

트 검열에 적합한 조직이 아님을 설명하고 있다. 따라서 상업 네트워크에서 대량으로 인쇄되거나 복제되어 널리 유포된 다량의 금지 도서에 대하여 "문자옥"이라는 특수한 정치 운동은 그다지 심각한 타격을 주지 않았다. 도서 인쇄 산업은 변함없이 특유의 방식으로 역사에 영향을 미쳤으나 황제는 이를 두려워하면서도 이러한 상황을 바꿀 수는 없었다. 이것은 명청 왕조의 황제나 관리들이 수행했던 이른바 서적 검사라는 행위가 현대적 의미에서 국가적으로 서적을 검열하는 것과 같은 체제는 아니었음을 보여준다.[10]

빠르게 시장화되는 경제 체제에서 국가가 도서 거래를 통제할 수단이 없다는 진정한 어려움이 드러났다. 개인 장서를 몰수하고 소각한다고 해서 근본적으로 문제가 해결되지는 않았다. 서적의 유통과 전파를 금지하는 유일한 방법은 출판 및 발행 과정에 개입하는 것이었다. 그런데 명나라의 국가기구에는 그러한 임무를 수행할 기능이 없었다. 청나라 건륭제가 흔히 '문자옥'으로 알려진 검열 수단을 사용하게 되었을 때, 도서 거래의 전체 규모가 국가의 시야에 온전히 포착되었지만, 그것 또한 국가가 완전히 통제할 수 없었다는 점이 나중에 입증되었다.[11]

부정민의 견해에 따르면, '문자옥'이라는 이데올로기적 금기의 관점에서만 볼 것이 아니라, 18세기 중국의 도서 검열은 책의 생산 기술과 정부의 감독 능력과의 관계에서도 살펴봐야 한다고 한다. 청나라 건륭제는 책판까지 찾아내어 파괴하지 않는 한 금서 조치는 실현될 수 없다는 것을 깨달았다. 이를 위해 그는 여러 차례 책판을 수거

---

10) 正民, 「明淸時期的國家圖書檢查與圖書貿易」, 『史林』, 2003(3).

11) 卜正民(2003), 위의 논문.

해 폐기하도록 지시했고, 원판뿐 아니라 다른 성에 흩어져 있을 수도 있는 중각판(重刻版)에 대해서도 염두에 두라고 신하들에게 늘 경계했다. 이러한 판각이 작가나 후손의 집에 있을 수도 있고, 제자나 따르는 무리의 수중에 있을 수도 있고, 책 장사에게 있을 수도 있었다.

그런데 청나라 건륭제에게는 16, 17세기 영국 군주들이 불온한 작품을 단속할 때 활용했던 편리한 수단, 즉 조직적인 출판사 연합체가 없었다. 1556년 메리 여왕은 런던의 서적 거래에 관여하는 거의 모든 사람이 반드시 가입해야 하는 서적 거래 회사 설립에 동의하였다. 또한 왕실의 이익을 위해 면허 제도를 제정하였고, 불법과 이단의 도서 금지를 책임지는 인원도 임명하였다. 이 회사로부터 사전 허가를 받지 않은 책이 출판되면 반드시 견책을 받았다. 그렇지만 이 시기 중국에는 이러한 조직이나 기구가 없었다. 또 분점을 경영하는 인쇄상이라 하더라도 그들의 권한은 해당 지역에 제한되어 있었고 분점에 상당한 독립적 경영권을 부여하였다. 중국 상인에게 동업 조합 같은 조직은 있었지만 이러한 조직은 기껏해야 같은 도시에서 같은 업종에 종사하는 성원을 포괄할 뿐이었으며 때로는 그 구성원도 동향 출신으로 제한되어 있었다.

건륭제가 출판계를 움직일 수 있는 유일한 수단은 관료 조직 체계였다. 그래서 관원에게 불온서적을 찾아내고 또 그것을 수도로 운송하는 중책이 부여되었는데, 만약 그들이 윗사람의 마음을 만족시키지 못하면 처벌을 받았다. 이러한 까닭으로, "문자옥"의 피해자 중에는 태만하다는 이유로 처벌받은 관원이 반역적이라고 지목된 학자보다 왕왕 많았으니 문자옥의 재앙은 불온서적을 판별하는 책임자에게 떨어지고 말았다. 이러한 점은 관료기구가 문자 검열을 진행하기에 효율적이지 못한 조직이었다는 것을 설명해 준다. 그러므로 도서 거래의 측면에 조금 더 비중을 두어 당시의 문자 검열을 살펴보아야 하니, 만주족 통치자의 사상통제나 정치의 합법성에 대한 건륭제의 과도한 집착에서만 원인을 찾아서는 안 된다는 것이다.

현대적 감독 방식과 제도가 결여되었으므로, 청조의 국가기구는 다만 끝없이 관리를 종용하여 이른바 금지 도서를 판별하고 몰수토록 할 수밖에 없었다. 이것을 서적의 입장에서는 아직 출판되지 않은 원고가 하루아침에 문자 검열이라는 호랑이 입으로 사라지고 마는 것이었으므로 그 서적 자체나 작자에게 모두 치명적인 불행이었다. 그러나 이미 18세기 중국 상업 네트워크 속에서 대량으로 인쇄되고 혹은 재인쇄되어 광범위하게 전파되었던 이른바 금지 도서 전체의 입장에서 보자면 이러한 특수한 정치 운동은 결코 결정적 타격을 주지 못했다. 도서 인쇄업은 계속해서 그 특유의 방식으로 역사에 작용하였고, 건륭제는 이를 두려워했지만 이것을 바꿀 힘은 없었다.[12]

이러한 부정민의 관점은 인쇄업과 출판의 역사를 중시하는 새로운 문화사 연구 경향을 대표한다. 다만 도서 상업 시장의 발달이 정부의 금서 조치를 제한하였다는 점을 과도하게 강조하였다. 그래서 건륭제의 의지가 관료 일반에 유효한 통제력을 지니고 있었다는 점을 간과하였고, 또 불온 도서의 조사와 금지가 사대부 계층에 가한 심리적 억압의 엄중했던 수준을 과소평가하였기에 편의적인 연구라는 혐의를 면할 수 없다.

---

12)   卜正民(2003), 위의 논문.

2. "도학적 정통성"-"정치적 정통성"의 싸움: 황제와 사대부의 심리전

청의 "문화정책" 혹은 "문치" 정책의 출발점은 크게 다음 두 가지를 내포하고 있다. 하나는 한족의 문화 경험을 속히 흡수하여 발전된 문명의 주류와 하나가 되는 것이고, 또 하나는 최대한 만주인의 전통 문화유산을 보전하여 중원의 문화에 완전히 동화되어 원초적 진취성을 잃어버리지 않도록 하는 것이었다. 이 둘은 사실 동전의 양면과 같은 관계로 충돌과 긴장을 내포한다. 한족의 문명은 유가 문화를 기조로 하여 예로부터 도(道)와 정(政)의 분리를 강구해 왔으니, 유가 엘리트들은 "도학적 정통성[道統]"을 담당하여 여러 백성을 교화한다는 위엄과 명망이 있었고, 황권(皇權)은 "정치적 정통성[政統]"을 가진 행정 통치의 영수였다. 송대 이후 유가는 "격군심(格君心, 군주의 마음을 바로잡음)"이라는 책임을 스스로 부여하여, 군왕의 도덕의식을 높임으로써 "스승[師]"이라는 존경받는 지위를 획득하였다. 이를 통해 황제라는 지존의 원점에서 출발하여 일반 민중에게 미치게 되는 연관되고 확산하는 통치 질서를 형성하고자 하였다. 그러나 송대 유가의 이러한 기획은 대부분 그저 이상으로 머물렀으니, "정치적 정통성"의 중요성과 통제력은 "도학적 정통성"보다 훨씬 컸다. 그러나 적어도 형식적으로는 '정(政)'과 '도(道)'를 나누어 다스린다는 구도는 여전히 송명 왕조의 통치 기반이었다. 청 이래로 매우 큰 상황의 변화가 생겨, 강희제부터 건륭제까지 모두 "정치적 정통성"과 "도학적 정통성"을 아우르는 데 힘썼고, '문치'의 질서도 함께 바뀌어 위로는 군신 관계를, 아래로는 기층의 문교를 포괄하였다. 이러한 점으로 인해 "도학적 정통성"과 "정치적 정통성"의 관계 변화는 늘 학계의 관심사 중 하나였다.

황진씽(黃進興)은 청초 황제들이 도학적 정통성과 정치적 정통성의 합일을 이루었던 과정에 대해 세밀하게 정리했다. 그의 문제의식은 대체로 위잉스(余英時)가 『고대 지식층의 흥기와 발전[古代知識階層的興起與發展]』에서 전개하였던 사유에 기반하여 확대한 것이었으니, 고대 "사인"은 도학적 정통성을 자임하였는데 송대에 이르러서는 "도학적 정통성"에 의거하여 "정치적 정통성"에 대항했던 자세, 이른바 "도"로써 "권세"에 항거한다는 명분까지도 얻어 스스로 우월한 도덕적 지위를 확보하였다고 강조하였다. 사인의 사상적 역량에 대한 강조는 자연스럽게 당송 이후 유가가 구성하였던 "도학적 정통성"의 계보와 관련이 있다. 유가의 초기 전통은 줄곧 공자가 "소왕(素王)" 신분이었다는 점을 부각하여 제왕의 지위를 가진 "정치적 정통성"의 계보와 이원 병립하는 구도를 견지하였다. 삼대(三代)에는 "다스림과 가르침이 일치[治敎合一]"하였다가 춘추전국 시기에 "예악(禮樂)이 붕괴"하였는데, 공자와 맹자는 민간의 스승 신분으로 옛 예악을 지키고 보존하여 서민층에 전파하였다. 공자는 지위가 없어 "정치적 정통성"과 분리되었기에 이러한 대립적이면서도 상호 보완적인 이원 구조는 줄곧 '사계층'이 왕권을 견제하는 역할을 맡는 토대가 되었다. "도덕[德]"과 "지위[位]"는 양립하기 어려워서 부득이 분업하고 협력하는 전술을 택할 수밖에 없었으니, 황권은 백성을 다스리는 수단을 장악하고, 사계층은 교화의 책임을 담당하게 되었다. 지배층은 변함없이 "치교합일(治敎合一)"이었으나 실제로는 제왕과 사인이 각각의 직책을 담당하여 함께 통치했던 것이다.

"통치[政刑]"와 "교화[禮樂]"를 구분하는 전통은 청조 이전까지 계속되었다. 청 강희제, 옹정제, 건륭제 세 황제는 고심하여 "성군"의 이미지를 만들었는데, "정치적 정통성"과 "도학적 정통성"이 결합된 정치

이념은 드러나지 않게 이 두 가지 요인을 "황권"의 통제 아래로 모이게 하였다. 청조 황제는 "정치적 정통성"을 지닌 존재일 뿐만 아니라 또한 "도학적 정통성"의 수호신으로도 변모하였다. 그런 까닭에 청조 황제는 문화와 사상의 전통에 주도적으로 개입하여 "황권"을 "정치"와 "문화" 운영의 핵심으로 만들어, 통치자가 마침내 두 가지 전통의 최종적 권위를 획득하게 되었다.[13] 강희제 이전에 전제 정권의 발전은 주로 제도적인 측면을 마음대로 좌우함으로써 독재 정치 권력의 목적을 달성하였다. 그러나 전제 권력의 완벽한 완성을 위해서는 반드시 "도학적 정통성"을 상징하는 문화 역량마저 가져와 제왕의 "치도합일" 아래에 두어야 했다. 선진 이래로 도를 자임했던 "사" 혹은 송명 유학에서 활약했던 "도학적 정통성"의 계승자라는 관념은 정치권위를 비판하는 역할을 돌연 잃고 말았다.

다른 측면에서 보면 청나라 초기 제왕들의 유교에 대한 태도에는 차이점이 있었다. 전체적으로 말하자면 그들이 유교 이념을 채택했던 것과 사계층과 서로 주고받았던 표현은 모두 정치 전략에 속하기 때문에 그것만 가지고서 제왕들이 유교 학설에 대해 신복(信服)했다고 볼 수는 없다. 대체적으로 보면 강희제는 유교에 대해 깊은 수준의 체험이 있었다고 할 수 있는데 비해 옹정제는 권모술수의 응용에 그친 듯하며 건륭제는 그 중간에 있었다. 그들의 주관적 의지에는 비록 다른 점이 있지만, 겉으로 드러나는 표현은 서로 일치한다. 중국의 정치사에서 '도학적 정통성'과 '정치적 정통성'의 결합은 전제 정권 발전의 최종적인 단계라 할 수 있다.[14]

---

13) 黃進興, 『優入聖域: 權力, 信仰與正當性』, 北京: 中華書局, 2010, p.93.

14) 黃進興(2010), 위의 책, p.95.

'치도합일'이 성공했음을 과시하기 위해 청나라 초기 군주들은 '도학적 정통성'의 구체적 상징인 공묘(孔廟)를 매우 중시했다. 이와 관련하여 공묘는 제도화된 '도학적 정통성'으로서 반드시 통치자에게 인정과 지지를 받아야 했다. 청나라 초기 세 황제는 모두 공묘의 의례를 이용하여 '치교합일'을 선양하는 정치적 수완을 잘 발휘했다. 청조는 공묘에 종사(從祀)하는 숫자를 늘려 사계층의 사상을 통제하는 목적을 이루었다. 청나라 말엽(도광 2년에 유종주(劉宗周)를 종사한 제사부터 선통 2년 유인(劉因)을 종사한 제사까지) 90년이 못 되는 기간에 공묘에 종사한 숫자가 22명이나 되었던 것은 실로 중국 역사상 보기 드문 것이었으니 전체 종사한 숫자는 31명이었다. 청조는 전반적으로 종사 제도에 있어서 통상 '훌륭한 점이 있으면 더욱 권면한다[有則加勉]'는 정책을 채택하여 누구도 종사에서 탈락되는 일이 없도록 하였다.

다른 한편, 청나라 조정은 공묘의 의례를 마음대로 뜯어고쳤다. 공씨의 후예인 공계분(孔繼分)은 공씨 가문의 의례를 정리하였는데 그 내용이 『대청회전(大淸會典)』과 맞지 않아 참혹한 숙청 끝에 처지가 비참하게 되었다.[15] 청나라 조정의 '치도합일' 책략은 청조 사인들의 심리에 큰 영향을 미쳤다. 그래서 이불(李紱)처럼 과감히 발언하며 권세를 두려워하지 않는다고 일컬어졌던 인물도 시종일관 감히 '도학적 정통성'을 대변하여 말한다는 관점에서 황제를 비판하거나 간언하지 못했다. 이는 그가 학술사상에 있어 정주학파와 도학적 정통성을 다 투었던 태도와 전혀 어울리지 않는다. 사실상 이러한 점은 강희제로 대표되는 정권의 이데올로기가 도학적 정통성과 통치의 정통성을 결

---

15)　黃進興(2010), 위의 책, p.249.

합하려 했음을 보여준다. 즉 청대의 통치자는 정치와 문화에 있어 무상(無上)의 권위가 되었다.[16]

어떤 논자는 청나라 황제가 '정통'을 내세웠던 것은 만주족의 이익을 지키기 위한 목적이었다고 보기도 한다. 만주족이라는 이민족 신분으로 들어와 대통(大統)의 주인이 되어 송명(宋明) 계열 한족 정권의 제도와 문화와는 다른 점이 있었기에, 『공양전』에 나오는 "왕자대일통(王者大一統)"·"군자대거정(君子大居正)"이라는 말로 존왕양이를 표방하며 점차 중국 정치사상의 핵심으로 들어갔으나 잡음이 그치지 않았다. 예로부터 화이(華夷)의 구별은 비록 문화적 의의가 종족의 구별보다 중요했지만, 이 두 요소는 각각 나름의 논리를 지니고 있어 어느 한쪽이 다른 쪽을 대신할 수는 없었다. 문화는 종족 융합을 통해 보존될 수도 있지만, 종족 전쟁으로 인해 쇠락할 수도 있었다. 그러나 어떤 왕조라도 만약 '정통성'을 인정받지 못하면 통치자로서 자신감을 가지고 시대와 여론의 움직임을 통제할 수 없다. 청나라가 대일통을 이룬 점에서는 한·당·원·명보다 뛰어나지만, 정통성 논쟁은 도리어 역대 어느 왕조보다 치열했다. 역대로 정통성 논쟁은 대부분 사대부 학자들 사이에서 일어났는데, 청대는 그렇지 않았다. 청대 초기에는 정통성을 논하는 학자들이 많았지만, 종국에는 고압적 위세로 인해 이를 이어갈 사람이 없어졌다. 이와 대조적으로 강희, 옹정, 건륭 세 황제는 모두 존귀한 천자의 지위로 직접 말과 글로 주벌하는 것을 꺼리지 않아 장편의 글을 지어 대단한 볼거리를 만들었으니, 마치 이와 같이 하지 않으면 정통성을 세울 수 없을 듯이 여겼다. 실제로 강

---

16) 黃進興(2010), 위의 책, p.81.

희제는 재위 56년(1677)에 장편의 『면유(面諭)』를 지었는데 첫 구절에 "예로부터 천하의 올바름을 얻음에 우리 왕조가 으뜸이라" 하여, 곧바로 역대 정통 왕조 가운데 정점에 처하여 지난 시대를 이어 앞날을 열고자 했다. 이는 실로 청나라 왕조에 있어 가장 중요한 정치강령이었다.[17)]

정통성을 얻기 위한 강희제의 역사서술 기조는 청조가 명나라 왕조를 대체한 것이 아니라 명 왕조의 요청에 응하여 이자성(李自成)의 난을 평정하였다는 것이었으니 주씨(朱氏) 왕조를 위해 복수했다는 기치를 내걸었다. 강희제는 이른 나이에 유학을 접한 이래 통치의 정통성은 도학적 정통성에서 나온다고 믿었으며 도학적 정통성은 또한 유가의 경전에 있다고 인정하였던 듯하다. 그렇지만 그가 학문을 시작한 이후로 줄곧 "제왕지학"에 종사했으므로, 중년부터 만년에 이르기까지 그가 말한 "진리학(眞理學)"은 철저히 제왕적 통치 수단의 수식으로 전락했을 뿐만 아니라 또한 반유학(反儒學)의 날카로운 무기가 되었다. 강희제가 가장 관심을 가졌던 문제는 어떻게 하면 선대왕과 가업을 유지하여 실추하지 않을 것인가 하는 점이었기 때문에, 그의 정치 활동의 전반적 내용이나 그것의 궁극적 귀결점은 만주 귀족이 정치적으로 절대적 지위를 지키는 것이었다. 청나라의 극단적인 전제정치와 비밀정치에 대해 역사가는 대부분 옹정제로부터 시작되었다고 여기지만 실제로는 청대 초기부터 정복 민족으로서의 특징이 분명히 드러났다. 그러나 전제정치와 학술통제를 뒤섞으면서도 "관인(寬仁)"을 표방하였던 것은 의심할 바 없이 강희제 때 성립되었다. 만약 이러한 결

---

17) 姚念慈, 『康熙盛世與帝王心術: 評"自古得天下之正莫如我朝"』, 北京: 生活·讀書·新知三聯書店, 2015, pp.162~163.

론이 성립된다면 우리는 다음과 같이 말할 수 있다. 강희제는 만년에 청조의 정통성을 세우기 위해 온 힘을 기울였으며, '예로부터 천하를 얻은 자 가운데 오직 대청이 가장 정통성을 얻었다'고 선양하였는데 이것은 정치적 전제와 독단에서 나온 것이지, 결코 그의 "진리학"적인 통찰에 기반한 것은 아니었다.[18]

야오니엔츠(姚念慈)는 청나라가 "정치적 정통성"을 강조한 것은 오로지 만주족 귀족의 이익을 위한 것이라고 보았다. 이는 강희제가 권모술수를 썼던 가장 근본적인 목적이 어디에 있었는지에 대한 관점으로 일리가 없다고는 할 수 없다. 그러나 강희제를 평가하면서 과도하게 도덕적 잣대로 재단했을 뿐만 아니라, "화이의 구분" 가운데 "종족"의 측면에 집착함으로써 청나라 통치술의 복잡함을 단순화하고 말았다. 만주족과 한족의 충돌은 확실히 청나라가 이전 왕조와 구별되는 하나의 중요한 특징이긴 하지만, 이것으로 청나라 통치의 모든 측면을 포괄할 수는 없다. 또 만주족 전통의 유지가 정통성을 확립하려는 유일한 이유라고도 할 수 없다. 사실 강희제 이후 건륭제가 취한 통치술은 더욱 복잡하고 다양하였다. 예를 들어 그가 양유정(楊維楨)의 『정통론(正統論)』에 대해 취했던 태도는 매우 공평하였으니, 요나라 금나라와 근원을 동일시함으로써 만주의 이익을 유지하려는 쪽으로 기울지 않고, 한족과 만주족이 융합하는 "대일통"의 전체 구도에 더 주의를 기울였다. 이 점을 간과해서는 안 된다.

그동안 학계에는 하나의 공유된 시각이 있었으니, 그것은 바로 청나라 제왕이 유교문화를 학습할 때 다만 그 내용을 빌려 권모술수로

---

18) 姚念慈(2015), 위의 책, pp.248~249.

"도덕적 정통"을 탈취했을 뿐 자신만의 독자적인 문화관을 형성하지 못했다는 것이다. 덩궈꽝(鄧國光)은 이런 방식의 단순한 시각에 동의하지 않았다. 청대 제왕의 경학에 대해 줄곧 학계는 무시하였으며, 단지 문헌을 고증하는 사림(士林)의 경학만 존재했던 것처럼 여긴다고 그는 지적하였다. 사실 청나라는 나라를 세운 이후 문화적 측면에서 정세에 따라 유리하게 이끄는 방식을 채택함으로써 시정(施政)의 효과는 명대의 여러 황제보다 훨씬 좋았으며, 종족 보존에 방점을 둔 "화이" 관념은 일부의 작은 목소리를 제외하고는 이미 대세를 이루지 못했다. 그러나 청나라 황제는 이민족 신분으로 중원에 들어와 통치자가 되었기 때문에 문화의 거대한 격차에 매우 민감하게 반응하였고, 이러한 민감성은 잠재적인 정신적 불안[Anxiety]을 초래하였다. 한편으로는 이종(異種)의 문화를 이해하거나 혹은 통째로 집어삼킴으로써 잠재된 심리적 위협의 해소에 급급하였고, 다른 한편으로는 의심하고 또 의심하며 끊임없이 '타자'를 만들어 내어 철저하게 공격하였다. 청나라 초부터 건륭 연간에 이르기까지 점점 더 심각해진 "문자옥"은 모두 이러한 심리적 불안감에서 생겨났다. 강희제가 중화 문화를 통째로 집어삼키려 했던 집요함과 부지런함은 청대 이전의 모든 한족 제왕이 미칠 수 없었으니, 그 원인은 바로 심리적 불안감에 있었다.[19]

덩궈꽝의 공헌은 '통치를 위해 복무하는 경학 지향'과 '한족 선비의 경론'을 구별한 것과, "경학"과 "도학"에 대한 강희, 옹정, 건륭 삼대의 태도가 크게 다름을 밝힌 점에 있다. 강희제는 진실로 한족 문화를 통째로 집어삼키려는 야심에 급급했기 때문에 '겸채(兼采)'의 방법을 많

---

19) 鄧國光, 「康熙與乾隆的"皇極"漢, 宋義的抉擇及其實踐: 清代帝王經學初探」, 『清代經學與文化』, 北京: 北京大學出版社, 2005.

이 썼으며, 한송(漢宋)을 대립적으로 보는 선비들의 견해는 중시하지 않았다. 그러므로 강희제의 '주자 존숭'에는 또 다른 의미가 있다. 주자는 『황극의(皇極義)』에서 군주는 덕으로 천하에 모범을 보임으로써 임금도 되고 또 스승도 되어야 한다고 했는데, 강희제는 이 점에 대하여 일찍 자각하여 정치적 정통성과 도학적 정통성을 완전히 결합하였다. 후세 사람들은 책 많이 읽은 사람으로 고염무(顧炎武)를 꼽는데, 만약 부지런한 독서를 논한다면 손에 책이 없으면 신하에게도 책을 빌렸던 강희제의 독서벽이 고염무보다 못하지 않았다. 이것은 제왕과 스승을 겸하기 위한 필요조건이었다. 강희제는 웅사리(熊賜履)와 같이 도통을 자임했던 자들에 대하여 격렬한 비판을 전개하였는데, 이는 웅사리가 저술한 『도통(道統)』이 선비들이 독자적으로 지켜온 도통의 경로를 따르기 때문이었다. 이러한 결과로 이광지(李光地)와 같은 부류의 사람이 다시는 모두 감히 자신이 "도(道)"로써 세상을 경륜한다고 말할 수 없게 되었다. 강희제는 주자를 존숭하면서도 한족 선비들의 경의(經義)도 중히 여겼다. 『홍범』에 나오는 '황극'의 뜻을 해석하고 실천하며 아울러 몸소 "성인"의 경지에 나아가 중화 도통의 핵심적 정신을 완전히 계승하였으니 그가 평생동안 체현한 것은 가장 정통적인 중화 한족의 문화정신이었다. 이로 인해 강희제는 한족의 문화를 통째로 삼켜 버렸으며 심리적 불안도 완전히 해소되었다. 이것이 청초 순치, 강희 시대 제왕 경학의 지향점이자 내재적 의의였다. 다른 문화를 광적으로 삼켜 버리는 강압 통치의 시대에 처하여, 전통적으로 정권에 의존하여 도를 행하고 세상을 구제하고자 했던 사족 경학은 시대의 흐름을 거스를 역량을 갖출 수 없었다. 만일 전과 같이 한송을 구분하고 문호를 세운다면 순치 강희 황제로서는 당연히 받아들일 수 없었을 것이다.

옹정제와 강희제의 큰 차이점은 다음과 같이 말할 수 있다. 강희제가 표방한 바는 '내성외왕(內聖外王)'이니 사인이 중시하는 '도통'의 측면을 배려하였다. 이에 반해 옹정제가 내세운 바는 '재세경물(宰世經物)'로 이는 주로 실용과 공리의 측면에서 입론한 것이다. 옹정제가 문화 방면에 관심이 있었다 하더라도 이는 즉각적 효과가 있어야 하며 동시에 정치에도 이로움이 있어야 한다는 요구에서 벗어난 것은 아니었다.

건륭제의 통치에는 또한 자신만의 독특함이 있었다. 황제의 지위에 올라 육개월이 지났을 때 그는 『예경(禮經)』을 찬수하라는 명령을 내렸다. 이는 강희제가 이미 『역(易)』·『서(書)』·『시(詩)』·『춘추(春秋)』를 찬수하여 다만 『예』만 남았다고 여겼기 때문이니 조부를 능가하고 싶다는 건륭제의 야심을 엿볼 수 있다. 여기에는 또 다른 함의도 있다. 강희제는 주자가 말한 "황극"의 가르침을 실행했다. 먼저 자신이 몸소 공부하여 스스로가 준칙이 되도록 하였다. 그래서 정교의 원칙은 전적으로 황제의 도덕성이었지, 외재적인 황제의 권세가 아니었다. 그리고 이것은 어느 정도 이학에서 말하는 "격군심(格君心)"의 사유를 따르는 것이었다. 원래 "도(道)"와 "치(治)"의 근본은 "도" 자체의 완성에 달려 있으니 그래야만 자신을 미루어 남에게 이를 수 있다[推己及人]고 여겼던 것이다. 그런데 건륭제는 "오경(五經)"이 원칙임을 강조하였으니 강조점이 완전히 외부로 옮겨갔다. 그래서 "오경"은 정교의 상징이자 황권의 증표가 되었다. 그러니 건륭제가 급히 『예경』을 수찬하였던 진짜 목적은 강희제와 같이 경연에서 치도(治道)를 탐구하는 것이 아니었고, 상대적으로 완벽한 황권의 상징을 세우려는 것이었다. 이는 자신의 황권에 대한 관심과 강조였지 학술에 대한 진정한 관심은 아니었다. 강희제는 평생에 걸쳐 여러 차례 이학과 도학을 언급하였으며, 『성조실록(聖祖實錄)』에서 강희제가 "경학"이란 말로 학문을 일 컫는 것은 거의 볼 수가 없다. 그런데 건륭제는 등극한 초기부터 여러 차례 "경학"이란 말을 사용했으니 이는 그가 작심하고 쓴 것이라고 단정할 수 있다. 건륭제는 '경학'을 말함으로써 자연히 주자에게서 벗어났으며, 강희제가 끼친 영향력의 압도적 굴레로부터도 벗어났다. 주자가 말한 "황극(皇極)"의 가르침이 강희제 권력의 증표였다면, 건륭제는 "오경"의 "경학"을 권력의 표상으로 삼았으니, 이것이 사대부 경학이 발전해 가는 방향에 얼마나 많은 영향을 끼쳤을지 능히 짐작해 볼 수 있다. 한송의 유자는 경의를 빌어 황권의 "경세" 사유에 영향을 미치고자 하였는데, 건륭제에 이르러서는 이러한 전통이 가차없이 저지되었다.[20]

주자는 '내외'로 의(義)와 사(事)를 구분하였다. '의(義)'는 안에서 생겨나고, '예(禮)'는 밖에서 생겨나니 의와 예의 상대적 지위를 논하자면, 의가 예보다 중요하며 예는 일에 따라 생겨나므로 말단에 속하고, 의는 안에서부터 나오며 마음이 주재가 되기 때문에 자연히 근본이 된다고 분명히 말하였다. 주자가 이렇게 유가의 도를 해석한 것은 건륭제에게 지극히 불리하였다. "예"는 건륭제가 하나의 완전하고 위엄 있는 황권의 증표를 구축했다는 상징적인 표지였으며, 『삼례의소(三禮義疏)』 수찬은 자신의 우월성을 체현하는 수단이었다. 건륭제에게 이러한 상징적인 "예"는 더없이 중요한 의미를 지녔는데, 주자의 해석이 무너지지 않는다면 '예'의 위치는 감추어지고 드러날 수 없었다.[21]

건륭제가 주자를 버리고 예제(禮制)를 따랐던 점에 있어서 반드시

---

20) 鄧國光(2005), 위의 논문.

21) 鄧國光(2005), 위의 논문.

강조해야 할 것이 있다. 그는 다만 황권의 절대 권위를 나타내는 상징을 세우고 보호한다는 측면에서만 주자를 배제하였을 뿐이고, 사인에게는 주자학을 공부하도록 하였다. 그가 주자를 반박했던 말을 심도 있게 살펴보면 주자에게 조금 부족함이 있다는 논박이었을 뿐이지 주자 자체를 폄하한 것은 아니었다. 그 부족한 점을 건륭제 스스로 메운다는 논리였다. 다시 말하면 그가 주자를 논박했던 것은 자신의 식견이 주자보다 빼어나며 주자를 능가할 수 있음을 드러내려는 것이었지 주자를 부정한 것은 아니었다.[22]

제왕 경학은 청대 경학의 중요한 부분이었으며, 사족 경학에 많은 영향을 끼쳤다. 순치제, 강희제 시기에는 한송을 아울러 채택하고 주자도 존숭하였는데, 이때의 사족 경학 역시 텍스트의 진위 판별을 위주로 하였고 한송을 분별하여 문호를 세우는 것은 중시하지 않았다. 옹정제, 건륭제는 실효성에 중점을 두어 "경"의 정교 기능을 중시함으로써 군주의 위엄을 세웠으니, "경세"의 공부는 황제만이 담당하고 사족의 경학에는 오직 문헌 고증만 남아 문자 훈고의 '소학(小學)'으로 편입되었다. 제왕 경학을 청대 경학의 시야에 편입해야 청대 경학이 비로소 온전히 이해된다. 당대의 학술계를 좌우했던 강희제와 건륭제는 인군(人君)이자 경사(經師)가 되어 오랜 재위 기간 동안 학문에 대해 이전에 없던 관심을 쏟았다. 그리하여 그들은 몸소 경세를 실현하였다. 강희제와 건륭제 두 시대의 학술 특히 경학에는 그들의 정신이 깊이 새겨졌으니 만약 제왕의 경세 경학을 걷어내고 오직 진위를 구분하고 소학을 일삼는 사족 경학만 남겨둔다면 경학의 전체 모습은 온

---

22) 鄧國光(2005), 위의 논문.

전히 드러날 수 없다.[23)]

장타오는 '제왕경학'의 범위를 설정함에 있어 덩궈꽝의 학설에 호응하였다. 그가 보기에, '제왕경학' 혹은 '관방경학'이나 '전당경학(殿堂經學)'이라고 하면 우선 정해진 위치가 있다. 제왕경학은 조정이 직접 경학 학설을 정리하고 경서를 편찬함을 가리키는 것인데 이는 재야에 있는 사인(私人)의 행위와 같지 않다. 또 재야 출신 학자가 조정에서 학술을 편수하면서 펴는 견해가 혹 개인의 견해와 같다고 하더라도 그는 조정을 대표하므로 둘을 같이 보는 것은 온당하지 않다. 그리고 제왕경학에는 정해진 성격도 있으니 이데올로기적 의미가 많았다. 경학에는 본래 교화의 기능이 있으니 비록 재야의 경학이라 하더라도 또한 세도와 인심과 관련이 있다. 그런데 관찬 경학 서적은 무엇보다 제왕의 위세를 빌려 자신의 가치를 높였다. 그 학술 수준에는 높고 낮음이 있고, 시공간적 영향력에도 크고 작음이 있으나 그 목적과 의의는 실현 여부를 떠나 일반적인 저술과 구별되었다. 관(官)과 사(私)의 다름을 강조하는 것은 그 둘이 아무 관련이 없다거나 완전히 독립적으로 발전했다고 말하는 것이 아니다. 그 둘은 앞뒤가 서로 닿아있으며 서로 긴밀히 연결되어 서로를 비추고 있다는 점을 강조한 것이다. 제왕지학이라는 개념에서 출발하여 관(官)과 사(私)가 맡은 분야를 드러내야 비로소 금고문 논쟁이나 한송 논쟁과 같은 경학사의 중요한 의제가 분명해지고 새로운 논의를 열 수 있다. 만약 이러한 점을 무시하고 순전히 단선적 시각으로 학술사를 관찰하면 건륭시기 제왕지학이 이후 시기 학술의 선도 역할을 했다고 오인하기 쉽

---

23) 鄧國光(2005), 위의 논문.

다. 기왕의 청대 학술사 연구는 태반이 민간 사학(私學)의 한편으로 치우쳤는데 비록 학술적으로 중요한 문제를 포착하기는 하였지만, 역사 발전 관점에서 보면 결국 편향되어 당대 학술을 총체적으로 이해함에 장애가 생긴다. 이렇게 된 것은 근대 지식체계가 제왕학을 비교적 저평가하는 것과 관련이 있으니 그런 이유로 관방 학술의 흐름이 경시되었던 것이다.[24]

건륭제가 경술을 치술로 활용하면서 어느 정도의 힘을 기울였는가 하는 점에 있어서 장타오는 덩궈꽝의 관점과 다른 점이 있다. 그가 보기에 예전부터 많은 제왕이 경술을 치술로 활용하고자 했다. 그런데 건륭제의 경우를 자세히 보면 역사서 편찬에는 크게 공을 들였으나, 관찬 경서에 대한 중시는 그의 선조들보다 훨씬 아래에 있다고 할 수 있다. 건륭제의 경서 편찬은 그 수량이 강희제 때와 대략 비슷하였고, 역사서 편찬의 빈도는 크게 넘어섰으니 순치제 이래로 관청에서 편찬한 역사서의 3/4을 차지했다. 이러한 점들을 포괄해서 살펴보면『삼례의소』가 비록 건륭제 즉위 이후 첫 번째 관찬 서적이었지만, 건륭제가 이를 크게 중시한 것은 아니었다. 『삼례의소』는 다만 제왕 경학의 이름을 차지하였을 뿐, 제왕 경학으로서의 실질은 없었다.[25] 이는 몇몇 학자들이『사고총목』에 담긴 이학(理學) 비판이 기윤(紀昀)과 사대부의 관점을 그대로 대변한다고 여기는 견해와 크게 구별되는 지점이다.[26]

강희제가 "도(道)"와 "정(政)"을 합일시키고자 한 것이 종국에 어느

---

24) 張壽(2015), 위의 책, p.289.

25) 張壽(2015), 위의 책, p.290.

26) 週積明,『文化視野下的「四庫全書總目」』, 中國靑年出版社, 2001, pp.65~70 참조.

수준까지 이르렀는가에 대해서는 그동안 일치된 학설이 없었다. 필자가 보기에 그가 "도통(道統)"에 반드시 "정통(政統)"을 결부시켜 강조하고자 했던 데에는 일련의 점진적인 변화과정이 있었다. 이는 "경연(經筵)"에서 어강(御講) 형식의 변화로 설명할 수 있다. 강희제가 유가경전에 심취했던 수준은 역대 제왕들 가운데 능가할 자가 없었다. 강희 12년(1673)부터는 경연 모임을 격일에서 매일 진강하는 것으로 바꾸어 15년 동안이나 굳건히 유지했으며 논의도 밀도가 높아 사람들을 놀라게 한다. 가장 중요한 것은 경연의 강의 방식이 형식상 전과 후로 거대한 변화가 발생하였다는 점이다. 강희제는 경연을 단지 한인의 경전을 배우고 익히는 수단으로 삼았던 것이 아니라 최종적으로는 이전과는 완전히 다른 방향에서 상호 작용하여 한인 신하를 훈시하는 의식으로 바꾸었으며, 동시에 강관과 제왕이 교화에서 맡았던 역할도 완전히 바꾸었다. 강희 14년(1675)에는 하명에 따라 강관의 진강(進講) 이외에 강희제의 "복강(復講)" 절차를 추가했으니 이로써 상호 토론에 편리해지도록 하였다. 이는 역대 경연 강습 중에는 볼 수 없었던 현상으로, 애초에 제왕을 교화한다는 존귀한 이미지를 사인들이 바꾸기 시작했음을 보여주고 있다. 강희 16년(1677)에는 다시 "복강" 절차를 자신이 먼저 강의하는 것으로 바꾸었다. 즉 강희제가 임의로 전문을 강의하거나 혹은 그중 한 구절을 강의한 뒤에 강관이 강론하였다. 이렇게 함으로써 제왕과 강관의 역할이 완전히 전도되었다. 더욱 위험한 것은 경연 강관이 유가 경전에 대한 해석의 권위를 잃었을 뿐만 아니라, 자신도 모르는 사이에 제왕의 의식과 사상을 수정하고 보완하는 역할로 변모하여 더이상 사상을 선도하는 입장에 서지 못하게 되었다는 점이다.[27)]

어떤 학자들은 건륭제 후기 30년 동안의 '문치' 정책에서 '도허(踏

虛)'가 '무실(務實)'보다 많다는 점에 주의하게 되었는데, 그 시기 담론에는 적어도 다음 세 가지의 사상적 특징이 있다. 첫째는 도덕적 이상주의를 대대적으로 선전했던 점이니, '심(心)', '집중(執中)' 및 '이(理)'와 '욕(欲)', '의(義)'와 '이(利)' 등 성현의 도덕으로 경전의 의미를 풀이하고 인물을 품평하였다. 둘째는 아래 사람들에게 도덕적 의무를 강조했던 점이니, 신하와 사인을 시종일관 신임하지 못하였으며, 난민(亂民)의 마음을 단속하는 것을 산천의 험준함을 대비함보다 훨씬 중하게 여겼다. 셋째는 평이하고 실질적인 것을 버리고 오묘하고 텅 빈 것에 힘썼던 점이니, 이학(理學)의 종사(宗師)인 주자에게도 감히 이치를 말하고, 욕망을 말하고, 마음을 말하고, 경계를 말하고, 형이상학을 말하며 드높은 자신감을 드러냈다. 왕파저우(王法周)의 연구에 따르면 『청고종실록(淸高宗實錄)』(건륭제 실록-역자)에서 '양교(養敎)'라는 두 글자가 건륭 초기에는 한 번밖에 나타나지 않는데, 건륭 후기 30년 동안에는 '교양' 두 글자의 빈도가 부지기수이며, '화민(化民)', '교민(敎民)', '도민(導民)', '효치(孝治)' 등이 무수히 반복되어 교화를 선포하는 황제의 교지가 연이어 나타난다. 이를 통해 알 수 있듯이 건륭제는 비교적 뚜렷하게 '교육'으로 통치하려는 심리적 경향을 지녔으며, 강력한 이데올로기를 이용하여 민간에 침투하는 것을 선호했다. 한편, 『청성조실록(淸聖祖實錄)』(강희제 실록-역자)에서 '교양'이라는 두 글자는 대부분 몽골이라는 비한족을 대상으로 하고 있다. 이는 강희제가 스스로 몽고인을 훈화할 자격이 있다고 자임했음을 설명해 주고 있다. 그러나 그가 한족을 훈화할 자신감이 있었다는 증거는 충분하지 않다. 어찌

---

27) 楊念群, 『何處是江南? 淸朝正統觀的建立與士林階層 精神世界的變異』, 北京: 生活 · 讀書 · 新知三聯 書店, 2017, p.103.

면 강희제가 보기에 한족의 문명은 성숙하여 이미 이른바 훈화의 문제는 존재하지 않았던 것이다. 그렇다면 강희제의 재주와 책략으로도 한족 사인을 교화시킬 수 있다는 충분한 자신감이 없었는데, 건륭 시대에 이르러서는 천하의 스승이 될 수 있다는 자신감이 상당히 커졌던 것이다.[28]

도통(道統), 문통(文統), 정통(政統)이 충돌하는 모순은 건륭 시기에도 마찬가지로 매우 첨예하게 드러났다. 심덕잠(沈德潛)이 만년에 황제의 은총을 받았다가 다시 내쳐졌던 것이 하나의 명백한 사례이다. 건륭 시기의 특수한 언어 환경에서 문학과 정치의 관계는 실로 문통·도통과 정통의 갈등으로 표현되었으니 심덕잠의 사례는 건륭제의 이학·도통관에 대한 또 다른 설명이라고 할 수 있다. 심덕잠이 만년에 총애를 잃었던 원인은 표면상으로는 다만 『국조시별재집(國朝詩別裁集)』에 전겸익(錢謙益)과 전명세(錢名世) 등의 시를 수록하였다가 건륭제로부터 삭제하고 다시 출판하라는 명령을 받았던 것이라 할 수 있다. 『흠정국조시별재집(欽定國朝詩別裁集)』의 서문에서 건륭제는 심덕잠이 평소 주장했던 '시교(詩敎)'를 스스로 위반하여, 품행이 단정하지 못한 자들의 시작품을 수록했다고 지적했다. 그러나 심덕잠은 자신이 편찬한 시집이 참으로 바른 시학 사상의 구현이라고 굳게 믿었다. 심덕잠의 시론은 격조를 중시하면서 '온유돈후(溫柔敦厚)'의 시교를 선양하는 것이었으니, 충군애국은 유가 시교의 핵심으로 이해되었다. 그러므로 심덕잠이 주장한 "격조"와 명나라 전후칠자의 "격조"는 이름은 같지만 내용은 다르다. "아정(雅正)"을 중시하는 심덕잠의 심미 이론은 조정에

---

28)　王法周,「乾隆皇帝及其王朝後三十年的政治文化生態」,『史林』, 2013(4).

서 창도한 심미 풍조에 호응한 것이며 또한 풍아의 시교에 적극적으로 귀의한 것이다.

심덕잠의 입장에서 보면, 명나라 유민(遺民) 시인의 나라 걱정과 신세 한탄에 나타난 것은 바로 온유돈후의 시교였다. 『국조시별재집』의 편찬은 "시를 기준으로 사람을 기록하며, 사람을 기준으로 시를 기록하지 않는다"는 원칙의 구현이었다. 심덕잠은 사회와 정치를 초월해 시를 이야기하고자 하였으나 문학은 결국 정치로부터 자유로울 수 없었다. 그가 주창한 바는 순수한 시교였으나 시교라는 것은 사실 정교와 밀접하게 연관되어 있었다. 심덕잠의 시학에 잠재되었던 모순은 『국조시별재집』의 편찬 과정에서 드러나게 되었으니, 바로 이 모순이 건륭제의 분노를 일으킨 것이다.[29]

심덕잠이 조정에서 배척당했던 시인들을 시선(詩選)에 포함하고 앞머리에 배치한 것은 의도적으로 조정의 뜻을 거스른 것이 아니며, 건륭제가 지적한 것처럼 종래에 주장해온 시교에 어긋난 것도 아니었다. 심덕잠이 보기에 이른바 "이신(貳臣, 두 임금을 섬기는 신하-역자)"들, 특히 유민 시인으로서 나라를 생각하고 신세를 한탄한 것은 참으로 온유돈후의 시교를 구현한 것이었다. 이를 통해 태평한 시대에 사는 당시 사람들에게 충효의 이치를 가르치기에 알맞으니, 청조의 통치를 공고히 함에 이로움이 있을 뿐 해악은 있을 수 없었다. 그러나 건륭제는 한나라 문인에 대한 불만 때문에 심덕잠의 유교적 시교에 대한 깊은 이해를 헤아릴 수 없었고, 결국 문자대옥을 일으키게 되었다. 필자가 보기에 건륭제가 명나라 유민의 마음을 이해하지 못한 것이 아님

---

29) 李明軍, 『文統與正統之間: 康雍乾時期的文化政策和文學精神』, 濟南: 齊魯書社, 2008, p.18.

에도 심덕잠을 처벌한 것은 정치적 권모술수의 양면성이 드러난 것이다. 건륭제는 한편으로는 『사고전서』 찬수를 통해 사적(史籍)을 산삭하고, 동시에 명조의 유신을 표창하여 『승조순절제신록(勝朝殉節諸臣錄)』을 짓고, 『이신전』을 편찬함으로써 충성과 불충을 선별하여 충성의 기준을 확립해갔다.

사람을 기준으로 시를 기록하지 않는다면 당연히 사람을 기준으로 시를 버리지도 말아야 한다. 심덕잠이 자부한 바는 『국조시별재집』이 정치와 관계없이 순수하게 시를 선별했다는 점이었다. 청나라 종실 구성원의 시를 권1이 아닌 권30에 두었던 점, 건륭제의 숙부인 신군왕(愼君王)의 이름을 윤희(允禧)라고 지칭한 점 역시 이러한 편집 원칙에 근거한 것이었다. 심덕잠은 건륭제가 풍아를 자임하며 자신과 즐겨 시문을 창화하니, 자신이 선별한 시에 대해서도 칭찬하리라 여겼다. 그렇지만 사실 건륭제가 시문을 창작한 것은 정사의 여가에 하는 활동이었으며, 나아가 정사의 일부분이기도 하였으니 결정적 순간에는 정치적 효과를 당연히 우선하여야 했다. 심덕잠의 사례는 문사에 대한 제왕의 간섭, 문학의 정치에 대한 굴종이라는 또 다른 시각으로 해석할 수 있다.

강희 18년(1679) 박학홍사과(博學鴻詞科)를 개설한 뒤에 연극 창작도 시문과 마찬가지로 미묘한 변화가 일어나서 연극이 여인의 절개를 표창하고 인륜을 확고히 하는 데에 사용되기 시작했다. 이러한 현상은 건륭제 때 특히 두드러졌으니 심덕잠이 시사 영역에서 온유돈후의 시교를 선양할 때 장사전(蔣士銓)은 일련의 연극을 창작하여 연극으로 유교의 시교를 창도했다. 장사전은 시를 논할 때 성정을 중시하였는데 그가 말하는 성정이란 충효절열(忠孝節烈)의 정을 가리키는 것이었다. 그의 연극은 그의 시와 유사하게 도덕 선악의 대립을 주로 다루고, 충효절열 등 도덕적 요소가 뚜렷하였다. 강희제의 문학관이 강희 연간 문학에 미치는 영향은 더욱 직접적이었다. 강희제가 생각하기에 시사(詩詞)는 경사(經史)에 근간을 두고 있으며 시는 함양된 성정을 표현하여 도덕에 도움이 되는 것이었다. 예컨대『고문연감서(古文淵鑒序)』에서 "무릇 천지를 포괄하는 것을 문(文)이라 하니 문은 도(道)를 담는 그릇으로 우주를 관통하고 고금을 통괄하며 민물(民物)을 교화하고 재단하는 것이다."라고 하였다.[30]

또한 예를 들어 동성파(桐城派) 방포(方苞)의 고문 이론은 '의법(義法)'과 '아결(雅潔)'이라는 말로 집약되는데, "의법"이든 "아결"이든 모두 전통 문장론을 발전시킨 것으로 문통과 도통을 견지한 것이며 또한 문화정책에 호응한 것이다. "의"는 "도통" 쪽으로 더욱 기울어 있는데, 구체적으로 말하면 이는 "이학" 도통의 전승이니 문장의 근원적 목적과 의의가 바로 여기에 있다고 보는 것이다. "의법" 이외에 방포는 문장이 "청진고아(淸眞古雅)"해야 한다고 강조했는데, 이는 옹정 10년(1732)에 공포된 팔고문은 "청진하고 아정하며 이법을 겸비해야 한다"는 규정과 부합한다. 방포는 일찍이 황제의 명을 받아『흠정사서문(欽定四書文)』을 편찬하였는데 청진아정의 기준을 선별 과정에서 구현하고자 고문의 법으로 시문(時文)인 팔고문 작법을 논하였는데 이를 통해 고문과 시문이 연결될 수 있을 것으로 여겼다. 방포는『진사서문선표(進四書文選表)』에서 명청 양대의 팔고문을 선별하는 기준과 목적에 대해 "모두 의리를 밝히며, 깨끗하고 고아하며 말에 반드시 내용이 있는 것을 으뜸으로 삼는다. 그리하면 성인의 가르침을 널리 전하고

---

30)   李明軍(2008), 위의 책, p.150.

학자의 성향을 바로잡을 수 있을 것이다."라고 하였다.[31] 리밍쥔(李明軍)은 방포 이후로 동성파 고문 이론의 발전이 언제나 과거문과 팔고문에서 떨어지지 않는 관계였다고 보았다. 고문과 시문의 연결은 실제로는 문통이 세속의 공명과 타협한 것이다. 이로써 방포의 후반 생애는 벼슬길이 순조롭고 문명 또한 드러났으니 동성파의 영수라는 지위가 이로부터 확고해졌다.[32]

청나라 황제는 일관되게 사람들에게 유학을 존숭하고 예교를 중시한다는 인상을 주었는데, 다만 유학에 대한 존숭이 과연 진심으로 경외하는 것인지 권모술수의 운용인지에 대해서는 이전부터 논란이 있었다. 장타오와 같은 경우, 청나라 조정이 『삼례의소』 및 다른 유서(類書)들을 편찬하였으니 이는 예치보다 문치에 더 뜻을 둔 것이어서, 명말청초의 사인들이 예치의 아름다움을 부흥하자는 이상을 숭상하고 한인(漢人)의 예의를 새롭게 발굴하고 창조하고자 하는 의도와는 부합하지 않는다고 여겼다. 건륭 초기에 이른바 예치를 일으킨다고 한 것도 다만 그 당시 정치 교화의 일환이라는 것이다. 이 시기 건륭제와 신하들은 "삼대(三代)로 돌아간다"라고 자부하며, 심혈을 기울여 이치(吏治)와 문교(文敎)를 정돈하고, 예를 강론하고 닦는 것 외에도 많은 정책을 시행하였다. 예학을 제창하고 관청을 설치하여 서적을 편찬하는 것도 모두 이러한 일련의 조치에 속하였다. 그러므로 이를 나누어서 개별적으로 살펴보는 것은 적절하지 않으니 "예(禮)"자에 깊은 의미를 두어야 할 것이다.[33] 건륭제 전반기에 설립된 서관(書館)으로는

---

31) 李明軍(2008), 위의 책, p.226.

32) 李明軍(2008), 위의 책, p.227.

33) 李明軍(2008), 위의 책, p.227.

실록관(實錄館), 국사관(國史館), 율려정의관(律呂正義館), 장경관(藏經館), 문영관(文穎館), 옥첩관(玉牒館), 명사강목관(明史綱目館), 회전관(會典館), 방략관(方略館), 삼통관(三通館), 일통지관(一統志館) 등등이 있었다. 이는 왕조의 정통성과 당대 제왕의 공적을 선양하는 의미가 특히 짙었다. 건륭제가 일찍이 흠모했던 성인 교화 사상은 갈수록 희박해졌으며, 성현의 교의는 태평성대를 장식하고 황제의 업적을 윤색하는 도구로 사용되었다. 삼례(三禮)의 편찬이나 그 뒤의 『사고전서』 편찬이 설령 유학을 확고히 하는 작용을 하였으며 처음에는 진심으로 경전에 심취했던 것이라 하더라도 그 본질을 따져보면 제왕적 문치의 일단에 불과하였다.

역대 왕조 가운데 문을 숭상하는 사례는 많았다. '문치'라는 개념으로 청 왕조의 통치술을 다음과 같이 요약할 수 있다. 첫째, 만주족이 무공의 숭상으로부터 문교의 중시로 변화했음을 분명히 드러낼 수 있다. 둘째, 청 조정의 정책은 여전히 제왕의 의지를 중시하였으니, 강희제가 한화를 윤색하고 유학을 창도하는 동시에 조종 가법의 유지와 건국의 근본을 확고히 함에 대해 모두 잊은 적이 없으며, 아울러 도통을 자신의 것으로 만들어 목소리를 높였던 점에 대해서도 분명히 할 수 있다. 이른바 예제(禮制), 유술(儒術), 경학(經學)은 모두 이러한 가장 높은 원칙에 복무하며 청 왕조의 통치를 문식하기 위해 나온 것이었다.

3. 문화 통제와 제왕의 심리

강희제, 옹정제, 건륭제의 통치 시기를 "성세(盛世)"라고 부르는데, "성세"의 함의는 복잡하지만, 고도로 권력이 집중되었다는 것이 가장 뚜렷한 특징이다. 과거에는 "성세"의 국면을 제도 운영의 관점에서 해석하는 연구가 많았지만, 실제로 청조 "성세"의 흥기는 제왕의 심성, 감정과 이성의 구조와 밀접하게 연결되어 있다. 다만 제왕의 마음은 심리 범주에 속하는 경우가 많고, 표현 형식이 미묘하고 굴절이 많은 데다가 사료에 기재된 것이 매우 희박하여 찾기가 어렵다. 설령 우연히 발견되는 것이 있더라도 글쓴이가 의도적으로 은밀히 감추었기에 신뢰할 수 있는 사료라고 하기 어렵다. 그래서 역사를 연구하는 자들이 회피하고 말을 아끼는 경우가 많았다. 『사고전서』의 편찬 동기도 "우금우징(寓禁于徵)"의 의의를 제도적인 측면에서 분석하면 왕왕 분명히 해명되는 듯하지만 실제로는 그렇지 않다. 만약 방향을 바꾸어 제왕의 마음 상태로부터 그 이면을 통찰해보면 새로운 측면을 발견할 수 있을지 모른다. 『사고전서』를 비교적 일찍 연구한 일부 학자들은 이미 제왕의 심리를 심층적으로 관찰하는 것이 중요하다는 것을 인식했다. 예를 들어 궈보공(郭伯恭)은 『사고전서찬수고』에서 『사고전서』의 편찬의도를 다음과 같이 규정하였으니, "본래 건륭제 한 사람의 사욕에 따라 그 자손만대를 위한 사업으로, 문화를 속박하고 사상을 통제하여 한족을 억압하는 일종의 정치작용일 뿐이다."라고 하였다.[34]

런송루(任松如)도 궈보공의 견해를 이어받아 『사고전서』의 편찬에 대해 "실제적으로 말하면 건륭제 한 사람의 사사로운 의도였을 뿐"이라고 하였다. 그가 열거한 건륭제의 '사사로운 의도' 가운데에는 다음과 같은 표현도 있다. 첫째, 청나라 강희 연간 항간에는 옹정제가 해녕진씨(海寧陳氏)와 아이를 바꿨다는 소문이 돌았으니 건륭제는 만주

---

34)   郭伯恭(1937), 위의 책, p.2.

족이 아니라 한족이라는 이야기였다. 건륭제는 유서를 수집하는 기회를 빌려 이런 소문들의 기록을 없애버리려 했다. 둘째, 청나라 궁중의 혼란에 대한 민간의 소문을 없애고자 하였다. 셋째, 만주족을 배척하는 민간의 문헌을 정리하고자 하였다. 넷째, 서적 편찬을 통해 붕당의 싸움을 없애고자 하였다. 예를 들어 장정옥(張廷玉)파에 속하는 우민중(于敏中)의 '관청을 설립해 책을 편찬하자'라는 건의를 활용하여 오르타이(鄂爾泰) 일당을 견제하였으니[35] 그 목적은 '올바른 목소리를 억누르고 원만한 처세를 장려하는 것'이었다. 다섯째, 『사고전서』의 편찬은 '당시 사상계가 송학을 염증 내고, 유서를 싫어하며, 흩어진 책을 수집하던 풍조에 영합하는 역할을 하였다'. 여섯째, 명나라가 여러 가지 일로 실덕(失德)했던 사적을 수집하여 고인의 명저와 함께 후세에 전해지게 함으로써 청나라의 덕을 대비시켜 드러냈다. 일곱째, 승부욕 때문에 『고금도서집성』을 능가하는 대형 유서를 편찬하고자 하였다. 여덟째, 시기하는 마음에서 관청을 열고 책을 편찬하며 도를 지키는 사람을 모아 글자 사이에서 온 정신을 소모하도록 함으로써 그들의 불평심을 잠재웠다.[36]

류이정(柳詒徵)은 건륭제가 왕석후(王錫侯)의 『자관(字貫)』 사건을 처리하는 과정에 나타난 제왕의 심리상태를 날카롭게 분석했다. 왕석후의 『자관』 사건은 청대의 유명한 문자옥 가운데 하나이다. 왕석후는 『자관』에서 공자, 강희, 건륭의 성휘와 묘휘를 나열하였는데 그 목적

---

35) 〈역주〉 장정옥과 오르타이는 옹정제의 큰 신임을 받았으며, 건륭제의 등극에도 깊이 관여하였다. 그래서 조정에서 그 위세가 매우 높았는데 한족 관원들은 주로 장정옥을 따르고, 만주족 관원은 주로 오르타이를 따랐기에 붕당의 분열이 극심했다.

36) 任松如, 『四庫全書答問』, 上海: 上海啓智書局, 1935, p.9.

은 사람들에게 과거 시험과 평소 저술에서 반드시 준수해야 하는 피
휘를 일깨워 주려는 것이었으나 오히려 이로 인해 죄를 얻었다. 이 사
건을 처음 대하면 사람들은 의혹을 풀기 어렵다. 류이정은 왕롱남(王
瀧南)과 해성(海成)이 왕석후를 고발한 문장과 건륭제의『유지(諭旨)』를
비교한 뒤에 양쪽의 차이는 다음과 같은 점에 있다는 것을 발견했다.
왕롱남의 비판은『자관』서문의 "그러나 일관성을 찾기 어렵다[然而穿
貫之難也]"라는 한 구절로 집약된다. 왕석후의 의도는 강희제 때 편찬
된『자전(字典)』이 일관성이 부족하고 찾기에 불편하기에『자관』을 편
찬하여 이러한 점을 보완하고자 하는 것이었다. 그런데 이러한 논리
는 강희제의『자전』이 부족하다고 깔본다는 혐의를 불러일으켰다. 류
이정의 견해에 따르면『자관』의 내용은 "『강희자전』이나 청조 황제의
휘(諱)에 대한 존숭이 지극하거늘 끝내 화를 불렀"으므로 사람들이 이
해하기 어려운 점이 있으나, 실제로는 건륭제 심기의 깊숙한 곳과 관
련이 있다. 해성 등 지방관은 죄명을 얽어매고자 했는데 묘휘(廟諱)의
합당치 않은 점을 지적하는 것으로 시작하는 것은 어려울 것으로 여
기고 그 서문에 나오는『강희자전』은 "일관성을 찾기 어려워" "학자들
이 이것을 살피면 저것을 놓치고, 하나를 들면 열을 빠뜨려 매양 책을
끝까지 보기 어렵기에 책을 어루만지며 망연자실한다."라는 내용을
집중공격했다. 그는 상소문을 올려 "성조(聖朝)의 어찬(御纂) 자전은 문
자학을 집대성하였으니 천고에 바꿀 수 없는 책입니다. 후인들이 글
자에 따라 전고를 상고할 때 원래 처음부터 끝까지 읽는 일은 없습니
다. 그리고 수록된 문자는 경전과 사서에 근본을 두어 정녕 완비됨을
의심할 바 없습니다. 편방과 점획 부분을 통해 하나를 찾으면 하나를
얻고, 열을 찾으면 열을 얻게 되니 어찌 누락을 걱정할 것이 있습니
까?"라고 하였다. 그런데도 왕석후는 "이에 억견(臆見)을 드러내어『자

전』을 끝까지 살피기 어렵다고 하고 또 『자전』에 수록된 글자가 너무 많다는 점을 들어 멋대로 논의를 펼칩니다. 비록 패역의 말은 없으나 은밀하게 포폄의 의도를 감추고 있으니 실로 광망하고 불법한 행동입니다."라고 하였다.

그런데 건륭제 처리 방향은 해성이 지적한 죄명과 완전히 달랐다. 그는 그 서문은 아예 거론하지도 않았으며, 오로지 성휘와 묘휘를 나열한 점에 집중하였으니 그『유지』에서 이렇게 말했다. "첫째 권 범례에 선사 공자의 휘, 성조의 휘, 세종의 묘휘와 짐의 이름을 모두 나열한 것은 실로 대역불법에 속한다. 묘휘와 어명은 모든 신하된 자들이 삼가 익숙히 알고 있으며, 선사 공자의 휘는 더욱 많은 대중이 다 알고 있는데, 어찌 두루 일러줄 것이 있는가. 그런데도 대담하게 감히 하나하나 열거하여 책에 쓴 것은 실로 드러내놓고 배척할 마음이 있기 때문이다. 그러면서도 선사의 휘를 앞에 배열하여 그 자취를 숨겼으니 이것이 대역부도한 것이 아니면 무엇이겠는가."

그렇다면 왕석후는 어째서 문인들에게 피휘에 주의할 것을 거듭 당부했는가. 황제의 존호와 묘호를 쉽게 쓰지 말라고 한 것은 본래 청 황제를 높이려는 생각이었는데, 도리어 죽을죄가 되었으니 도대체 그 원인은 어디에 있는가. 거듭 고민한 끝에 류이정은 왕석후가 패역의 의론을 펴지 않았다는 것은 왕룡남, 해성 및 건륭제가 모두 알고 있던 사실이지만, 죄명을 억지로 만들기 위해서는 온갖 수단을 동원한 것이라고 보았다. 해성이 스스로 생각하기로는 자신이 포착한 죄목이 왕룡남의 것보다 적실하다고 여겼지만, 건륭제는 "해성은 고대에 문인들이 죄망에 걸려드는 법을 모르고 단지 서문에서 원하는 부분만 자의적으로 취하여 글자를 씹어 꼬투리를 잡아내니 실로 왕석후를 대역부도의 죄인으로 엮기에 부족하다고 여겼다." 류이정은 건륭제 내면의 깊은 생각을 예리하게 간파하고 이렇게 표현했다. "책이야 어떻든 간에 자신이 만일 죄를 주고자 한다면 중대한 명분이 없어도 걱정할 것이 없다. 단지 묘휘와 어명을 배열해 놓은 것만 두고 이야기 해도 곧 대역죄에 연좌시킬 수 있다. 어찌 왕롱남의 상투적 방법을 따라 하여 서문이나 파헤치리오. 그러므로 해성이 왕석후를 처벌하고자 한 것은 실로 그가 죄를 묻는 법을 알지 못했던 것이다." 건륭제는 이를 통해 천하에 보여주기를, 자신은 총명하여 어떤 책이라도 즉시 죄명을 세울 수 있음을 알게 한 것이었다. 해성은 결국 파면되고 형부에 넘겨져 치죄되었다. 멍선(孟森)은 해성이 황제의 비위를 맞추어 총애를 받는 데에 가장 재주 있는 사람이었지만, 결국 오히려 수모를 겪게 되어 끝내 다른 독무들보다 더욱 비참해졌다고 했다. 류이정은 "천도 (天道)는 인과응보를 좋아하니 그 얼마나 공교로운가. 그러나 고종의 속마음은 능히 들추어내지 못하였다. 고종이 세상 사람을 우롱하는 술수의 교묘함이 매우 심하도다."라고 말하였다.[37]

귀청캉(郭成康)의 견해에 따르면 문자옥에는 중요한 특징이 있으니, 이는 다만 문자상의 문제로 치죄될 뿐 작가는 그에 상응하는 행위가 전혀 없다는 것이다. 문자옥의 가장 중요하고 본질적인 특징은 작가의 행위를 주요한 증거로 삼지 않고, 그저 작품의 문자에서 작가의 사상 경향을 추단하여 법으로 다스렸다. 중국 고대에 있었던 몇몇 모반 사건의 당사자들은 시정에 반대하는 문자를 썼을 뿐만 아니라 동시에 정부를 전복시키려는 선전 선동의 행위를 하였는데, 이러한 것들은 당연히 문자옥에 포함해서는 안 된다. 예컨대 증정(曾靜)이 투서하여

---

37) 柳詒徵, 「記王錫侯字貫案」, 『史學雜誌』, 1929(2).

반역을 꾀했던 사건은 문자옥에 해당하지 않는다. 또 건륭 중기에 나타난 『왕중역서안(王中逆書案)』 같은 경우 『역서(逆書)』는 팔괘교의 한 경전이었다. 그런데 왕중 등 종교 지도자가 반청 비밀결사를 조직하고, 또 반청 항쟁을 일으키려는 작품을 퍼뜨린 것은 '사상 방식'의 테두리를 훨씬 넘어선 것이므로 문자옥이라 하기에 적합하지 않다.[38]

'사상 언론의 문제'와 '정부를 전복할 목적으로 선동한 죄' 사이의 경계는 때때로 매우 혼동되기 쉽다. 청조의 수많은 문자옥을 보면 황제는 어떠한 사건에서도 단순히 "문자로 인한 죄인"이라고 인정한 경우가 없으니, 그 사건 중에는 분명 허위로 지어낸 부분이 있을 것이다. 그러므로 여기에는 분명히 인식의 문제가 존재한다. 옹정제와 건륭제는 언제나 범죄자들에게 "여러 가지 반역의 실제 행적"이 있다고 지적했는데, 여기서 이른바 "실제 행적"이란 것은 지금 우리가 말하는 "행위"와 같은 것인가? 사사정(查嗣庭) 사건을 예로 들어보자. 옹정제는 말하기를 사사정을 죄로 다스린 것은 그가 강서로 가서 과거 시험을 주관할 때 출제했던 시험 문제에 하자가 있었기 때문은 결코 아니라고 하였다. 옹정제의 말이 그렇다 하더라도 다른 사람들은 사사정이 무심결에 "우연히 글자로 인해 죄를 얻었다"라고 말할 것이다. 그러므로 결국 사사정을 죽게 한 것은 그의 "여러 실제 행적" 때문이 된다. 이 "여러 실제 행적"이란 것은 원래 사사정의 집안을 조사하다가 발견된 두 권의 일기를 말하는데, 그 책에 사사정은 이미 세상을 떠난 강희제에 대해 여러 불만스러운 언론을 기록했다. 이를 통해 보면 청조나 황제를 비난하기만 하면, 그가 선전선동의 행위를 했든 안 했든

---

38) 郭成康·林鐵鈞, 『清代文字獄』, 北京: 群衆出版社, 1990, p.9.

모두 "모반대역"의 "실제 행적"으로 간주했다. 청대 문자옥은 특히나 이러한 수많은 "실제 행적"을 억지스럽게 해석한 것과 관련이 크다. 그러므로 청대 문자옥을 살펴볼 때는 절대로 황제가 어떻게 말했는지에 근거해서는 안 되며, 그들이 어떻게 행동했는가를 살펴보아야 한다.

"문자옥"의 정확한 정의는 다음과 같다. "문자옥은 문자로 인하여 생겨나고 구성된 죄안이다. 그 방식은 작품 속의 문자로 인해 죄를 얻는 것인데, 일반적으로 자신이 한 말 때문에 죄를 받는 것과는 같지 않으니, 실제로는 당사자가 정부를 해치거나 전복시키는 행위를 하지 않았는데도 권력자가 억지로 흠을 찾아서 일부러 죄를 씌우거나 혹은 겨우 그 사상의 경향에 근거하여 죄를 다스리는 것이다."[39] 강희제, 옹정제, 건륭제 삼대의 문자옥은 황제마다의 개성이 뚜렷하다. 강희제의 관대함에 대해서는 중국과 외국 학자들의 견해가 대체로 일치한다. 그는 친정한 뒤에 문자 검열을 느슨히 하였고, 명말 유민들의 작품이 출간되어 유통되는 것을 내버려 두었을 뿐만 아니라, 고염무, 황종희(黃宗羲), 부산(傅山) 등 유민의 글에서 꼬투리를 잡아 죄를 묻지도 않았다. 그런데 옹정제와 건륭제는 모두 그의 부친이나 조부만큼 천성이 너그럽고 온화하지는 않았다. 두 부자의 성격은 매우 비슷한 점이 있었으니 예를 들어 그들은 시기하며, 야박하고, 자신은 높이고 다른 사람은 낮추며, 자신감이 지나치다는 공통점이 있었다. 한편 건륭제는 침착하고, 치밀하고, 음험했던 반면 옹정제는 경박하고, 경솔하며, 맹랑했으니 기질에 있어서는 분명한 차이도 있었다. 그런데 두 사

---

39)   郭成康·林鐵鈞(1990), 위의 책, p.9.

람 모두 매우 뛰어난 지혜와 능력을 갖추고 있었으며, 한족에게 잠재된 반청 사상 문제를 철저하게 해결하려는 큰 야심을 갖고 있었다. 그래서 문자옥을 이러한 큰 목적을 이루는 도구로 여겼다.[40]

귀청캉은 이렇게 결론내렸다. 문자옥이라는 역사 현상은 봉건제왕이 당면한 정치 형세와 매우 밀접한 관계가 있지만, 봉건제왕의 이런저런 개인적 요인이 더 큰 영향을 끼친다. 예를 들면, 제왕이 사상과 의식의 중요성을 어떻게 인식하는가, 제왕의 태도가 어떠한가, 나아가 제왕이 정치 형세에 대해 정확한 판단을 할 수 있는가 하는 점들이 문자옥에 깊은 영향을 끼친다.[41]

청나라 황제의 열등감은 실록을 끊임없이 수정했던 점에 잘 반영되어 있다. 멍선의 견해에 따르면, 실록을 수정하는 것은 청대에 있어 일상적으로 있는 일이었다. 문장을 퇴고하면서 고치고 싶으면 바로 고쳤으니, 전조에서 실록을 편찬하면서 사실을 대단히 존중하였던 것과는 아주 달랐으며 신뢰할 수 있는 역사를 남기겠다는 의식이 터럭만큼도 없었다.[42] 『실록』을 편찬하는 과정에서 황제가 시종일관 개입하여 『실록』에 수록될 내용을 최종적으로 결정하였다. 이러한 현상은 특히 옹정제 이전 오조(五朝)의 『실록』을 왜곡하는 데에서 심각하게 나타났으니, 그 주요한 몇 가지 사항을 들면 다음과 같다.

1. 후금이 명나라의 신하가 되어 복종한 관계를 감춤.
2. 만주의 낙후된 문화 습속을 삭제. (순장, 미신, 아내를 노비로 취급,

---

40) 郭成康·林鐵鈞(1990), 위의 책, pp.42~44.

41) 郭成康·林鐵鈞(1990), 위의 책, p.33.

42) 孟森, 「讀淸實錄商榷」, 『明淸史論著集刊』下冊, 北京: 中華書局, 1959, pp.619~621.

노복과 포로를 가축으로 취급. 아들이 계모와 혼인하거나 동생이 과부가 된 형수를 취하는 등의 수계혼인 구습.)

3. 만주족 상층부의 추문을 은폐.

4. 정적을 억압하고 통치집단 내부의 알력 투쟁을 삭제.

5. 입관(入關) 전 만인의 한인에 대한 잔학 행위를 은폐.

6. 황제의 언행과 공적을 미화 과장.

7. 황제의 부당하거나 모순적 언행을 엄폐. 이와 같은 곡필의 수법은 윤색, 삭감, 증보, 생략 등을 포함.[43]

천궈성(陳國生)은 열등감에 대한 사회심리학의 분석을 활용하여 청나라 황제의 "문교"와 통치 정책을 해석하였다. 옹정제가 평생 가장 큰 비난을 받았던 일은 제위 계승으로 인해서 형제와 종실, 군신백관에 대해 가혹하게 대한 방식이었다. 옹정제의 맏형과 둘째 형은 감금되어 죽었고, 여덟째 아우와 아홉째 아우는 금고되어 종적에서 지워져 온갖 고문을 당한 끝에 은밀히 죽임을 당했다. 셋째 아우, 열째 아우, 열넷째 아우는 종신토록 유폐되었고, 다섯째 아우와 일곱째 아우의 아들은 모두 세자 종적에서 삭제되었다. 종실 가운데 복종하려 하지 않거나 혹은 다른 죄상으로 인하여 죽임을 당하거나 옥에 갇혀 재산을 몰수당하고 유배된 자가 부지기수였다. 이러한 지나친 처사는 옹정제가 황위를 찬탈한 이후 과도한 두려움에서 나온 비정상적인 살해 심리에서 비롯되었던 듯하다. 당시 사회에는 여러가지 떠도는 말이 있었다. 옹정제는 아버지를 죽이고 자리를 찬탈했다, 생모를 압박

---

43) 楊立紅·硃正業, 「淸實錄曲筆之考察」, 『史學史硏究』, 2008(3).

하여 죽게 했다, 형제들을 도륙냈다, 아버지의 비를 간음했다, 품행이 비열하다, 대역부도하다 등등의 이야기들은 옹정제에게 심리적으로 극도의 압박감을 주었다. 그래서 그의 내면에는 은연중에 열등감의 원천이 존재하게 되었으니, 왕위를 찬탈했다는 소문이 조성한 심리적 긴장감과 열등감을 어떻게 완화시킬 것인지가 바로 옹정제가 관심을 기울인 핵심 문제였다.

천귀성은 오스트리아 심리분석학자 아들러(Alfred Adler)의 저서 『열등감과 초월』에 나오는 "열등감은 항상 긴장을 조성하기 때문에 우월감을 얻으려는 보상 움직임이 함께 나타날 수밖에 없다"라는 시각을 원용하였다. 옹정제는 심리적 결함 때문에 자신의 신분을 어떻게든 신격화해야 했고, 황제가 된 것은 하늘의 뜻임을 입증해야 했다. 그래서 '천인감응(天人感應)'과 '상서(祥瑞)'라는 말에 계속해서 집착하였다. 이같은 열등감은 문치 정책에 있어서 사인에 대한 각박한 태도로 나타났으니, 옹정제는 즉위의 불법성이 일반 사람들에게 사실로 받아들여지는 것을 꺼려서, 사람들의 의론이 이 금기에 저촉하기만 하면 곧바로 잔악하게 변해 과격한 보상 수단을 써서 열등감을 해소했다.

옹정제는 문인들이 일부러 그 단점을 들추어내는 것으로 의심하였으니 이것이 촘촘히 문자 검열망을 만든 직접적 원인이었다. 문인들이 시를 읊고 글을 쓰면서 글자를 신중히 사용하지 않으면 곧바로 횡액을 입었는데 대부분의 죄명은 '넌지시 비난하였다', '성인의 이름을 범하였다', '어휘가 적절하지 않았다' 등이었으며 사실 뚜렷한 반청사상은 없었다.[44] 옹정제 시기의 중대한 문자옥은 대부분 적장자의 지

---

44) 陳國生, 「淸世宗的自卑情結及相關問題初論」, 『學術月刊』, 1995(10).

위를 빼앗았다는 소문과 관련이 있었다. 유명한 증정의 사건도 이 민감한 정치 풍파에 휘말려 들어간 것이다. 『대의각미록(大義覺迷錄)』을 보면 증정이 했다는 이른바 비방의 말은 옹정제가 '부친을 모략했다', '모친을 핍박했다', '형을 죽였다', '동생들을 도륙했다' 등을 가리킨다. 또 증정은 옹정제가 연갱요(年羹堯)와 융과다(隆科多)를 엄벌함에 불만을 표시했으니 그가 죄를 얻은 주된 요인은 이 때문이었으며 여유량(呂留良)의 화이사상을 선양했다는 데 있지 않았다. 여유량, 육생남(陸生楠)도 '봉건제를 회복하자'를 내세웠지만 본질적으로는 옹정제가 즉위한 후에 여러 왕을 죽인 것을 은밀히 비판하는 것이었다. 만일 이런 말들이 마음대로 퍼지면, 상황은 수습하기 어려웠을 것이다. 18세기 초기의 이러한 특수한 환경은 옹정제의 특수한 심리를 조성했다. 그는 황제라는 존귀한 지위에 있으면서도 열등감의 영향으로 국가 통치, 재정, 문교 정책에 큰 폭으로 개혁을 만들었다.[45]

당연한 일이지만 청조의 통치 책략을 옹호하는 견해도 있다. 이 견해에 따르면 18세기 대부분의 시기에 걸쳐 청조의 지식 계층에 대한 통제는 비교적 관대했으며, 학술 연구도 비교적 자유로웠다고 본다. 그러므로 18세기 중국 지식 계층이 모두 공포 통치 속에서 생활했다고 보는 시각은 대단히 치우친 것이 된다. 오랫동안 학계는 문자옥과 반청 언행에 대한 청나라 조정의 진압, 특히 일군의 악의적 언어 문자 활동(예를 들어 반청 저술로 무고하는 경우)을 처벌하는 것을 뒤섞어 논의했기에, 일부 학자는 청조의 지식 계층에 대한 정책에 대하여 적지 않은 오해를 갖게 되었다. 문자옥이라는 것은 통치자가 자신이 다스리

---

45)　陳國生(1995), 위의 논문.

는 백성의 언어 문자에 대하여 실체 없는 것을 부풀리는 방식으로 온당치 않은 수색을 하여 아무 근거도 없는 죄명을 뒤집어씌우고 공포 통치를 실행함으로써 사상통제 강화의 목적을 달성하고자 하는 것이었다. 그런데 청나라 조정이 자신의 법률 규정에 근거하여 언어 문자에 관련된 사건을 처리했던 것은 정상적 절차였다고 할 수 있다. 연구자들이 이 부분을 잘 이해해야 하니 일률적으로 문자옥으로 보아서는 곤란하다.[46]

청나라 조정의 지식 계층에 대한 통제가 어느 정도에까지 이르렀는가 하는 점은 줄곧 학계의 논쟁거리였다. 만약 '청나라 조정의 문치 정책의 반포와 실행'이라는 시각에서만 평가한다면 새로운 논의를 얻을 수 없으므로 연구 시각을 새롭게 할 필요가 있다.

제왕의 의지가 사회적으로 어떤 파문을 불러오는가 하는 문제를 왕판선(王汎森)은 다음과 같이 보았다. 청대 문자옥이 일으킨 정치적 압력은 모든 방면에서 모세관처럼 스며들었는데, 특히 문인이 스스로를 검열하도록 하였던 점은 그 영향이 공개적인 억압을 넘어섰다. 모든 시대마다 "문자옥"에서 비롯된 자기 검열과 회피 현상은 있었지만, 각 시대마다 자기 검열의 내용, 중점, 규모가 달랐다.[47] 전체적으로 비교해 볼 때, 청대 문자옥과 자기 검열 현상은 강도가 세고 규모가 매우 컸다. 왕판선이 논한 바는 바로 은밀하면서도 능동적으로 사적 공간에서 진행된 억압, 곧 한 편의 '모든 백성의 대합창'에 대한 것이었

---

46) 高翔, 『近代的初曙: 18世紀中國觀念變遷與社會發展』, 北京: 社會科學文獻出版社, 2000, pp.79~80.

47) 王汎森, 『權力的毛細管作用: 淸代的思想, 學術與心態』, 台北: 聯經出版公司, 2013, p.394.

다. 저자, 독자, 도서 판매상 및 서적과 직간접으로 연결된 모든 사람이 책을 폐기하고 수정하는 활동에 참여하였다. 그들 가운데 어떤 이는 금서류의 은닉을 돕고, 어떤 이는 참화를 피하고자 시비를 막론하고 우선 삭제하거나 소각해버렸다. 이런 과정을 통해 정부의 검열 정책은 이름 모를 수많은 군중의 손을 통해 확대되어 집행되었으니, 정부의 물리적 역량으로는 절대 도달할 수 없는 곳까지 확산되었을 뿐만 아니라 사람들의 추측과 상상에 기대어 처음에는 생각지도 못했던 수많은 방법으로 이어졌다.[48]

청대의 정치가 문화 영역에 행했던 억압의 가장 큰 영향은 바로 연쇄작용이 불러온 각종 문화 영역의 위축, 공적 공간의 위축, 정치비판 의식의 위축, 개인 정신의 위축이 '모든 백성이 숨어 버리는 심리 상태', 즉 "비정치화"를 만들었다는 점이다. 문화 영역에 대한 정치의 관여는 사람들이 어떻게 생각하는지를 적극적으로 개조하는 데 그치지 않고, 미리 정해진 방향으로 생각하도록 한다거나, 혹은 사람들이 아무 생각도 하지 않고, 감히 생각하지도 못하도록 하였다. 이로 인해 구조적인 '문화무주체성(文化無主體性)'이 형성되어 공적여론[Public opinion], 민간 사회, 사대부 문화가 균형 잡힌 세력으로 발전하기 어려웠다.

또 하나의 현상은 사적 영역의 과도한 정치화이다. 이는 거대한 공포감을 통해 사람들이 스스로 국가의 정책이나 국가의 정책에 대한 상상을 사적 영역의 일부로 내재화하여, 이를 범하지 않도록 조심하게 되는 것이다. 이로써 국가는 직접 모든 사람을 통제하지 않아도 사

---

48)　王汎森(2013), 위의 책, pp.396~397.

람들이 스스로를 통제하며, 자발적으로 사적 영역을 국가화하고 정치화하게 된다.[49]

청나라 문치 정책에 관한 기존의 연구를 대략 정리하면, 다음과 같이 간단히 그려볼 수 있다. 민국 초기 량치차오의 "억압설"에서 시작하여 "정치적 정통성"과 "도학적 정통성"을 통합하려는 청나라 황제의 독단적 기획을 꿰뚫어 보는 데에 이르렀고, 문자옥 사건을 깊이 있게 해석하는 것에서 출발하여 '사적 영역의 정치화'라는 시각에서 제왕의 개인적 의도가 형성한 모든 사람의 심리상태를 관찰하는 데에까지 이르렀다. 이러한 점들은 청조에 대한 역사 연구가 더욱 다양하고 깊이 있는 경지로 발전하고 있음을 보여주고 있다.

---

49)   王汎森(2013), 위의 책, p.487.

에도 막부 말기-메이지 시기 학술·교육의 형성과 한학[*]

-幕末明治期における学術·教学の形成と漢学-

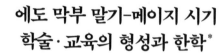

마치 센쥬로(町 泉寿郎)

1. 도입

필자가 소속되어있는 니쇼가쿠샤(二松學舍)에서는 지금까지 한학자 미시마 타케시(三島毅, 1831~1919)가 메이지 10년 10월 10일 니쇼가쿠샤를 설립했던 동기에 대해, "당시 서구화의 풍조에 저항하고, 메이지 시기의 교육제도에 대한 비판적인 입장"(『이송학사백년사』서문)에 기인하였다고 설명하곤 한다. '한학(漢學, 宋學에 상대적인 한학이 아니라, 한문을 가지고 학습한다는 의미로서)'이 일본의 '지식' 형성 과정에서 담당하였던 역할은 기초학으로서의 의미와 중국에 관한 '학지(學知)'의 의미였다고 할 수 있다. 기초학으로서의 한학은 19세기를 통과하며 서양 학문에 자리를 양보하고 쇠퇴했다고 생각하기 쉽지만, 과연 이러한 견해가 근대 일본에서 한학의 역할에 대해 제대로 설명한다고 할 수 있을까. 본고에서는 막부 말 메이지 시기 근대화 과정에서 한학이 수행했던 역할과 움직임을 인물과 학교 제도·교육제도를 중심으로 살펴보고자 한다. 이를 통해 일본의 학술과 교육이 태동하였던 실상의 한 면을 있는 그대로 그려보도록 하겠다.

2. 막부에서 메이지 신정부로의 문교기관 계승

에도시대에 유학이 담당하였던 시대적 의의를 한마디로 정리하여

---

* 이 논문은 『日本漢文学研究』11, 2016에 실린 '幕末明治期における学術·教学の形成と漢学'를 저자의 허락을 얻어 한국어로 번역한 것이다. 인명은 현지 발음대로 하고, 그 외에 우리가 익숙히 써왔던 한자어는 우리음으로 읽었다. 번역하는 과정에 저자가 논문의 일부를 수정하였기에 한국어 논문과 원문은 다소 차이가 있음을 밝혀둔다.

말하기는 어렵겠지만, 막부의 유자(儒者)를 예로 들면, 그 직무는 '외교'[五山禪林에서부터 히야시 라잔(林羅山) 가문에 이르기까지], '편찬'[법전·가보·역사 등], '교육'으로 나눌 수 있을 것이다. 즉 이는 공적인 학문이라 할 수 있다.

우선 '교육'에 관해 이야기하고자 한다. 18세기 후반 이후 공립학교는 점차 증가하였는데, 1798~1799년 사이에 막부가 직접 운영하는 쇼헤이자카(昌平坂 學問所)가 설립된 시기를 전후로 하여 교육의 대상과 목적이 달라졌다고 볼 수 있다. 에도시대 초기까지 한문 전적을 공부하는 것은 귀족·상급 무사 집안·도시 상공업자(町衆) 등 일부 지배계급의 전유물이었다. 그러나 17세기를 거쳐 목판인쇄가 보급되면서 훈점(訓點)이 달린 텍스트가 도서 시장에 유통되고, 17~18세기 대도시를 중심으로 사숙(私塾)이 늘어나면서 일부 지배계급을 넘어서 경제력을 쌓은 호농(豪農)·호상(豪商)이나 의사 등의 전문직들도 자발적으로 한학을 학습하게 되었다. 그런 의미에서 '배움'은 에도시대에 있어서 기본적으로 사적인 행위였다. 그러다가 쇼헤이자카 학문소(및 전국 여러 번의 藩校)가 창설되고 그곳에서 주자학을 중심으로 하는 보통 교육이 이루어졌던 것은 무사 계급을 대상으로 한 공적인 '배움'이 성립되었음을 의미한다. 다른 각도에서 보면 이것은 경제적으로 심각하게 피폐해진 무사 계층이 지배계급으로서 자신의 위상을 다시 세우기 위한 노력이었다고도 볼 수 있다. 다만 무사 계급의 '배움'이 '서민의 배움'을 배제한 것은 아니며, 오히려 여러 번의 학문 장려책은 호농·호상 계급을 포괄하는 형태로 실시된 경우도 드물지 않았다. 따라서 '계급적 질서가 동요하지 않는 범위에서'라는 한계가 있긴 하지만, 에도 후기에는 이미 학문에 의한 입신출세가 가능한 시대가 되었다고도 말할 수 있다.[1]

쇼헤이자카 학문소뿐만 아니라 개성소(開成所), 의학소(醫學所) 등 막부의 교육 기관이 메이지 신정부에 편입되어 개편되었는데 그 과정에서 제도적·인적으로 이전 시대와 연결되는 면이 있었다. 이러한 상황은 지방의 여러 번에서 번교(藩校)가 메이지 시기 이후에 공립학교로 재편되었던 과정과도 유사하다. 또 필자의 소견으로는 이 공립학교의 조직화 과정에서 점차 초등·중등교육과 고등교육의 교육 내용이 분화되었던 것은 아닌가 생각한다. 예를 들어, 이른바 분큐 삼박사(文久三博士, 1863년에 등용된 야스이 소켄(安井息軒), 시오노야 토오인(塩谷宕陰), 요시노 킨료오(芳野金陵))가 추구했던 학문은 모두 칸세(寬政) 연간에 형성된 정학(正學)으로서의 주자학은 아니었다. 그 가운데 요시노 킨료오는, 다사다난했던 정세로 인해 실현하지는 못했지만, 막부 신하 자제들의 초등교육을 위해 에도 시내에 학문소 관할의 '소학(小学)' 10여 곳의 개설과 일본 여러 유학자의 경서 해석서 편찬을 학문소 개혁안으로 제안하기도 하였다.[2] '소학'을 개설하자는 것은 막부 신하 자제들의 초급 교육기관을 증설하자는 방안인데, 그 교육 내용은 정학파(正學派)의 주자학을 종지로 삼았던 것으로 보인다. 경서 해석서 편찬은 주자학 계열의 해석서에 한정되었다고 할 수는 없으니 킨료오는 정학

---

1) 무사 계급 외에 藩儒에 등용된 사례는 아마도 매우 많을 것이라 짐작된다. 창평판 학문소의 유자들을 보더라도, 일찍이 칸세(寬政, 1789-1801) 연간의 비토 니슈(尾藤二洲)나 라이 슌스(頼春水), 분큐(文久, 1861~1864) 연간의 요시노 킨료오(芳野金陵)는 호상·호농 계급 출신이었다. 야마다 호우코쿠(山田方谷)나 미시마 츄슈(三島中洲)는 備中의 莊屋[촌장] 출신으로 松山 번으로부터 유학비를 지급 받아 에도에서 유학하였는데, 그 유학비 지급은 제도화된 것이었다.

2) 킨료오는 실무를 담당시키기 위해 나카무라 케이우(中村敬宇)·시오노 키잔(塩谷簀山)의 임명을 제안하였지만 허가받지 못하였고, 후에 그는 이 사업에 착수하기 위해 모미지야마(紅葉山 文庫)로 전임을 희망했다고도 한다.

파의 주자학이 아니라 자신이 추구하는 '절충학'을 학문소에 도입하려 했다고 볼 수 있다. 그러므로 초등교육에서는 정학파의 주자학을 유지하는 한편, 학문소처럼 보다 높은 수준의 교육은 주자학에 구애되지 않고 더 넓은 학문을 목표로 삼았을 가능성이 있다. 다시 말하면 초등·중등교육에서는 주자학을 기반으로 하고, 다음 단계의 한학 영역에서는 절충학과 고증학(또는 양명학) 그리고 한학 이외로는 국학이나 양학을 공부하는 경우도 많았다고 볼 수 있을 듯하다.

이어서 1868~1877년(메이지 원년~10년) 사이에 막부에 소속되었던 문교기관이 신정부로 이행된 후 고등교육으로서의 '화한학(和漢學)'과 양학은 뚜렷하게 그 명암이 갈린 것으로 보인다. 막부 교학의 중심에 있던 쇼헤이자카 학문소(및 여기에 부속되어 있던 화한 강담소)는 창평학교(1868) → 대학교(1869) → 대학(1869~1870)으로 변화하였지만, 양학과 황한학(皇漢学)의 대립을 해소하지 못한 상태로 문을 닫고 말았다(1871). 또한 1765년에 창설된 세에주칸(躋壽館)에서 기원하여 한의학의 거점이 되었던 의학관은 후에 오타마가이케 종두소(お玉が池種痘所, 1858년 개설)를 기원으로 하는 후발조직인 의학소의 부속기관이 되었다.

한편 천문방번역국(天文方翻訳局, 1811년 개설)에서 기원한 번서조소(蕃書調所, 1858년)는 개성소(開成所, 1858년) → 개성학교(開成學校, 1868년) → 대학남교(大学南校, 1870년) → 남교(南校, 1870년) → 개성학교(開成學校, 1871년) → 동경개성학교(東京開成學校)로 이어졌다. 의학소(1861년 개설)는 의학교(醫學校, 1868년) → 대학동교(大學東校, 1870년) → 동교(東校, 1870년) → 제1대학구의학교(大學區醫學校, 1872년) → 동경의학교(東京醫學校, 1874년)로 이어졌다. 그리고 별도로 공부성(工部省) 관할 하에 신설되었던 공부대학교(工部大学校, 1877년)와 함께 이들 학교는 1877년에 법·의·공·문·리의 5개 학부로 발족한 도쿄대학(東京大学)으로 통합되었다.

그러므로 이 교육기관의 조직개편을 반영하여 1872년에 공포된 「학제」 규정에서 대학은 '높은 수준의 여러 학문을 가르치는 전문교과의 학교'로 규정되었다(다시 말해서 이 시점에서 대학은 전문학교에 지나지 않았다). 그런데 그 전문 교과는 남교·동교에서 가르친 이(理), 화(化), 법(法), 의(醫), 수리(數理) 뿐이었기에 여기에서 '문(文)'의 학문은 공적인 고등교육에서 탈락되어 단절되었음을 알 수 있다.

3. 고등교육기관(도쿄대학 문학부)에서의 화한고전학

1877년 도쿄대학에서 문학부를 창설한 것은 1871년에 폐지되었던 대학의 본교가 부활한 것으로 볼 수 있다. 이와 관련하여 1879년에 공포된 교육령의 규정에서는 "대학교는 법학, 이학, 의학, 문학 등의 여러 전문분과를 가르치는 곳으로 한다."라고 하였다. 이때 문학부에 개설되었던 학과는 철학·사학(→교관 중 적임자가 없어 폐지)·정치학·이재학(理財学)·화한문학이었는데, 1880~85년에 걸쳐 배출된 47명의 문학부 졸업생 중 화한문학과는 겨우 2명의 졸업생(1881년 타나카 이나기(田中稲城), 1884년 타나하시 이치로(棚橋一郎))밖에 없었다. 철학과 전공생도 겨우 3명(1882년 아리가 나가오(有賀長雄), 1883년 미야케 유지로(三宅雄二郎), 1885년 이노우에 엔료(井上円了))뿐이었으니 1881·1882년도 졸업생은 철학 복수 전공자(예를 들면 이노우에 테츠지로(井上哲次郎)가 철학과 정치학을 복수 전공한 것과 같은 것) 6명을 포함하여 9명에 불과하였다. 그 이외의 47명 중 36명, 약 80퍼센트가 정치학과와 이재학과 졸업생이었다. 이 정치학과와 이재학과가 1885년에 문학부에서 법학부로 옮겨지면서 문학부는 다시 존폐의 위기에 처했다고 생각된다.

한편, 이 시기에는 임시로 설치된 고전강습과(1882~1888)가 본과 학생을 웃도는 학생 수를 확보하고 있었다. 메이지 14년 정변 후 반동적인 분위기(이노우에 고와시(井上毅)의「人心教導意見案」등)를 배경으로 개설된 고전 강습과는 국서과(国書課) 전기(정원 40, 1882~1886년)에서 29명, 한서과(漢書課) 전기(정원 40, 1883~1887년)에서 28명, 국서과 후기(정원 31, 1884~1888년)에서 15명, 한서과 후기(정원 30, 1884~1888년)에서 16명 등 총 88명의 졸업생이 배출되었다.

고전강습과의 각 과정은 도쿄대학 시절에 시작되었지만, 졸업은 모두 도쿄제국대학으로 개편된 후에 이루어졌다. 1886년 제국대학 개편에 따라 "제국대학은 국가의 필요에 부응하는 학술과 기예를 가르치고 또한 깊이 연구하는 것을 목적으로 삼는다."고 규정되어(제국대학령), 무엇이 메이지 시대 일본국가에 필요한 학문인가를 생각하지 않을 수 없게 되었다. 제국대학 설립을 계기로 고전강습과 학생들은 관비 지급 중단 등으로 인한 중퇴자가 속출하게 되고, 학사 학위를 교부받지 못하는 등 본과생과의 차별점으로 인해 큰 타격을 받았다.

고전강습과와 관련해서는 본래 도쿄대학의 성격(외국어에 편중된 학교이나 입학시험에 외국어를 부과하지는 않음)과는 배치되는, 어디까지나 임시적인 조치였다고 보는 견해도 있지만, 화한학 교관들부터 사학(斯學)의 부활을 환영하며 자신의 자제나 문생을 고전강습과에 입학시켰던 것을 볼 때, 개설 당초부터 비주류의 교육과정이었다고 보는 것은 무리라고 생각된다. 애초에 제국대학 이전의 도쿄대학은 제1대학구에 설립된 대학교에 지나지 않았으며, 그 실태는 앞에서 보았던 대로 이학·법학·의학 등을 가르치는 전문학교일 뿐이었다. 관리 등으로 취직에 유리한 관립학교로는 공부대학교, 사법성법학교, 해군병학교(해군사관학교), 군사관학교 등이 있었으므로 도쿄대학은 여러 고등교육기관 가운데 하나였을 뿐이다. 또한 학생의 80퍼센트를 정치학·이재학과가 점유하고 있었던 시절의 문학부와, 정치학·이재학과가 법학부로 옮겨간 이후의 문학부는 분명 다르다고 할 수밖에 없다.

다음으로 도쿄대학 법학부·문학부에서 화한학을 강의한 교관에 관하여 살펴보자. 직위의 이동을 정리하면 다음과 같다. 먼저 고전강습과 개설 이전에 부임한 자들이다.

나카무라 마사나오	中村正直	(문학)	강사(1877 문학), 교수(1811 문학), 원로원 의관(1866)
요코야마 요시키코	横山由清	(화학)	강사(1877 법문, 1879 사망)
시노부 아키라	信夫 粲	(한학)	고원(雇員, 1877 문학), 어용괘(御用掛,[3] 1884 문학), 직무면제(1885)
코나카무라 키요노리	小中村清矩	(화학)	강사(1878 법문), 교수(1882 법문), 교수(1886 문학)
미시마 타케시	三島 毅	(한학)	강사(1879 문학), 교수(1881 문학), 직무면제(1886)
쿠로카와 마요리	黒川真頼	(화학)	강사(1879 법문)
시마다 죠레	島田重礼	(한학)	강사(1879 문학), 교수(1881 문학), 교수(1886 제국대학 문학과, 1898 사망)

---

3)   역주) 정부에서 파견되어 학제정비하는 직책.

키무라 마사코토	木村正辞	(화학)	강사(1880 법문), 초빙교수(1880 법문), 교수(1884 법문)
오오사와 스가오미	大沢清臣	(화학)	준강사(1880 법학)
이이다 타케사토	飯田武郷	(화학)	조교수(1881 법학)
오카마츠 오코쿠	岡松甕谷	(한학)	어용괘(1882 문학·예과), 어용괘(1885 문학), 직무면제(1886)

다음으로, 고전강습과 개설 이후에 새로 부임한 화한학의 교원은 다음과 같다.

쿠메 모토후미	久米幹文	(화학)	준강사(1882 고전), 조교수(1884), 면직·촉탁강사(1886)
모토오리 도요카이	本居豊穎	(화학)	강사(1882 고전), 면직(1886)
코스기 스기무라	小杉榲邨	(화학)	준강사(1882 고전), 면직(1886)
마츠오카 아키요시	松岡明義	(화학)	준강사(1882 고전)
사사키 히로츠나	佐々木弘綱	(화학)	준강사(1882 고전)
모즈메 타카미	物集高見	(화학)	준강사(1883 문학), 교수(1886 제국대학 문학과), 퇴직(1899)
난마 츠나노리	南摩綱紀	(한학)	교수(1883 문학), 면직·촉탁강사(1886~1888)
사토 죠오지츠	佐藤誠実	(화학)	준강사(1883 문학), 해직(1884)
나이토 치소오	内藤耻叟	(화학)	강사(1884 문학), 강사(1885 문학), 교수(1886 제국대학 문학과)
아키즈키 카즈히사	秋月胤永	(한학)	강사(1884 문학·예과), 면직(1886)
오와다 다케키	大和田建樹	(화학)	준강사(1884 문학), 면직(1886)

카와다 타케시	川田剛	(한학)	교수(1884 문학), 면겸직(1886)
시게노 야스츠구	重野安繹	(한학)	교수(1884 문학), 면겸직(1886)

　　1886년 도쿄대학에서 제국대학으로 개편될 때 교관 가운데에는 계속 대학에 남은 사람도 있었고 사임한 사람도 있었다. 도쿄대학 법학부·문학부에서 화한학을 강의한 교관 중 제국대학 개편 후에도 교수로 남은 경우는 법제사의 코나카무라 키요노리(小中村淸矩), 고증학의 시마다 쵸레(島田重礼), 미토(水戸) 사학의 나이토 치소오(内藤耻叟), 국문법을 강의한 모즈메 타카미(物集高見) 4명뿐으로 특히 한학에서는 시마다 쵸레가 유일했다. 그밖에 고전과에 재학하는 학생이 있는 경우에만 난마 츠나노리(南摩綱紀, 송학에 관한 지식이 기대되었던 것으로 보임)와 미토학의 흐름을 따르는 쿠메 모토후미(久米幹文)가 1년마다 갱신하는 강사 자리에 촉탁을 받았다. 제국대학으로 개편 과정에서 국가에 필수적인 학문이 어떤 것이었는지가 드러났다면, 고전과 교원의 촉탁 과정을 통해서는 화한 고전과 관련된 구학(舊學) 가운데 어떤 학문이 고등교육의 내용으로 채택되었는지를 알 수 있다.

　　이 시기에 시마다 쵸레(島田重礼, 1838~1898)는 어떤 학문을 강의했나. 『도쿄대학연보』, 「내외교사교수등신보(内外教師教授等申報)」에 따르면, 1879년(메이지 12년) 9월부터 1885년(메이지 18년) 7월에 이르는 동안 그는 법학부, 문학부(화한문학과, 철학과, 고전강습과)의 학생들에게 한적을 강의하거나 윤독을 실시하고 있었다. 강의 과목은 「한문학」, 「지나철학」, 「경학사학」 등이었는데 「지나철학」에서는 『맹자』, 『노자』, 『순자』 등의 제자백가 서적을, 「한문학」에서는 『문장궤범』, 『당송팔대가문독본』 등을 사용하는 등 교재에서는 구별이 보이지만 모두 한적

을 강독하거나 윤독하는 스타일이었다.[4]

4) 시마다가 도쿄대학에서 수업했던 대상 학생·강의 제목 및 수업내용은 아래와 같다.
    ○ 메이지 12년 9월~13년 7월
    · 문학부 제2과 3학년「한문학」, 법문학 1학년「한문학」
    ○ 메이지 13년 9월~14년 7월
    · 문학 4학년「한문학」(주2시간)『시경』강의, 『서경』윤강
    · 문학부 제2과 4학년「한문학」… (주4시간)『주역』강의, 『한비자』윤강
    · 법문학 1학년「한문학」… (주4시간)『사기』윤강, (정식과목 외)『문장궤범』강의
    ○ 메이지 14년 9월~15년 7월
    · 철학 3학년「지나철학」… (주2시간)『맹자』『노자』『순자』강의
    · 문학 2학년「한문학」… (주1시간)『논어』강의, (주1시간)『고금학변』강술, (주4시간)
      『팔대가문독본』윤독질의
    · 화한문학 2학년「한문학」… (주2시간)『한서』질의
    ○ 메이지 15년 9월~16년 7월
    · 화한문학 3학년「지나철학」… (주4시간) 논어 주자주·대학 주자주·중용 주자주·장
      자 곽상주·좌전 두예주 강의
    · 화한문학 2학년「한문학」… (주6시간) 팔대가문독분논독 질의
    · 화한문학1학년「한문학」… (주1시간) 맹자 주자주 강의
    · 고전강습과 을부 1기생「경학사학」주자주 (주3시간)『주례』鄭玄 賈公彦 주소 강의
      후 윤강, (2시간) 1기대학·제2기 중용 윤강, (3시간)좌전 질의
    ○ 메이지 16년 9월~17년 7월
    · 화한문학 4학년「지나철학」… (주2시간) 주례 강의
    · 철학 4학년「지나철학」… (주2시간) 장자 강의
    · 고전강습과한서과 3·4기생「경학사학」… 주례윤강, 좌전질의, 서경윤강
    ○ 메이지 17년 9월~18년 7월
    · 화한문학 3학년「지나철학」
    · 화한문학 1학년「한문학」
    · 고전강습과 한서과 3학년「경학사학」
    · 고전강습과 한서과 1학년「사학」
    ○ 메이지18년 9월~19년 6월
    · 철학 4학년 화문학 4학년 선과생 … (전출한 나카무라 쇼지키 계승) 주역 강의
    · 철학 3학년 … 「漢이후 諸儒의 説·孔門諸弟子学派의 원류·제자학술의 차이」
    · 화문학 2학년 … 주례 강의
    · 화문학 1학년 … 맹자 윤강
    · 고정강습과 한서과 4학년 … 서경 채침전·주례 정현주 윤강, 자치통감질의, 의례 정
      현주 강의, 한비자 윤강

이후 제국대학으로 개편된 1885년 9월부터 1886년 6월에 이르는 동안 시마다는 처음으로 한적을 사용하지 않는 '강의'를 시작하였다. 「내외교사교수등신보」에 다음과 같이 기록되어 있다.

철학과 3학년생에게는 금년부터 한적을 이용하지 않고 오로지 강의를 통해 수업한다. 먼저 도덕과 인의 등의 의미를 들어 하나하나 경전과 사서에서 사례를 들어 설명하고, 한편으로는 한위(漢魏) 이래 여러 유자의 말을 뽑아 상세히 설명한 뒤에, 요순·주공으로부터 공자 문하의 여러 제자 학파의 원류와 아울러 주나라 말기 제자백가의 같고 다름을 설명한다. 우선 각 인물의 경력을 대략 들고, 다음으로 학술적 대의를 설명하며 혹은 책 속의 구절을 뽑아 칠판에 써서 학생들에게 그 요지를 알려줌.(밑줄은 필자)

다시 「내외교사교수등신보」에 따르면 제국대학으로 바뀐 뒤로 시마다의 수업 과목 가운데 이른바 '강의' 과목이 확실히 증가한 반면, '한문학'(강독)이나 '한문 작문'(첨삭) 등 다른 전공(법학부 등)이나 초학자를 위한 교양 과목은 감소했다.[5] 그러한 시마다와는 달리, 나카무라

· 고전강습과 한서과 2학년 … 좌전윤강, 시경 모시주 윤강·주례 정현주 강의·자치통감질의

5) 메이지 15년 9월 이후에 개설된 古典講習科와 漢書科 학생을 위한 '경학사학'은 중국 고전 전문가 양성을 목표로 설치된 만큼, 「주례」「의례」 주소의 강의·윤독 등 난이도 높은 교재를 사용하였다. 또 해당 기간에 한적 이외의 교재 중에는 유일하게 이토 도우가이(伊藤東涯)의 『古今学変』을 강술했던 것이(1881년 9월~82년 7월) 이후 철학사 강의로 이어졌다고 볼 수도 있기에 주목된다.

· 1886년 9월~1887년 7월 학기: 「支那 哲學의 大義(諸子~兩漢 학술의 개략·魏晉~明淸 諸儒의 學流)」(철학과 3학년), 「支那 制度의 大略(『文獻通考 詳説』)」(和學科 2학년).

마사나오·미시마 타케시를 필두로 하여 제국대학으로 개편된 시기에 사임했던 교관들은 주로 '한문학'이나 '한문 작문'의 담당자였으니, 이러한 부분이 고등교육의 '화한고전학'에서 제외되었다고 볼 수 있다.

강의 형식의 수업과 관련하여, 촉탁 강사직을 이어갔던 난마 츠나노리가 강의를 진행하면서 당면했던 어려움(참고서의 부족 등)을 기술한 문서도 남아 있다. '강의' 형식에 익숙지 않았던 구학자로서 새로운 수업을 진행하는 것이 얼마나 곤란했던가를 엿볼 수 있다.[6]

4. 시마다 쵸레와 이노우에 테츠지로의 제국대학 '지나철학사' 강의

개편된 제국대학 문과대학에서는 초빙 외국인 교수였던 리스 (Ludwig Riess)가 역사학을 담당하고, 체임벌린(Basil H. Chamberlain)이

· 1887년 9월~88년 7월 학기: 「漢 이후 諸儒 학술의 원류와 차이점」, 「本朝 諸儒의 學流」 (철학과 3학년), 「漢土 文字의 기원 연혁·音韻의 개략·시문의 원류·史學의 요령」 (화문학 3학년), 「宋儒의 學案」 (철학과 2학년), 「宋儒의 學案」·「諸子學術의 요령」 (화학과 2학년).
· 1888년 9월~9년 7월 학기: 「淸朝 諸儒의 學案」·「本朝 儒學의 源流 沿革」 (철학과· 화문학·사학과 3학년), 「漢土 고대 역사·고대 법제」 (화학과 2학년, 선택), 「漢土 歷代 諸儒 學案」 (철학과 2학년, 선택).

6) "지나학 宗派의 同異를 논한 글이 있을 수 있는데 이를테면 노자는 무엇을, 장자는 무엇을, 한비자는 무엇을, 순자는 무엇을, 한유는 무엇을, 송유는 무엇을 주제로 삼고 있는지를 취급한 것입니다. 그 안에서도 程朱陸王의 차이를 설명한다든지 가능한 한 세밀하게 설명한 책이 무엇인지 가르쳐 주시기를 부탁드립니다. 이러한 책을 소장하고 계신다면 잠깐 빌려주십시오. 알고 계신 대로 저는 학문이 얕고 식견이 좁으며 일관된 계획도 없는 사람이라 그저 등에 땀이 적을 정도로 황송할 뿐입니다."(1885년 혹은 1886년 9월 24일에 三島中洲에게 보낸 난마 츠나노리의 서간, 니쇼가쿠샤대학 소장)

박언학(博言学, 언어학)을 강의하는 등 문과 영역의 새로운 연구 방법이 점차 정착되었다. 화학·한학에서도 옛 막부시대의 국학·한학에서 변모하여, 시마다 쵸레와 이노우에 테츠지로는 기존 형식의 강독과는 다른 '지나철학사'를 강의했다. 그런데 청나라 한학의 영향을 받은 오오타 킨죠오·카이호 교손의 학통을 계승한 시마다와 도쿄대학을 졸업한 이노우에는 '지나철학사'를 동일하게 표방하더라도 그 내용에는 차이가 있었을 것으로 짐작된다.

시마다가 처음으로 한적을 활용하지 않고 진행한 '지나철학사' 강의 내용은 다행히 선과생(選科生)이었던 다카미네 산기치(高嶺三吉)가 남긴 1886~1887년 강의 노트 '지나철학사'(가나자와대학(金沢大学) 도서관 소장)를 통해 알 수 있다. 그런데 이 강의 노트는 강사의 이름이 기록되지 않은 전반부와 시마다 쵸레의 강의라고 분명히 기록된 후반부로 이루어져 있는데, 강의 내용에서 뚜렷한 차이가 확인된다. 예를 들어 전반부에 있는 다음과 같은 기술은 서양 학술을 접하지 않았던 시마다의 강의라고 보기 어렵다.

○ **인성론**

맹자가 말한 '양심'은 "컨션스(conscience)"에 해당한다. 성이 악하다고 주장한 사람은 "컨션스"를 인정하지 않은 것이므로 서양의 "로크"파와 유사하다. 程朱의 논의도 희랍 시대에 이와 유사한 주장을 편 사람이 있다. "라이프니츠"의 "모나드(monad)론"도 사람의 선악은 본래 정해져 있다고 말하는 것이라 할 수 있다. 중고시대에 "프로테나스"라는 사람이 있는데 본래의 상태로 돌아갈 것을 주장한 이씨〔李翺〕의 복성설(復性説)과 비슷한 주장을 폈다.

또 서두 부분에 중국철학의 시대구분을 다음과 같이 다섯 단계로 나누고 있는데 이것은 후술할 이노우에 테츠지로가 1891~92년에 강의했던 『지나철학사』(샤대학도서관 소장)의 시대구분과 완전히 일치한다.[7]

○ **지나철학 총론**
　(1) 복희 시대에서 동주까지의 「발달의 시대」
　(2) 동주에서 진나라까지의 「사변의 시대」
　(3) 한나라에서 당오대까지의 「계술의 시대」
　(4) 송나라에서 명나라까지의 「조정의 시대」
　(5) 청나라에서 지금까지의 「고거의 세대」

그러므로 내 생각에 그 노트필기의 전반부는 이노우에 테츠지로가 독일 유학 전에 문부성으로부터 위촉받아 편찬에 참여했던 『동양철학사』의 일부일 가능성이 높다.

강의 노트의 후반에 기록된, 시마다가 강의한 「지나 철학사」의 내용은 전국시대 제자백가에서부터 한대 경학을 설명하고 수·당을 거쳐 송학 제가에 이르는 것으로, 「신보」에서 시마다 자신이 말했던 바

---

7)　『지나철학사』 권1에 「지나철학연혁」이라 하여 다음의 다섯 시기로 구분하였다.
　　1. 發達의 시대. 개벽부터 東周의 平王까지. 즉 기원전 800년까지.
　　2. 思辨의 시대. 동주 평왕에서부터 秦까지. 즉 기원전 230년까지.
　　3. 繼述의 시대. 西漢부터 五代 말까지. 즉 기원후 959년까지.
　　4. 調停의 시대. 송에서부터 명까지. 즉 기원후 1661년까지.
　　5. 考據의 시대. 청초부터 현재에 이르기까지.
　　덧붙이자면 「조정의 시대」는 송학의 「노불의 장점에 의하여 유학의 단점을 조정」한다는 학문을 가리킨다.

와 같이 중국의 학술 사상을 인물·서적에 입각해 설명한 통사라고 부를만한 내용을 갖고 있다. 강의 일시와 제목은 다음과 같다.

(1886년) 2월 10일 「論孟子政事」, 2월 17일 「闢異端」, 2월 24일 「楊朱墨翟·荀子」, 4월 23일 「荀子」, 4월 30일 「道学家, 老子履歴」, 5월 5일 「老子学術」, 5월 12일 「老子学術·莊子 逍遥遊」, 5월 26일 「莊子 齐物」, 6월 2일 「列子」, 6월 9일 「道家之摂要細流」

10월 1일 「墨子」, 10월 8일 「晏子·名家·兵家·法家」, 10월 14일 「管子」, 11월 5일 「商子」, 11월 12일 「申不害·韓非子」, 11월 19일 「周의 大尾」, 11월 26일 「漢 이후 学術·書·詩」, 12월 3일 「禮·春秋·論語」, 12월 10일 「漢初儒者·賈誼」

(1887년) 1월 21일 「董仲舒」, 1월 28일 「劉向·劉歆·揚雄」, 2월 4일 「揚雄·後漢鄭玄」, 2월 18일 「隋의 王通」, 2월 25일 「唐 韓退之」, 3월 4일 「宋 胡瑗·孫復·周茂叔」, 3월 12일 「周茂叔」, 4월 22일 「周茂叔·二程」, 4월 29일 「程明道識仁篇」, 5월 6일 「程伊川」, 5월 13일 「張載」

수년 뒤에 독일 유학(1884~90년)에서 돌아와 제국대학 문과대학 교수로 취임한 이노우에 테츠지로는 일찍부터 일본과 중국, 인도를 아우르는 '동양철학'의 수립을 구상하여 "비교종교 및 동양철학"으로서 불교철학사와 중국철학사를 강의했다(1891~97년). 이노우에가 귀국한 뒤 곧바로 강의했던 「지나철학사」(1891~92년 강의)는 권1에서 지나철학총론과 유학을 강의하고, 권2~4에서는 도가 등 제자백가를 자세하게 다루었다. 통사로서 온전히 구성되었다고 말할 수는 없더라도 철학사의 입장에서 강의한 이노우에의 「지나철학사」는 중국 고전학의 입장에서 강의했던 시마다의 「지나철학사」와는 상당히 다르다고 할 수 있다. 그 목차는 다음과 같다.

전한 말의 양웅을 예로 들면, 두 사람의 입장차가 잘 드러난다.

시마다 쵸레 島田重礼 「양웅학술」

그의 학문은 대단히 넓어서 유흠을 크게 능가한다. 사상은 풍부하였으나 말을 심하게 더듬고 유려한 언변이 없어 저술만을 일삼았다. 타고난 능력은 부족하나 오직 기본에 충실하게 공부했을 것이다. 이 점에서는 누구보다 뛰어나다고 할 것이다.

한나라부터 북송 이전까지의 학자들은 양웅이 맹자와 순자의 다음이라고 보았다. 한유도 그가 맹자와 순자의 사이에 있다고 하였다. 송대에 들어 정자(程子)가 처음으로 그에 대해 부정적으로 말하였으니 "만연하여 결단이 없고, 우유부단하다"라고 하였다. 소식은 "표현은 난해하나 내용은 천근하다."라고 하였다. 또 주자는 『통감강목』에서 "왕망의 대부 양웅이 죽었으니 역적의 신하가 죽었다."라고 하였다. 이처럼 양웅에 대한 가치 평가는 크게 낮아졌다. 필경 그 사람됨이 결단성이 없었을 것이다. 그래도 그는 큰 유자이다. 『법언(法言)』 가운데에는 모범이 될 만한 말이 매우 많다. 또 문장가로서도 언사가 풍부한데 그 논리에 이르러서는 평범하다고 할 수 있다.

『태현경(太玄経)』은 양웅이 전심을 기울인 것으로 『주역(周易)』에 비견하고자 하였다. 그렇지만 옛사람들은 양웅의 사고가 얕고 문장은 난해함에 난색을 표했다. 다만 사마온공(司馬溫公)은 양웅을 좋아하여 『태현경』에 주석을 달았고, 또 그것에 견주어 「잠허(潜虚)」도 지었다.

이노우에 테츠지로(井上哲次郎)

양자 일가의 학설은 인성론 가운데 선악 혼합설이다. 양자는 대체로 공자의 사상을 계승하여 서술한 말이 많으며, 독창적 견해는 적었다. 그의 학설은 맹자와 순자를 절충한 것이며, 고자(告子)의 주장도 이 학설에 가깝다. 이 학설에 기반하여 수신과 학문에 대해 말하기를 "학문은 사람의 본성을 닦는 데에 있다. 그러므로 그 악한 본성을 억제하고 선한 본성을 길러내어 이것을 발달시킬 수 있다."라고 하였다.

『태현경』은 단지 철학 저술일 뿐만이 아니어서 『주역』에 관해서도 논하였다. 양자는 『태현경』의 내용을 전적으로 믿고 있던 것이 틀림없다. 「현편(玄篇)」에서 '현(玄)'은 만물을 유리하여 형체를 드러내는 것이라고 하였다. 이러한 의미의 현은 스피노자의 만유일체, 칸트의 Ding an sich(물자체)의 개념과 같다. (중략) 현은 신(神)의 으뜸이 된다. 하늘은 드러냄을 현으로 삼는다. 땅은 드러나지 않음을 현으로 삼는다. 사람은 마음을 현으로 삼는다. 그러므로 현은 만물의 본체이다. 양자의 철학은 Dualism과 같다.

시마다가 양웅의 인품이나 문장 학술사적 위치에 대해 언급하였다면, 이노우에는 양웅의 사상이나 언설을 고대 중국 또는 서양의 철학자나 사상가와 비교하며 설명하였다. 양자의 차이는 관점의 차이지, 우열의 문제라고 말할 필요는 없다. 이노우에의 입장에서는 제자백가나 송학 등이 다루기 쉬운 반면에 한대의 경학 등은 다루기 어려웠을 것으로 생각된다. 시마다의 경우는 중국 학술사의 전개를 따라 언급을 하면서 각각 사상의 특색을 철학적으로 분석하지는 않았다.

이와 마찬가지로 일본 유학사에 관하여 두 사람이 남긴 저술 또한 관점 차이를 드러내고 있다. 1890년대에 들어서자 만년의 시마다는 '지나 철학'이라는 강의 제목을 내걸면서도 점차 중국과 일본을 통합한 '학안(學案, 학술사)' 형식으로 강의하였다.[8] 이노우에도 독일 체류 때부터 '일본학'의 필요성을 제창하였고, 1897년 파리만국동양학회에서 발표한 '일본 철학사상 발달'이라는 강연을 계기로 에도시기 유학을 이른바 '3부작'으로 정리하였다. 전체적으로 볼 때, 서양 철학과

---

8) 필자의 살펴본 바에 따르면, 1896~97년에 강의한 『周末諸子学案』과 『日本諸儒学案』 (상고시대부터 에도기까지, 하토리 마타지로(服又郎) 필기, 필자 소장), 1894~98년에 강의한 『経書解題』와 『日本学案』(상고시대부터 에도 초기까지, 금택대학 도서관 소장, 코마이 도쿠타로駒井德太郎 필기에 의함) 등이 있다.

비교하면서 일본과 중국의 철학을 설명하는 이노우에의 관점은 참신하지만, 시마다에 비해 보다 짙은 교학색(敎学色, 국가주의적 학문의 색채 - 역자)도 느껴진다.

청일·러일 전쟁 즈음인 1900년(메이지 33년) 무렵부터 중국에 대한 일본의 문화적 의존도는 급속히 낮아지고 상대화가 촉진되어, 중국을 대상으로 하는 학술 연구가 착수되었다. 또한 이 시기는 전통 학자가 쇠락하고 제국대학이나 고등사범학교에서 교육받은 신세대가 연구와 교육을 담당하기 시작한 시기이기도 하다. 시마다는 저술을 별로 남기지 않았기 때문에 그의 학문적 성과는 오늘날 충분히 평가되고 있지 않다. 그러나 시마다에게 배운 제국대학 출신들이 전국의 중등·고등 교육 기관에서 교편을 잡았으므로, 그의 강단 철학은 전국에 퍼졌으며 그 영향력도 작지 않았다고 볼 수 있다. 그리고 이후의 사상 철학 연구의 동향을 보더라도 전통 학자 시마다의 학문적 입장이 축소되고, 신시대 교육을 받은 이노우에의 학풍이 계승되었다고 말할 수도 없다고 생각된다. 시마다에게 배운 주요 인물은 다음과 같다.

야스이 코타로	安井小太郎	(고전 국서과 전기)	제일고등학교 교수
시마다 킨이치	島田鈞一	(고전 한서과 후기)	제일고등학교 교수
코지마 켄키치로	児島献吉郎	(고전 한서과 후기)	제오고등학교 교수
오카다 마사유키	岡田正之	(고전 한서과 후기)	학습원 교수·겸 도쿄제국대 조교수
핫토리 우노키치	服部宇之吉	(1890 철학)	도쿄제국대 교수(지나 철학)

마츠모토 분자부로	松本文三郎	(1893 철학)	도쿄제국대 교수(인도 철학)
가노 나오키	狩野直喜	(1895 한학)	도쿄제국대 교수(지나 철학)
후지타 토요하치	藤田豊八	(1895 한학)	타이페이제국대 교수 (동양사)
쿠와바라 지츠조오	桑原隲蔵	(1896 한학)	도쿄제국대 교수(동양사)
시라카와 지로	白河次郎	(1897 한학)	기자·의원, 와세다대 강사
마츠야마 나오조	松山直蔵	(1897 한학)	카이토쿠도懷德堂 교수
타카세 타케지로	高瀬武次郎	(1898 한학)	도쿄제국대 교수 (지나 철학)

그중에서도 후세에 끼친 영향력이 상당한 핫토리 우노키치와 가노 나오키를 예로 들어보자. 『동양윤리강요』, 『공자교대의』 등의 교학 저작으로 유명한 핫토리 우노키치이지만, 도쿄제국대의 강의에서는 종종 「목록학」을 다루었다. 그의 목록학 강의 가운데 가장 이른 시기라고 할 수 있는 1899년에 고등사범학교에서 강의한 「목록학」(카키무라 시게마쓰(柿村重松)가 필기한 청강노트가 현존한다-필자소장)은 그 전해에 사망한 시마다로부터 직접 전해진 것(핫토리는 시마다의 사위임-역자)이라 해도 틀리지 않을 것이다.[9] 그렇기는 하지만 핫토리의 경우에는 「동양철학」, 「지나철학」이라는 이름으로 일본유학·일본한학을 강의한 적

---

9) 핫토리 우노키치의 『목록학』은 종래에 「목록학 개설」(慶応義塾望月基金支那研究会編 『支那研究』, 岩波書店, 1930)만 알려졌을 뿐이다. 이외에 간행 준비를 진행하고 있던 유고가 있었으나 전란으로 소실되었다. 가키무라 필기에 관한 『목록학』의 권두에 「목록학은 학술의 분류 또는 그 분과를 밝히는 것을 목표로 삼는 것이다」라고 그 목적을 명확히 밝히고 있다.

이 없다. 한학과(1889~)가 지나철학·지나사학·지나문학어학으로 분화된 이후, 한 명의 교관이 중국과 일본의 철학사를 통합하여 강의하는 일은 없어졌다. 예를 들어 핫토리 우노키치는 시마다의 고전학을 계승한 목록학과 교학적 동양윤리를 강의하였으며, 일본 한문학은 오카다 마사유키(국문과에서는 하가야이치)가 새로 강의하게 되었다.[10] 그런데 일본유학은 강의되지 않았으니, 이는 다이쇼 시기 일본 사상사학의 등장을 기다려야만 했다.

가노 나오키의 중국철학사는 '철학사'라고 일컬어졌지만, 학술사의 색채가 농후하여 기본적으로 시마다의 '학안(学案)' 체제를 계승한 것이라 할 수 있다. 그렇지만 구체적인 기술을 살펴보면, 예컨대 전술한 양웅에 관한 언급 등에서 시마다보다 이노우에의 관점에 가까운 점도 볼 수 있다.

5. 중등교육에서의 국어·한문

그다음으로는 고등교육을 담당하는 대학 학과와는 다른 양상을 보였던 중등교육(중학교) 교과과정 속에서 한학과 한문이 어떤 변화를 거쳤는지 살펴보자.

미시마 타케시는 한학숙(漢学塾)인 니쇼가쿠샤의 개교에 즈음하여 '한학'의 목적은 '세상에 유용한 인재가 되는 데에 있다'라고 하였고, '유용한 학문에 뜻을 둔다는 것은 서양 학문도 또한 함께 배워야 가능

---

10) 반드시 도쿄제국대의 강의에 한정 짓지 않고 핫토리 문하에서 일본 한문학을 전공한 경우를 뽑는다면 고등사범학교 시절 학생 중에서 카키무라 시게마쓰를 꼽을 수 있다.

하다. 그러므로 한학 과목을 줄여서 서양 학문을 공부할 여유를 남겨야 한다.'(「漢学大意」)[11]라고 분명하게 말했다. 니쇼가쿠샤 뿐만 아니라 위에서 언급한 도쿄대학 문학부와 법학부에서도 미시마 타케시 등 전통학자가 한문강독(한문학)과 한문 작문 등 한학을 강의한 목적은 논리적·분석적인 사고력과 한자, 한자어의 어휘력을 증진하는 작문 능력의 배양에 있었다고 생각할 수 있다.[12] 학생들도 서양어의 이해에 도움이 되었다고 회고하고 있다. 서양 언어를 습득하여 서양 학문을 배우는 도구로써 한학이 중시되었으니, 한학은 서양학과 전혀 모순되지 않았던 것이다.

그런데 이러한 점들은 본래 대학에서 수행하는 고등교육의 내용이라기보다는 중등교육 과정의 과제라고 말할 수 있다. 그러나 중등교육 기관이 아직 발달하지 않았기 때문에 그것을 보완하는 역할을 담당했던 한학숙 등의 사숙에서 논리와 언어교육을 한학이 대신하였고, 또한 대학 과정에서도 그러한 관행이 계속 이어졌던 것이라고 볼 수 있다. 나카무라 마사나오 또한 1883년에 「고전강습과 을부(乙部) 개설 즈음에 감회가 있어 이것을 써서 생도에게 보임」이라고 하는 문장을 지어 한문의 효용을 다음과 같이 기술했다.

---

11) 「한학대의」는 메이지 10년의 니쇼가쿠샤가 개숙하였을 때 미시마 타케시에 의해서 쓰여진 문장으로 생각되지만, 현존하는 가장 오래된 자료는 1879의 「니쇼가쿠샤 사칙」 (국립 국회도서관 소장)에 수록된 것이다.

12) 예를 들면 야마다 준은 미시마 츄슈의 강의를 다음과 같이 평가하고 있다. 「(미시마 츄슈) 선생의 문장규법 강의는 주요 요지를 뽑아놓았는데, 대단, 소단, 절로 나누어 주요 의미를 설명하여 핵심어·문맥 등 문장의 매우 세세한 부분까지 다루는 강의 형태였다.」(「니쇼가쿠샤 60년사요」). 츄슈의 강의방식은 경서에서도샤거의 같았고, 철학 사상보다는 '문'으로서 해설한 듯 보인다.

지금 서양 학문의 대가라고 일컬어지는 자를 보면 본래 한학의 바탕을 가지고서 서양 학문을 활용하지 않은 것이 없다. 한학의 바탕이 없는 자는 7, 8년 혹은 10여 년 서양에서 유학하고 귀국하더라도 우뚝하게 두각을 드러내지 못한다. 서양 학문을 활용할 역량이 부족하고 특히 번역에 있어서는 착수할 능력도 결여된다.

그 후 근대교육의 형성 과정에서 이러한 기초학으로서의 한학은 그 자리를 내려놓고 급속히 쇠락해 간다. 초등·중등교육에서는 새롭게 '국어'가 만들어졌다. 또한 대학의 고등교육에서는 이미 살펴본대로 한학과에서 중국·일본을 통합하여 강의하던 시기가 지나고 학문 분야의 전문적 분화가 촉진됨에 따라 점차 일본과 중국이 분리되었다. 그래서 일본학에 있어서 한문은 문예로서의 '한시문'을 제외하고는 학문의 대상이 되기 어려워졌다.

그러나 '한문'이 교육 현장에서 완전히 사라지지는 않았다. 오히려 '국어' 교과의 형성과 발을 맞추어, '국어 및 한문'으로서 국어의 한 부분을 담당하는 형태로 중등교육 속에 자리매김하였으며, 언어(국어의 도구로서의 한자)와 도덕(도덕 교재로서의 유교 사상)에 관한 교학으로 재편되어 국민 일반에 널리 스며들었다고 말할 수 있다.

다음으로는 교과 형성에 대해 살펴보자. 대학의 학과목 설치에 앞서 1891년부터 심상중학교의 학과(교과)명으로 역사 교과가 '국사', '동양사', '서양사'로 분과 되었으며, '국어'라는 명칭도 대학의 학과 명칭인 국어국문학과(1889년)가 나오기 전인 1886년에 심상중학교의 학과명으로 처음 쓰였다. 이후 소학교의 교과명이 '독서', '습자'에서 '국어'가 되었고, 초등·중등 교육과정에서 일관되게 '국어' 교과가 개설된 것은 1900년 이후의 일이다. 이로 인해 대학에 비하여 늦게 출발했던 중학교가 오히려 그 덕분에 새로운 학과목을 더 빨리 사용할 수 있었던 것으로 생각된다.

1886년은 교육제도사에 있어 획기적인 시기였다. 이 시기 제국대학의 개편으로 인해 소외감과 위기감을 느끼고 있던 고전강습과 학생 및 졸업생들은 1886년 1월에 「동양학회」라는 학회를 발족하고, 같은 해 12월부터 월간지『동양학회잡지』를 발행했다. 학회 창설을 주도한 이치무라 산지로는 학회의 목적이 '일본 지나 및 인도 등의 사물에 대하여 사유하며 폭넓게 학문을 연구하는 것'이라고 내세웠다.

이러한 움직임에 발맞추어 이 학회의 회장으로 추대된 니시무라 시게키는 「동양학회의 앞날」(2편 7호, 1888년 6월)과 「일본의 문학」(2편 9호, 1888년 8월; 2편 11호, 1888년 11월) 등의 강연을 통해 동양학회가 나아가야 할 목적을 제시하고 아울러 고전강습과 졸업생의 진로도 제시하였다. 「동양학회의 앞날」 강연에서 그는 학문연구에 다음과 같은 세 가지 방식이 있다고 하였다.

① 동서양 학문의 통섭(정치·경제·도덕·심리·자연과학(물리학)·의법 등)
② 서양 학문을 활용한 동양의 사실 연구(격물·화학·지리·지질·박물 등)
③ 동양 학문의 심화(자국의 역사·언어·문장·제도·풍속·시가)

그리고 ③이야말로 고전강습과 생도가 맞서 싸워나갈 방향("회원 여러분이 가장 잘하는 바를 분명히 해야 함")이라고 하였다. 제국대학 졸업식에서 학사 학위를 받지 못하는 고전강습과 생도에게 '동양학자가 됨을 부끄러워하지 말라'고 위로하면서, 앞으로 동양학은 단순히 동양에서만 통용되는 학문이어서는 안 되고, 지금까지 동양학의 결점을 보완하여 '서적에만 의존하지 말고 사실을 탐구'해야 하며, '동서양의 학문

을 정밀하게 비교'함으로써 '서양학자'에 맞설 수 있는 연구방법을 갖추어야 한다고 하였다.[13]

「일본의 문학」에서는 제국대학 문과대학에서 이루어지고 있는 '문학'(학술 연구)과는 별도의 문제임을 서두에서 밝히면서, 일본 학술 내부에 앞으로 순조롭게 발전해 갈 것이라고 예상되는 이과계 분야(물리학, 화학, 수학, 천문학, 기계학, 토목학)와 앞으로 순조로운 발전이 의심되는 인문사회계 분야(문학, 주학, 화학, 도덕학, 실용경제학)가 있다고 하면서 '문학'의 문제를 제기하였다. 이어서 일본어와 일본문의 개량에 대해 문자, 어휘, 문장, 시가의 네 분야로 나누어 의견을 진술하였다. 문자에 대해서는 히라가나, 가타카나, 통용 한자 3,000자를 표준으로 삼아야 한다고 하였다. 어휘에 대해서는 한문훈독어, 번역어 등에 의한 혼란을 교정해야 한다고 말하였다. 문장에 대해서는 언문일치론이 실용에 적합하지 않다고 기술하고, 현행 여섯 종류의 문체(의고문, 한문, 한문훈독체, 번역체, 통속문, 서간문)에 대해 평론하였으며 또 일문을 중문 및 서양문과 비교하여 그 득실을 논했다. 니시무라는 문장의 격조가 시대가 지나며 저하되었다는 세평에 반대하여, "논설문에 이르러서는 최근 10년 사이 문장이 크게 진보하여, 국문에 있어서는 사상 최초의 경지에 이르렀다"라고 주장하였다. 그리고 언문일치론 등의 일본문 개량론은 각자 일리가 있지만, "어쨌든 일본 문장의 지위와 격식, 역량"의 향상이 선결되어야 하며, 이를 위해 일본·중국·서양의 언어문장에 통달한 문장가가 출현하기를 기대한다고 하였다.

---

13) "여러분의 머릿속에 서양 학술의 넓고 정밀함을 담아 나날이 진보하여 그치지 않아야 한다는 사실을 잊지 않고, 동양의 한구석에 틀어박혀 스스로 만족하는 일이 없기를 바란다."라는 구절도 니시무라의 주장을 잘 나타내고 있다.

「동양학회의 앞날」과 「일본의 문학」에 함께 담긴 니시무라의 주장은 서양의 학문·문장을 충분히 배움으로써 일본의 학문·문장을 개량할 수 있다는 것이다. 분명히 밝히지는 않았지만, 제국대학에서 실시하고 있는 문학과는 다르다고 한 데서 알 수 있듯이, 고전강습과생이 나아가야 할 방향은 대학의 학술 연구와는 다르게 실용적이면서 품격 있는 일본문의 개량이나, 이제 막 시작되는 중등교육 '국어' 교과에의 공헌 등이라고 기대를 표시하였다.

한편 '수신(修身)' 과목이 초등·중등교육에서 중요 교과가 된 것은 '국어'보다도 더욱 이른 1881년의 일이었다. 1890년에는 교육칙어에 따라 유교 윤리를 국민교육의 기초로 삼았다. 소학교에서는 "도덕교육과 국민교육의 기초"를 보통 교과보다 우선하게 되었다. 중학교에서는 한문을 '국어'의 한 분야로 삼아 주객의 구분을 넘지 않는 선에서 중시하였다. 교육칙어의 제정에 참여한 이노우에 타케시는 '한문교육'의 의의에 대해서 명확하게 언급하였다. 지금은 국어와 국문을 진흥시켜야 하므로, 서기(書記) 언어로서의 '한문은 이미 죽은 것'이며 따라서 한문 작문 교육은 불필요하다고 하였다. 그는 한문교육의 의의를 두 가지로 정리하였다. 첫째 "지나의 경학(근대 언어로의 철학)은 도덕을 위해 필요"하고, 둘째 "지나의 문자는 국어의 재료로 필요하다."(1894년 「한문의견」)

미시마 타케시의 경우를 살펴보면, 막부 말기에 비츄(備中) 마스야마번(松山藩)에 있던 사숙 고쿠치케이샤(虎口渓舍) 시대부터 메이지 10년 니쇼가쿠샤 개교에 이르기까지 양명학을 강의한 경우는 거의 없었지만,[14] 교육칙어가 반포된 해에 주로 청소년을 대상으로 한 강연인 「양명의 사구결(四句訣) 풀이」(1890년 5월 19일)를 진행하면서, 왕양명의 「사구결」을 '도덕에 들어가는 쉬운 방법'이라 하며 장려한 것이 주목된다. 그리고 1890년대의 교과과정에는 최상급의 교본으로 『전습록(伝習錄)』이 들어가게 되었다. 이것도 한학이 메이지 전기의 기초학으로서의 의의는 상실하고, 메이지 중기 이후로 도덕교육의 재료로 경도되었음을 증명하는 한 예라고 말할 수 있다.

그 후 교과서 의옥(疑獄) 사건(1902)이 도화선이 되어 초등·중등 교과서는 종래의 검정제(1886~1903)에서 국정제(1903~45)로 변경되어 교육 내용에 대한 통제가 강화되었다. 1900년에는 국어조사위원회를 발족하고(1902년 관제), 문부성이 한문 교과의 삭감·폐지 방침을 내놓자, 민간의 여러 단체나 사학에 자리 잡고 있던 한학자들이 저항운동을 전개하였고, 이는 이후 다이쇼 연간 한학 부흥의 물결로 이어졌다.

6. 마무리

이상의 본론에서는 막말 메이지 시기 근대화 과정에서 한학의 동향을 인물과 학교 제도·교육 제도에 주목하여 살펴보았다.

막부 교학의 중심에 있던 쇼헤이자카 학문소에서는 막말(1862년 이후)에 이미 주자학에 입각한 초등교육과 주자학 이외의 절충학이나 고증학을 가르치는 고등교육으로 분화되는 움직임이 존재하였던 것으로 보인다.

---

14) 미시마 타케시가 학생들에게 양명학을 거의 강의하지 않았다는 것은 당시의 학숙 생도의 회고를 통해, 또 메이지 10년대의 니쇼가쿠샤의 과정에도 양명학에 관련된 서적이 보이지 않는다는 것을 통해서도 알 수 있다. 양명학을 설명하는 일이 드물었던 것은 미시마의 스승 야마다 호쇼쿠로부터 이어받았다고도 할 수 있는데, 호우코구는 양명학 학습 희망자에게만 수시로 「고본 대학」을 강연하였다고 전해진다.

뒤이어 1868~77년(메이지 원년~10년) 동안 교육을 관장하는 기관이 막부에서 신정부로 이행하는 과정에서 화한학과 서양학은 명암이 나뉘어, 1872년 발표된 '학제' 규정에서는 '문(文)'의 학습이 공적인 고등교육(대학)에서 빠졌기 때문에 1877년의 도쿄대학 문학부의 창설은 단절된 '문'의 부활로도 볼 수 있을 것이다.

문학부의 1880~85년의 졸업생 47명 중 정치학·이재학과의 학생이 80%를 차지한 반면에 화한문학과는 거의 졸업생을 배출하지 못했다. 1882~88년에 임시로 설치되었던 고전강습과는 한때 많은 교관과 학생을 모았으나, 1886년 제국대학 개편으로 인해 타격을 받아 교관 대부분이 면직되었고 학생 중에도 학업을 그만두었던 자가 적지 않았다. 이 과정은 국가에 필요한 고등교육 내용의 선택으로 볼 수 있으니, 법제사(코나카무라 키요노리), 고증학(시마다 쵸레), 실증 사학(나이토 치소오), 국문법(모즈메 타카미) 등 예전의 학문 가운데 실증성이 높은 것만 채택되었다고 말할 수 있다.

도쿄대학에서 제국대학으로 이행되는 시기에 이미 화한문학은 과거 막부시대의 국학·한학과는 성격을 달리하여, 시마다 쵸레나 이노우에 테츠지로는 종래의 강독 형태와는 다른 「지나 철학사」를 강의하고 있었다. 그리고 거의 동시기에 똑같이 「지나 철학사」라고 제목으로 강의를 하였으나 양자의 강의 사이에는 상당한 차이가 보인다. 청조 한학의 영향을 받은 오타 킨죠오·카이호 교손의 학통을 계승한 시마다가 '고전학'의 입장에서 강의했다면, 도쿄대학을 졸업한 이노우에는 '철학사'의 입장에서 강의하였다. 하지만 이후의 사상 철학 연구의 동향을 볼 때 반드시 구세대인 시마다의 학문적 입장이 먼저 쇠락하고 신세대인 이노우에의 학문이 계승되었다고 말할 수는 없다. 또 시마다와 이노우에는 서로 입장이 많이 달랐으나 두 사람 모두 일본과 중국의 철학 사상을 혼자서 아울러 강의했다. 이러한 경향은 다음 세대의 학자들에게서는 점차 볼 수 없게 되었다. 이 점에서도 일본 유학과 일본 한학이 학문적 대상에서 탈락하게 된 한 요인을 찾을 수 있다.

한편 대학의 고등교육에서의 '학과'와는 다른 궤적을 밟은 중등교육에서는 에도시대부터 메이지 시대 전기까지 한문에 의해 논리적 · 분석적 사고력을 기르거나 한자와 한자어의 어휘력을 몸에 익히도록 하는 것이 '한학'의 역할이었다. 그리고 한학은 서양어를 통해 습득하는 '양학'의 기초가 되는 역할도 담당했다. 그 후 새롭게 '국어'가 만들어지자 '한학'은 기초학으로서의 자리를 내주고, '국어'의 한 부분을 담당하는 '한문'의 형태로 중등교육 속에 자리 잡아 언어와 도덕에 관한 교학으로 재편되어 국민 일반에 널리 스며들게 되었다.

자연물과의 교유를 통해 본 동아시아 사인의 교유 동인과 그 실제

김영주

1. 머리말

일찍이 이규보(李奎報)는 인간의 세상사가 고르지 못하기에 모두 뜻과 어긋나 맞지 않는다는 현실상황을 희화화하였다. 젊은 시절엔 가난하여 처에게 멸시받더니 늙어 봉록이 많아지자 기생이 따르고, 외출할 때는 비가 오고 한가할 때는 날씨가 맑고, 배불러 그만 먹으려 하면 양고기가 나오고, 목구멍이 아파 못 마실 때는 술이 많이 생기고, 보물을 싸게 팔자 시세가 오르고, 묵은 병을 고치자 명의가 나타나더라는 객쩍은 이야기의 끝에 사소한 일조차 이렇게 어긋나는데 큰 소망이나 포부를 어찌 이룰 수 있을까라는 자조어린 탄식을 덧붙인 바 있다.[1]

희롱조의 이규보의 투정 외에 미증유의 천재로 주목을 받으며 경세의 광대한 포부를 지녔던 김시습(金時習)이 시세와 불화하여 유자로 승려로 은거기인으로 유랑한 사실에서도 시세와의 불화가 개인에게 끼치는 영향을 확인할 수 있다. 굳센 뜻을 지닌 대장부로 한 칼에 창애를 찌르겠다던 포부를 지녔던 그가 산집에 내리는 빗소리에 시름겨워 잠 못 이루고 밤새 생각에 잠겼던 것 역시 세상일이 마음대로 되지 않고 세상과 어긋나서였다.[2] 그의 말대로 천지간의 날씨조차 갰다가 비오고 비오다 개는데 조석으로 변하는 인정세태야 말해 무엇하겠는

---

1) 李奎報,『東國李相國後集』卷1,「違心詩戲作」. "人間細事亦參差, 動輒違心莫適宜. 盛歲家貧妻尙侮, 殘年祿厚妓將追. 雨霖多是出遊日, 天霽皆吾閑坐時. 腹飽輟飡逢羔肉, 喉瘡忌飮遇深巵. 儲珍賤售市高價, 宿疾方痊隣有醫. 碎小不諧猶類此, 揚州駕鶴況堪期."

2) 金時習,『續東文選』卷3,「山齋」. "山齋昨夜雨, 滴滴落空階. 愁人臥不寐, 達旦終永懷. 丈夫倜儻志, 一劒夷蒼崖. …… 吁嗟事不諧, 世與身相乖."

가? 칭찬하는가 했더니 도리어 헐뜯고, 명예를 피한다더니 스스로 명예를 추구하는 이런 급변하는 인심을 기억하라는 김시습의 말[3]은 새겨둘 필요가 있다. 김시습을 두고 이이(李珥)는 해와 달과 빛을 다투고 백세의 스승이 될 정도라고 극찬하면서도 그의 재주가 흘러 넘쳐 스스로 수습불가였기에 중후함이 모자랐다고 평한바 있다.[4]

김시습과 현실의 불화를 재주와 도량의 부조화라고 분석했던 이이였다. 그렇게 말한 이이 자신도 세상과의 불화로 인한 귀자연(歸自然)의 여부로 고심을 거듭하였다. 뿐만 아니라 그는 자신의 처세가 세상과 맞지 않는[不諧] 사실을 괴로워하며 자신에게 고향으로 돌아가기를 촉구하였다. 변치 않는 천심과 달리 변하기 쉬운 세태는 그가 적응하기에 여간 어렵지 않았다. 그리하여 가랑비 내리는 바다에 배를 띄우고 양양히 넘실대는 강물을 바라보며 현실에서 느낀 만 가지 시름을 잊고자 하였던 것이다.[5]

한문학 작품 속에는 이처럼 작가가 현실세태와 어긋나서 괴로워하는 심정을 희화화하거나 다양한 학문 이력을 경험하며 부유하는 삶을 살거나 끊임없이 귀거래의 갈등을 거듭하는 다양한 양상이 혼재되어 나타난다. 이이처럼 변함없는 자연에서 위안을 찾는 경우에 자연은 이미 객관적인 자연이 아니라 작가의 주관적인 양상 즉 관념이 투영된 관념화 된 자연이며 작가는 자연의 일경일물(一景一物)을 관념화 하

---

3)   金時習,『梅月堂集』卷4,「乍晴乍雨」."乍晴還雨雨還晴, 天道猶然況世情. 譽我便是還毀我, 逃名却自爲求名. 花開花謝春何管, 雲去雲來山不爭. 寄語世人須記認, 取歡無處得平生."

4)   李珥,『栗谷全書』卷14,「金時習傳 奉敎製進」.

5)   李珥,『栗谷全書』卷2,「乘舟西下」."處世苦不諧, 悠然歸意催. 天心縱不移, 變態知誰裁. 滄海細雨迷, 斜陽孤棹開. 美哉水洋洋, 萬念嗟已灰."

여 파악한다.[6] 바로 이것이 '자연과의 관념적 교유'라고 명명할 수 있는 것이자 본고의 논의의 대상이다.

본고는 전통시대에 현실과의 갈등과 부적응 등으로 인한 다양한 스트레스를 자연물과의 관념적인 교유를 통하여 치유하며 극복하고자 한 양상을 고찰함을 연구의 목적으로 삼는다. 이를 위해 먼저 한문학에 나타난 자연물에 대한 다양한 인식 양상을 고찰하고, 이어서 현실과의 갈등과 부적응 등으로 인하여 스트레스를 경험한 이들이 객관적 자연에 자신의 관념을 투영하여 이루어지는 관념적 교유의 구체적 추동 원인과 그 대상이 된 자연물 그리고 그것들의 의미화 과정의 특징과 양상들을 고찰해 보기로 한다.

이와 관련한 기존 연구로는 작가 개인의 인생사와 자연의 관계를 규정한 연구,[7] 자연의 관념화가 자연물의 개념화에서 정신화 즉 관념화를 거쳐 이루어지며 그 높이를 결정짓는 것은 인격이라는 수양론적 관점의 연구,[8] 김만중의 소설 세계를 유한한 현상 세계로부터 탈출하려는 영원에의 의지의 반영이라 분석한 경우 등이 있다.[9]

---

6) 최진원,「孤山의 自然觀」,『성대논문집』제10집, 성균관대학교, 1965, 75~76쪽 참조.

7) 최진원, 앞의 논문 참조.

8) 손오규,「산수문학에서의 移精 (1): 世界解釋과 生命」,『도남학보』vol.19, 도남학회, 2001; 황두환,「고산 윤선도 시조의 자연관 고찰」, 연세대 석사학위 논문, 2002 ; 유종국,「대나무의 문학적 형상화-〈絶義歌〉, 〈五友歌〉(竹), 〈竹尊者傳〉, 〈抱節君傳〉을 중심으로」,『국어문학』vol.49, 국어국문학회, 2010.

9) 설성경,「觀念的 삶과 그 共感의 地平: 西浦의 小說을 중심으로」,『현상과 인식』Vol.1 No.4, 한국인문사회과학원, 1977; 이중희,「조선전반기 江湖 山水畵風의 풍미와 그 배경-조선전반기 詩的 山水畵風의 유행에 대하여」,『韓國詩歌研究』vol.12, 한국시가학회, 2002.

2. 전통시대 자연물 인식의 제양상과 특징

세상의 사람들이 완상하고 애호하는 자연물은 그들의 기질에 부합하는 사물인 경우가 대부분이다. 애완의 대상으로 삼는 자연물에 대해 윤리적인 관념이나 세계와의 대립에서 경험한 상심, 울분, 슬픔 등에 대한 보상으로서의 위로를 기대하지 않는다. 객관적으로 존재하는 자연물의 색채, 형태, 향기, 맛, 울음 등의 시각적·후각적·청각적 특성들과 자신의 기질의 부합여부나 해당 자연물에 대한 애호에 따라 완상할 따름이다. 이러한 세속인들의 자연물에 대한 관습적 인식 태도와 유가적 사유에 입각한 도덕적 인식의 차이는 사군자를 대상으로 한 경우에서 쉽게 그 편린을 확인할 수 있다.

> 내가 송경에 있을 적에 …… 옆에 작은 화분이 있어 송(松)·죽(竹)·매(梅)·난(蘭)을 거기에 심고 완상하며 즐겼다. 나는 다음과 같이 생각하였다. 세속의 사람들은 소나무와 대나무 그리고 매화와 난초에 대하여 다만 그 푸릇함만을 보거나 곱고 아름다운 것만을 볼 뿐이다. 또한 그것의 오묘함이 사람의 마음에 합하는 것을 아는 이가 있겠는가?[10]

정도전의 견해에 의하면 세속의 사람들이 사군자를 인식하는 태도는 눈에 비친 물상을 감각적으로 인식하는 차원이다. 그가 세속인들

---

10) 鄭道傳, 『三峯集』卷4, 「題蘭坡四詠軸末」. "松京, …… 傍置小盆, 植松竹梅蘭於其中, 翫而樂之. 予惟世俗之於松竹於梅蘭, 但見其蒼蒼而已, 粲粲猗猗而已, 亦知其妙有會於此心者乎."

의 사군자 인식의 구체적인 예로써 제시한 '蒼蒼', '粲粲', '猗猗' 등은 '푸르다', '곱고 선명하다', '무성하다'와 같이 주로 시각적으로 감각화 된 표현들이며 특별한 내적인 함의를 갖지 않는다. 세속인들의 인식 이 주로 감각적인 것에 치중하고 있음은 김종직(金宗直)의 기록을 통 해 확인할 수 있다. 봄철의 한양에 복숭아, 자두, 살구 등의 온갖 화훼 류가 활짝 피어나면 사람들이 그 푸른 열매를 따먹으며 맛을 즐긴다 는 기술[11]은 세속인의 자연물에 대한 감각적 인식을 대변한다.

감각적인 인식에 더하여 세속인들이 생각하는 자연물에 대한 인식 을 집약하여 보여주는 인물이 정약용(丁若鏞)이다. 그는 사군자의 하나 인 대나무를 철저하게 실용적인 관점에서 입각하여 인식하고 그것의 구체적인 용도를 다방면에 걸쳐 서술하였다.

> 대저 대나무의 물건됨은 보통 일반적인 화훼의 유가 아니다. 이것
> 으로 그릇을 만들 경우, 네모진 광주리[筐]·둥근 광주리[籃]·큰 상
> 자[箱]·작은 상자[篋]·네모진 옷상자[笥]·채롱[籠]·도시락 그릇
> [簞]·폐백상자[筓]가 대나무가 아니면 만들어지지 못하고, 소리를
> 내게 할 경우, 통소[簫]·젓대[笛]·쌍피리[管]·피리[篪]·쟁(箏)·지
> (篪)·대통소[篍]·그칠풍류[籟]가 대나무가 아니면 이루어지지 못
> 한다. 그것으로 무기를 만들 경우 화살을 만들고 쇠뇌를 만들며,
> 그것으로 문구를 만들 경우 죽간을 만들고 붓을 만든다. 농사꾼은
> 그것을 취하여 키를 만들고 삿갓을 만들며, 길쌈하는 자는 취하
> 여 얼레를 만들고 바디를 만든다. 수레를 만드는 자는 취하여 수

---

11) 金宗直, 『佔畢齋集』 卷8, 「學士樓池上躑躅盡開」. "時漢陽, 桃李梨杏凡花卉皆盛開, 繁
    麗若春, 人摘靑子食之."

레 덮개를 만들고 발[箔]을 만들며, 고기를 잡는 자는 통발을 만들고 가리를 만든다. 의약가들은 취하여 죽여(竹茹)를 만들고 점쟁이들은 취하여 점대[筮]를 만든다. 횃대로 만들어 옷을 걸고, 울타리 대로 불을 때어 밥을 짓고, 부채로 더위를 피하고 빗으로 때[垢]를 긁어내고 빗자루로 먼지를 제거하고 우산으로 비를 막으니 백공(百工)의 온갖 기교와 이용하는 기구가 대나무가 아니면 만들어지지 못하니 대나무의 쓰임이 중요하지 않은가?[12]

앞서 김종직은 세속의 사람들이 한양의 온갖 화훼를 시각적인 차원에서 감각적으로 인식했을 뿐만 아니라 식용의 차원에서도 인식하였음을 기술하여 자연물에 대한 실용적 인식의 일단을 선보였다. 그러나 김종직의 인식은 정약용의 기록에 나타나는 자연물에 대한 실용적 인식의 적극성에 비할 바가 못 된다.

정약용 이외의 누구도 그처럼 적극적이고 실용적인 차원에서 자연물의 활용을 언급한 경우는 없었다. 대나무와 비슷한 소나무의 경우는 실용적인 측면을 부각하기보다는 나무의 생장 특성에 따른 도덕적 가치를 부각하는 경우가 많다. 대부분의 초목이 자랄 수 있는 일기 상황과 그렇지 못한 상황을 대비시키고 혹독한 일기 조건에서 평범한 초목처럼 시들지 않는 소나무의 특성에 도덕적 가치를 부여하는 경우

---

12) 丁若鏞, 『茶山集』 卷9, 「問竹」. "大抵竹之爲物, 非尋常凡卉之倫也. 以之爲器則筐篚箱 篋筍籠簟筝, 非竹不具也, 以之爲聲則簫笛管籥箏簾篌箖, 非竹不成也, 以之爲武則爲 箭爲篿, 以之爲文則爲簡爲筆. 農者取之, 爲箕爲笠, 紡者取之, 爲籰爲筬, 車者取之, 爲 簟爲箹, 漁者取之, 爲笱爲籫, 醫藥之家, 取之爲茹, 卜筮之家, 取之爲筮, 笐以挂衣, 篳 以炊飯, 箑以辟暑, 篦以刮垢, 篲以去塵, 簦以禦雨, 百工技巧, 利用之器, 非竹不具, 竹 之爲用, 不其要歟."

가 전형적이라 할 수 있다.[13] 이러한 인식 방식은 기우만(奇宇萬)[14]이나 조우인(曹友仁),[15] 김종정(金鍾正)[16] 등의 경우에서 확인할 수 있듯이 자연물에 대한 유가지식인의 일반적인 이해 방식이었다.

세속적 차원에서의 자연물에 대한 인식이 감각적이고 실용적이라면 문학가들의 자연물 인식은 심미적인 것으로 요약된다. 홍세태(洪世泰)가 매화를 바라보며 오래 앉아 있다가 그 향내에 취하여 밤에 거문고를 연주하며 매화의 환한 빛깔이 흐르는 달빛인양 곱다고 묘사한 것[17]이나 이규보가 겨울 고갯마루에 핀 매화를 얼었던 입술이 터진 선녀인양, 옥 같은 피부에 맑은 향기를 지닌 존재, 불사약을 훔쳐 먹고 달로 달아난 항아(姮娥)인양 형상한 것[18]은 단순한 감각적 차원의

---

13) 李宜顯, 『陶谷集』 卷17, 「承政院同副承旨鄭公墓誌銘」. "松之爲物, 當百卉爭敷之日, 無甚異焉. 至霜雪交貿, 衆植受變而後, 始知其後凋之姿也. 今世道之汚敗極矣, 士大夫風節, 無復可論. 而公獨睨視高卧, 不失前日之操秉, 當時並游英俊, 不免有愧色於公矣. 然則公固無待於松, 而松必喜遇乎公也."

14) 奇宇萬, 『松沙集』 卷18, 「晩松齋記」. "松之爲物, 在春夏蔥蒨, 若無甚異於凡草木. 而及其風霜搖落, 百草萎黃, 蒼然獨秀, 晩節可愛. 君子之處世也亦然. 在家國無事, 若無甚異於恒人, 而及其國計蕩析, 羣小得志, 挺然獨立, 秉執莫奪, 趙君之所取於松, 而尤致意於晩."

15) 曹友仁, 『頤齋集』 卷2, 「蟠松說」. "松之爲物, 稟堅貞之操, 秀勁直之節, 自萌蘖歷拱把以至合抱之大, 而不少受變於風霜摧折之餘. 匠石取之, 以之爲材, 則爲棟爲樑, 無不各當其用, 用能搆大廈千萬間, 庇天下蒼生而有餘焉. 斯則松之所以能充其性而成就其才者然也. 不然, 雨露之失其養, 栽培之不得宜, 膏液不通, 元氣未暢, 癭生皮剝, 欝屈困蠧, 方不能中矩, 圓不能中規, 淪爲棄材以終其天, 斯則松之所以不能充其性而成就其才者然也. 然其貞心勁節, 雖造物者, 亦不能移奪. 故貫四時閱千秋, 而莫之變焉. 由是觀之, 則處困而益亨, 處變而得正, 豈以植物而外之哉."

16) 金鍾正, 『雲溪漫稿』 卷7, 「依松窩記」. "松之爲物也, 貫四時凌大冬, 而不改柯易葉, 君子之履艱險而不變操者類之. 伯麟之欲以是爲歸者, 其意豈偶然哉."

17) 洪世泰, 『柳下集』 卷2, 「爲李處士詠盆梅」. "眼明忽驚新蕊, 坐久渾忘暗香. 夜來抱琴花底, 恰有孤月流光."

18) 李奎報, 『東國李相國集』 卷1, 「梅花」. "庾嶺侵寒拆凍脣, 不將紅粉損天眞. 莫敎驚落羌

인식을 넘어 사람의 마음에 오묘한 미적인 감응을 야기한다.

또 최립(崔岦)은 오백령(吳百齡)의 계축(契軸)에 그려진 대나무와 매화를 제재로 한 시에서 해학적 차원의 자연물 인식을 보여주었다. 그는 소식(蘇軾)의 「어잠승록균헌(於潛僧綠筠軒)」 중의 '不可居無竹' 구절을 차용하여 원래의 의미와 상반되게 표현하였다.[19] 원시에서 소식은 거처하는 곳에 대나무를 심고 바라보며 선비가 세속화됨을 경계하였다.[20] 그러나 최립은 자신이 거처에 대나무를 심은 것은 속됨을 치료하는 것과 관계가 없다고 익살을 피운다. 이어서 옥처럼 고운 매화나무를 찾은 이유도 술에 취해서 함께 지내기 위해서라고 주장한다. 매화나무와 술 이야기는 수나라 조사웅(趙師雄)의 일화에 나온다. 조사웅이 나부산에 갔다가 미인을 만나 환담하고 술을 마시며 하룻밤을 보냈는데, 아침에 깨어 보니 큰 매화나무 아래서 술에 취해 누워 있더라는 이야기[21]를 차용하여 미인과 하룻밤을 보내고 싶다는 바람을 해학적으로 표현한 것이다.

매화를 문학적, 해학적 존재로 풀어낸 작가가 있는가하면 도덕적 가치를 지닌 자연물로 인식한 작가는 서거정(徐居正)이다. 서거정의 사례가 특이한 점은 유가 지식인이 아닌 부처를 섬기는 수도승의 고결

兒笛, 好待來隨驛使塵. 帶雪更粧千點雪, 先春偸作一番春. 玉肌尙有淸香在, 竊藥姮娥月裏身."

19) 崔岦, 『簡易集』 卷8, 「題吳舍人德耆契軸新竹二梅」. "不可居無竹, 非關俗待醫. 醉來雙玉樹, 相與倒還欹."

20) 蘇軾, 『蘇東坡詩集』 卷9, 「於潛僧綠筠軒」. "可使食無肉, 不可居無竹. 無肉令人瘦, 無竹令人俗. 人瘦尙可肥, 士俗不可醫. 旁人笑此言, 似高还似痴. 若对此君仍大嚼, 世間那有扬州鶴."

21) 柳宗元, 『柳先生龍城錄』 卷上, 「趙師雄醉憩梅花下」.

한 품성을 형용하는데 매화를 활용하였다는 점이다.[22] 그리고 「매조(梅操)……」에서는 세조~성종의 삼대를 섬기며 의학에 정통하여 공을 세운 권찬(權攢, 1430~1487)[23]의 결백하고 곧으며 성스럽고 청결한 성품을 매화와 형제 같다고 동일시하였다.[24] 또 「차윤홍주매화시운(次尹洪州梅花詩韻)……」에서는 하얗게 핀 매화와 흰 눈을 비교하며 도덕적 결백이라는 가치를 추출해 내기도 하였다.[25] 그런가 하면 그가 아끼고 완상하던 뜨락의 매화나무가 잘린 것을 보고 슬퍼하며 지은 시에서는 "만고(萬古)의 지음(知音)으로는 오직 매화뿐이다"라고 하며 매화를 완상의 대상이자 깨끗한 마음과 굳은 절조를 가진 자신을 알아주는 지기로 형상하기도 하였다.[26]

이와 같은 서거정의 인식은 '화훼란 보라고만 있는 것이 아니라 그 속에 담긴 이치를 음미해야 하는 것이다'[27]라고 말하는 장유(張維)의 주장이나 '옛사람들은 초목과 화훼에 대해 특별한 절조[特操]를 취하던가 그 향기[馨德]를 취하였다'는 조위(曺偉)의 언급[28]에 이르면 자연

---

22) 徐居正, 『四佳詩集』 卷1, 「送梅上人辭」. "梅之操, 梅之德, 旣孤且潔, 又貞以白. 何寂寞而無隣兮, 耿獨立乎叢林. 嗟離世而拔俗兮, 芳霏霏而愈深. 夫旣価夫鼎鼐之實兮, 甘爲山澤之癯仙也. 然根性之自然兮, 亦可種之福田也. 師宜問之大梅之祖, 黃梅之禪."

23) 『成宗實錄』 卷204, 「18년(1487) 6월 11일(己卯), 5번째 기사」.

24) 徐居正, 『四佳詩集』 卷1, 「梅操. 爲梅隱權先生作」. "梅之性白, 梅之操貞, 之德之馨, 之聖之淸, 誰其好之. 曰我先生, 其腸如鐵, 如弟如兄."

25) 徐居正, 『四佳詩集』 卷1, 「次尹洪州梅花詩韻兼柬吳君子」. "梅花如雪雪如梅, 白雪前頭梅正開, 如是乾坤一淸氣, 也須踏雪看花來."

26) 徐居正, 『四佳詩集』 卷3, 「庭中, 有古梅一樹, 年年花開子結, 吟賞愛翫. 中因在村, 賃屋者伐之爲薪, 無復根株. 悵然有作」. "萬古知音只有梅, 淸心苦節出塵埃."

27) 張維, 『谿谷集』 卷25, 「素居放言 十首」. "花卉非爲目, 物理可玩閱."

28) 曺偉, 『梅溪集』 卷4, 「葵亭記」. "古之人, 於草木花卉之類, 或取其特操, 或取其馨德."

물을 '이치, 절조, 도덕' 같은 추상적 철학적 관념을 형상하는 존재로 인식하는 양상을 보인다. 특히 최영경(崔永慶, 1529~1590)의 일화는 대나무와 매화에 윤리적 관념을 부여하여 인식한 구체적인 사례로 주목된다.

일찍이 큰 눈이 내린 뒤에 뜰의 대나무들이 모두 눈에 눌려 바닥에 쓰러져 있는데, 유독 푸른 소나무만이 우뚝하게 서서 굽히지 않고 있는 것을 보고는 탄식하여 말하기를, "날씨가 추워진 뒤에야 소나무의 굳센 절개를 알 수 있으니, 저 대나무가 쓰러져 있는 것은 볼 만한 것이 못 되는구나."하였다.

또 일찍이 한강(寒岡)의 백매원(百梅園)에 들렀는데, 당시는 2월이라 매화가 활짝 피어 있었다. 선생이 동자를 불러 도끼를 가져오라고 한 뒤에 온 뜰의 매화나무를 모두 찍어서 넘어뜨리라고 하니, 그 자리에 있던 사람들이 모두 깜짝 놀라 만류하였다. 그러자 선생이 웃으면서 그만두게 하고 이르기를, "매화를 귀하게 여기는 것은 눈 내린 골짜기의 추위 속에서 온갖 꽃들에 앞서 피기 때문이다. 그런데 지금은 도리(桃李)와 봄을 다투고 있으니 어찌 귀할 것이 있겠는가? 여러분들이 만류하지 않았으면 매화가 거의 베어짐을 면키 어려웠을 것이다." 하였다.

대개 평소에 우뚝하게 정립된 지조가 있었으므로 비슷한 사물을 끌어다 우의(寓意)한 것이 이와 같았던 것이다.[29]

---

29) 李玄逸,『葛庵集』卷28,「守愚堂先生崔公行狀」. "先生嘗於大雪後, 見園中叢竹皆冒雪委地, 獨蒼松特立不撓, 歎曰, 歲寒然後知貞松之勁節, 彼竹之委靡, 不足觀也. 又嘗至寒岡百梅園, 時當二月, 梅花盛開. 先生呼童取斧, 使之斫倒滿庭梅樹. 一座皆驚交止

이현일(李玄逸)이 쓴 최영경의 행장에 나오는 이야기이다. 최영경은 남명오현(南冥五賢)의 한 명으로 오건(吳健)·정구(鄭逑)·김우옹(金宇顒) 등과 교유하였으며 조식의 사후에는 오건과 함께 문하를 주도하였다.

최영경의 학문자세는 경(敬)·의(義)를 강조하는 조식의 영향을 받아 과거를 통한 입신출세를 추구하기보다는 자기완성을 위한 수양 공부에 집중되었다. 그러하기에 학행으로 여러 차례 관직이 주어졌음에도 번번이 사양하고, 1575년에 사축서 사축으로 잠시 출사하였을 뿐이다. 그의 출사에 작용한 것이 의리정신이다. 세신(世臣)의 집안이면서 여러 차례 군왕의 은명을 모르는 척 하는 것이 의롭지 않다는 이유에서였다.[30] 그마저도 곧 그만두고 귀향하고자 하였는데 그를 만류하던 노수신(盧守愼, 1515~1590)이, 뜻을 실천하는데 지나치게 집착하면 큰 해를 입을 수 있다며 조언하였어도 벼슬살이의 폐해를 지적하며 고향인 진주로 돌아온다.[31]

최영경이 의리의 여부에 따라 출사의 진퇴를 결정하는 과감한 행동의 배경에는 스승인 조식의 영향이 자리한다. 조식은 「엄광론(嚴光論)」[32]과 「누항기(陋巷記)」[33]에서 도의 실현과 시대의 치란은 서로 연계되며 도를 굽혀 구차하게 시론에 부합하지 않아야 한다는 엄격한

之. 先生笑而止曰, 所貴乎梅者, 謂當雪壑窮寒, 先百花頭上開也. 今與桃李爭春, 曷足貴乎. 非諸公救止, 梅乎幾不免. 蓋其平生有挺然特立之操, 故引物連類, 寓意如此."

30) 김경호, 「수우당 최영경의 학문적 연원과 지향의식-율곡 이이와 관련하여」, 『동양철학연구』제42집, 동양철학연구회, 2005, 9~11쪽 참조.

31) 崔永慶, 『遺事實錄』, 14쪽. "盧蘇齋守愼累致書止之曰, 恐執之害, 大矣. …… 先生復曰, 通之害, 亦恐不少矣."

32) 曺植, 『南冥集』卷2, 「嚴光論」. "吾故曰, …… 使傳說而不遇高宗, 則終老於傳巖之野, 必不肯枉道而求合."

33) 曺植, 『南冥集』卷2, 「陋巷記」. "道之顯晦, 時之治亂, 係焉."

출처관을 밝혔다. 이런 가르침을 따라 고향으로 돌아온 최영경은 도동(道洞)의 대숲에 집을 짓고 매화와 국화를 심고 백학 한 쌍을 길렀다. 독서에 잠심하여 도를 즐기고, 세속적인 권세와 영화에 대해서는 그것이 몸을 더럽히는 듯 여기며 초연히 멀리하였다.[34]

1589년 봄에 최영경은 진주로 그를 찾아온 정구에 대한 답례의 차원에서 성주에 사는 그를 방문하였다. 정구가 소유한 백매원에 봄을 맞아 매화가 활짝 피어 최영경을 포함한 방문객들이 그곳을 둘러보게 되었다.[35] 때마침 큰 눈이 내린 뒤여서 정원의 대나무가 모두 눈에 눌려 쓰러져 있었다. 이 광경을 목격한 그는 소나무는 날씨가 추워진 뒤에도 오히려 푸름을 간직하는데 저렇게 쓰러진 대나무는 볼 것이 없다고 하였다. 쓰러진 대나무를 외면하는 최영경의 행동은 그가 대나무를 객관적인 자연물이 아닌 하나의 도덕적 의미를 가진 존재로 인식하고 있음을 보여준다.

대나무에 도덕관념을 부여하는 사례는 조임도(趙任道)에게도 찾아볼 수 있다. 그는 식물 중에 대나무가 '현인(賢人)'과 비슷하여 예부터 군자들이 사랑하였고 자신이 평생토록 대나무를 좋아한 이유가 그것이 '정심(貞心)'을 견지하기 때문이라고 밝혔다.[36] 이것은 대나무를 '어짐[賢]' 또는 '곧음[貞]'이라는 도덕관념의 형상물로 인식한 때문이라

---

34) 李玄逸, 『葛庵集』 卷28, 「守愚堂先生崔公行狀」. "仍築室於晉之道洞竹林中, 扁其堂曰 守愚, 庭植梅菊, 養白鶴一雙, 左右圖書, 俛仰其間, 潛心玩賾, 樂以忘憂. …… 其於勢 利紛華, 超然遠避, 若將浼焉."

35) 김경호, 「수우당 최영경의 학문적 연원과 지향의식-율곡 이이와 관련하여」, 『동양철학 연구』 제42집, 동양철학연구회, 2005, 63~89쪽 참조.

36) 趙任道, 『澗松集』 卷2, 「竹醉日移竹」. "植物之中竹似賢, 古來君子多愛之, …… 吾生性 癖異於衆, 百年寄心唯在茲. 人於此君愛直幹, 我愛貞心能自持."

고 할 수 있다. 이러한 예에서 알 수 있듯이 도덕적 관념이 부여된 자연물이 정상적인 모습을 상실하는 것은 도덕관념의 손상으로 인식되었다. 이 때문에 최영경이 눈에 짓눌려 바닥에 쓰러져 있는 대나무를 외면하였던 것이다. 그가 백매원에 심어진 매화나무를 다 베어내려는 해프닝을 벌인 것도 바로 이러한 이유에서였다. 매화에게 부여되는 도덕적 가치는 눈 내린 골짜기의 추위에도 불구하고 온갖 꽃들보다 먼저 피는 '고고함', '고결함'이다. 그런 상징성을 갖는 매화가 일반의 다른 꽃들과 함께 꽃을 피운다는 것은 그것의 도덕적 가치를 저버린 것으로 사군자 중의 '매화'가 아니라 그저 주변에 흔한 이름 없는 꽃나무에 불과하였기 때문이다.

이와 같은 최영경의 행동을 이현일은 단순한 해프닝으로 치부하지 않았다. 최영경이 평소 정립한 지조와 비슷한 의미를 갖는 사물을 연계하는 '인물련류(引物連類)'의 우의적이고 의식적인 행동으로 정리하였다.

사람과 자연물의 도덕적 의미 관계를 요약하여 제시하는 경우는 박수검(朴守儉, 1629~1698)에게서도 확인할 수 있다. 그는 다양한 식물 중에서 매화, 난초, 국화, 대나무가 '사군자'로 불리고 또 군자나 지사의 짝이 되는 이유를 그것이 표상하는 도덕적 관념 때문이라고 밝혔다. 그에 의하면 사군자 중의 소나무와 대나무는 정상적인 일기 상황에서는 일반적인 다른 식물과 구별되는 가치가 분명히 드러나지 않는다. 그렇지만 찬 서리와 폭설 등의 비정상적이고 혹독한 일기 조건 하에서 대부분의 식물은 평소의 정상적인 모습을 잃고 시들거나 죽는 등 그 형상이 변모한다. 이와 달리 사군자는 일반의 식물보다 더 늦게 시들거나 변함없는 모습을 보여주며 외부적 고난에 굴하지 않는 형상을 갖는다고 하였다. 대나무와 소나무, 매화와 난초 등이 눈 내리는 추운 날씨에도 맑은 향기를 내뿜으며 다른 식물 보다 먼저 꽃을 피우고, 찬 서리를 맞으면서도 가지를 꼿꼿이 한 채 늦게 시드는 모습에서 유정 (幽靜)과 아치(雅致)의 관념적인 가치를 모색하였고 바로 이 점이 지사 (志士)의 형상과 유사하다고 하였다.[37) 전통시대 다수의 유가지식인들 이 공유하고 공감하는 이러한 자연물과의 교감 방식을 박수검은 '감 물추인(感物推人)'의 네 글자로 요약하였다.

이현일과 박수검이 의미하는 자연물과의 교유 방식이 '물(物) → 인 (人)'으로의 방향성을 갖는다면, 본고에서 연구하고자 하는 자연물과 의 관념적 교유는 '인(人) → 물(物)'로 표현되는 방향성이 특징이다. 박

---

37) 朴守儉, 『林湖集』卷2,「四君子詩 幷序」. "物固有殊類而相感者, 松竹梅菊四君子是已. 惟彼植物, 無與吾人, 而特以君子稱之者奚? 天高地下, 萬物散殊, 而在冬夏獨也靑靑 者, 豈非松與竹乎? 方其風雷吹動, 雨露濡潤之日, 稠枝密葉, 與凡木同茂而小無特操, 泊乎嚴霜灑野, 厚雪藏堅之後, 郊原晚色, 只是蒼翠之亭亭, 則歲寒後凋之姿, 非君子無 與比矣. 至如梅也菊也, 帶雪淸香, 先吐於百花未敷之前, 傲霜寒枝, 獨保於衆卉旣謝之 後, 幽姿雅趣, 與志士相近, 則並與松竹而稱之者, 不亦宜乎? 感彼四者, 顧名思義, 雖 云植物, 可以爲君子伴矣. 古人取比, 其味有深. 而今日詠歎, 亦或有待而然耶? 年契李 進士甫, 寄跡丘園, 寓懷推敲, 殆將以詩而窮於人, 以窮而工於詩者也. 感興沉吟之際, 乃以四君子爲題, 賦詩各一首, 韻用李靑蓮送賀監律以蔽之, 蓋欲售其工而遣其趣也. 始袖其藁, 往示尹士 浣, 尹士亦工於詩而窮於人者也. 各次其律, 而三加其首, 紐而佩 之, 含笑而來示予. 間或誦前韻而幷傳之, 其意竊自試於人, 而又欲試人矣. 予感二子之 感於四子, 亦自步韻以述其懷, 自慚鳩拙, 本於性情, 感慨凄苦之語, 自然形露於遣辭之 間, 雖不敢企蘄其工, 而亦可謂窮者之詩也. 編苫織綯, 業旣不類, 各言其志, 庸何傷乎? 嗚呼! 君子之趣, 固非一二矣. 有窮居林壑而獨守高潔者, 有志切君民而效盡忠貞者. 不幸而遇板蕩之時, 則扶綱常, 守節義, 與百世流芳者, 亦或有之, 擧皆君子難能之事 也. 惟彼松之孤直, 竹之堅貞, 梅之皎潔, 菊之馨香, 適與君子者相類, 而物我無間. 不有 君子, 斯焉取斯? 君子之道四, 吾未能一焉. 山間朝暮, 對之顔厚, 物中最靈, 反不如物 乎! 君子之操不遠, 在彼柯則. 天寒歲暮, 與爾同歸, 則人皆可以爲君子矣. 吁! 蒼松, 翠 竹, 白梅, 黃菊, 各賦其性, 皆倚一偏而取其所長, 猶得謂之君子, 況合四德而爲我有, 則 豈非君子中之君子乎? 君子見孤直之節, 堅貞之操, 思所以盡其操節, 見皎潔之性, 馨 香之德, 思所以修其德性. 貧賤而不能撓, 富貴而不能淫, 威武而不能屈, 然後可謂士君 子能事畢矣. 感物推人, 聊以綴辭, 欲達窮者之意, 而兼勸工詩之人云爾."

수검 식의 표현을 빌자면 '감인추물(感人推物)'의 형태이다.

뿐만 아니라 '인(人)'과 '물(物)'의 의미적 내함도 박수검의 것과 구분된다. 자연물과의 관념적 교유에서 말하는 '인(人)'은 시속의 일반인이 아니다. 개인과 대립하여 부정적인 감정과 행동을 야기하는 갈등적인 존재이며 그로 인해 자연물과의 관념적 교유를 추동하게 만드는 원인이다.

박수검이 말하는 '감(感)'은 객관적으로 존재하는 자연물로 대변되는 도덕적 가치에 대한 인식이다. 그러나 본고에서 의미하는 '감(感)'은 세계와의 대립을 통해 작가 자신이 느낀 부정적인 생각이나 느낌 등을 의미한다.

부정적인 생각이나 느낌이란 권세가로 대표되는 시대와의 불화, 기예와 재능의 경쟁에서 비롯된 불화, 명예와 절조에 대한 견해차, 경의(經義)에 대한 논변이나 예론(禮論)의 불합치 등과 같이 자기 외의 '타자' 혹은 '세계'와의 대립 과정에서 파생되는 부정적인 감정과 반응들이다. 아래 장에서 이러한 동인에 의한 자연물과의 관념적 교유의 실상을 살펴보기로 한다.

3. 관념적 교유의 추동 원인과 제양상

1) 권세가와의 불화로 인한 관념적 교유

고려 말 삼은(三隱)의 한 사람인 이숭인(李崇仁, 1347~1392)은 16세 되던 1362년(공민왕 11)에 최연소로 과거에 합격하였다. 그보다 20여 살 연상이자 시대를 내표하는 석학이었음에두 이색(李穡)은 제자나 문하가 아닌 홍언박(洪彦博)에게 함께 수학한 동문이자 동료 그리고 오랜 지기로서 그를 인정하였다.[38] 이와 같은 이색의 태도는 『고려사(高麗史)』에도 기술하고 있듯이 이숭인의 훌륭한 천성과 영리한 자질, 우아한 문장 등에서 기인한다. 그는 이숭인 같은 문장은 중국에서나 구해 볼 수 있지 고려의 세간에서는 얻기 힘들다고 칭송하였다. 뿐만 아니라 명나라의 태조 고황제도 이숭인의 표문이 간절하다고 칭찬하였고 중국의 사대부들조차 그의 저술을 보고 탄복하지 않은 이가 없을 정도였다.[39]

특별한 천재로 학문 분야에서 일찍부터 두각을 나타내던 이숭인이었지만 벼슬살이가 순탄하지만은 않았다. 그의 능력을 높이 평가하며 왕자의 교수가 되기를 부탁하던 공민왕이 시해되고 이인임(李仁任)을 비롯한 친원파(親元派)가 조정을 장악하면서 견제를 받아 정치적 활동이 위축되었다. 특히 1375년에 공민왕의 친명(親明) 외교정책을 이인임 일파가 철회하였을 때,[40] 이숭인은 정몽주·정도전·김구용 등과 원나라 사신의 입국을 저지하는 상소를 올렸다. 이 일로 친원파 권력자의 미움을 사서 거의 삼년 동안 경산부(京山府, 지금의 星州)로 유배되었다. 삼 년간의 유배는 천재로 인정받으며 전도가 유망하던 그의 머

---

38) 李穡, 『牧隱集』 卷4, 「陶隱齋記」. "子安氏年十六, 以詩賦中壬寅科, 辭氣老成, 同列猶以少, 故不甚畏之也. 未幾, 學問文章, 日進而不少止, 淵乎其深也, 曄乎其光也, 周情孔思, 層見而疊出也. 向之老而自負者, 翕然從子安氏, 求正其所學焉. …… 予與子安氏, 俱南陽公之門人也, 同寮成均, 相從也又久. 故問焉以質之, 子安氏其勖之哉."

39) 『高麗史』 卷115, 列傳 卷28, 「諸臣」. "崇仁天資英銳, 文辭典雅, 穡每歎賞曰, '此子文章, 求之中國, 世不多得.' 高皇帝嘗覽崇仁所撰表, 嘉之曰, '表辭誠切!' 中原士大夫觀其著述, 亦莫不歎服."

40) 이익주, 「14세기 후반 高麗-元 관계의 연구」, 『東北亞歷史論叢』 vol.53, 동북아역사재단, 2016 참조.

리를 하얗게 만들 정도로 충격적이었고 스스로 운수의 기박함을 탓하
며 절망할 정도의 일대 사건이었다.[41] 이때의 심정을 그는 「애추석사
(哀秋夕辭)」에 묘사하였다.

「애추석사」의 도입부는 일 년 중 물질적으로나 정서적으로 넉넉하
고 여유로운 추석 명절의 비바람이 몰아치는 어두컴컴한 날씨로 시
작된다. 깊은 시름에 절망하던 이숭인이 잠깐 잠에 빠져 들었을 때,
그의 몸을 벗어난 혼이 하늘의 옥황상제를 만난다. 자신을 하토의 작
은 신하로 소개한 혼은 상제에게 답답함을 하소연한다. 태어난 뒤 줄
곧 중니의 가르침을 따라 살신성인을 이루고자 하였고, 맹자의 말처
럼 지조를 지키기 위해 도랑이나 골짜기에 버려짐도 감수하였으며 힘
이 모자라 쓰러질지언정 충군애국(忠君愛國)의 자세를 지켜왔건만 시
속의 간사하고 아첨하는 부류들이 공격하여 괴롭힌다는 내용이었다.
그들을 고발하는 중에도 이숭인의 혼은 격렬한 분노와 거센 비판의
감정을 쏟아내었다. 그가 인식하기에 세속의 인사들은 험악하고 거칠
며, 학문은 비뚤어지고, 마음은 아부를 일삼고 함부로 입을 나불거리
며 이간질을 해서 나라를 망쳤다.[42] 세속에 대한 이같이 격렬한 분노
와 비판을 표출하면서도 한편으로는 세속의 무리들이 자신을 파멸시
킬 것이란 위기감과 두려움 그리고 걱정에 눈물을 쏟는다.[43] 그러면
서도 세속과의 화합을 위해 변통과 추이의 자세를 갖도록 하라는 상

---

41) 李崇仁, 『陶隱集』 卷3, 「吟得二十八字寄崛山近公禪師」. "陶隱先生數甚奇, 天涯三載
     髮如絲."

42) 李崇仁, 『陶隱集』 卷1, 「哀秋夕辭, 乙卯秋南行所作」. "何時俗之險𫘝兮, 學曲而心阿. 視
     余猶机上鷿兮, 旣鼓吻又磨牙. 彼讒諛之得志兮, 自昔匈人國也."

43) 같은 곳. "惟皇德之孔仁兮, 拯余乎陸之沉, 涕洟交以雨滂兮, 寒心喧而欽欽."

제의 조언에 소신을 굽히지 않는다. 세상인의 무지를 탓하며 자신과의 소통에 만족하며 살겠노라 한다.[44] 자신의 평소 주장을 고집하는 태도는, 장년기의 그가 공연히 뜻만 지닌 채 홀로일 뿐 동지가 없다고 고백하는 것에서 그가 시속과의 불화로 인한 고독한 처지를 평생 감수하였음을 보여준다.[45] 그러하기에 자의식을 지키려는 그의 생각은 더욱 고집스럽고 강할 수밖에 없었다.

자신과의 소통에 만족하며 시속으로부터의 고립과 단절을 선언한 이숭인이 교감을 이룬 것은 매화였다. 해남의 물가를 찾아 노닐 때 보았던 천 그루의 매화나무에 천 수의 시를 지어 붙일 정도로 매화를 애호하던 그였다.[46]

천 수의 매화시를 통해 유추할 수 있는 사실은 매화가 그에게 단순한 완상의 대상에 그치지 않는다는 것이다. 그의 포부가 무모하게 뜻만 컸지 행실은 따르지 못함을 알아차리고 그의 '광(狂)'함을 비웃을 정도로 속내를 속속들이 이해하는 교우이자 권력가와의 불화로 고통받는 이숭인을 이해하는 관념적 교유의 대상이었다.[47] '광'은 공자가 향당의 젊은 사람들이 뜻만 컸지 행동은 허술하여 찬란하게 문채만

---

44) 李崇仁, 『陶隱集』 卷1, 「哀秋夕辭, 乙卯秋南行所作」. "皇恩余之深衷兮, 徠爾聽我辭. 所貴學之道兮, 能變通而推移. 日中則昃兮, 月盈而虧, 天道亦不可久常兮, 在人事其何疑. 世旣惡夫方兮, 爾何惜乎爲圓. 世旣尙夫白兮, 爾胡獨守此玄, 我哀爾之遭罹兮, 亦惟爾之故也. 欲去危以就安兮, 盍反爾之道也. 余默退而靜思兮, 皇恩之罔極也, 竊不敢改余之初服兮, 固長終乎窮阨. 前余生之千古兮, 其在後者無窮, 矢余志之不回兮, 仰前脩而飭躬, 世貿貿莫余知兮, 庶憑辭以自通."

45) 李崇仁, 『陶隱集』 卷2, 「示舘中僚友」. "壯年空有志, 獨立竟無徒."

46) 李崇仁, 『陶隱集』 卷3, 「呈尹判書求梅」. "遠游曾到海南湄, 千樹梅花千首詩."

47) 李崇仁, 『陶隱集』 卷2, 「泰齋相公宅梅花 柳侍中」. "臘前璀璨一枝香, …… 定應笑我斐然狂."

이루고 분별할 줄 모름을 지적한 말이다.[48] 공자도 당시 젊은 사람들의 뜻과 행동 사이에 상당한 괴리가 있음을 지적하였다. 마찬가지로 이숭인 역시 「애추석사」에서 그의 생각과 실행이 심하게 괴리되자 고통스러운 심경을 토로하였다. 이러한 괴리는 그에게 정신적인 고통과 울분 같은 사기(邪氣)를 야기하였다. 그러하기에 자신의 생각을 알아주는 매화를 대하면 가슴 속의 사기가 절로 없어지고 시속에서 얻은 속된 기운이 해소되어 비야리장자(毗耶離長者)의 가풍과 방불해지도록 만든다고 하였다.

> 따스한 날 갠 창가에 비로소 터뜨린 꽃망울
> 보기만 해도 마음의 사기가 절로 없어지네
> 다생에 맺은 습기가 이로부터 해소되어
> 비야리장자의 가풍과 방불하게 되리라
> 暖日晴窓始吐葩, 相看胸次自無邪.
> 多生結習從今盡, 髣髴毗耶長者家.[49]

비야리장자란 대승불교의 교의에 정통한 유마거사(維摩居士)를 가리킨다. 재가자로서 출가자보다 더욱 불법을 잘 깨달아 설법하고 보살들과 제자들뿐만 아니라 부처님조차도 존경의 마음을 표했던 존재가 유마거사였다. 이 때문에 황제에게 환심을 사지 못한 소식을 비롯한 송대 사대부들에게 유마거사는 닮고 싶은 좋은 본보기였다.[50] 마찬가

---

48) 『論語』, 「公冶長」. "歸與歸與, 吾黨之小子狂簡, 斐然成章, 不知所以裁之."

49) 李崇仁, 『陶隱集』 卷3, 「梅花 五首」.

50) 이연, 「蘇軾의 佛敎詩에 미친 '維摩經'의 영향 연구」, 『동아인문학』 27집, 동아인문학

지 이유로 이숭인도 유마거사 즉 비사리장자를 닮고 싶어 하였다. 그
러한 사실은 그가 충주에 머물고 있을 때 지은 「중원잡제(中原雜題)」
에, 천봉광리(千峯廣利) 스님이 그를 위해 진수성찬으로 후하게 대접하
자 유마거사가 아니어서 그것을 누리기가 부끄럽다고 언급한 것에서
확인할 수 있다.[51]

　　고려시대의 이숭인이 권력가들과의 불화로 매화와 관념적인 교유
를 이루었다면 조선전기의 인물 중에는 신창보(申昌父)가 그러한 경우
에 해당한다.

　　조선의 사대부들은 독서인이자 작가이며 또 정치에 종사하는 관료
의 복합적인 성격을 지닌 채 유가적 질서로 구성된 수기치인(修己治人)
의 이상 실현을 열망하였다. 그러나 그들이 직면하는 현실은 그들이
꿈꾸던 이상 실현을 짓이겨 놓기 일쑤였다. 학파, 정파, 시세의 교착에
따르는 파괴적인 갈등으로 이상은 좌절되었고 그들에게 내밀어진 선
택지는 현실에 대한 순응이나 현실과의 불해(不諧)라는 극단적인 것이
대부분이었다.

　　현실과의 부조화 내지 부적응의 문제는 당대적이고 일시적인 현상
이 아니었기에 예전부터 문인들은 천고를 거슬러 올라가서 고인을 벗
삼거나 외물에 자신을 의탁하는 방식을 취하였다. 배용길(裵龍吉)의 견
해를 빌자면, 현실과의 불화에서 빚어지는 정신적 고뇌를 치유하는
벗으로 삼을 만한 사물은 자기 혼자만 알고 남들은 모르는 것이요 하
늘만이 허락하고 다른 사람은 허락하지 못하는 것으로 일반적으로 사

　　　회, 2014, 89~90쪽 참조.

51)　李崇仁, 『陶隱集』 卷3, 「中原雜題」. "千峯廣利遠來過, 列案珍羞厚意多. 想得分從香積
　　　界, 深慙不是老維摩."

람들이 사귀는 벗과는 다른 특성을 지닌다.[52] 오롯이 나의 주관적 의식 하에 나만의 벗이 되고 의미가 부여되는 내 관념의 형상체이자 교감물이다. 이것은 술과 밥과 놀이로 서로 어울려 다니고 벼슬길에 뜻을 얻어 서로 그리워하고 좋아하다가 이해관계에 맞닥뜨리면 하루아침에 서로 모르는 것처럼 눈길을 돌려 버리거나 대각에 출입하면서 곧바로 금마옥당(金馬玉堂) 같은 조정의 화려한 내직에 있는 사람들과 서로 사귀려는 세상의 일반적인 교유에 비하면 분명한 차별성을 지닌다.[53]

신창보는 돌에 대한 사랑으로 유명한 인물이다. 돌을 사랑하여 밖에 나갔다가 조금이라도 이상한 돌이 눈에 띄면 가져왔는데, 큰 돌은 수레나 말에 싣고 그보다 작은 것은 하인에게 지도록 하거나 곁에 끼게 하여 가져올 수 있는 것이라면 모두 남기지 않을 정도로 돌을 수집하고, 또 돌을 모아놓은 정자를 '석정(石亭)'이라고 할 정도로 돌에 대한 사랑이 유별났다. 이런 그를 위해 기문을 지은 이가 정도전이었다.

정도전은 세상 사람들이 신창보가 돌을 좋아한다는 사실만을 알 뿐 그가 돌을 좋아하게 된 배경과 이유를 모른다는 사실을 지적하였다. 그에 의하면, 신창보는 일찍 조정에 출사하고 현달하였지만 강직한 성품이었다. 이 때문에 권신들에게 굴복하지 않아 비위를 거스려서[剛直不屈, 見忤權臣] 퇴직하고 고향으로 물러난다. 그가 여러 사물 중에 특히 돌에 열중하게 된 것은 『주역(周易)』〈예괘(豫卦)〉의 효사에서

---

52) 裵龍吉, 『琴易堂集』卷5, 「淨友亭記」. "凡物之可與爲友者, 己獨知之, 人莫之知也, 天獨許之, 人莫之許也. 斯友也, 其諸異乎人之友之歟. 古之人, 不偶於時則尙友於千古, 不諧於人則託意於外物, 斯皆己知而人不知, 天許而人不許者之所爲也."

53) 같은 곳. "其視世之酒食遊戲相徵逐, 仕宦得志相慕悅, 一朝臨利害, 反眼若不相識者, 亦遄廷矣."; 같은 곳. "苟效世人炎冷之交則翺翔臺閣, 直與金馬玉堂人相伴久矣."

묘사한 돌의 특성 때문이었다. '절개가 돌과 같은지라 하루를 마치지 않고 떠나가니, 정(貞)하고 길(吉)하다.[介于石, 不終日, 貞, 吉.]'는 구절이 그것이다. 신창보 스스로 자신의 절개를 확고하게 변함없이 지키려는 마음이 있었기에 조금이라도 자신의 절개를 더럽힐 기미를 감지하자 과감히 조정을 떠나는 결단을 통해 돌처럼 흔들림 없이 자신의 절조를 지키고자 하였다. 이것이 그가 돌과 나눈 관념적 교유의 이유이자 남들은 잘 알 수 없는 그만의 이유였다.[54] 이러한 신창보의 돌 수집에 대한 이야기는 조선 후기의 『해동잡록(海東雜錄)』에 실릴 정도였지만 잡록에서도 그가 돌과 교유한 이유는 밝히지 못하였다.[55] 이것은 배용길이 말한 현실과의 불화에서 빚어진 신창보 자신의 정신적인 고뇌를 자연물인 돌과의 교감을 통해 스스로 치유하는 것이기에 남들은 그가 왜 돌과 교유하는지, 그가 왜 세속의 교유형태와 다른 이러한 교유를 하게 되었는지 알 수 없었던 것이다.

조선 중기 강우지역(江右地域)의 대표적인 학자 조임도(趙任道, 1585~1664)의 생애는 임진왜란과 정유재란, 정인홍(鄭仁弘)에 의한 퇴계 문묘종사 배척, 폐모론, 정묘·병자호란 같은 전쟁과 위난으로 점철되었다.

---

54) 鄭道傳, 『三峯集』卷4, 「石亭記」, "申公昌父, 介特人也. 其守有確然不可奪者. 嘗位於朝, 旣顯矣, 終以剛直不屈, 見忤權臣, 卽引退歸田里. 性愛石, 出外遇石稍異者, 輒致之家, 大者, 車載之, 其次, 馬馱之, 又其次, 使僕負之, 或腋之, 凡力可以致者, 無遺焉. …… 然人徒知公之樂乎石而不知石之所以爲樂也. 易曰, 介于石, 不終日, 貞吉. 公之守有確然不可奪者, 不屈權勢, 其介于石歟. 卽引退歸田里, 其不終日歟. 以道自樂, 無意外不測之禍, 其貞吉歟. 或者公之樂, 其出於此乎, 是可記已."

55) 『海東雜錄』6, 「本朝」, "申昌父以剛直見忤, 引退田里. 性愛石, 出外遇石稍異者, 輒致之, 大者車載之, 其次馬馱之, 又其次使僕負之或掖之, 凡可以致者無遺焉, 因自號石亭. 三峰作文以記之."

14세 되던 해에 정유재란이 발생하자 그는 부친을 따라 경북의 청송으로 피란하였다. 그곳에서 김중청(金中淸)을 만나 수학하였는데, 그는 퇴계의 뛰어난 제자인 조목(趙穆)의 제자였다. 17세 때는 부친을 따라 경북의 인동으로 이사하여 장현광(張顯光)의 문하에서 수학하였다. 특히 장현광이 조임도의 원래 이름인 '기도(幾道)'가 입지(立志)의 관점에서 보면 다소 미진하다는 이유로 '도에 극한까지 도달하기를 추구한다'는 '임도(任道)'로 개명할 것을 추천하여 이름을 개명하였다. 또 23세 되던 해에는 선친과 용화산의 뱃놀이에서 퇴계의 고제인 정구(鄭逑)를 배알하고 장현광, 곽재우 등과 배를 타고 주유하였다.

위의 몇 가지 사례에서 알 수 있듯이 조임도는 경남 출신임에도 퇴계학파의 주요 인물들과 깊고 친밀한 교유를 맺으며 퇴계를 존모하였다.[56] 이 때문에 27세 되던 해에 정인홍이 주도하는 퇴계를 공격하고 배척하는 소회(疏會)에 참여하기를 권유받자 자신이 퇴계 학통의 계승자임을 밝히며 소회에 불참을 선언하였다. 뿐만 아니라 소회의 내용을 기록한 소록(疏錄)에서도 자신의 이름을 삭제할 것을 요청하였다. 당시에 다수의 선비들이 위세가 당당한 북인 정권에 굴복하여 절조를 바꾸고 그들에게 동조한 것과 달리 자신의 행위가 스스로에게 화란을 초래할 것임을 예감하면서도 절조를 지켰던 것이다.[57] 그가 당시의 선비들이 올바른 학문자세를 버리고 권

---

56) 趙任道,『澗松集』,「年譜」.

57) 趙任道,『澗松集』,「年譜」. "三十九年辛亥 先生二十七歲 ○時郡人有附陜川者, 倡設疏擧, 專斥退溪先生. 先生投書囊中, 引孟子逢蒙章. 其略曰, 生少時學於槃泉金公中淸, 中淸學於趙月川, 月川卽退溪門人也. 今聞疏擧專以攻斥退溪爲主, 生之參會, 無乃不可乎. 願去生姓名於疏錄, 毋使爲逢蒙之歸, 而得罪於庾公之斯. 又答人勸赴疏會書曰, 老母聞疏會之由, 泣曰, 吾死之後, 汝雖陷於水火之中, 吾不知也. 古人云, 有范滂之母,

력에 아첨하는 속된 행동을 비판하며 쓴 것이 「세유탄(世儒歎)」이다. 여기에서 그는 선비로서의 올바른 학문자세와 덕성의 함양을 강조하였다. 그가 본받고자 한 것은 안자(顔子)의 사물(四勿), 증자(曾子)의 삼성(三省), 대도(大道), 성인지도(聖人之道), 순원(淳源), 대박(大樸)과 같이 본심을 함양하고 명리의 유혹을 벗어나 임금과 어버이에게 신하와 자식의 직분을 다하는 것이다. 글만 외고 읽으며 글 짓기만을 일삼거나 녹봉을 축내는 것, 마음과 입 그리고 말과 행동이 일치되지 않는 것은 만 권의 책을 읽었더라도 배우지 못한 것과 같다고 하였다. 이처럼 말단의 지엽적인 것을 숭상하는 세속적인 선비들의 경박한 풍속이 순수한 덕[淳源]을 흐렸다고 비판한[58] 그의 자세는 무엇에서 기원하는가?

돌아가신 아버지께서 나를 사랑하여 걱정하시기를, "우리 아이는 기질이 가을 물처럼 맑지만, 시속과 잘 어울리지 못하여 지금 세상에서 화를 면하지 못할까 두려울 따름이다."라고 하셨다. 나 또한 결백하고 솔직하게만 살면서 나 자신을 방어하거나 보호하려 들지 않고, "내 좋은 대로[自好] 할 따름이다. 남들이 좋아하고 좋아하지 않는 것이 나와 무슨 관계가 있는가? 스스로 앎[自知] 따름

然後視死如歸. 老母之憂至此, 其可效溫嶠之絶裾乎. 某旣被譏侮來庵之謗, 又不受尊教, 陷身之禍, 朝夕必至, 柰何, 云云. 是時北人勢焰熏天, 士不喪所守者無幾, 識者以千仞壁立推先生."

58) 趙任道, 『澗松集』卷1, 「世儒歎」. "世儒所謂學, 學書能誦讀. 世儒所謂業, 業文賭爵祿. 心口不相應, 言行不相顧. 雖破萬卷書, 於德竟何補. 事君盡臣節, 奉親供子職. 人雖曰未學, 吾必謂之學. 君看顔匹勿, 與夫曾三省. 何嘗言語工, 亦豈文字炳. 終能聞大道, 具體承前聖. 柰何末流弊, 枝葉徒崇獎. 澆風散淳源, 大樸日淪喪. 鸚鵡謾好音, 簪裾愧廝養. 透得名利關, 方是少歇處. 上蔡有嚴訓, 服膺事斯語."

이다. 세상이 알아주고 알아주지 않는 것이 나와 무슨 관계가 있겠는가?"라고 생각하였다. 온전하게 하려다가 얻는 비난과 생각지도 못한 칭찬 등이 때때로 한꺼번에 들이닥쳐도 나는 모든 것을 웃음거리로 치부하였다. 내가 마음속으로 결단하여 스스로 믿는 어리석음이 이와 같았다.[59]

조임도는 일찍이 자신을 객관화하여 지은 「자전(自傳)」에서, 그의 아버지가 강직한 성격의 아들이 세상과 화합하기 어려워 화를 초래할까 두려워하는 내용을 수록하였다. 자신의 성격이 결백하고 솔직하여 타인이나 세상의 이목을 고려하며 스스로를 방어하기 보다는, 자신을 사랑하고 이해하는 것에 만족감하였다.

이런 태도는 자신과의 소통에 골몰하며 외적인 세계를 고의로 외면하고자 했던 이숭인의 태도와 일맥상통한다. 이숭인이 웅대한 포부를 실현할 수 없는 현실에 절망감을 느낀 것과 달리, 조임도는 세속의 부조리에 물들지 않는 맑은 성품과 덕성 함양의 근본에 충실하기를 염원하였으며 현실에서의 포부실현에 대한 좌절감에 매몰되지 않았다. 포부실현의 야망은 없었지만 덕성 함양의 염원과 부조리한 현실의 괴리에서 오는 고통스러운 심사는 그를 괴롭혔다. 덕성함양의 이상과 현실의 부조리로 인한 고통을 그는 소나무와의 교감을 통해 치유하고자 하였다.

---

59) 趙任道, 『澗松集』 卷3, 「自傳」. "翁先君子愛而憂之曰, 吾兒氣質, 瑩若秋水, 但恐其不能諧俗, 難乎免於今之世耳. 翁亦任其白直, 不爲防護曰, 自好而已. 人之好不好, 何與於我? 自知而已, 世之知不知, 何有於我? 求全之毀, 不虞之譽, 往往一時幷至, 翁皆付之於笑. 其內斷自信之愚如此."

내가 사랑하는 것은 겨울 고개에 우뚝 서서
당당하고 굳세게 홀로 빼어난 외로운 소나무
늙은 줄기 높이 솟아 굽은 쇠처럼 엉켜 있고
깊은 뿌리 구부러져 누운 용처럼 웅크려 있네
우뚝 하늘로 솟아 검푸른 빛은 사철 변함없고
아래는 깎아지른 절벽, 위는 위태로운 봉우리
추운 겨울 세모에 눈보라 거세지만
북풍 몰아치는 매서운 겨울을 견디네
나무는 울창했던 모습을 보존 못하고
풀은 우거진 모습을 지킬 수 없는데
너만 초연히 늠름한 모습 변함이 없구나
눈서리가 몰아치는 것을 어이 꺼릴까
추위 견디며 자경의 북해의 절조를 지키고
굳은 지킴은 이제의 서산의 자취를 따르네
도연명이 어루만지며 서성댔던 것은
충신과 의사의 모습과 닮아서라네
가을에 먼저 시드는 창포 갯버들 같은 것은
한때는 푸르고 무성하지만 끝내 어디에 쓰랴
나 또한 평생토록 빼어난 절조를 숭상하여
널 위해 붓을 쥐고 종횡으로 글을 쓰노라

吾愛截然特立冬嶺上, 亭亭落落獨秀之孤松.
老幹偃蹇交錯如屈鐵, 深根屈曲盤踞如臥龍.
兀有參天黛色貫四時, 下臨絶壑上危峯.
天寒歲暮風雪急, 朔氣冽冽當嚴冬.
木不可恃其鬱鬱, 草不得保其茸茸.

爾獨超然凜不改, 肯憚霜雪爭侵攻.

耐寒能守子卿北海節, 固守可追孤竹西山蹤.

所以陶公撫盤桓, 爲其有似忠臣義士之形容.

彼哉望秋先零蒲柳種, 一時蔥蒨終奚庸.

我亦平生尙奇節, 爲爾把筆書橫縱.[60]

서슬 퍼런 북인 정권의 압력에도 불구하고 존모하는 퇴계에 대한
의리를 지키며 평생 빼어난 절조를 숭상하고 연마하려는 조임도의 마
음가짐은 매서운 한파와 눈보라 몰아치는 겨울 추위에 우뚝 선 고갯
마루의 소나무와 교감을 이루었다. 그는 눈서리가 몰아치는 겨울 한
파를 감내하는 소나무의 모습에서 한무제(漢武帝) 때 중랑장으로 흉노
에 사절로 갔다가 억류되어 북해에서 고초를 겪으면서도 굴복하지 않
았던 소무(蘇武)의 절조를 연상하였다. 또 차가운 북풍에도 굳게 평소
의 모습을 지키는 모습에서 백이·숙제의 변함없는 충절을 연상하였
다. 이것은 자연물인 소나무가 마주한 혹독한 상황과 그가 정인홍의
퇴계 문묘 종사 반대에 불참하여 비난을 받으면서도 자신의 절조를
유지했던 고통스러운 삶이 교감한 결과이다.

2) 시대, 세태와의 불화로 인한 관념적 교유

허균(許筠)은 자신을 포함하는 네 벗이 함께 한다는 의미의 사우재
(四友齋) 기문에서, 자신의 성격이 방달하고 구속을 받지 않으려 하였

---

60) 趙任道, 『澗松集』 卷2, 「冬嶺秀孤松」.

기에 세상과 잘 맞지 않는다고 하였다. 이러한 이유로 당시 사람들은
이 무리지어 그를 꾸짖고 떼를 지어 배척하여, 대문에는 찾아오는 이
가 없고 나가도 더불어 뜻에 맞는 곳이 없었다. 현실에서 벗할 이를
찾기 어려웠던 그가 선택한 방법이 도연명(陶淵明), 이태백(李太白), 소
자첨(蘇子瞻) 같은 고인을 찾아서 벗하는 것이었다.

 방달하여 구속받기 싫어하는 성품으로 당대인과 교유하지 못하고
고인 중에서 교우를 찾던 그는 '벗이란 오륜의 하나인데 나만이 홀로
갖지 못한 것이 심히 수치스럽다.'고 술회하였다.[61] 오륜이란 유교사
회에서 가장 기본적이면서도 중요한 인간관계를 범주화한 것이다. 그
중에서 붕우 관계는 상하존비가 없는 평등한 관계로, 부자관계처럼
숙명적으로 맺어지거나 군신관계처럼 인위적으로 맺어지지 않는다.
직접 스스로 선택하는 인간관계라는 점에서 오륜의 다른 관계 유형과
차별적이다.[62] 그러나 평등하고 선택적인 붕우 관계도 기본적으로 지

---

61) 許筠, 『惺所覆瓿藁』卷6,「四友齋記」. "齋以四友名者, 何耶. 許子所友者三, 而許子居
    其一, 倂而爲四也. 三人者誰? 非今士也. 古之人也. 許子性疏誕. 不與世合, 時之人群
    詈而衆斥之, 門無來者, 出無與適. 喟然曰, 朋友者, 五倫之一, 而吾獨缺焉, 豈非可羞
    之甚. 退而思曰, 擧世而鄙我不交, 吾焉往而求友哉. 無已則於古人中, 擇其可交者友
    之. 吾所最愛者, 晉處士陶元亮氏, …… 其次則唐翰林李太白氏, …… 又其次, 宋學士
    蘇子瞻氏. …… 三君子文章, 振耀千古, 以余觀之, 則皆其餘事. 故吾所取者在此, 而不
    在彼也. 若友此三君子者, 則奚必與俗子聯袂疊肩, 詡詡然耳語, 自以爲友道也哉. 余命
    李楨繪三君像惟肖, 作贊倩石峯楷書. 每所止, 必懸諸座隅, 三君子儼然相對軒衡解權,
    若與之笑語, 怳若聆其謦欬, 殊不知索居之爲苦. 然後余之倫始備五, 而尤不樂與人交
    也. 噫! 余固不文, 不能三君子之餘事, 而性又坦率妄庸, 不敢望其爲人. 唯其敬慕欲友
    之誠, 可感神明. 故其出處去就, 默與之相合, 陶令在彭澤八十日而解官, 不佞三爲二千
    石, 不滿限輒斥去. 謫仙之潯陽夜郞, 坡公之臺獄黃岡, 皆賢者之不幸, 而余以罪械纍受
    榜, 掠徙于南, 殆造物者戱同其困阨, 而賦與之才性, 猝不可移歟. …… 余所寓舍, 適僻
    而無人來訪, 桐樹布蔭于庭, 叢竹野梅, 列植舍後, 樂其幽靜, 張三像於北牖, 焚香以揖
    之, 及扁曰四友齋, 因記其由如右云."

62) 김태준,「18세기 교우론의 계보」,『한국문학의 동아시아적 시각』, 집문당, 1999, 64쪽

켜야할 도리가 있었다. 벗을 통해 자신의 인덕(仁德)을 보강한다는 경전의 가르침[63] 외에, 신의를 지키거나 재물을 융통하고, 생사를 함께하는 등의 행위가 교우관계에서 기대되어지는 것들이다. 허균이 이런 특성의 붕우관계를 제대로 가질 수 없었던 배경에는 방달하고 구속받지 않으려는 그의 성격이 크게 작용하였을 것이다. 그 때문에 허균은 수치스러워하며 살아있는 사람이 아닌 그를 이해할 수 있고 그와 유사한 의식을 지향했던 고인을 붕우로 삼았던 것이다.

허균은 세상과 자신의 관계를 '여세불합(與世不合)'으로 규정할 만큼 조선 사회를 지배하는 성리학의 가르침에 반기를 들었다. 그는 도덕적 본성의 함양을 강조하기 보다는 인간의 본능적 자연스러움 즉 인욕(人欲)을 중요하게 여겼다. 동시대의 이식(李植, 1584~1647)은 허균이 총명하고 문장에 재주가 있으며 부형과 자제로 인해 유명하였음에도 불구하고 행동에 조심성이 없다고 비판하였다. 모친의 상중에도 고기를 먹고 창기를 가까이 하였을 뿐 아니라 이런 죄를 만회하기 위해 노장(老莊)의 서적이나 불가(佛家)의 서적을 탐독하여 그들의 이론으로 자신을 합리화하고자 하였고, 만년에는 역적 이이첨(李爾瞻)과 결탁하여 대역을 모의하다가 죽임을 당하였다고 서술하였다. 심지어 그는 허균에 관한 이야기는 입을 더럽힐 가치조차 없는 것으로 치부한다. 특히 허균이 말했다고 전해지는 '남녀의 정욕(情欲)은 하늘의 가르침이요, 윤기(倫紀)의 분별은 성인의 가르침이다. 그런데 하늘이 성인보다 한 등급 위에 있으니, 나는 하늘의 가르침을 따를지언정 감히 성인의 가르침은 따르지 않겠다'는 말을 이단의 '사설(邪說)의 극

참조.

63) 『論語』,「顔淵」. "君子以文會友 以友輔仁."

치(極致)'로 규정하고 그 말이 노장이나 불교의 글에도 있으며 육상산
(陸象山)이나 왕양명(王陽明) 역시 그러한 속셈을 간직하였다고 비난하
였다.[64]

이식이 비난했던 허균의 언행은 당시 조선사회를 지배하는 유가적
예교주의에 대한 전면적인 부정이자 도전이었다. 이 때문에 그는 조
선 사회의 이단아로서 불운하게 생애를 마감할 수밖에 없었다.

신창보와 허균의 경우를 비교할 때, 신창보의 '여세불합'의 '세(世)'
는 주로 '권력가과 세도가'라는 사회 핵심세력과의 불화이다. 허균의
'세'는 사회 다수인과의 불화를 가리키므로 그 의미의 범주가 사뭇 다
르다. 또 허균은 세인들이 우의의 표출로 간주하는 행동인 어깨동무
나 옷소매를 맞대거나 사분사분 귓속말을 하는 모양새를 우도의 표현
방식으로 여기지 않았다. 대신에 그가 벗 삼은 세 명의 고인을 그림으
로 그리고 그들을 찬양하는 글을 지으며 세속인의 우도와 차별되는
자신만의 우도 표현 방식에 높은 의미를 부여하였다. 자신을 현실로
부터 격리하면서도 쓸쓸함이나 괴로움을 느끼지 않고 사람과의 교제
를 즐기지 않는 부정행동을 보였다.[65]

---

64) 李植, 『澤堂集』卷15, 「示兒代筆」. "許筠聰明有文才, 以父兄子弟, 發迹有名, 而專無行
    檢. 居母喪, 食肉狎娼, 有不可掩, 以此不得爲淸官, 遂博觀仙佛書, 自謂有所得. 自此尤
    無忌憚, 晚以締結元兇, 官至參贊, 竟謀大逆誅死. 其人事不足汚口, 顧嘗聞其言曰, 男
    女情欲天也, 倫紀分別, 聖人之敎也. 天且高聖人一等, 我則從天而不敢從聖人. 其徒
    誦其言, 以爲至論, 此固異端邪說之極致, 非筠始言之, 老·莊·佛之書, 皆有其意. 陸象
    山·王陽明, 雖藏機不露, 但熟觀其書, 則自有一脈透漏處, 流於山農, 許筠之所爲, 特
    未達一間, 可懼哉."

65) 같은 곳. "余命李楨繪三君像, 惟肖作贊請石峯楷書, 每所止, 必懸諸座隅, 三君子儼然
    相對軒衡解權, 若與之笑語, 怳若聆其謦欬, 殊不知索居之爲苦. 然後余之倫始備五, 而
    尤不樂與人交也."

현실과 격리되어도 쓸쓸함이나 괴로움을 느끼지 않고 사람과의 교제를 즐기지 않는 행동은 관념적 교유가 야기할 수 있는 병폐의 양상을 구체적으로 시사한다. 이미 세상과 불화한 이들이 더욱 세상으로부터 자신을 격리하려는 강박적인 부정 반응이 심화된 것이다. 심지어 허균은 의도적으로 집터조차 사람이 찾지 않을 정도로 한적하고 외진 곳에 마련하고 오동나무, 대나무, 들매화 같은 자연물을 심고 가꾸며 그것들과 고인을 벗삼는다. 이때의 오동나무와, 대나무 그리고 들매화가 허균의 관념적 교유의 대상임은 논의가 필요치 않다.

허균의 벗 중에 특이한 것으로 불을 밝히는 데 쓰이는 짧은 등잔받침이 있다. '석우(石友)'로 표현된 이것은 삭막한 세정(世情)이나 날로 어려워지는 유가의 도, 그리고 멀리 막부에서 지내야 하는 그의 한을 이해하고, 그가 책을 읽도록 변함없이 불을 밝혀주는 다정한 친구였다.[66] 이 짧은 등잔받침이야말로 세상과 불화하는 허균만의 고뇌를 이해해 주는 관념상의 벗인 셈이다. 그 외에도 복사꽃[67]이나 산새, 들매화[68] 같이 주변의 흔하고 하찮은 사물도 허균을 향해 미소를 짓거나 이야기를 나누거나 그를 기다려 주는 등의 교우 역할을 행한 존재였다. 조선후기의 인물 중에 정온(鄭蘊, 1569~1641) 역시 마을과 주변의 흔하게 핀 꽃에 특별한 관념을 부여하였다.

병자호란 이듬해인 1637년 1월 30일에 인조는 남한산성을 나와

---

66) 許筠, 『惺所覆瓿藁』 卷1, 「幕府無事, 用于鱗閣夜韻自遣」. "彩翰聊題恨, 金錢豈卜懽. 世情偏落莫, 吾道日艱難. 永夜星河暗, 千山雨雪寒. 短檠吾石友, 來照古書看."

67) 許筠, 『惺所覆瓿藁』 卷1, 「小桃」. "二月長安未覺春, 墻頭忽有小桃顰. 嫣然却向詩翁笑, 如在天涯見故人."

68) 許筠, 『惺所覆瓿藁』 卷1, 「光州書事」. "鳳笙亭畔獨徘徊, 宋玉無心賦楚臺. 山鳥似迎佳客語, 野梅如待故人來."

삼전도로 가서 청나라 태종에게 세 번 절하고 아홉 번 머리를 조아리는 치욕적인 화의 의식을 치렀다.[69] 이 일이 있기 이틀 전에 이조 참판으로 있던 정온은 시를 지어 외부에는 충성을 다하는 군사가 없고, 조정에는 나라를 팔아넘기려는 간흉이 많아서 군주의 치욕이 극에 달하고 있는데도 군주를 위해 죽으려는 신하가 없음을 한탄하였다. 그는 지금이야말로 이익을 버리고 의리를 취할 때이며 어가를 따라가 항복하는 것은 참으로 부끄러운 일이기에 칼로 '인(仁)'을 이루고 죽기를 고향에 돌아가듯 하리라는 내용의 시를 읊고 칼로 자신의 배를 찔렀으나 중상을 입고 죽음을 면하였다.[70]

정온의 행동은 강상과 절의를 지킨 것으로 기림을 받기에 충분하였음에도 그를 꺼리던 사람들은 도리어 그가 임금을 버리고 나라를 배반했다고 비난하였다.[71] 지탄을 받게 된 정온은 차자를 올려 체직을 청하고, 군주를 신하로 만든 최명길(崔鳴吉)을 비판함과 아울러 명나라에서 내려준 인장을 청나라에 주지 말 것, 명나라를 공격하기 위한 청의 군사 요청에 명나라와 조선의 부자지간의 의리를 내세워 거절할 것을 요청하였다.[72]

---

69) 『仁祖實錄』卷34,「15년(1637), 1월 30일(庚午), 2번째 기사」.

70) 『仁祖實錄』卷34,「15년(1637), 1월 28일(戊辰), 6번째 기사」. "吏曹參判鄭薀口號一 絶曰, 砲聲四發如雷震, 衝破孤城士氣恟. 唯有老臣談笑聽, 擬將茅舍號從容. 又曰, 外絶勤王帥, 朝多賣國兇. 老臣何所事, 腰下佩霜鋒. 又作衣帶誓辭曰. 主辱已極, 臣死何遲? 舍魚取熊, 此正其時. 陪輦投降, 余實恥之. 一劍得仁, 視之如歸. 因拔所佩刀, 自刺其腹, 殊而不絶."

71) 『仁祖實錄』卷34,「15년(1637), 1월 28일(戊辰), 6번째 기사」. "史臣曰, 綱常節義, 賴此二人而扶植. 忌之者, 以棄君負國目之, 其無天哉?"

72) 『仁祖實錄』卷34,「15년(1637), 1월 30일(庚午), 1번째 기사」. "庚午/吏曹參判鄭薀上箚曰, 臣之自決, 正爲不忍見殿下今日之事, 而一縷殘命, 三日猶在, 臣實怪之. 鳴吉旣使殿下, 稱臣出降, 君臣之分已定矣. 臣之於君, 不但以承順爲恭, 可爭則爭之, 可也. 彼若

이듬해 봄에 남한산성을 떠나 귀향한 정온은 자신의 고향집에 머물지 않고 지금의 경상남도 거창군 덕유산 부근의 골짜기인 모리(某里)에 구소(鳩巢)를 짓고 노년을 보내기로 한다. 낙향 후에 아무 연고도 없는 '모리'라는 이름의 낯선 곳에 그가 정착하려 한 이유는 무엇일까? 모리를 소재로 쓴 기문을 보면 마을이 자리 잡고 있는 골짜기는 외부에서 보면 마을이 있는 줄 알 수 없고, 마을이 자리한 지대는 평평하지만 아래에서 보면 평평한 줄 알 수 없고, 경치도 볼만한 것이 없거나 방위로 정할만한 어떤 것도 없는 곳이었다.[73] 이상의 기문에 나타난 내용을 토대로 모리에 정착한 이유를 유추하자면 이곳에 머물면 존재의 여부를 알 수 없기 때문이라는 것이 바로 그가 모리에 정착하게 된 이유라고 할 수 있다.

하지만 내가 은거한 것은 세 사람[巢父, 四皓, 子陵]의 경우와 다르니, 의도한 바가 있어서 은거한 것이 아니라 오히려 부끄러운 마음이 있어서 은거한 것이다. 은혜를 탐하고 관록을 절취하여 나갈 줄만 알고 물러날 줄은 모르면서 말은 시대에 보탬을 주지 못하고, 행동은 남들에게 신뢰받지 못하였다. 나이만 벌써 늙고 몸까지 병이 들었으니, 비로소 세상에 버림받은 줄을 알고 부득이 물

求納皇朝之印, 則殿下當爭之曰, 自祖宗受用此印, 今將三百年. 此印還納於明朝, 不可納於淸國. 云, 彼若求助攻天朝之兵, 殿下當爭之曰, 天朝父子之恩, 淸國亦知之. 敎子攻父, 有關倫紀. 非但攻之者有罪, 敎之者亦不可. 云, 則彼雖凶狡, 亦必諒矣. 伏願殿下, 以此二者爭之, 無得罪於天下後世, 不勝幸甚. 臣命在垂盡, 旣不能扈駕, 又不能哭辭於路左, 臣罪大矣. 請遞臣職, 使得瞑目.'

73) 鄭蘊,『桐溪集』卷2,「某里鳩巢記 丁丑春, 自南漢還, 不處于家, 卜築於是洞, 以爲終老之地」.

러난 것이다. 만약 '수리(羞里)'나 '괴동(愧洞)'이라고 일컫는 곳이 있다면 참으로 내가 가서 당연히 거처할 곳이다. 그러나 그런 곳에 대하여 일찍이 들어서 아는 곳이 없다. 그래서 그 차선책을 생각하여 이 골짜기로 들어왔으니 무하유(無何有)의 마을인가, 오유자(烏有子)의 무리인가.[74]

그가 설명하는 모리에의 은거 이유는 부자 관계인 명나라에 의리를 지키지 못한 마음의 부끄러움, 관리로서 임금의 은혜를 탐하고 관직을 절취한 것, 시대에 보탬을 주지 못하고 행동이 남들에게 신뢰받지 못한 것, 늙고 병든 몸이 세상에 버림을 받았다는 것이다. 임금의 은혜를 탐했다거나 관직을 절취했다 또는 시대에 도움을 주지 못했다는 것은 유학을 공부한 지식인이나 관리들의 흔한 겸사로 여긴다면 그가 모리에 은거하게 된 진짜 이유는 명나라에 대한 의리를 지키지 못했다는 부끄러운 마음과 병든 몸이 세상에 버림받아서가 구체적이고 실제적인 은거의 이유가 될 터이다.

호란에 패배한 후에 청나라와 화친을 진행하던 상황에서 척화를 주장하거나 대명의리를 강조하는 정온의 행위는 당시의 상황으로 봤을 때 배척받거나 불화하는 것이 당연하였다. 그 때문에 그는 세상에서 특별한 이름이 없는 곳 그리하여 그 존재조차도 알 수 없는 골짜기에서 생을 마감하려고 하였다.

---

74) 鄭蘊, 『桐溪集』 卷2, 「某里鳩巢記 丁丑春, 自南漢還, 不處于家, 卜築於是洞, 以爲終老之地」. "若余之隱, 異乎三子者之撰, 非有所爲而隱也, 猶有羞惡之心而隱者也. 叨恩竊祿, 知進而不知退, 言無補於時, 行不信於人, 年旣老矣, 身又病矣, 始知見棄於世, 不得已而退. 若有羞里愧洞之稱云者, 則眞我之所當處, 而未嘗有聞而知之者. 故思其次而入此洞, 其無何有之鄉乎, 其烏有子之徒乎."

대명의리 명분의 과도한 집착으로 세상과 불화했던 정온의 행동은 모리에서의 은거생활 동안 더욱 세태와 멀어지는 반동적인 양상을 보인다. 법으로 제정한 청나라의 책력을 사용하지 않고 오로지 꽃이 피고 잎이 떨어지는 것으로 사계절의 변화를 살폈다. 뿐만 아니라 '숭정이란 연호가 여기에서 멈추었다'고 하며 모리의 화엽이 길이 보존된다면 황명의 일통력이 이것과 함께 없어지지 않을 것임을 알겠노라며 멸망한 명나라에 대한 과도한 사대주의적 집착을 보였다. 심지어 그는 모리에 화엽루(花葉樓)를 짓고 나서 미래에 화엽루를 유람하는 사람들이 화엽의 의미를 부질없이 지고 피는 꽃과 잎으로만 여기지 말고 '모리'라는 한 구역이 바로 명나라 주씨(朱氏)의 천지이고 공자의 춘추대의가 깃든 곳이라고 여겨야 할 것이라고까지 주장하였다.[75]

4. 마무리

이상에서 전통시대의 작가가 객관적 자연에 자신의 관념을 투영하여 자연의 일경일물과 이루어낸 관념적 교유의 추동 원인과 그 대상이 된 자연물 그리고 그것들의 의미화 과정의 특징과 양상들을 고찰해 보았다.

이를 위해 먼저 전통시대에 있었던 자연물과의 교유 양상들을 고찰

---

75) 鄭蘊, 『桐溪集 續集』 卷3, 「花葉樓記-鄭宗魯」. "惟其隱於某里之後, 自以腹劍不死, 爲沒身之恨, 目不接異曆, 惟以花開葉落, 驗夫四時之移者. 其炳炳赤衷, 蓋與紅羅歲月相終始, 則先生雖自謂崇禎年號止於斯, 吾知某里之花葉長存, 則皇明一統之曆, 亦與之不亡矣. 後之遊斯樓者, 其無以等閑開落視之, 一區某里, 以爲是朱氏乾坤, 而寓夫子春秋之義可也."

하였다. 세속인이 자연물을 감각적 차원에서의 감상 대상으로 간주하였던 반면에 문인들은 심미적 차원에서 해학이나 익살의 소재로 자연물을 활용하고 이해하였다. 유가 지식인들의 경우는 자연물에서 도덕적 가치를 탐색하여 자기 수양의 전범으로 삼는 윤리적, 도덕적 의미화를 진행하였다.

특히 유가 지식인의 자연물에 대한 인식에서 주목되는 점은 자연물에 그들이 추구하는 도덕적 윤리적 의미를 부여하는 것이었는데 이현일은 그것을 인물련류(引物連類)의 우의적 방식이라고 정리하였다. 이현일의 이해 방식과 유사하면서도 방향성에 초점을 맞춘 박수검은 '감물추인(感物推人)'의 방식으로 정리하였다.

이현일과 박수검이 의미하는 자연물과의 교유 방식이 '물(物) → 인(人)'으로의 방향성을 갖는 반면 자연물과의 관념적 교유의 방향성은 '인(人) → 물(物)'로의 특징을 보인다. 박수검 식의 표현을 빌자면 '감인추물'의 형태인 셈인데, 이 때 요소로 작용하는 '인'과 '물'의 내함도 전자의 경우와 달리 특정인의 개인적 경험에 의해 객관적인 자연물이 개인적으로 관념화 되면서 전자의 자연물과는 구분되는 독특한 성격을 가지게 되었다.

자연물이 개인의 경험에 의해 주관적이고 특별한 관념의 대상물로 인식는 배경에는 권력가와의 불화, 시대 혹은 세태와의 불화와 같은 개인의 인생 경험이 주요인으로 작용함을 알 수 있었다. 또 자연물을 관념화 하는 사례가 개인의 일시적인 경험에 의할 뿐만 아니라 학문, 정쟁, 명절의 다툼 등의 요인에 의해 결과적 현상으로 나타남을 아울러 고찰할 수 있었다.

그러나 열거한 자연물과의 관념적 교유의 동인 가운데 주로 조선 후기에 집중되는 친구간의 명절의 다툼으로 인한 자연물과 관념적 교유나 경의에 대한 논변이나 예론의 불합치로 인한 자연물과의 관념적 교유 등에 대해서는 시대적, 학문적 특수 상황 등을 감안하여 별도의 논문에서 다루는 것이 타당할 것으로 생각한다.

참고문헌

權韠, 『石洲集』.

奇宇萬, 『松沙集』.

金時習, 『梅月堂集』.

金鍾正, 『雲溪漫稿』.

朴守儉, 『林湖集』.

朴守儉, 『林湖集』.

裵龍吉, 『琴易堂集』.

徐居正, 『四佳集』.

蘇軾, 『蘇東坡詩集』.

柳宗元, 『柳先生龍城錄』.

李奎報, 『東國李相國集』.

李穡, 『牧隱集』.

李崇仁, 『陶隱集』.

李植, 『澤堂集』.

李宜顯, 『陶谷集』.

李珥, 『栗谷全書』.

李玄逸, 『葛庵集』.

張維, 『谿谷集』.

鄭道傳, 『三峯集』.

丁若鏞, 『茶山集』.

鄭蘊, 『桐溪集』.

曹植, 『南冥集』.

曹友仁, 『頤齋集』.

趙任道, 『澗松集』.

崔岦, 『簡易集』.

崔永慶, 『遺事實錄』.

許筠, 『惺所覆瓿藁』.

洪世泰, 『柳下集』.

『高麗史』.

『論語』.

『成宗實錄』.

『續東文選』.

『仁祖實錄』.

『海東雜錄』.

김경호, 「수우당 최영경의 학문적 연원과 지향의식-율곡 이이와 관련하여」, 『동양철학연구』 제42집, 동양철학연구회, 2005.

김성리, 「시와 삶의 치유에 대한 연구」, 『인문사회과학연구』 제18권 1호, 부경대학교 인문사회과학연구소, 2017.

김진희, 「『청록집』에 나타난 '자연'과 정전화 과정 연구」, 『한국근대문학연구』 No.18, 한국근대문학회, 2008.

김태준, 「18세기 교우론의 계보」, 『한국문학의 동아시아적 시각』, 집문당, 1999.

설성경, 「觀念的 삶과 그 共感의 地平: 西浦의 小說을 중심으로」, 『현상과 인식』 Vol.1 No.4, 한국인문사회과학원, 1977.

손오규, 「산수문학에서의 移精(1): 世界解釋과 生命」, 『도남학보』 vol.19, 도남학회, 2001.

유종국, 「대나무의 문학적 형상화-〈絶義歌〉, 〈五友歌〉(竹), 〈竹尊者傳〉, 〈抱節君傳〉을 중심으로」, 『국어문학』 vol.49, 국어국문학회, 2010.

이연, 「蘇軾의 佛敎詩에 미친 '維摩經'의 영향 연구」, 『동아인문학』 27집, 동아인문학회, 2014.

이익주, 「14세기 후반 高麗-元 관계의 연구」, 『東北亞歷史論叢』 vol.53, 동북아역사재단, 2016.

이종희, 「조선전반기 江湖 山水畵風의 풍미와 그 배경-조선전반기 詩的 山水畵風의 유행에 대하여」, 『韓國詩歌研究』 vol.12, 한국시가학회, 2002.

조흥욱, 「자연물 소재 시조의 의미 양상: 소나무 소재 작품을 중심으로」,
『한국학논총』vol.41, 국민대학교 한국학연구소, 2014.

최승호, 「박목월 서정시의 미메시스적 읽기」, 『국어국문학』No.139, 국어
국문학회, 2005.

최진원, 「孤山의 自然觀」, 『성대논문집』제10집, 성균관대학교, 1965.

황두환, 「고산 윤선도 시조의 자연관 고찰」, 연세대 석사학위 논문, 2002.

조선후기 경화세족의
이상적 여성상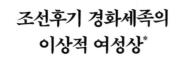

－청대(淸代) 문단의 동향과
여성의 문예 활동에 대한 새로운 인식－

───────

이현일

1. 시기(詩妓)가 보던 책에 남긴 시

자하(紫霞) 신위(申緯, 1769~1847)의 시집에는 여성들에게 지어 주었
거나 여성들을 읊은 작품들이 상당수 보인다. 남긴 작품이 5,000여
수에 육박하다 보니 그 중에서 차지하는 비율이 높다고 할 수는 없지
만, 같은 시기의 다른 시문집과 견주어보면 자료가 풍성한 편에 속한
다. 자신의 집안 어른들이나 탄재(坦齋) 윤광연(尹光演)의 부인인 강정
일당(姜靜一堂, 1772~1832)부터 중인 집안 출신인 김운낭(金雲娘), 기녀
였다가 양반의 소실이 된 김운초(金雲楚), 죽향(竹香), 김경혜(金景惠) 등
은 물론 숭정제(崇禎帝)의 궁녀였던 굴씨(屈氏)까지 퍽 다양한 여성들
을 만나 볼 수 있으며, 이 작품들에 대한 연구 성과가 이미 학계에 보
고된 바 있다.[1]

좋은 가문 출신에 문예적 재능까지 출중했으므로, 젊은 시절부터
적지 않은 염사(艶事)가 있었을 것으로 추정되지만, 담정(潭庭) 김려(金
鑢, 1766~1822)나 연천(淵泉) 김이양(金履陽, 1755~1845)처럼 자신의 연인
과 관련된 작품을 남기지는 않았다. 그래서 자하의 이상형을 찾기 위
해서는 조금 먼 길로 돌아가야 한다.

---

*   이 글은 본래 「조선후기 경화세족의 이상적 여성상-申緯의 경우를 중심으로-」라는 제
     목으로 『한국고전여성문학연구』 18(한국고전여성문학회, 2009. 6)에 실린 글을 약간 손질하
     여 실은 것이다.

1)   김경숙, 「紫霞 申緯(1769~1847)와 그 시대 여성들 또는 여성상」, 『한국고전여성문학연
     구』 6, 한국고전여성문학회, 2003에서는 이러한 작품들을 모두 뽑아 상세히 분석하여
     많은 도움이 된다. 한편, 윤광연의 부인인 강정일당의 문집 간행 경위와 그 배경에 대
     해서는 최근 박무영, 「여성시문집의 간행과 19세기 경화사족의 욕망」, 『고전문학연구』
     33집, 고전문학회, 2008에서 매우 흥미로운 시각을 제시하고 있다.

자하가 젊은 시절에 지은 여성과 관련된 작품 중에서 제일 주목되는 것은 관북 지방의 기녀인 시중선(詩中仙)이 읽던 『시경(詩經)』과 『초사(楚辭)』를 보고 지은 다음 작품이다.

여래는 그 응신(應身)이 서른셋 이라는데
창녀와 벼슬아치 그 환진(幻眞)이 어찌되나?
현세에서 잠시 동안 교보(交甫)에게 맡겼으니
관음보살 본래부터 경전 외던 이였구나!
如來三十三應身, 倡女宰官孰幻眞.
現世暫酬交甫珮, 觀音原是念經人.

애를 끊는 서천(西川) 아름다운 땅에도
여자 교서는 천하에 드문데
향낭(香娘)은 시기(詩妓)로 앞 뒤 세대 이어 주고
다시금 선루(仙樓)에는 일지홍(一枝紅)이 있구나.
腸斷西川佳麗地, 女中校書天下希.
香娘詩妓承前後, 更有仙樓紅一枝.
〈시중선이 읽던 모시와 초사 책 뒤에 쓰다 題詩中仙所讀毛詩楚辭卷後〉八首之二, 三[2]

평안도 용강현령(龍岡縣令)으로 있던 1806~1808년 사이에 지은 작품이다. 앞의 작품에서 교보(交甫)는 정교보(鄭交甫)로 신녀(神女)에

---

2) 『焚餘錄(四)』 13a~14a.

게 패(佩)를 얻었다 곧 잃어버린 고사가 있는데, 여기서는 패(佩)는 물론 시중선이 읽었던 서책을 가리킨다.[3] 뒤의 작품에서는 자하 스스로 "성천(成川)의 일지홍(一枝紅)은 시를 잘 짓고, 강동(江東)의 만절향(晚節香)은 해서(楷書)를 잘 쓴다(成川一枝紅能詩, 江東晚節香善楷)"는 주를 달아 놓고 있다.[4]

선현의 수택본(手澤本)을 보고 추모하는 마음으로 시를 짓는 일은 간혹 있고, 기녀와 사귀면서 시를 주고받는 경우도 더러 있지만, 현직 지방관이 이미 세상을 떠난 기녀가 읽던 책을 보고 감흥이 일어 제시(題詩)를 짓는 일은 당시 조선에서 못 보던 일이었다. 더구나 앞의 작품에서 기녀를 관음보살의 응신(應身) 중의 하나라 말하면서 "창녀와 벼슬아치 중에서 무엇이 진상(眞相)이고 무엇이 환상(幻相)인지 모르겠다"고 이야기한 것도 쉽게 할 수 있는 말은 아니다. 또 어디 사는 어느 기생은 무얼 잘 하는지 자세히 언급하고 있는 뒤의 시는 기생 점고(點考)-점기부(點妓簿)-라는 놀림을 받을 수도 있을 것이다.

사대부로서 살기 위해서는 이런 저런 구속이 많던 시대에 태연히 이런 시를 짓고 시집에 까지 수록하게 된 맥락은 무엇인가? 위의 시에 나오는 시중선, 만절향, 일지홍을 매개하는 것은 문예적 재능이다.

---

3)　『古今事文類聚·前集』(四庫全書本) 卷34,「江妃解佩」: "江妃二女不知何許人. 出遊江湄, 逢鄭交甫, 不知其神也. 女遂解佩與之, 交甫受而懷之, 去數十步, 空懷無佩, 女亦不見." 너무 删略된 감이 있는데, 『列仙傳』卷上에 자세한 내용이 실려 있다.

4)　자하가 晚節香을 처음 만나보았을 때, 그녀는 겨우 열 세 살이었으며 楷書를 조금 쓸 줄 알았다고 한다. 『焚餘錄(四)』, 3b, 〈贈晚節香〉(原註: "香年十三, 書字粗有楷法."): "尋春不枉大堤眠, 能及香娘未嫁年. 須識兒家風調別, 衛夫人字薛濤箋." 其二: "油壁青驄恨未同, 風烟分手各匆匆. 若要更覓香娘處, 門掩爭流競秀中." 詩中仙에 대한 기록은 아직 찾지 못하였는데, 一枝紅은 『大東詩選』卷12, 30~31면에 시 두 수가 실려 있고, "成川妓. 嘗以其名爲題, 作絶句, 下句曰: '或恐人易折, 藏香故不發.'"이라는 주석이 달려 있다.

시중선과 일지홍은 시를 잘 지었고, 만절향은 서법에 특장이 있었다. 그리고, 자하가 하층 출신 여성들도 예술적 지기(知己)로 대하고 있음은 이미 선행 연구에서도 적확하게 지적된 바 있다.[5]

이 글의 목적은 여기서 한 걸음 더 나아가 이처럼 여성 중에서 자신의 예술적 지기를 찾게 된 의식의 기저(基底)와 배경을 소략하게나마 탐구해 보려는 것이다.

2. 그림에 숨긴 이상형

자하는 쉰다섯 살 때인 순조 23년(1823) 7월에 두계(荳溪) 박종훈(朴宗薰, 1773~1841)에게서 무명씨(無名氏)의 〈화도투기도(話到投機圖)〉를 빌려보고 영감을 얻어 〈시경도(詩境圖)〉를 그리고, 두 편의 칠언율시를 붙였다. 먼저 그 서(序)를 살펴보자.

> 내가 〈시경도〉를 그리려고 하였으나, 십년이 지나도록 이루지 못하였다. 얼마 전에 두계(荳溪)가 소장하고 있는 무명씨의 〈화도투기도〉를 빌려 보았더니, 청록산수(靑綠山水)인데 수묵(水墨)으로 짙게 그렸다. 안개와 구름과 나무와 집의 위치가 시인의 추사(秋思)에 우아하게 들어맞으니, 유예부(劉禮部)가 말한 '유리시경(琉璃詩境)'이 완연히 여기 있었다. 옮겨 그리고 나서 시정(詩幀) 옆쪽에 쓴다.[6]

---

5) 김경숙, 위의 글, 284~286면 참조.

6) 『花徑滕墨(七)』, 〈題詩境圖(幷序)〉: "余欲作〈詩境圖〉, 十年未就, 近借觀荳溪所藏無名

자하의 '시경(詩境)'에 대해서는 이미 정우봉 선생님이 자하 시에서 쓰인 이 말의 용례를 하나하나 검토하면서 정신적 경계와 심미적 경계의 통일로서 '시경'을 추구한 점을 자하 시론의 핵심으로 지적하여, 자하 시론 연구에 하나의 전환점이 되었으며, 후학들에게 많은 지침이 되고 있다. 필자 역시 이 문제를 파고들어 '시경'의 연원과 의미, '유소입두론(由蘇入杜論)'과의 관계에 대해서 논하고, 중국 시의 의경론(意境論)과 겹치는 부분이 있음을 조심스럽게 말한 바 있다.[7]

또, 자하가 영감을 받은 〈화도투기도〉가 〈시경도〉와 어떻게 같고 다른지는 현재로서는 알 길이 없는데, 자하에게는 이전에도 이와 유사한 분위기의 〈음시도(吟詩圖)〉도 있었던 듯하다.[8]

이 그림과 시를 짓고 나서 20년 뒤인 헌종 9년(1843) 2월 무렵 자하의 손자인 모(模)[9]가 다시 이 그림을 찾아내서 할아버지에게 그 의미

氏〈話到投機圖〉, 靑綠山水, 瀚以水墨, 烟雲屋木位置, 雅宜詩人秋思, 劉禮部所謂琉璃詩境, 宛然在此. 旣移摹作一圖, 題詩幀側." 시의 전문은 다음과 같다. "詩思禪心本無境, 琉璃勞髴似光影. 此間未易著語言, 況可思議動毫穎. 歎息何人造物遊, 憑空悟徹丹靑收. 相逢話到投機處, 山自靑靑水自流."(『叢刊』.291, 223bc / 『全集』2, 689면) 『花徑媵墨(七)』, 〈再題詩圖圖〉: "劉商偈子留千古, 纔發揮之一放翁. 畢竟云何是詩境, 最初了不外禪宗. 離眞水月還非假, 幻色風花本卽空. 論說與君無處所, 琉璃淡得帝靑容."(『叢刊』291, 223c / 『全集』2, 689~690쪽)

7) 鄭雨峰,「19세기 詩論 硏究」, 高麗大 博士學位論文, 1992, 172~185면 및 이현일,「紫霞詩 硏究」, 성균관대 박사학위논문, 2006, 102~122면 참조.

8) 酉山 丁學淵 역시 이 〈吟詩圖〉를 보고 시를 남긴 적이 있는 것으로 보이는데, 아쉽게도 아직 酉山의 原韻은 찾아 볼 길이 없고, 紫霞가 酉山의 시에 次韻한 다음 작품만 남아 있다. 『花徑媵墨(二)』, 〈次韻酉山孝廉寄懷五首〉 其四: "詩境本無境, 每在風露夜. 意不要人賞, 蒼茫自咏罷. 月高樹影立, 歎歎殘紅下. 而已放杖笑, 珮聲方入舍."(『叢刊』291, 189d / 『全集』2, 578면) 辛巳年(1821) 7월 즈음에 지은 작품이므로 그림도 이 무렵에 그렸을 것이다. 마지막 구 뒤에 "余近有〈吟詩圖〉, 傍添寫一艸妙, 酉山此首專咏此圖, 故戲答"이라는 自註가 붙어 있다.

9) 자하의 장남인 命準의 아들. 1824~1869.

를 묻자, 다시 시를 짓고 서(序)를 붙여 그림과 '시경'의 의미를 설명해 주었다. 그 중에서도 그림을 묘사한 부분을 살펴보면 다음과 같다.

> 내가 십수 년 전에 스스로 〈시경도〉를 그렸으니, 다만 선비 하나 와 스님 하나가 서로 마주보고 있는 그림으로, 아들인 명준(命準) 에게 주어 간직하도록 하였는데, 얼마 전에 손자인 모(模)가 오래 된 상자 속에서 찾아내었다. 옛 자취를 어루만지다, 마침내 느꺼 워 시 두 편을 화정(畵幀) 옆쪽에 쓴다.[10]

비록 주위 배경은 자세히 알 수 없지만, 그림의 중심에는 동파(東坡) 와 명상인(明上人)이 서로 마주보고 시에 대해서 가르침을 주고받는 모습이 그려져 있을 것이다.[11]

그런데, 이 그림 말고 또 하나의 인물도(人物圖)가 있었던 듯하다. 위 의 시와 같은 때 지은 다음 작품을 통해서 알 수 있으며, 이 글에서 주 로 관심을 가지고 다루려는 것이 바로 이 그림과 그 제시(題詩)이다.

> 옛날에 내가 〈시경도〉를 그렸을 때, 또 인물화 한 폭을 그렸으니,

---

10) 『覆瓿集(九)』, 〈自題舊寫詩境圖(幷序)〉: "……余於十數年前, 自寫〈詩境圖〉, 但一儒一釋 相對像而已, 與子命準藏之. 近日孫模從敝篋中搜出, 摩挲舊跡, 遂感題二詩于幀側." 시의 전문은 다음과 같다. "詩境禪心無處所, 琉璃髣髴絶纖塵. 一居士對一開士, 此是 坡翁明上人." 其二: "詩境吾家三世傳, 何曾妙處費言詮. 畵中領取心中悟, 只在忘形對 澹然."(『叢刊』 291, 627abc / 『全集』 4, 1995~1996면)

11) 같은 글: "劉禮部(商)詩曰: '虛空無處所, 髣髴似琉璃, 詩境何人到, 禪心又過詩.' 放翁取 詩境字, 名其室. 『竹坡詩話』: '有明上人者, 作詩甚艱, 求捷法于東坡, 東坡作兩偈以與 之. 其一云: "字字竟奇險, 節節累枝葉. 咬嚼三十年, 轉相無更步." 其二云: "衝口出常 言, 法度法前軌. 人言非妙處, 妙處在于是." 始知詩境非力所可致, 在於澹漠空虛處處耳.'"

곧 배후상(背後像)이다. 옆에 한 아가씨가 책을 보며 모시고 섰으니, 무슨 뜻을 기탁하여 그렸는지 모르겠다. 손자인 모(模)가 함께 찾아냈기에 이 시를 써서 준다.[12]

등 돌리고 말을 잊은 파리한 선골(仙骨)
책 보며 모시고 선 고운 아가씨.
천녀(天女)와 유마힐(維摩詰)이 아니라면
조명성(趙明誠)과 이이안(李易安)이겠지.[13]
背面忘言仙骨瘦, 看書侍立玉容端.
若非天女維摩詰, 是趙明誠李易安.

자하의 〈시경도〉와 그 〈배후상〉은 1950년대 이전까지도 실물이 전한 것이 확인되는데, 정인보 선생의 『담원문록(薝園文錄)』에는 이 그림에 대한 제시가 남아 있다.[14] 담원 선생께서 이 제시를 지으실 때, 정양완 선생을 비롯한 자녀분들에게도 이 그림을 보게 하여 안목을 넓히도록 하셨다고 한다. 정양완 선생께서는 이 그림을 회고하시면서, 맑은 인상의 서생이 있고, 그 뒤에 청아한 아가씨가 서있었다고 하셨다. 그렇다면 정양완 선생께서 기억하시고 있는 부분은 〈시경도〉의 중심 부분이라기보다는 바로 이 〈배후상〉이라 판단된다.

자하는 〈시경도〉를 그리기 위해서 여러 해 동안 고민을 했는데, 이

---

12) "昔余寫〈詩境圖〉時, 又有人物一幀, 乃背後像也. 傍有一姬侍立看書, 未知何所寓意而作也. 孫模一時搜出, 故題此以與之."

13) 『覆瓿集(九)』, 〈又題舊所寫人物(幷序)〉(『叢刊』 291, 627cd / 『全集』 4, 1996~1997면).

14) 『薝園文錄』, 延世大出版部, 1967, 763~765면, 〈題尹士建所藏紫霞詩境圖幀子〉.

처럼 정성들여 지은 작품에 왜 다시 남녀를 그려 넣었을까? 위의 시에서 서생과 여성을 가리켜 천녀(天女)와 유마힐(維摩詰)이라고도 하고, 조명성(趙明誠)과 이이안(李易安)이라고도 말하고 있는데, 사실『유마경(維摩經)』에 나오는 두 인물은 그냥 들어 둔 인물들일 뿐이고, 실제로 가리키는 것은 조명성과 이이안일 것이다.

조명성(趙明誠, 1081~1129)은 자(字)가 덕보(德甫)이고, 북송대(北宋代)의 인물로『금석록(金石錄)』의 저자이며, 이이안(李易安)은 그의 부인으로 바로 당대의 대표적인 여류 사인(詞人)으로 인정받고 있는 이청조(李淸照, 1084~?)이다. 이청조는 구양수(歐陽修), 사마광(司馬光), 소순(蘇洵)·소식(蘇軾)·소철(蘇轍) 삼부자, 왕안석(王安石), 황정견(黃庭堅), 미불(米芾)과 같은 문화사의 거인들을 배출한 북송 시대에 여성으로서는 유일하게 작가적·학문적 역량을 인정받고 있는 인물이다. 그녀의 사(詞) 작품은 문학사에서 손꼽히며,[15] 남편 사후에『금석록』을 실질적으로 보완하고 완성할 정도의 학문적 역량이 있었다. 그리고, 후대의 문학적인 성가는 이청조가 그 남편인 조명성을 압도한다. 또 자기 자신의 감정에 충실해서 예교(禮敎)가 지배하는 시대에 보통 사람들이 하기 어려운 행동을 한 것으로도 유명하다.[16] 이들 부부의 삶은 정강

---

15) 王士禛,『花草蒙拾』: "張南湖(綖)論詞派有二: 一曰婉約, 一曰豪放. 僕謂婉約以易安爲宗, 豪放惟幼安(필자-辛棄疾을 가리킴)稱首, 皆吾濟南人, 難乎爲繼矣."(徐培鈞 箋注, 위의 책, 529면에서 재인용) 이청조의 문학적 역량은 남편보다 훨씬 뛰어나서 가끔씩 조명성을 고달프게 하기도 했다고 전한다. 周輝,『淸波雜志』卷8: "頃見易安族人, 言明誠在建康日, 易安每値天大雪, 卽頂笠披蓑, 循城遠覽以尋詩, 得句, 必邀其夫賡和, 明誠每苦之也."(諸葛憶兵,『李淸照與趙明誠』, 中華書局, 2004, 132면에서 재인용)

16) 마흔여섯에 남편을 먼저 보내고 외로워하던 이청조는 마흔아홉이라는 적지 않은 나이에 "생황 같은 혀로 하는 비단결 같은 말을 믿고[信彼如簧之舌, 惑玆似錦之言] 말거간꾼[駔儈] 수준의 下才"로 오로지 그녀의 재산을 노린 하급관리 張汝舟에게 再嫁했다가

(靖康)의 변(變)을 기점으로 행복과 불행이 판연히 나뉘어서 북송말(北宋末)~남송초(南宋初) 사대부 집안의 부침(浮沈)을 전형적으로 보여 주고 있기도 하다.

여기서 조명성은 물론 자기 자신을 투영시킨 것으로, 자하가 이청조 같은 인물을 자신의 이상형으로 꼽은 것은 우선 그 문학적 재능을 고려한 것이기도 하겠지만, 결코 여기에 그치지 않았던 것으로 보인다. 이청조는 남편의 필생의 역작인『금석록』을 마무리하면서 다음과 같은 후서(後序)를 썼는데, 이 점과 관련하여 눈여겨 볼만한 곳이 많다.

> 나는 건중(建中) 신사년(1101)에 조씨 댁에 시집왔는데, 이때 선군께서는 예부원외랑(禮部員外郞)이셨고, 승상(丞相. 인용자-시아버지인 趙挺之를 가리킴)께서는 이부시랑(吏部侍郞)으로 계셨고, 남편은 스물한 살로 태학생 신분이었다. 조씨와 이씨는 한족(寒族)이라 평소 검소하였다. 〔남편은〕 매번 초하루와 보름날 휴가를 얻어 〔태학에서〕 나와서 옷을 저당 잡혀 오백 전을 얻어 상국사(相國寺)에 가서는 비문(碑文)과 과일을 사서 집에 와서는 둘이 펼쳐 놓고 완상하

석 달 남짓 뒤에 과감히 이혼하고 말았다.(李淸照,「投翰林學士綦崈禮啓」, 徐培鈞 箋注, 위의 책, 281~308면 참조) 본래 다정다감한 성품을 지닌 사람에게 일어날 만한 일인데, 이 일 때문에 그녀 인생의 후반기는 매우 외롭고 고달파졌고, 후대에도 그녀를 옹호하는 쪽과 비방하는 쪽이 무수하게 치열한 논전을 벌이게 되었다. 그 자세한 경위는 諸葛憶兵, 위의 책, 162~176면 참조. 李睟光은 이청조의 문학적 재능에 대해서 잘 알고 있었지만, 改嫁한 점을 몹시 못마땅하게 생각했다.『芝峯類說』卷14: "宋易安居士李氏, 趙挺之之子婦. 才高學博, 其詩詞多傳於世. …… 按易安年老失節, 其才不足稱也." 자하가 이청조의 改嫁 사실을 알았는지, 아니면 옹호하는 쪽의 말을 믿고 誣陷이라 생각했는지는 확실치 않다.

며 스스로 갈천씨(葛天氏)의 백성이라 생각했다.

두 해 뒤에 벼슬길에 오르자 먹고 입을 것이 조금 생겨 아득히 먼 곳을 두루 다녀서라도 천하의 고문기자(古文奇字)들을 다 모으고 말겠다는 뜻을 가지고, 날마다 달마다 모으니 조금씩 수장품이 쌓여 갔다. 승상께서는 정부(政府)에 계시고 친구들은 관각(館閣)에 있어 망시(亡詩)와 일사(逸史)와 공씨(孔氏)의 고택과 급총(汲冢)에 없던 책들을 볼 수 있었기에, 드디어 힘을 다해 베껴 쓰다 보니 점차 흥미가 더해져서 그만 둘 수가 없었다. 그 뒤로는 고금 명인들의 서화나 삼대의 기이한 그릇들을 보면 다시금 옷을 벗어 주고라도 바꾸었다.

숭녕(崇寧) 연간에는 어떤 사람이 서희(徐熙)의 〈모란도(牡丹圖)〉를 가지고 와서 이십만 전을 요구하였다. 당시 비록 귀한 집 자제라 하더라도 이십만 전을 요구하는데, 어찌 쉽게 얻을 수 있겠는가? 이틀을 집에 두었는데, 도저히 마련할 방도가 없어서 돌려보내고는, 부부가 마주보고 몇날며칠을 아쉬워하였다.

뒤에 향리에 십 년 동안 은거하면서 보이는 대로 모아들였는데, 먹고 입을 것이 넉넉하였다. 연달아 두 군(郡)을 다스리게 되자 봉급을 모두 털어 서적을 수집하였다. 매번 책 하나를 얻으면 곧 함께 교감을 하고 정리하여 제첨(題籤)을 썼다. 서화와 옛 기물들을 얻으면 또한 매만지며 펼쳐보며 흠을 찾아보기도 했는데, 밤에 초하나를 다 태울 때까지만 하는 것을 규칙으로 삼았다.

나는 본래 기억력이 좋은 편이다. 매번 식사를 마치고 귀래당(歸來堂)에 앉아 차를 끓일 때, 쌓여 있는 책들을 가리키며 어떤 일은 어떤 책 몇 권 몇 장 몇 줄에 있는지를 이야기하여, 맞추고 못 맞추는 것을 가지고 승부를 걸어 차 마시는 순서를 정했다. 맞추었을 때는 찻잔을 들고 크게 웃다가 차를 가슴에 엎질러서 도리어 마시지 못하고 일어서곤 했다. 이렇게 살면서 늙으리라 생각하였으므로 어려운 일이 닥쳐도 뜻을 굽히지 않았다.[17]

이들 부부의 고동서화 컬렉션은 남송(南宋)의 고종(高宗)도 탐을 낼 정도였다고 전해지지만,[18] 금군(金軍)을 피해 남쪽으로 도망하는 도중 거의 유실되고 말았는데, 그 소장품의 추억이 아련히 배어 있는 책이 바로 『금석록』이라 할 수 있다.

인용한 부분은 이청조가 남편과 행복하게 지내며 고동서화와 서적을 모으던 때를 회상한 부분이다. 매우 정취가 넘치는 글인데, 특히 마지막 부분의 일화는 고동서화를 수장하는 것과 직접적으로 관련이 없는 듯하면서도 생동감을 더하고 있다.

---

17) 李淸照, 「金石錄後序」: "余建中辛巳始歸趙氏, 時先君作禮部員外郞, 丞相時作吏部侍郞, 侯年二十一, 在太學作學生. 趙, 李族寒, 素貧儉. 每朔望謁告出, 質衣取半千錢, 步入相國寺, 市碑文果實歸, 相對展玩咀嚼, 自謂葛天氏之民也.
後二年, 出仕宦, 便有飯蔬衣練, 窮遐方絶域, 盡天下古文奇字之志, 日就月將, 漸益堆積. 丞相居政府, 親舊或在館閣, 多有亡詩逸史, 魯壁, 汲冢所未見之書, 遂力傳寫, 浸覺有味, 不能自已. 後或見古今名人書畫, 三代奇器, 亦復脫衣市易.
嘗記崇寧間有人持徐熙〈牡丹圖〉, 求錢二十萬. 當時雖貴家子弟, 求二十萬錢, 豈易得耶? 留信宿, 計無所出而還之, 夫婦相向惋悵者數日. 後屛居鄕里十年, 仰取俯拾, 衣食有餘. 連守兩郡, 竭其俸入, 以事鈆槧. 每獲一書, 卽同共勘校正, 集籤題得書畫彜鼎, 亦摩玩舒卷, 指摘疵病, 夜盡一燭爲率, 故能紙札精緻字畫完整冠諸收書家.
余性偶强記, 每飯罷, 坐歸來堂, 烹茶, 指堆積書史, 言某事在某書某卷第幾葉第幾行, 以中否角勝負, 爲飮茶先後, 中卽擧盃大笑, 至茶傾覆懷中, 反不得飮而起, 甘心老是鄕矣, 故雖處憂患困窮而志不屈收書."(徐培鈞 箋注, 『李淸照集箋註』, 上海古籍出版社, 2002, 309~310면) 이 글에 대한 자세한 분석은 劉葉秋, 「一片氷心萬古情-讀李淸照〈金石錄後序〉」, 文史知識編輯部編, 『古代抒情散文鑑賞集』, 中華書局, 1988, 227~240면 및 陳祖美, 『李淸照評傳』, 南京大學出版社, 2007, 192~204면 참조.

18) 諸葛憶兵, 위의 책, 164면.

이 글은 이청조의 문집인『수옥사(漱玉詞)』에도 실려 있고, 우리나라에서도 많이 읽혔던 홍매(洪邁)의『용재수필(容齋隨筆)』에도 그 핵심 되는 내용이 실려 있기 때문에 자하도 분명히 접했을 것이다.[19)]

위에서 본 이청조의 고동서화에 대한 '벽(癖)'은 누가 보아도 확실히 특별한 점이 있다. 그런데, 이 '벽'은 조선후기 지식인들을 이해하는 중요한 열쇠 중의 하나로, 박제가(朴齊家) 같은 이는 "사람이 벽이 없으면 쓸모없는 사람이다"[20)]고 말했을 정도이다. 조선후기에는 책, 꽃, 벼루, 장황(裝潢) 등에 몰두한 사람들이 계속 나왔고, 심지어 남의 집 상복(喪服)을 수집해서 감상하는 것을 즐기는 사람도 있었다.[21)] 자하 역시 석벽(石癖)으로 유명하다. 이 시기에는 벽 자체가 아취(雅趣)로 여겨졌고, 중정(中正)한 사람보다 오히려 뭔가 한쪽으로 치우친 점이 있는 것을 일종의 매력으로 생각하는 경향이 있었다. 이러한 관점에서 보자면, 위에서 볼 수 있는 이청조의 고동서화에 대한 벽(癖) 역시 분명히 매력을 더하는 면이었을 것이다.

조선후기 경화세족들은 자신만의 사적 공간을 꾸미는 것에 특히 관심이 많았는데, 집과 정원의 화초(花草), 연못 등을 제외하면, 그 중요

---

19) 『容齋隨筆·四筆』卷5. 한편, 錦帶 李家煥의『貞軒瑣錄』의 후반부는『容齋隨筆』과 朱彛尊의『曝書亭集』을 읽고 箚錄해 놓은 것으로 이루어져 있는데, 이 이야기 역시 "趙德甫與妻李易安, 飯罷, 坐歸來堂, 堆積書史, 言'某事在某書某卷第幾葉第幾行', 以中否勝負, 爲飮茶先後."(22a)라 축약되어 기록되어 있어 이가환 역시 이청조에 관심을 가지고 있었음을 알 수 있다.

20) 朴齊家,『貞蕤閣文集』卷1,〈百花譜序〉: "人無癖焉, 棄人也已."(『叢刊』261, 605a)

21) 조선후기의 '癖'을 추구하는 경향에 대해서는 정민,『18세기 조선 지식인의 발견』, 휴머니스트, 2007에 실린「18세기의 미친 바보들」,「18세기 조선 지식인의 '벽'과 '치' 추구 경향」,「18, 19세기 문인 지식인층의 원예 취미」,「18세기 지식인의 완물 취미와 지적 경향」등에 자세히 정리되어 많은 도움을 받을 수 있다.

내용은 희귀본(稀貴本)과 고동서화로 채워졌다고 해도 과언이 아니며, 차(茶)와 향(香), 문방구(文房具) 역시 빠질 수 없는 장물(長物)들이다. 자하가 시 속에서 그리고 있는 자신의 생활상 역시 이러한 풍경을 담고 있으며, 이는 당시 경화세족의 이상적인 생활상과도 일치한다.[22] 이는 북송대에 형성된 사대부들의 문화에서 발원한 것이기도 한데, 가령 북송 구양수(歐陽修)의 육일당(六一堂)에서 명대(明代) 왕세정(王世貞)의 구우재(九友齋)에 이르기까지 문인들의 이상적인 서재 풍경은 일정한 경향성이 있으며,[23] 그 이후 인물 역시 마찬가지이다.

다만, 구양수는 책, 금석문, 금(琴), 바둑[碁], 술을 서재의 벗으로 들었고, 왕세정은 산과 물, 고법서(古法書), 고석각(古石刻), 고법적(古法籍), 고명화(古名畫), 이장경(二藏經), 고배작(古杯勺)과 아울러 자신이 지은 시문을 들었는데, 여기에는 결정적으로 결핍된 것이 하나 있다.

바로 이러한 생활을 이해해 주고 같이 누릴 수 있는 반려자이다. 자

---

22) 이러한 현상에 대해서는 강명관, 『문학예술의 생성 공간』, 소명출판, 1999의 제3부에 실린 세 편의 글들이 많은 도움이 된다. 자하의 이러한 성향에 대해서는, 이현일, 「조선후기 고동완상의 유행과 자하시」, 한양대 한국학연구소 편, 『19세기 조선 지식인의 문화지형도』, 2006 및 「紫霞詩 研究」, 성균관대 박사학위논문, 2006, 148~166면에서 다루고 있다.

23) 歐陽修, 『文忠集』(四庫全書本) 卷44, 〈六一居士傳〉: "六一居士初謫滁山, 自號醉翁, 既老而衰, 且病將退休於潁水之上, 則又更號六一居士. 客有問曰: '六一何謂也?' 居士曰: '吾家藏書一萬卷, 集録三代以來金石遺文一千卷(인용자─《集古錄》을 가리킴), 有琴一張, 有碁一局, 而常置酒一壺.' 客曰: '是爲五一爾, 奈何?' 居士曰: '以吾一翁老於此五物之間, 是豈不爲六一乎?'" 王世貞, 『弇州四部稿』(四庫全書本) 卷22, 〈九友齋十歌〉의 序: "齋何以名九友也? 曰山, 曰水, 齋以外物也. 曰古法書, 曰古石刻, 曰古法籍, 曰古名畫, 曰二藏經, 曰古杯勺, 倂余詩文而七, 則皆齋以內物也. 是九物者, 其八與余周旋, 而一余所撰著, 故曰九友也. 九友得之有早晚, 亦有從余而游與留而不能從者, 其不能從者, 旣日思御, 而從者亦倦而思歸矣. 秋日山鎮無事, 每一及之, 不勝尊罏之感, 乃成十歌, 所以有十歌者, 倂余身而十, 亦歐陽居士六一意也."

하가 이 〈배후상〉을 그렸을 때 이청조를 염두에 둔 것인지, 아니면 훗날 시를 지었을 때 그렇게 이야기한 것인지는 분명치 않다. 다만, 이 상형으로 이청조가 선택된 것은 문예적 재능뿐만 아니라, 바로 자신이 선망하는 생활 양식을 이해하고 동반자 역할을 해 줄 수 있는 사람으로 가장 적합했기 때문이기도 하다.

3. 소설 밖의 호녀(狐女)와 시화 속의 예쁜 남자

이 문제와 관련하여 눈을 잠시 밖으로 돌려서 당시 청나라의 문단을 살펴보면 흥미로운 점이 보인다. 중국에서도 전통적으로 "부인은 재능이 없는 것이 덕이다"는 말이 나올 정도로 여성들의 재능에 대해서는 우호적으로 보는 경우가 많지 않았다.[24] 그런데, 호문해(胡文楷), 『역대부녀저작고(歷代婦女著作考)』에 따르면 한위육조(漢魏六朝)부터 명대(明代)까지 저작을 한 권 이상 남긴 여성이 약 367명임에 비해서 청대에는 3,660여 명에 이른다.[25] 그만큼 청대(淸代)에 여성들의 교육 수

---

24) 『御定內則衍義』(四庫全書本) 卷7, "古語曰: 婦人無才便是德."

25) 張宏生 · 石旻, 「古代婦女文學硏究的現代起點及其拓展」, 胡文楷, 『歷代婦女著作考(增訂本)』, 上海古籍出版社, 2008, 1206면. 明代까지를 왕조별로 보면 漢魏六朝 33명, 唐五代 22명, 宋遼 46명, 元代 16명, 明代 약 250명이다. 이밖에 현대 160여 명의 저작이 著錄되었다. 이 책 165~166면에 조선의 許蘭雪軒의 저작에 대한 설명 및 湯顯祖 등 제가의 평론이 실려 있는데 極讚한 내용이 많고, 433~434면에는 『列朝詩集 · 閏集』에 실린, 柳如是가 허난설헌을 신랄하게 비판하고 변증한 긴 글을 수록하였다. 그 비평의 適否를 떠나서 그만큼 明代 여성 문학사에서 허난설헌의 비중이 만만치 않았다는 것을 알 수 있다. Kang-i Sun Chang and Haun Saussy 編, *Women Writers of Traditional China: An Anthology of Poetry and Criticism*, Stanford University Press, 1999, pp.209~215에는 허난설헌[許景樊]의 생애에 대한 간략한 소개와 함께 시

준이 높아진 것을 반영한 것일 터이다.

주지하듯이 청대의 정치 중심지는 북경(北京)이지만, 경제·문화·학문의 중심지는 동남쪽 장강(長江) 이남 지역, 이른바 강남(江南)으로 통칭되는 강소성(江蘇省), 절강성(浙江省), 안휘성(安徽省) 일대였고, 특히 앞의 두 곳의 역할이 두드러졌다. 경제적 번영을 바탕으로 과거에서도 항상 압도적인 숫자의 합격자를 배출하여 도리어 역차별을 받는 일도 있었고, 고증학(考證學)의 본고장이기도 했다. 『사고전서(四庫全書)』 편찬에 선발된 대부분의 학자가 이곳 출신이었으며,[26] 『사고전서』 전질을 보관하고 있는 일곱 곳 중에서 세 곳이 이곳에 있었다. 뿐만 아니라 이곳은 청대에도 여성의 교육 수준이 높은 곳으로 유명하다. 『청대규각시인징략(清代閨閣詩人徵略)』에 실린 작가 1263명 중에서 강소성과 절강성 출신이 전체의 80%에 육박한다고 한다.[27]

20세기 중국의 저명한 사학자인 진인각(陳寅恪, 1890~1969)은 명말청초(明末淸初)의 대표적인 여류문인이며 전겸익(錢謙益, 1582~1664)의 아내이기도 했던 유여시(柳如是, 1618~1664)의 삶을 다룬 저작에서 이 시기 중국 남북 문화의 차이를 논하면서 다음과 같이 매우 흥미로운

15수가 英譯되어 실리게 된 데에는 胡文楷, 앞의 책의 영향이 컸었던 것으로 보인다. 柳如是는 이 책에 4題 30首가 실려 있다. 한편, 같은 책, 215~217면에는 李玉峯[李淑媛]의 시 5수도 英譯되어 실려 있다.

26) 벤저민 엘먼 지음, 양휘웅 옮김, 『성리학에서 고증학으로』, 예문서원, 2004, 67면.

27) 陳玉蘭, 『淸代嘉道時期江南寒士詩群與閨閣詩侶硏究』, 人民文學出版社, 2004, 90면. 한편, Kang-i Sun Chang and Haun Saussy 編, 위의 책, 卷首에 실린 세 번째 지도인 〈Places of origin of Qing women writers〉는 胡文楷, 위의 책을 근거로 작성한 것으로, 淸代 江南 지역에서 이름이 알려진 여성 작가들이 많이 배출된 곳을 일목요연하게 보여 주고 있어 참조가 되는데, 江蘇省의 常州, 蘇州, 常熟, 吳江, 松江, 無錫, 揚州, 南京 등과 浙江省의 杭州, 嘉興, 湖州, 紹興 등과 安徽省의 桐城 등이 중심이 된다.

언급을 한 바 있다.[28)

　하동군(河東君, 인용자−柳如是를 가리킴)과 동시의 이름난 여성들은
모두 시를 잘 짓고 서화도 잘하여 오월(吳越) 당사(黨社)의 훌륭한
사대부들과 교유하여, 남녀의 정과 사우(師友)의 교분을 겸하였으
며, 이에 관한 기록이 널리 퍼져 지금까지도 사람들이 즐겨 이야
기하고 있다. 그 연고를 따져보면, 이 여성들이 천부적 자질이 뛰
어난데다 마음을 비우고 열심히 배워서 그렇게 된 것이다. 또한
규방에서 갇혀 지내며 예법의 구속을 받지 않고 유유히 일시의 명
사들과 왕래하며 그 영향을 받았기 때문이기도 하다.
　청나라 초에 치천(淄川) 포송령(蒲松齡)의 『요재지이(聊齋志異)』에서
묘사하고 있는 여러 호녀(狐女)들은 대체로 고운 용모와 부드러운
목소리로 마음껏 풍류를 즐겼으니, 포송령은 제로(齊魯)의 문사로
서 그 사회 환경의 억압에 불만을 품고 마침내 상상력을 발휘하여
영괴(靈怪)에 의탁하여 자신의 이상 속의 여성을 그린 것일 뿐이
다. 사실 명나라 말엽 오월(吳越) 지방 명사들의 입장에서 본다면
이런 호녀(狐女)들은 실제 인물들로 일상생활에서 늘 접할 수 있었
으니, 유희(遊戱)하는 글을 써서 꿈속에서나 구할 필요가 없었던
것이다. 하동군과 같은 사람은 시를 잘 짓고 유머가 풍부하며 행
적이 표홀(飄忽)하여 더욱더 포송령의 소설에서 나온 인물들과 같
아서 미소를 머금게 하지만, 또한 이를 통해서 삼백년 전 남북 사
회의 풍기가 달랐다는 점을 충분히 엿볼 수 있다.[29)

---

28)　본래 전겸익은 본처인 陳夫人이 있었음에도 불구하고, 유여시를 嫡妻의 예로 맞이하였
　　던 것이다. 陳寅恪, 『柳如是別傳』上, 三聯書店, 2001, 45면.

제로 출신인 포송령의 『요재지이』에 나오는 여러 호녀들이 실제로
는 작가 자신의 이상형을 표현한 것이지만, 명대 강남 지역 사람들의
경우 사회적 분위기가 많이 개방적이어서 이런 인물들을 일상생활에
서도 쉽게 접할 수 있었다는 언급이 눈길을 끈다.

그런데, 명대까지는 기녀 출신 시인이 많았지만, 청대에는 기녀들
의 문화적인 수준이 대단히 저하되면서 오히려 규방에서 많은 시인이
배출되었다고 한다.[30] 또, 청대 강남의 여성 작가들 역시 여성들만의
문학적 공동체 안에서만 창작 활동을 했었던 것이 아니었으니, 당시
저명한 남성 문인들 중에서도 이들의 활동을 적극적으로 장려하고 여
성들을 '제자(弟子)'로 거두어들이는 일이 적지 않았다.

가장 대표적인 인물이 원매(袁枚, 1716~1797)이다. 원매의 성령설(性
靈說)은 아무래도 남성들에 비해 학문적인 면에서 열세일 수밖에 없
었던 여성들에게도 더욱 인기가 있었다고 하는데, 항주(杭州)에서 두
차례 여제자들을 모아 시회(詩會)를 열어 대성황을 이루었고, 이 광경
을 담은 「수원여제자호루청업도(隨園女弟子湖樓請業圖)」를 그리게 하고,

---

29) 陳寅恪, 위의 책, 75면: "寅恪嘗謂河東君及其同時名妹, 多善吟詠, 工書畵, 與吳越黨
社勝流交遊, 以男女之情兼師友之誼, 記載流傳, 今古樂道. 推原其故, 雖由於諸人天資
明慧, 虛心向學所使然. 但亦因其非閨房之廢處, 無禮法之拘率, 遂得從容與一時名士
往來, 受其影響, 有以致之也.
清初淄川蒲留仙松齡『聊齋志異』所紀諸狐女, 大都妍質淸言, 風流放誕, 蓋留仙以齊魯
之文士, 不滿其社會環境之限制, 遂發遐思, 聊託靈怪以寫其理想中之女性耳. 實則自
明季吳越勝流觀之, 此輩狐女, 乃眞實之人, 此爲籬壁間物, 不待寓意遊戲之文, 於夢寐
中以求之也. 若河東君者, 工吟善謔, 往來飄忽, 尤與留仙所述之物語髣髴近似, 雖可發
笑, 然亦不足藉此窺見三百年前南北社會風氣歧異之點矣." 이 대목은 陶慕寧, 『靑樓文
學與中國文化』, 東方出版社, 2006, 175면 및 陳玉蘭, 위의 책, 90면에서도 중요하게
거론된 바 있다.
30) 陳玉蘭, 위의 책, 93면.

『수원여제자시선(隨園女弟子詩選)』을 간행하여 큰 반향을 일으켰다고 한다.[31]

청말(淸末) 절동(浙東) 출신의 저명한 학자인 장학성(章學誠)의 대표작 『문사통의(文史通義)』의 「부학(婦學)」은 이러한 경향에 대한 비판으로 지어졌다고 하며,[32] 『문사통의』의 「시화(詩話)」는 전적으로 원매의 『수원시화(隨園詩話)』에 대한 비판으로 지어졌다고 한다.[33] 실제로 『문사통의』의 「시화」를 검토해 보면 보수적인 인물들이 이러한 풍조를 어떻게 받아들이고 있었는지 잘 알 수 있으며, 그 행간을 잘 읽으면, 이러한 풍조에 대해 어떤 시사점을 얻을 수 있는 내용이 있다.

> 시화는 시를 논하는 글이지 용모를 논하는 글이 아니다. 설령 용모를 논한다 하더라도, 장부를 묘사할 때는 듬직하고 남자답다거나, 훤칠하고 수염이 멋있다거나, 풍골(風骨)이 우람하다거나, 영웅의 풍모가 있다고 하면 무엇인들 안 되겠는가? 지금 이런 것은 볼 수 없고, 약관(弱冠)의 소년들에 대해서만 여자처럼 예쁘다고 하지 않으면, 그림자를 희롱하는 태도가 사랑스럽다고 하고, 옥처럼 빛나는 투명한 피부라 하지 않으면, 난초(蘭草)처럼 향기롭고 혜초(蕙草) 같은 바탕이라 말하니, 장차 무엇이 될지 모르겠다.[34]

---

31) 陳玉蘭, 위의 책, 95~96면.

32) 陳玉蘭, 위의 책, 90면.

33) 章學誠 著, 葉瑛 交注, 『文史通義交注』, 中華書局, 1994, 561면 주 1).

34) 章學誠, 위의 책, 567면: "詩話論詩, 非論貌也. 就使論貌, 所以稱丈夫者, 或魁梧奇偉, 或豐碩美髥, 或風骨稜峻, 或英姿颯爽, 何所不可. 今則槪未有聞, 惟於少年弱冠之輩, 不曰美如好女, 必曰顧影堪憐, 不曰玉映 冰膚, 必曰蘭薰蕙質, 不知其爲將何爲也."

시를 논하는 것의 많고 적음은 반드시 작품 수가 많고 적은 것에 의해서 구분되는 것이 필연적인 이치이다. 지금 매수를 거듭해서 나오는 것은 이른바 규각(閨閣)의 시인데, 거의 남성의 작품과 숫자가 비슷하다. 심지어 어머니와 딸, 시어머니와 며느리가 연달아 나오고, 동서와 자매들을 함께 묶었으니, 거의 집집마다 왕씨(王氏)·사씨(謝氏)와 최씨(崔氏)·노씨(盧氏)를 일컫는 형국이다. …… 또 여류 시인들을 서술할 때 과반수 이상은 모두 그 용모에 대해서 언급하였는데, 국색(國色)이라고 과장하지 않으면 선녀 뺨칠 정도라고 떠벌리며, 연주(聯珠)라 찬양하지 않으면 합벽(合璧)이라 치켜세워서, 마침내 독자들로 하여금 시를 평하는 책이라는 것을 잊게 하여 미모를 평하는 책이 되어 버렸으니, 시화가 생긴 이래 처음 보는 것이다.[35]

『수원시화』의 한 측면을 특히 부정적으로 본 혐의가 없지 않지만, 나름대로 정곡을 찌른 점도 있다고 판단된다. 실제로『수원시화』에는 성령설을 내세운 원매의 임정종욕(任情縱欲)하는 태도가 적지 않게 반영되어 있기 때문이다. 첫 번째 인용문은『수원시화』에서 규범적인 글에서 보이는 전형적인 남성의 모습은 사라지고, 상당히 여성화된, 이른바 '꽃미남'들의 용모만 언급한 점을 비판한 것이다. 이는 단순히 서술 태도의 편향성을 비판한 것이 아니라, 다수의 여성 독자들을 상

---

35) 章學誠, 위의 책, 1994, 567면: "蓋論詩之多寡, 必因詩篇之多寡以爲區分, 理勢之必然者也. 今乃累軸連編, 所稱閨閣之詩, 幾於男子相埒. 甚至比連母女姑婦, 綴合姊姒姉妹, 殆於家稱王, 謝, 戶盡崔, 盧. …… 且其敍述閨流, 强半皆稱容貌, 非誇國色, 卽詫天人, 非贊聯珠, 卽標合璧, 遂使觀其書者, 忘爲評詩之話, 更成品艶之編, 自有詩話以來所未見也.

정하고 그 기호에 영합하는 의도가 있다고 보고 이를 비판한 것이라 생각된다. 두 번째는 시화에 수록된 남성과 여성의 성비가 실제 창작 상황을 왜곡했다고 본 것이다. 사실 이 문제는 실제 창작 수량과 상관없이 작자의 주관적인 판단에 달린 문제임에도 이를 거론하고, 더욱이 시화에 등장하는 여성들의 용모를 자세히 묘사한 것을 굳이 지적한 것은, 이러한 점이 해당 여성들의 환심을 사기 위해서이기도 하지만, 분명히 남성 독자들의 호기심을 유발시키는 측면도 없지 않다는 점을 비판하고 싶었던 것으로 보인다. 그리고, 실제 실린 작품들도 '기염(綺艷)'한 작품들이 많다. 어떻게 보면 여성 시인과 독자의 증가가 시화 자체의 성격에도 영향을 미친 것이라 할 수 있다.[36]

한편, 원매 이외에 이러한 경향의 남성 문인들 중 대표적 인물로는 임조린(任兆麟), 진문술(陳文述), 곽린(郭麐), 오숭량(吳嵩梁) 등이 손꼽히고 있는데,[37] 특히 진문술의 경우 그 비중이 원매에 버금간다고까지 평가받고 있다.[38]

---

36) 20세기 우리 한문학계의 대가인 李家源 선생 역시 『隨園詩話』를 처음 접하고 느낀 경이로움에 대해서 다음과 같은 흥미로운 언급을 남겨놓고 있다. 『玉溜山莊詩話』, 探究堂, 1972, 4면: "余自少喜讀詩話, 然鄕曲罕睹明淸以後書. 己卯春始入洌, 漁書列肆, 且購且讀. 得袁枚所著『隨園詩話』, 卷帙頗大, 未纖不撫, 從首到微, 不遺一則, 施以丹黃, 爛然盈卷, 而後稍生脈, 蓋暫衒於其綺艷也." 明淸代 문집을 별로 볼 수 없는 고향에서 唐宋詩만을 접하다가 서울에 올라와 淸詩를 접하고 느낀 충격을 생생하게 서술한 점에 주목해야 한다. "잠시 綺艷함에 현혹되었다[暫衒於其綺艷]"의 '綺艷'은 단순히 수록된 詩의 風格을 가리키는 것은 물론, 거기 실린 여성들에 관한 이야기도 포함되어 있다고 생각된다.

37) 陳玉蘭, 위의 책, 96면.

38) 梁乙眞 編, 『淸代婦女文學史』, 臺灣中華書局, 1979, 165면: "有淸一代, 提倡婦女文學最力者, 有二人焉, 袁隨園倡於前, 陳碧城繼於後. 碧城名文述, 字雲伯, 錢塘人, 著有 『碧城仙館詩鈔』, 『頣道堂集』, 『西泠閨詠』等. …… 碧城女弟子, 其紅粉桃李, 雖不及隨園門牆之盛, 而執經問字之妹, 要皆一時之彦也."

자하는 원매의 시문집과 『수원시화』를 애독했을 뿐만 아니라, 진문술·오숭량을 잘 알고 있었다. 진문술의 경우 스스로 자하에게 자신의 저작과 시를 보내 사귀기를 청한 적이 있고, 옹방강(翁方綱, 1733~1818)의 제자인 오숭량과는 오랜 세월을 두고 교유 관계를 이어나갔기 때문에, 자하는 당대 강남 지방의 이와 같은 분위기를 익히 들었던 것으로 보인다. 아래에서 자하가 이들에게 준 시를 검토하면서 이 점을 좀 더 상세히 살펴보려고 한다.

〈전당(錢塘) 진운백(陳雲伯: 文述)은 〈조선이현시(朝鮮二賢詩)〉가 있으며, 자주(自注)에 "추음(秋吟) 시어(侍御)가 신자하(申紫霞)와 홍해거(洪海居)의 시문을 음송하는 것을 듣고 지었다"고 하였다. 올해 자신이 출간한 『화림신영(畵林新詠)』 두 책을 마교습(馬敎習: 光奎)으로부터 부쳐 왔다. 마교습이 말하기를 "경인년(1830)에 장추음(蔣秋吟)의 아들인 월(鉞)이 절강(浙江)의 고향으로 돌아갈 때 편지를 남기기를 '저희 고향 진운백 선생이 자하·해거 두 선생에게 보내는 서신이 있으니 인편에 전해 주기를 부탁합니다'라 하였으며, 이 편지가 정사인(丁舍人: 泰)의 집에 맡겨졌는데, 정사인이 또 세상을 떠났답니다"라 하였다. 올 봄(1832)에야 비로소 마교습으로부터 부쳐 왔으니, 멀리서 부친 편지가 몇 번이나 고비를 넘겨 세해 뒤에야 들어왔으니, 또한 사해(四海)의 기이한 인연이기에 곧 원시에 차운하다〉

〈자봉가(紫鳳歌)〉 지어지고 『시품(詩品)』에도 뽑혔는데
선생이 국조(國朝)에서 으뜸으로 꼽혔다네.
문하에는 금채(金釵) 꽂은 제자 많이 모여들고

그림에도 식견 있어 옥척편(玉尺編)을 지으셨네.

사시는 집 오월국왕(吳越國王) 사당 아래 자리 잡고

높은 명성 기자(箕子) 옛 땅 이곳까지 전해지니,

추음(秋吟)이 돌아가고 단금(斷琴)의 한(恨) 품었는데

또다시 만리 밖의 신교(神交) 잇게 되었구나.

紫鳳歌成詩品見, 先生首例國朝賢.

門多問字金釵侶, 畫有量才玉尺篇.

華屋錢王祀下住, 盛名箕子域中傳.

秋吟去後亡琴恨, 又續神交萬里天.

〈錢塘陳雲伯(文述), 有朝鮮二賢詩, 自注曰"聞秋吟侍御誦申紫霞,
洪海居詩文而作", 今年並其所刻『畫林新詠』二册, 自馬敎習(光奎)
所寄來, 馬敎習言"庚寅夏蔣秋吟子(鉽)還浙鄕時, 留書曰: '敝同
里人陳雲伯先生, 寄紫霞, 海居兩先生信件, 乞轉致之', 此書留
於丁舍人(泰), 舍人又歿", 今春始自馬敎習寄來, 遠信浮沈, 屢經
存歿, 三年然後竟能入手, 亦四海奇緣也, 卽次原韻〉[39]

진문술과의 첫 인연을 아주 자세히 설명하느라 제목이 무척 길어졌
는데, 본래 진문술은 조선의 지식인들에 대해서 잘 알고 있었던 것으
로 보인다. 그 집안의 어른인 진전(陳鱣)은 박제가와 친해서 중국에서
박제가의 문집인 『정유고략(貞蕤稿略)』을 간행해 주기도 했으며, 진문
술이 지은 『화림신영(畫林新詠)』 권3에 박제가가 수록되어 있기도 하

---

39) 『養硯山房藁(二)』(『叢刊』 291, 405cd / 『全集』 3, 1275~1276면). 진문술의 원시는 다음과 같
다. "東方自古多君子, 今日朝鮮有二賢. 共識申公邃經術, 更聞洪邁富詩篇. 姓名久爲
中朝重, 文字還應兒輩傳. 恰憶貞蕤老居士(謂朴齊家), 綠江雲樹澹遙天."

다. 진문술이 자하에게 『화림신영』을 보내온 것은 무엇보다 그 보편
(補編)에 자하의 묵죽(墨竹)과 홍현주(洪顯周)의 묵국(墨菊)이 들어갔기
때문이다.[40]

수련(首聯)은 진문술이 여제자들이 뽑은 시선집 덕분에 성가가 높아
진 것을 가리킨 것으로, 그 뒤에 다음과 같은 자주(自註)를 달아서 설
명하고 있다.

> 태원(太原)의 신슬선(辛瑟蟬) 여사가 국조 시인의 시를 뽑아 『시품
> (詩品)』을 편찬했는데, 운백을 으뜸으로 쳤다. 아울러 〈자봉가(紫鳳
> 歌)〉를 지었는데, 운백이 연경(燕京)에서 시명(詩名)이 있어 자봉(紫
> 鳳)으로 지목받고 있기 때문이다.[41]

함련(頷聯)은 진문술과 여제자들이 강학하는 모습이 〈금채문자도金
釵問字圖〉로 남아 있고, 진문술이 지은 『화림신영』이 탁월한 안목으
로 지어졌다고 추켜세운 것으로, 역시 다음과 같은 자주를 달았다.

> 전당여사(錢塘女史) 고라봉(顧螺峯)은 운백(雲伯)을 위해서 〈금채문자

---

40) 『畫林新詠』에 실린 자하의 小傳은 다음과 같다. "申紫霞, 名緯, 朝鮮國人. 由翰林, 官
六曹副判. 由樞密院都承旨, 出爲留守. 副判卽侍郎, 都承旨卽軍機大臣, 留守卽總督
也. 工詩文, 又工畫竹. 蔣秋吟侍御云: '詩近蘇黃, 畫則今其無匹也.' 『楡西館集』中屢見
之." 시는 다음과 같다. "古來畫竹數文同, 成竹要須先在胷. 解以蘇黃詩筆寫, 海東今有
紫霞翁."(이상 『叢刊』 291, 406b 『全集』 3, 1277면) 필자가 참고한 『畫林新詠』은 『中國歷代
畫史匯編』 6, 天津古籍出版社, 1997에 실린 本인데, 여기에는 補編이 완전히 실려 있
지 않아 자하와 해거에 대한 기사가 빠져 있다.

41) 原註: "太原女史辛瑟蟬選國朝人詩爲 『詩品』, 以雲伯居首. 并有 「紫鳳歌」, 以雲伯都下
詩名有紫鳳之目也."

도(金釵問字圖)〉를 그렸다. 『화림신영(畵林新詠) · 자서(自序)』에서 "어렸을 때부터 직접 만나본 사람이 지금까지 삼백여 명으로, 각각 시 한 수를 붙였는데, 또한 육십 년 이래 화가들의 기린각(麒麟閣)이다"라 하였다.[42]

경련(頸聯)과 미련(尾聯)은 항주(杭州)에 살고 있는 진문술의 명성이 우리나라에까지 퍼져서 천애지기(天涯知己)로 교유하던 추음(秋吟) 장시(蔣詩, 1768~1829)가 세상을 떠난 뒤에 지음을 잃고 실의에 빠져 있던 자신이 새로이 진문술과 사귀게 된 것을 기뻐한 것이다.

위에서 보았듯이 수련과 함련의 내용은 진문술이 보내 준 『화림신영』을 숙독하고 쓴 것인데, 이 책에서 당시 예원(藝苑)의 분위기를 알 수 있는 좋은 자료를 하나만 살펴보자.

신슬선(辛瑟嬋)은 이름이 사(絲)이며, 태원인(太原人)인데 양계(梁溪) 진씨(秦氏)에게 시집갔다. 내 제자이다. 시를 잘 짓고 인물화를 잘 그렸다. 국조(國朝) 시인의 시를 뽑아서 『시품(詩品)』을 엮어, 나를 으뜸으로 놓았다. 아울러 자봉반관(紫鳳斑管)을 만들어서 예물로 바치고 〈자봉가(紫鳳歌)〉를 지었는데 매우 공교로왔으니, 내가 서울에서 시명(詩名)이 있어 '자봉(紫鳳)'으로 지목받고 있었기 때문이다. 꿈속에서 이등공(李騰空)과 나를 만났다가 내 초상화를 그렸다. 내가 북쪽으로 왔다는 말을 듣고 풍교(楓橋) 조씨(曹氏) 댁으로 인사를 하러 왔었다. 지금은 세상을 떠났다. 임종할 때 조그만

---

42) 原註: "錢塘女史顧螺峯爲雲伯寫〈金釵問字圖〉. 『畵林新詠 · 自序』云: '斷自童稚以來相接, 至今得三百餘人, 各系以詩, 亦六十年來畵家之麟閣也.'"

자화상을 그려 내게 부쳤다. 내가 여제자들의 시를 간행함에 또한
슬선을 맨 앞에 놓았다.[43)

『화림신영』을 검토해 보면 수록된 인물들 1/4 이상이 규각(閨閣)이
다. 위에 인용된 일화도 모두 당시 조선에서는 꿈도 꿀 수 없는 일들
뿐이다. 신슬선이 엮은 시선집에 수록된 시인들은 단순히 한 지방의
그저그런 문인들이 아니라 고염무(顧炎武), 전겸익(錢謙益), 오위업(吳偉
業), 사신행(査愼行) 같은 대가들이었다.[44) 기혼 여성이 이름난 문인을
꿈에서 보고 그 초상화를 그려 간직했다가 제자가 되겠다고 찾아 오
고, 더욱이 임종하기 직전에 자기 초상화를 남자 스승에게 그려 보내
고, 게다가 이 모든 사실을 자세히 적고 시로 읊어서 공식적으로 출판

---

43) 『畫林新詠』卷3, 12b~13a: "辛瑟嬋, 名絲. 太原人. 適梁溪秦氏. 余弟子也. 工詩, 善寫
人物, 選國朝人詩爲『詩品』, 以余居首. 並製紫鳳斑管爲贊, 有「紫鳳歌」, 極工, 以余都
下詩名有雌鳳之目也. 夢中見李騰空及余, 因爲余寫照. 聞余北行, 來謁於楓橋曹氏宅
下. 今下世矣. 臨終, 以自寫小影見寄. 余刊女弟子詩, 亦以瑟嬋首列焉."(『中國歷代畫史匯
編』6, 708~709면) 辛瑟嬋에 대하여 읊은 시는 다음과 같다. "夢中曾見李騰空, 團扇殷勤
寫放翁. 惆悵楓溪仙館別, 蕭蕭寒雨濕愁紅." 〈金釵問字圖〉는 다음 내용을 읽고 언급
한 것이다. 『畫林新詠』卷3, 14ab: "顧螺峯, 名韶. 錢塘人. 老友西梅女. 余弟子也. 家
學克承, 不啻仇實父之有杜陵內史焉. 爲余寫〈金釵問字圖〉, 極工."(『中國歷代畫史匯編』6,
711~712면) 顧螺峯에 대하여 읊은 시는 다음과 같다. "烟黛雲鬟絶世姝, 美人家住美人
湖. 分明問字金釵侶, 解寫金釵問字圖."

44) 진문술의 私淑弟子로 자처한 王仲蘭이 쓴 서문을 살펴보면 다음과 같다. "蘭修幼承家
學, 雅好詞章. 曩與太原辛瑟嬋女史, 選國朝詩宜登上品者, 以年代相次, 得二十餘家,
各爲題詞, 幷加論斷. 奄有諸家之長, 集其大成者, 惟吾師頤道先生(인용자-陳文述을 가리
킴). 蘭修體弱多病, 未能造門請業, 高山景仰, 心向往焉. 謹錄所作, 介瑟嬋代呈函丈.
他日琅嬛閣啓, 來窺玉局修書, 絳帳花開, 或許金釵問字, 謹以是爲羔雁. 詩十八篇, 未
論定者勿錄焉. 私淑弟子王蘭修仲蘭氏, 書於吳門曇紅閣中."(梁乙眞 編, 『淸代婦女文學史』,
臺灣中華書局, 1979, 172면에서 재인용.) 함께 수록된 시인들의 명단은 같은 책, 172~174면
에서 볼 수 있다.

한다는 것 자체가 당시 조선에서는 정말 생각하기 힘든 일이었을 것이다.

한편, 자하가 오숭량과 사귀게 된 것은 오숭량이 옹방강의 제자였기 때문이다. 서로 가까운 지인들을 통해 간접적으로 알게 되었다가점차 서신을 통해 직접적인 교유가 이루어지게 되었다. 오숭량에게는정실 부인인 금향각(琴香閣)과 소실인 악록춘(岳綠春)이 있었는데, 두사람 다 그림을 잘 그렸으며, 악록춘의 경우 『화림신영』에 수록되기도 하였다. 오숭량은 가끔 두 사람의 그림을 자하에게 보내면 자하는시를 지어 사례했는데, 여기서 두 작품만 보기로 하자.

〈오난설의 답신이 왔는데, 금향각의 산수도를 보내주었기에 이 시
를 지어 사례하다〉

구리(九里)에 펼친 매화 온 천하에 드물기에
어옹(漁翁) 어부(漁婦) 담담하게 돌아가길 잊었구나.
수놓던 창 안에서 그림을 그릴 적에
그물 깁는 등불 앞엔 고운 산도 보였으리.
바다 건너 거센 바람 누추한 집 불더니만
나에게 하루 종일 맑은 풍경 선사하네.
관중희(管仲姬)와 더불어서 함께 숨어 사시는 곳
문 밖으론 갈매기들 오고가는 강촌 풍경.
九里梅花天下希, 漁翁漁婦澹忘歸.
唾絨窓裏丹靑濕, 結網燈前暖翠飛.
過海罡風吹素壁, 令人終日在淸暉.
好携管仲姬偕隱, 千頃鷗波一板扉.

〈吳蘭雪信回, 得琴香閣山水立軸, 題此爲謝〉[45]

　전체적으로 강촌에 은거하고 있는 이들 부부를 부러워하면서 그림을 보내 준 것을 사례하는 내용을 담고 있는데, 수련 뒤에는 오숭량과 금향각이 모두 '석계어은(石溪漁隱)'이라는 인장(印章)을 가지고 있다는 것을 밝히고 있다.[46] 필자가 주목하고 있는 것은 미련(尾聯)이다. 관중희(管仲姬)는 관도승(管道昇, 1262~1319)으로 원(元)나라 조맹부(趙孟頫, 1254~1322)의 아내이다.[47] 남편인 조맹부가 시(詩)·서(書)·화(畵)의 삼절(三絶)로 유명한 것처럼 관도승 역시 삼절이라 일컬을 만한데, 특히 그림과 글씨가 일품이어서 중국 최초의 공식적인 여류화가로 인정받고 있다. 또, 이들 부부는 그 문예적 재능을 아들인 조옹(趙雍)에게 물려 줄 수 있었다.[48] 원(元) 인종(仁宗)은 관도승에게 『천자문(千字文)』을 쓰게 하고, 이를 잘 장황(裝潢)하여 비서감(秘書監)에 수장하도록 한 뒤, 다시 조맹부에게 여섯 가지 서체(書體)로 『천자문』을 쓰게 하고, 또 그 아들인 조옹에게도 『천자문』을 쓰게 하면서 "후세에 우리나라에 글씨를 잘 쓰는 부인이 있었고, 또 한 집안이 모두 글씨를 잘 썼다"는 것을 알리기 위해서라고 말했다고 한다.[49] 문예적인 견지에서 보았을 때

---

45) 『倉鼠存藁』(『叢刊』 291, 301a).

46) 原註: "蘭雪有石溪漁隱印, 琴香閣又有石溪漁隱印."

47) 王以昌이 吳嵩梁의 시를 평하면서 "管夫人亦擅才華, 妙手丹靑數大家. 莫爲中書閒寫照, 先生詩影卽梅花."(『續修四庫全書』, 1489, 649a)라 말한 것을 보면, 琴香閣이 본래 管氏였기 때문에 관도승의 고사를 쓰는 것이 더 잘 들어맞았을 것이다.

48) 이 부부에 대해서는 趙維江, 『趙孟頫與管道昇』, 中華書局, 2004 참조.

49) 趙孟頫, 『松雪齋集 · 外集』, 〈魏國夫人管氏墓誌銘〉: "天子命夫人書千文, 勅玉工磨玉軸, 送祕書監裝池收藏, 因又命余書六體爲六卷, 雍亦書一卷, 且曰: '令後世知我朝有善書婦人, 且一家皆能書.'"

송대(宋代)를 대표하는 여성이 이청조라면, 원대(元代)를 대표하는 여성은 관도승이라 할 수 있다.

〈오난설이 예전에 보내준 금향각이 그린 매화 그림과 산수화, 악록춘이 그린 난초 여러 폭을 보다가 감회가 일어 절구 네 수를 짓다〉의 첫 번째

한 집안 여사(女史)들이 그림 솜씨 뛰어나니
금향(錦香)과 녹춘(綠春)이 쌍절(雙絶)로 손꼽히네.
지금껏 난설(蘭雪)처럼 다복한 이 있었던가
평생토록 좌절 없던 많은 사람 중에서도.
一家女史丹靑手, 雙絶錦香與綠春.
從古有如蘭雪福, 不曾磨折幾多人.
〈閱吳蘭雪舊所贈琴香閣畫梅畫山水, 岳綠春畫蘭諸幅, 感題四絶
句〉之一.[50]

오숭량은 재능에 비해서 벼슬길이 순탄하지가 않았다. 그럼에도 불구하고 별다른 좌절 없이 인생을 살다간 수많은 사람들보다도 오숭량이 더 복이 많은 사람이라고 이야기한 것은 순전히 그림을 잘 그리는 두 부인을 얻었기 때문이다. 오숭량에게 보낼 것을 염두에 두고 지은

---

50) 『覆瓿集(三)』(『叢刊』 291, 586a / 『全集』 4, 1861~1862면). 오숭량의 부인들과 관한 시는 위의 두 수 말고도 다음 작품들이 남아 있다. 『蘇齋二筆』,〈題吳蘭雪嵩梁姬人岳綠春蕙蘭掛圖〉(『叢刊』 291, 57a / 『全集』 1, 155면), 『蘇齋二筆』,〈雨蕉見和岳綠春蘭蕙題句, 再用原韻奉酬〉(『叢刊』 291, 58b / 『全集』 1, 159면), 『江都錄(一)』,〈吳蘭雪屬哲配琴香閣, 於扇面畫山水寄余, 以詩答謝〉(『叢刊』 291, 333b / 『全集』 3, 1039~1040면).

작품일 수도 있다는 점을 충분히 감안한다 하더라도, 문예적인 재능이 있는 배필을 얻는 것을 선망하는 마음만은 분명히 읽을 수 있다.[51]

사실, 자하의 경우 단순히 문예적으로 재능 있는 아내를 맞이하는 것에서 한 걸음 더 나아가 자신의 문예적 재능을 자손들도 이어 나가 명대의 문징명(文徵明) 집안처럼 대대로 문예적 성망(聲望)을 이어나가기를 간절히 바라기도 하였다.[52] 이렇게 생각한 것은 우선 문예를 중시했기 때문이기도 하고, 당시 정치적으로는 별다른 역량을 발휘할 수 없었던 소론(少論)에 속하였고, 아들들 또한 모두 서자(庶子)였기 때문에 더 그랬을 가능성이 있다. 하지만 문학과 예술에 대해 품고 있는 생각이 동시대의 다른 사람들과는 전혀 달랐기 때문에 나올 수 있는 염원이었다고 판단된다.

---

51) 필자는 자하의 경우만을 다루었지만, 최근 박무영, 「18~19세기 중국 여성예술가의 소식과 조선의 반응」, 『한국고전여성문학연구』 17, 한국고전여성문학회, 2008에서는 청대의 여성 예술가들-潘庭筠의 부인인 勾月樓 湘氏, 羅聘의 아내인 方婉儀, 張曜孫의 누이인 張孟緹와 張婉紃, 吳嵩梁의 처첩인 琴香閣과 岳綠春-에 대한 소식이 조선에 어떻게 전해지고 이를 접한 조선의 지식인들이 어떤 반응을 보였는지를 면밀히 추적하여 이 방면에 관심 있는 연구자들이 많은 도움을 받을 수 있다.

52) 『北禪院續稿(一)』, 〈伯子命準擧進士唱名, 喜賦二詩〉 其二: "大小霞稱江浙士, 誰教名聲遠人知?(原註: 鄭受之, 朱葯人, 張茶農, 吳蘭雪皆稱吾父子爲大小霞.) 畫詩傳業粗如願, 科第承家本不期. 花石平泉竟誰物, 風流吳下卽吾師.(原註: 吳下文氏翰繪名門戶, 吾所慕也; 平泉李氏花石戒子孫, 吾所笑也.) 讀書種子諸孫在, 衰抱時時爲解頤."(『叢刊』 291, 366ab / 『全集』 3, 1143~1144면) 吳下의 文氏는 바로 明代의 文徵明 집안을 말한 것이다. 이 집안은 吳地의 風雅之盟을 서른 해 동안 좌우했다는 文徵明 이래로 八代를 연이어 詩書畫의 대가를 배출한 집으로 유명하다. 平泉 李氏는 唐나라의 재상인 李德裕(787~849)를 가리키는데, 그는 평생 자신의 平泉莊을 온갖 花卉와 樹木과 奇石으로 가꾸고 사랑하였으며, 〈平泉山居誡子孫記〉를 남겨 자손들에게 이 집을 대대로 물려가며 잘 가꿀 것을 신신당부하였으나, 실제로 그의 자손 중에는 이 훈계를 지키려다 죽음을 당한 사람까지 나왔다. 이 시에 대한 보다 자세한 해설은 이현일, 『紫霞詩 硏究』, 성균관대 박사논문, 2006, 75~77면 참조.

4. 난설헌(蘭雪軒)이 조금 늦게 태어났더라면

난설헌(蘭雪軒) 허초희(許楚姬, 1563~1589)에 대해서는 조선 시대 내내 평가가 분분하였다. 기리는 쪽에서는 중국에까지 문예적 재능을 떨친 것에 초점을 맞추었고, 깎아내리는 쪽에서는 표절(剽竊)과 대작(代作)을 의심하고 부덕(婦德)을 거론하기도 하였다. 여성의 대외적 활동이 극도로 억압된 시대에 색목(色目)까지 고려 대상이 되었을 터이니, 어떻게 보면 이렇게 되는 것이 지극히 당연한 일일 것이다.

담헌(湛軒) 홍대용(洪大容, 1731~1783)은 의식이 깨어 있는 지식인이었고, 연행(燕行)에서 만난 강남 출신의 사대부들과 깊은 교분을 나눈 것으로 유명하다. 반정균(潘庭筠)도 그 중 한 사람인데, 반정균은 담헌에게 난설헌을 극찬하고 자신의 아내인 상부인(湘夫人)의 시집을 보여 주려고 하였다. 그러나, 담헌은 난설헌에 대한 평가에 동의하지 않았고, 끝내 상부인의 시집도 보려고 하지 않았다. 특히 난설헌에 대해서는 부덕이 없다고 말하기까지 하여, 도리어 반정균이 난설헌을 위해서 변명을 해 주었다.[53]

그러면, 한 세대 뒤인 자하의 경우는 어떠한가?

우선 자하의 대표작인 「동인논시절구(東人論詩絶句)」에서 난설헌을 읊은 작품을 보자.

규방에선 본래부터 유명해짐 꺼리나니

---

53) 허난설헌에 대한 담헌과 반정균의 반응에 대해서는 박무영, 「18~19세기 중국 여성예술가의 소식과 조선의 반응」, 『한국고전여성문학연구』 17, 한국고전여성문학회, 2008, 120~127면에 자세히 정리되어 있다.

난설헌에 대한 평가 이의가 분분해라.

부용꽃 스물일곱 붉은 송이 떨어지니

광한전(廣寒殿) 가리키며 웃으며 떠났다네.

閨媛亦忌盛名中, 蘭雪人間議異同.

紅墮芙蓉三九朶, 歸程笑指廣漢宮.[54]

시에서는 난설헌에 대한 평가에 이의가 분분하다고 하여 직접적으로 옹호하고 있지는 않지만, 스스로 주석을 달아 다음과 같이 말하고 있다.

난설헌 허씨는 규방 시인들 중에서 으뜸이니, 중국인들도 그 시집을 다투어 구입했다. 홍경신(洪慶臣)과 허적(許頔)이 모두 난설헌의 시는 두세 편 이외에는 모두 다른 사람의 작품이고 「백옥루상량문(白玉樓上樑文)」도 허균(許筠)이 지은 것이라 말하였으니, 가소롭다. 『학산초담(鶴山樵談)』에서 "누님이 평소에 꿈속에서 시를 짓기를 '벽해(碧海)가 옥해(玉海)를 침범하고, 청란(靑鸞)이 채란(彩鸞)에 의지하네. 부용 꽃 스물 일곱 송이, 붉은 꽃잎이 달나라 찬 서리에 떨어지네'라 읊었는데, 선계로 떠나가셨을 때 향년이 스물 일곱이어서 스물 일곱 송이라 말한 것과 꼭 맞아떨어졌으니, 수명이 미리 정해진 것을 어찌 피할 수 있겠는가?"라 하였다.[55]

---

54) 『北禪院續稿(二)』, 「東人論詩絶句三十五首」之三十.

55) 原註: "蘭雪軒許氏爲閨媛中第一, 中朝人爭購其集. 洪慶臣, 許적(頔)皆言蘭雪詩二三篇外, 皆他人作, 「白玉樓上樑文」亦筠所撰云. 可笑. 『鶴山樵談』: '姊氏平日有夢中詩曰: "碧海侵瑤海, 靑鸞依彩鸞. 芙蓉三九朶, 紅墮月霜寒." 及上昇, 享年二十七, 恰符三九之數, 修短之前, 豈可道乎?'"(『叢刊』 291, 375a / 『全集』 3, 1174~1175면)

이처럼 자주를 살펴보면, 난설헌의 작품이 표절과 대작(代作)이라고
주장하는 사람들을 일소에 부쳐 명백히 난설헌을 옹호하려는 뜻이 있
음을 알 수 있다.

또 자하는 순조 17년(1817) 한식(寒食)날 중종(中宗)의 능인 정릉(靖
陵)에 제사를 지내러 가서 겪은 소소한 일들을 엮어 「한식기사(寒食記
事)」[56]라는 작품을 지었는데, 여기서 난설헌의 후손인 김유헌(金裕憲)
을 만나 시를 논한 일도 언급하고 있다.[57] 바로 이 대목이다.

주사(主事)는 차 권하며 행역(行役)을 위로하고[58]
대축(大祝)의 문학 의론 박식함이 놀라워라.[59]
공교로운 솜씨는 영양(羚羊)이 뿔을 건 듯
법유(法乳)는 참으로 난설(蘭雪)의 적전(嫡傳)이라.[60]
옛것만 숭상하는 좁은 견해 비웃으며
내가 읊은 "봄 새와 가을 벌레" 상찬(賞讚)하니,[61]
내 이 시론(詩論) 이해하는 사람이 없었다가
그대를 만난 것이 너무나 늦었구려!
主事勸茶慰行役, 秘祝論文驚辯博.
妙手欲掛羚羊角, 法乳眞傳蘭雪嫡.

---

56) 『蘇齋二筆』(『叢刊』 291, 61d-62b『全集』 1, 170-172면).

57) 이 시 전문의 번역과 해설은 이현일, 「申緯의 詩人意識과 技法으로서의 詩學」, 『東洋
漢文學硏究』 27, 2008.8, 371~377면 참조.

58) 原註: "義卿官西部事."

59) 原註: "大祝金正言裕憲也."

60) 原註: "大祝, 女史許景樊之孫."

61) 原註: "是日大祝誦余'各自天氣專一候, 不增春鳥減秋虫'之句, 爲之心折."

非今是古笑拘見, 賞余春鳥秋虫詩.

我有是說無人解, 與子逢場在衰遲.

당시 사간원 정언으로 제사의 대축(大祝)을 맡았던 김유헌이 자하가
얼마 전에 지은 시구인 "모두 다 천기(天機)대로 한 시절 도맡으니, 봄
새라서 더 낫고 가을 벌레 더 못하랴."[62]에 대해서 칭찬하면서 동의를
표하자 자하가 매우 좋아하여 이를 기록한 것이다. 김유헌이 자하를
만난 자리에서 이 구절을 이야기한 것은 자하가 특정한 문호를 세우
지 않고, 다양한 시풍(詩風)의 가치를 인정해야 한다고 말한 것에 동감
했기 때문일 것이다. 그러자 자하는 그가 허난설헌의 후손이기 때문
에 자신의 말을 제대로 이해해 준다고 말한 것으로, 당연히 칭찬과 감
사의 뜻을 담고 있다. 물론 난설헌이 낳은 아이들은 모두 일찍 세상을
떠났기 때문에 김유헌이 실제 핏줄은 아니었지만.

필자는 박사학위 논문인 『자하시 연구(紫霞詩 研究)』에서 조선 중기
이래 향촌(鄕村) 출신의 사림(士林)들이 동일시(同一視)하는 대상이 주
자(朱子)였다면, 이 시기 경화세족(京華世族)이 동일시하는 대상은 동파
(東坡)였다고 할 수 있으며, 이 점에 착안하여 조선후기에는 기존의 주
류 문화이고 향촌 사족들을 중심으로 유지·확산된 주자형 문화(朱子
型文化)와 대비되는 경화세족들의 동파형 문화(東坡型文化)가 발달하였
다고 조심스럽게 언급한 적이 있다. 곧, 경화세족들은 자연과 인간에
대한 정밀한 이론체계를 구축하거나 심성(心性) 수양에 힘쓰는 것에는
별 관심이 없었다. 그보다는 박학(博學)하려고 애쓰면서도 시(詩)·서

---

62) 『蘇齋拾草』, 〈徐攸好(霎淳)和寄月詩, 再用原韻答之十首〉之三: "難分唐代晩初中, 述作
相沿意萬重. 各自天機專一候, 不增春鳥減秋蟲."(『叢刊』 291, 51b『全集』 1, 136면).

(書)·화(畵) 같은 예술 취향에 몰입하고, "천리를 보존하고 인욕을 막는 것[存天理, 遏人慾]"을 주장하기보다는 차라리 삶에 대해 광달(曠達)한 태도를 유지하면서 가급적 인생의 이런 저런 즐거움을 놓치지 않으려고 하였던 것으로 보인다. 또 근원적인 도(道)를 탐구하기보다는 구체적인 사물과 기예(技藝)에 더 관심을 가지는 경우가 많았다.[63]

이 글은 이러한 지향의 차이가 실재했다면, 그것이 경화세족들의 여성관(女性觀)에 어떻게 반영되어 있는가를 이 시기의 대표적 시인이자 서예가이며 화가인 자하 신위를 중심으로 검토한 것이다.

위에서 살펴보았듯이 자하가 생각하고 있었던 이상적인 부부상(夫婦像)은 양홍(梁鴻)과 맹강(孟姜)이 아니라, 송대(宋代)의 조명성(趙明誠)과 이청조(李淸照) 부부나 원대(元代)의 조맹부(趙孟頫)와 관도승(管道昇) 부부였을 것이다. 배우자에게 요구하는 것이 단순한 미모나 부덕(婦德)에 그치는 것이 아니라 예술과 학문에 대해서 본인에 필적하는 재능과 지식을 갖추기를 바라는 것이며, 자신이 서재에서 느끼는 즐거움을 함께 할 수 있는 동반자를 찾은 것이다. 위에서 보았듯이 빼어난 시재(詩才)를 지녔지만 사후에 여러 가지 구설수에 올랐던 허난설헌을 자하는 시종 옹호하는 입장을 취하였던 바, 아마도 허난설헌과 같은 인물이 이 시기에 태어나서 재능 있는 남편을 만났더라면 훨씬 더 각광받았을 것이다. 그리고, 자하가 이러한 생각을 갖게 된 데는 물론 위에서 논하였듯이, 당대 여성 시인들이 활발히 배출되었던 청나라 강남 지역의 문인들과의 교유에서 영향받은 바도 적지 않았을 터이다.

---

63) 이 주제에 대한 더 자세하고 체계적인 연구는 필자가 최근 몇 년간 고민하고 있으나, 아직 부족한 점이 많아 별고를 기약할 수밖에 없다.

자하의 경우 워낙 첨단에 있었기 때문에 이를 경화세족 모두에게 같은 정도로 일반화시키는 것은 무리일지 모르지만, 그 일부 인물들의 경우 어느 정도까지는 이런 생각을 공유하고 있었던 것으로 보인다. 가령 홍한주(洪翰周, 1798~1868)는 재능이 뛰어난 여성을 제대로 교육을 시키면 유명한 남성 못지않은 문인인 나올 수 있다고 하면서 서영수합(徐令壽閣)의 인품과 학문, 문학적 식견을 찬양하였고, 이청조와 원매의 여제자들을 포함한 중국 역대의 여류 문인은 물론, 당대의 부용(芙蓉: 雲楚), 금원(錦園) 같은 여성 문인들의 활동을 잘 알고 있었다.[64]

또, 서영수합의 둘째 아들로 19세기 전반기를 대표하는 문장가인 홍길주(洪吉周, 1786~1841)는 아버지의 묘지(墓誌)를 서술하면서, 집안의 문화적 분위기를 다음과 같이 묘사하고 있다.

> [부군께서는] 오직 시를 짓는 것을 좋아하셔서 도연명(陶淵明)과 두보(杜甫)를 출입하셨으나, 또한 항상 남들과 수답(酬答)하시지는 않으셨으나, 시를 한 편 지을 때마다 오직 우리 어머니와 형제들에게 보내 화답하도록 하셨다. 어머니께서는 정식으로 글을 배운 적이 없지만 기억력이 좋아서 평생토록 잊지 않았으니, 부군께서 기하인귀(幾何因歸)의 방법을 어머니께 외워 주자 어머니께서는 달포 남짓 되자 이미 익히셔서 마침내 그 책을 취하여 보시고 얼마 되지 않아 구복근(勾服根) 방정부(方正負)의 오묘함을 터득하셨다.

---

64) 『智水拈筆』, 亞細亞文化社, 1984, 162~167면. 보다 자세한 것은 진재교, 「『智水拈筆』 연구의 一端-작가 홍한주의 가문과 그의 삶-」, 『漢文學報』 12, 우리한문학회, 2005, 347~348면 참조.

아! 이는 우리 부군의 문예가 훌륭하신 바이고, 우리 어머니가 그에 걸맞는 배필이신 바가 이와 같았다. 불초한 우리 형제들은 밖에서 스승을 모시지 않고 부군을 모시고 구두를 떼고, 어머니 앞에서 복습을 하였다.[65]

　아버지가 시를 지으면 어머니와 아들들이 화답하는 시를 짓고, 아버지에게 글을 배우고 어머니 앞에서 복습하는 아련한 옛 추억을 들려주고 있는데, 이 시기 일부 경화세족들이 꿈꾸었던 "이상적 가정"의 한 모습이었을 것이다.

　다만, 조선의 경우 이러한 여성을 양반가에서 구하기는 매우 어려웠다. 그렇기 때문에 그들의 관심은 기녀들에게 쏠릴 수밖에 없었고, 그들을 단순히 "말을 알아듣는 꽃"[解語花] 정도로만 취급한 것은 아니었다.

　김이양(金履陽)의 증언에 따르면, 자하의 벗이기도 한 서어(西漁) 권상신(權常愼, 1759~1824)은 평생 문예적 재능이 뛰어난 기녀를 자나깨나 간절히 찾아서 백설루(白雪樓)라는 호를 쓰며 시를 잘 썼던 명애(明愛)와 깊은 교분을 나누었고,[66] 또 금기(琴棋)에 능하고 시와 그림에 뛰

65)　洪吉周,『縹礱乙籤』卷3,「先府君墓誌」:"[府君]獨喜爲詩, 紆徐昌碩, 出入陶杜, 然亦不恒與人酬答, 每一篇成, 惟吾先妣及不肖昆弟屬而和之. 先妣未嘗受書而所記誦甚多, 終身不忘, 府君始以幾何因歸之術, 爲先妣誦, 甫旬月已熟, 逐取其書閱之, 未幾盡通勾股根方正負之奧. 嗚呼! 此吾府君文藝之茂也, 而吾先妣所以配之者如此. 府君雅不樂交游, 嘗與吾先妣及不肖昆弟談經史詩文以爲娛. 不肖昆弟幼學書, 未嘗有外傅, 從府君受句讀訖, 輒取先妣溫習." 이 글의 전문은 박무영 외 역,『표롱을첨』(상), 태학사, 2006, 204~211면에 번역되어 있다. 이 자료는 고맙게도 성균관대학교 한문학과에서 홍길주의『孰遂念』에 대해서 박사 논문을 쓴 최원경 동학이 알려 준 것이다.

66)　金履陽,『金履陽文集·詩集』, 21a,「吾友西漁權尙書風流自喜, 尤於粉黛中藻華秀出者

어났던 김경혜(金景惠)라는 소실을 두기도 하였다.[67] 한편, 김이양 스스로는 자신과 소실인 운초(雲楚)의 관계를 은근히 전겸익과 유여시에 비교하기도 하였다.[68]

19세기 전반기 서울에서 운초(雲楚), 경산(瓊山), 금원(錦園), 경춘(瓊春), 죽서(竹西) 등 기녀 출신으로 경화세족의 소실이 된 여성들이 시회를 열고 문학 활동을 했다는 것은 이제 잘 알려져 있다. "삼호정시사(三湖亭詩社)" 또는 "운초(雲楚) 그룹"으로 명명된 이들의 활동은 남성 중심의 한시사(漢詩史)에서 이채를 띠고 있어 주목을 받았던 것이다.[69]

필자가 보기에는 이들의 활동 역시 경화세족 남성들의 여성에 대한 인식이 변화한 것과 맞닿아 있으며, 그 기저에는 분명히 예술적·학문

有瘤痲之思, 而常恨未得其彷彿焉, 癸亥春以副价自燕返, 誦傳浿城妓明愛號稱白雪樓者贈別詩"塞雲明月也, 孤叫鴈聲何"之句, 極稱其情致不凡, 後二十餘年尙書重使燕, 卒于遼陽, 以櫬返, 關西妓昵侍公者衆, 而要路慟哭而送者, 獨明愛一人焉, 于余嘗過浿上, 聞而義之, 亦嘆其相感者深, 別在烟花之外, 不意其居乃此方, 使余忽漫相見於崦嵫之景也, 雖其髮齒衣裙已成里嫗, 而亦能閑坐說平生, 朗朗可喜, 又出篋所藏西漁鞭面題贈者示之, 盖甲中赴燕時逆旅中所爲也, 序述前後事甚悉, 又繫之一絶, 數百餘者累累如貫珠, 不類其平日信筆遂意者, 盖便是絶筆, 自不覺涕淚霑襟, 如聞山陽之篴也, 遂次其韻□曰: "吾友千金字, 爲娘亦已多. 臨歧無限淚, 其奈九京何."

67) 『覆瓿集(六)』, 〈次韻景蕙女史詩(幷序)〉: "金景惠女史善琴棋, 工詩畵, 卽故權西漁尙書寵姬也. 自哭西漁, 流落人間, 復爲一武弁所取, 然非其志也. 近有人誦傳其詩數篇, 皆自悼之作, 而'壺間貯月心俱白, 席上停雲眼欲靑'一句最佳, 爲題一詩, 而悲其不遇也. 幽吟如哭哭如歌, 廖落繁華閱歷多. 金谷隋樓嗟已負, 文園病喝且從他. 指端肯物工相似, 膝上橫琴喚奈何. 俙繡慵粧無所憶, 花間鼓勻月中哦." (『叢刊』291, 601cd / 『全集』4, 1931~1932면) 이 시와 김경혜에 대한 자세한 설명은 김경숙, 위의 글 272~274면 참조.

68) 金履陽, 『金履陽文集·詩集』, 19b, 「贈雲楚」: "往歲吳中始定緣, 今年又在海西邊. 我聞嗟晩逢謙益, 樊素終難謝樂天. 酌酒猶賢俗侶對, 論詩不下開元前. 閑宵隱几流淸聽, 朗頌豳風七月篇." 이 점은 연세대학교 국문과의 박무영 교수님 덕분에 알 수 있었다.

69) 이들의 문학 활동에 대해서는 김여주, 『조선후기 여성문학의 재조명』, 성신여자대학교 출판부, 2004 및 박영민, 「19세기 여성 詩會와 문학 공간」, 『민족문화연구』46, 고려대 민족문화연구원, 2007에 자세하다.

적 동반자를 희구하는 경향이 있었다. 그리고, 이러한 여성들에 대한
추구와 그들을 읊은 시문은 분명히 조선후기 향촌 사족들의 열녀(烈
女) 담론과 정확히 대척점에 서 있다고 할 수 있다.[70]

---

70) 홍인숙, 「열녀 담론의 새로운 독해」, 『한국고전여성문학연구』 5, 한국고전여성문학회,
　　 2002, 91~96면에 따르면, 실제로 「열녀전」은 주로 향촌의 사족들에 의해 창작되었으
　　 며, 그 담론화의 메카니즘 속에 정치적인 소외와 부침을 경험한 향촌 재지사족의 위기
　　 의식이 강력하게 작동하고 있었다고 한다. 한편, 자하의 작품에도 아이가 죽은 줄 알고
　　 자결한 과부 이야기가 나오지만, 어디까지나 그 처지가 안타까와 이를 작품으로 남기
　　 고 유가족을 위로하기 위해 지은 것이지, 단순히 烈을 찬양하기 위해 지은 것이 아니다.
　　 『覆瓿集(七)』, 〈桑樹枝(幷序)〉: "閔雅顔第四子婦吳氏, 早寡有一子, 子忽病瀕危, 吳氏不
　　 忍見其死, 夜起自縊桑樹間, 隣人共哀之, 爲作〈桑樹枝詞〉. 詞曰: '哭夫何忍又哭兒, 自
　　 掛長繩桑樹枝. 母死病兒頻索母, 家人諱哭共呑悲. 四三日後兒病起, 嗟嗟命何不少遲.
　　 嗟嗟命何不少遲, 婦人短見乃如斯. 請君莫以短見視, 爲兒死卽爲郞死. 夜夜陰風桑樹
　　 撼, 鷓鴣亂鳴靑燐閃.'"(『叢刊』 291, 610cd / 『全集』 4, 1940~1941면)

申　緯, 『警修堂集』殘卷 2冊(서울대 규장각 소장).

_____, 『警修堂全藁』(『韓國文集叢刊』291, 民族文化推進會, 2002, 및 孫八洲 編, 『申緯全集』, 太學社, 1983.)

金履陽, 『金履陽文集』殘本 3冊(국립중앙도서관 소장).

閔丙燾, 『韓國歷代女流文集』, 乙酉文化社, 1950.

朴齊家, 『貞蕤集』(『韓國文集叢刊』261, 民族文化推進會, 2001).

李家源, 『玉溜山莊詩話』, 探究堂, 1972.

李家煥, 『貞軒瑣錄』(『近畿實學淵源集』2, 成均館大 大東文化硏究院, 2002).

張志淵, 『大東詩選』.

鄭寅普, 『詹園文錄』, 延世大出版部, 1967.

_____, 정양완 옮김, 『담원문록』, 태학사, 2006.

洪吉周, 『縹礱乙籤』(연세대 중앙도서관 소장본)

_____, 박무영 외 역, 『표롱을첨』, 태학사, 2006.

강명관, 『문학예술의 생성 공간』, 소명출판, 1999.

김경숙, 「紫霞 申緯(1769~1847)와 그 시대 여성들 또는 여성상」, 『한국고전여성문학연구』6, 한국고전여성문학회, 2003, 259~288면.

_____, 「紫霞 申緯의 아내와 딸에 대한 인식 고찰」, 『한국고전여성문학연구』13, 한국고전여성문학회, 2006, 175~202면.

김여주, 『조선후기 여성문학의 재조명』, 성신여자대학교 출판부, 2004.

박무영, 「여성시문집의 간행과 19세기 경화사족의 욕망」, 『고전문학연구』33집, 고전문학회, 2008, 369~404면.

_____, 「18~19세기 중국 여성예술가의 소식과 조선의 반응」, 『한국고전여성문학연구』17, 한국고전여성문학회, 2008, 117~153면.

박영민, 『한국 한시와 여성 인식의 구도』, 소명출판, 2003.

_____, 「雲楚, 관기와 기생첩의 경계에선 하위주체」, 『한국고전여성문학연구』11, 한국고전여성문학회, 2005, 237~274면.

_____, 「19세기 여성 詩會와 문학 공간」, 『민족문화연구』 46, 고려대 민족문화연구원, 2007, 37~63면.

_____, 「19세기 여성화가 雲楚의 회화활동과 그 성격」, 『한국고전여성문학연구』 17, 한국고전여성문학회, 2008, 201~235면.

이현일, 「조선후기 고동완상의 유행과 자하시」, 한양대 한국학연구소 편, 『19세기 조선 지식인의 문화지형도』, 2006, 165~191면.

_____, 『紫霞詩 硏究』, 성균관대 박사학위논문, 2006.

_____, 「申緯의 詩人意識과 技法으로서의 詩學」, 『東洋漢文學硏究』 27, 2008, 345~381면.

정 민, 『18세기 조선 지식인의 발견』, 휴머니스트, 2007.

鄭雨峰, 『19세기 詩論 硏究』, 高麗大 博士學位論文, 1992.

진재교, 「『智水拈筆』 연구의 一端-작가 홍한주의 가문과 그의 삶-」, 『漢文學報』 12, 우리한문학회, 2005, 325~351면.

최수경, 「명청시기 여성문학자료 주석과 해석⑴」, 『중국학논총』 19, 고대 중국학연구소, 2006, 203~228면.

_____, 「명청시기 여성문학자료 주석과 해석⑵」, 『중국학논총』 20, 고대 중국학연구소, 2006, 273~300면.

홍인숙, 「열녀 담론의 새로운 독해」, 『한국고전여성문학연구』 5, 한국고전여성문학회, 2002, 85~116면.

벤저민 엘먼 지음, 양휘웅 옮김, 『성리학에서 고증학으로』, 예문서원, 2004.

陶慕寧, 『靑樓文學與中國文化』, 東方出版社, 2006.

梁乙眞 編, 『淸代婦女文學史』, 臺灣中華書局, 1979.

劉葉秋, 「一片氷心萬古情-讀李淸照〈金石錄後序〉」, 文史知識編輯部編, 『古代抒情散文鑑賞集』, 中華書局, 1988.

李淸照 著, 徐培鈞 箋注, 『李淸照集箋註』, 上海古籍出版社, 2002.

張維屛 編撰, 陳永正 點校, 『國朝詩人徵略』, 中山大學出版社, 2004.

章學誠 著, 葉瑛 交注, 『文史通義交注』, 中華書局, 1994.

諸葛憶兵,『李淸照與趙明誠』, 中華書局, 2004.

趙維江,『趙孟頫與管道昇』, 中華書局, 2004.

陳文述,『畫林新詠』,『中國歷代畫史匯編』6, 天津古籍出版社, 1997.

陳玉蘭,『淸代嘉道時期江南寒士詩群與閨閣詩侶硏究』, 人民文學出版社,
    2004.

陳寅恪,『柳如是別傳』, 三聯書店, 2001.

陳祖美,『李淸照評傳』, 南京大學出版社, 2007.

胡文楷,『歷代婦女著作考(增訂本)』, 上海古籍出版社, 2008.

Kang-i Sun Chang and Haun Saussy 編, *Women Writers of Traditional
    China: An Anthology of Poetry and Criticism*, Stanford
    University Press, 1999.

변영만: 식민지 시기 한국의 대안적 근대성을 모색하다*

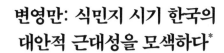

박노자(Vladimir Tikhonov)

1. 도입: 범주화할 수 없는 인물

근대 한국 사상을 공부하는 학생들에게 풀리지 않는 하나의 의문이 있다. 그것은 1950~80년대 남한 학계에서 형성된 이른바 "근대의 정전"이 왜 종종 어떤 인물들은 무시하면서 특정 인물의 중요성은 과도하게 강조하는가 하는 것이다. 주류 '근대 민족주의' 적어도 근래 학계의 주류적 인식을 잘 보여주는 지표라고 할 수 있는 『사료로 본 한국 문화사 - 근대편』(1984)[1]은 박은식(1859~1925), 신채호(1880~1936), 장지연(1864~1920), 주시경(1876~1914)의 논설문들을 1910년 이전 한국 "애국계몽사상"의 대표로 삼았고, 또 박은식, 신채호와 몇몇 사람들, 대체로 종교적 사상가(한용운, 김교신)나 민족주의 역사학자 또는 언어학자(문일평, 이윤재)들을 "일제 치하 민족주의 이데올로기"의 대표자로 분류했다. 다른 범주의 인물들, 예를 들어 뛰어난 번역가이자 교본의 저자인 현채(1886~1925), 문화사 분야의 창시자 중 한 사람인 안확(1886~1946) 같은 인물들은 간략하게나마 언급되었다. 그러나 동시대에 문학계의 선두 주자로 여겨졌던 많은 인물들은 조금도 인정을 받지 못했다. 그리고 관습적으로 학자들에게 무시되었던 이러한 인물들 중에서도 변영만의 경우는 다소 극단적이다. 그는 당대의 많은 유명 인들로부터 20세기 전반기 한국의 가장 뛰어난 문학가로 꼽힌 인물

---

* 이 논문은 원래 영어로 작성되었으며 『The Review of Korean Studies』 10-2, AKS(한국학중앙연구원), 2007에 실려 있다. 본고는 이 논문의 한국어 번역본으로 저자의 동의를 얻어 번역하였다. 원고에서 『변영만전집』을 인용한 경우, 원문을 그대로 살리되 독자들의 편의를 위해 일부 문장은 현대문으로 각색하였다.

1) 이 책에 기반하여 해외에서 널리 활용되는 Lee(1993), *Sourcebook of Korean Civilization* 이 나왔다.

이다. 이러한 점은 그가 죽었을 때 최남선(1890~1957)이 지었던 다음 시에 잘 나타나 있다.

세기의 삼괴물(三怪物)을 만인 앞에 끌어내어
엎치고 뒤치어서 간장 속속 드러내어
일소년(一少年) 완두필단(腕頭筆端)[2]에 귀신 있다 하더라.

명세의 「시새전(施賽傳)」도 나는 장타 아니 호라.
화국(華國)의 큰 솜씨를 불러 본 적 없을망정,
구구한 일편희문자수(一片戱文字數)에 미칠 줄 있으랴.

위당이 없어져도 산강이 남아 있다 하여
천하에 글 받을 이 헤매는 일 없을 터니,
이제야 일대홍광(一代虹光)을 어디 찾아보리오.[3]

변영만의 문학 작품에 친숙하지 않은 이들에게는 이 시의 내용 대부분이 수수께끼처럼 여겨질 것이다. 이 시를 이해하기 위한 지식들은 최남선이 언급했던 '지식 사회'에서는 당연히 필수적으로 요구되는 것이었다.[4] 이에 대해서는 후술할 것이다. 독자의 시선을 사로잡는

---

2)   역주 – 저자가 이 시를 영어로 번역할 때, 『흘러간 星座』의 원문을 따라 '腕頭筆壇'으로
      보고 "[worked] with your arms and head [to enter] the literary society"라고 번역했지
      만 여기에는 오류가 있다. 이 시의 초고인 1954년 12월 23일 동아일보 투고본에서는
      '筆端'이라고 되어있으므로 본고에서는 이를 따른다.

3)   박노준·임종국(1966), 『흘러간 星座』 2권, 297~298면.

4)   역주 – '筆壇'을 '지식사회(literary society)'라고 해석하여 생긴 오류이다.

지점은 최남선이 변영만을 위당 정인보와 비등한 수준으로 보았다는 것이다. 위당 정인보(1893~1950)는 조선 후기 강화학파 양명학의 계보를 이은 마지막 적자(嫡子)로, 중국과 한국의 고전에 두루 능통한 식민지 조선의 대표적 학자로 널리 알려져 있으며, 민족주의 사학자로도 명성을 얻었다.[5] 최남선과 같은 인사가 변영만을 위당에 견줄 수 있다고 언급하였다는 사실은 당대 변영만의 위상이 어떠하였는지를 잘 보여준다. 주목해야 할 점은, 최남선이 발간한 『동명』(1922~1923)의 편집을 맡기도 했던 변영만이 일제강점기 최남선의 친일 행적 및 해방 후 진정성 있는 속죄가 없음을 사유로 1945년에 최남선을 탄핵했다는 사실이다.[6] 두 사람 사이의 사적 친분은 1950년대 초에 거의 완전히 깨진 것으로 보인다. 따라서 최남선이 한국 지성사의 차원에서 변영만의 위상을 호평한 것은 개인적인 호의에 영향을 받은 것이 아니고, 1950년대 초 한국 문인들 사이에 존재했던 변영만의 재능에 대한 공감대를 반영한 것으로 보인다. 그렇다면 1990년대 이전 한국 학계의 변영만에 대한 침묵은 어떻게 설명되어야 할까?[7]

변영만이 '낮은 인지도'를 갖게 된 원인 중 하나는 한국 학계의 풍토가 조직적 행위를 서술하는 '운동사' 스타일에 지독하게도 얽매여 있기 때문이다. 이들에게 변영만의 사회적 행위는 용납할 수 없을 정도로 아나키즘적으로 보였을 것이다. 변영만의 가장 가까운 제자 중

---

5) 황원구(1996), 19면.

6) 『변영만전집』 하, 「雷音中繼錄」, '中間路線의 意義', 297면.

7) 변영만에 관한 첫 학술논문은 1990년대 초반에 겨우 나왔고(최현수(1992)), 그의 "문집"의 한글 번역본이 2006년 7월에 완성되어 출판되었다(『변영만전집』(2006), 성균관대학교 대동문화연구소).

한 명이었던 유명한 서예가 안붕언은 1955년 변영만의 문집인『산강재문초』서문에서 다음과 같이 간결하게 말했다. "변산강 선생은 절세의 재주를 가지고 …… 동서의 문장을 포괄하고 아울렀지만 …… 외로운 회포와 고원한 식견은 일반사람들로부터 멀리 초탈하여 초연히 홀로 하나의 생동하고 신기하고 영감으로 움직이는 영역을 지향하여 그것을 추구하기를 그치지 않았으며, 일찍이 한 순간도 그 낡은 것에 머물러 쉰 적이 없었다."[8]

그렇지만 변영만이 조직화 된 사회 정치 운동 참여를 전적으로 배제했던 것은 아니다. 잠시 베이징과 상하이로 망명해 있었던 1910년대에 그는 동제사(同濟社)와 연결되었던 것으로 보인다. 동제사는 상하이에 기반을 둔 한국의 망명 지식인들에 의해 1912년 7월 설립된 독립운동 단체인데, 박은식 같은 원로들과 중국 공화주의 운동의 한국측 협력자였던 신규식 등에 의해 지도되고 있었다. 그는 그곳에서 당시 한국의 학문적 사회적 삶의 중심에 있었던 동시대인들과 긴밀히 교유했다. 홍명희, 조소앙 그리고 앞서 언급했던 정인보 등이 그들이며 신채호도 그 가운데에 있었다.[9] 변영만은 1945년 이후 몇몇 문학 단체에 참여했으며 새롭게 설립된 성균관대학의 초대 교수진에 포함되기도 하였다. 1946년에는 성균관대학교의 전신인 명륜전문학교 교장을 맡기도 하였다.[10]

그리고 이에 덧붙여, 변영만의 유명한 두 동생, 영문학자이자 나중에 국무총리(1954~1956)가 되었던 변영태(1892~1969)와 시인이자 번

---

8) 『변영만전집』중,「序」, 19면.

9) 강영주(1999), 91~121면.

10) 김진균(2004), 42면.

역가였던 변영로(1897~1961)도 그의 이름에 무게감을 실어주었을 것이다. 그런데 변영만이 그토록 서로 간의 우정을 찬양하고 인격을 흠모했던 신채호와 달리, 그는 현실 정치가나 민족독립운동의 순교자는 아니었다. 그리고 당대의 두 거벽이었던 최남선이나 정인보와도 대조를 이루어, 그는 '민족혼'이며 고대 한국의 위대함의 상징인 '단군' 숭배에도 큰 관심이 없었다. 예를 들어, 변영만이 1953년 대종교 교당에 제문을 쓰긴 했지만, '단군'은 변영만의 글쓰기 전체를 통틀어 몇 번 정도 지나가듯 언급될 뿐이었다.[11]

그는 넓은 의미에서 보면 명백히 민족주의 사상가이자, "한국"을 고유한 정수로서의 "혼"을 간직한 "상상의 공동체"로 정의하기 위해 분투하는 문인이었으며, 1931년에는 "미래 한국"의 정치에 참여하기 위해 준비하고 있음을 고백한 시민이었다.[12] 그러나 영원한 "민족혼"을 정의하는 그의 방식은 민족적 상상력에 대한 기존의 관습과는 노선을 달리하였다. 「관생록(觀生錄)」이라는 제목의 한문 산문(1910년~20년대 쓰인 것으로 추정되며, 1936년에 처음으로 출판됨)에서 변영만은 예를 들어 조선인, 유대인, 인도인을 "영(靈)과 심(心)의 사람들"이라고 정의했고, "기독교와 불교, 그리고 원효의 심(心) 철학"은 중국의 "윤리주의" 및 유럽 사상가들의 "물질적 이성주의"와 상반된다고 보았다.[13]

그런데 이처럼 야단스러워 보이는 "한국다움"에 대한 정의에는 특

---

11)   『변영만전집』 상, 「관생록(觀生錄)」, 113면; 「도산설(濤山說)을 지어 일여(一汝)에게 주다」, 136면; 「계룡산 천진전(天眞殿)의 상향(常享) 축문」, 593면; 하, 「雷音中繼錄」, '簡易 建國方略', 305면; 307면.

12)   『변영만전집』 하, 「設問各界 人士들의 멘탈테스트」, 457면.

13)   『변영만전집』 상, 「관생록(觀生錄)」, 117면.

이한 점이 있다. 그것은 한국만 "심의 나라"로 격상되지 않았다는 점이며, 미래 한국의 위대한 임무를 실현하기 위한 "부국강병"의 노선이 분명히 제거되었다는 점이다. 그러므로 한국 미래의 중심성에 대한 변영만의 예언은 오히려 추상적으로 보이게 된다.[14] 게다가, 변영만은 미래에는 "이방의 족속이 배척당하고 거절당하는 바가 있지 않으리니, 소리를 같이하고 서로 응하는 사람이라면, 비록 이마에 그림을 새기고 코를 뚫는 너더분하고 좀스러운 종자(아프리카인을 가리키는 것일 수도 있다 -필자)라고 할지라도 모두 장차 형제간의 아름다운 정으로 볼 것"[15]이라고 시사하기도 하였다.

그러므로 이상적인 "한국다움"에 대한 그의 비전에는 일면 세계보편주의의 의미가 더해져 있다. "영에 기준하고 지역에 기준하지 않"[16]고자 하였던 신비주의 사상가 변영만은 민족주의 신전에서 한 자리를 기대할 수 없었다. 1970-80년대 민주화 운동 및 다양한 부분에서 연계되어 있던 민족주의나 사회주의 지식인들에게 변영만의 개인주의적 감각이나 유심론적 경향은 자신들과는 무관하고 매력도 없는 도피주의로 보였을 것이다.

그리고 현대 학자들이 변영만에 대해 느끼는 한 가지 더 심각한 문제점이 있다. 한국의 인문학 분과는 "국문학"과 "한문학"의 영역으로 나뉘며, 사회운동과 이념은 "공산/사회주의", "무정부주의", "민족주의"로 연구 분야가 첨예하게 분화되어 있음에 비추어 볼 때, 변영만이 남긴 유산은 정확하고 분명하게 분류하기에는 지나치게 모호하다. 그

---

14) 『변영만전집』 상, 「관생록(觀生錄)」, 106~121면.

15) 『변영만전집』 상, 「관생록(觀生錄)」, 118면.

16) 『변영만전집』 상, 「관생록(觀生錄)」, 119면.

는 한글과 한문 모두를 사용한데다가, 좋아하는 작품들은 한 언어에서 다른 언어로 직접 번역하기도 하였으며,[17] "민족적"이어야 하는 국문학과 "조선 왕조 사대주의의 잔재"라고 폄훼되곤 하는 한문학의 경계를 자유롭게 넘나들었다. 그는 조선시대로 연결되는 정통 학맥에서 벗어나 있었기에, 심재(深齋) 조긍섭(曺兢燮, 1873~1933)과 같이 기존의 정통 한학을 하던 그의 가까운 벗들을 향해 문학의 영역을 단순히 "도(道)를 전달하기 위한 글"로 축소한다고 심하게 비판하기도 하였다.

하지만 변영만은 여전히 "고(古)"가 "신세계"의 유례없는 야만성에 대해 해독제가 될 수 있다고 믿었다. 동시에 그는 유럽의 문학과 사상에 대해서도 밝았는데, 식민지 한국의 지식계에서 보기 드문 수준이었다.[18] 식민지 조선에 대한 오늘날의 학문적 접근은 명확하게 정의된 이념적, 정치적 경계를 따라 구조화되어 있지만, 변영만은 1931년에 예술은 정치적 영역으로부터 "영구적으로 중립적"이어야 하며, "자본주의자에게도 무정부주의자에게도 종속되지 않아야" 하지만 "예술을 위한 예술"이 되어서도 안 된다고 분명하게 선언했다. 변영만이 표방한 이상은 "삶을 위한 예술-예술이 되는 삶 자체"였으니, 이는 삶의 이상에 대한 불교와 도교적 관점에 그 배경이 있었다. 그가 생각한 이상적인 예술가는 "모든 것을 소유하면서도 동시에 모든 것을 버리는" 사람이었다. 이는 "이명동체(異名同體, 이름은 다르나 몸은 같다)"라고 하는 전통적 표현과 유사하다.[19]

---

17) 예를 들면, 위에서 최남선이 경시하는 시선으로 말했던 「시새전」은 1931년에 한문으로 지었다가 변영만 본인이 문맥상 수정을 더한 후 월간지 『동광』(1932. 10.~1933. 02.)에 「이 상한 동무」라는 이름으로 연재했다.

18) 신익철(2003), 428~429면.

계급과 이데올로기에 대한 근대적 담론을 초월하고자 하는 변영만의 열망을 보여주는 또 다른 사례는 "하급의 일꾼도 아니고 우두머리도 아니"며 "오로지 자기완성을 추구하는 굳은 사람이 되어야 하니, 이것이 곧 모든 것을 완벽하게 하는 열쇠가 된다"[20]고 하는 선언이다. 그리고 그는 "사적 토지 소유권의 폐지는 옳은 일이나, 어질고 어리석음에 상관없이 재산을 균분하자고 하는 최근 공산주의자들의 발언은 너무 극단적이다"[21]라고 선언하기도 하였다. 변영만의 문명관이나 정치관의 지향과 같이, 그의 대다수 작품의 장르 문법은 "근대"의 기준을 적용하고자 하는 시도를 무색케 한다.

예를 들어 최남선에 의해 '장난에 불과하다'고 평가절하된 「시새전」은 두 홀아비 친구에 대한 풍자 우화인데, 그 가운데 한 홀아비(새침덕-역자)는 함께 감옥에 있던 여성 수감자에 의해 독살을 당하게 되는데 이는 예전에 그가 아내를 죽인 업보 때문이었으며,[22] 다른 홀아비(시시덕-역자)는 감옥에 갇힌 불운한 친구를 구하기 위해 자기를 희생하고자 하였다.[23] 이 이야기는 변영만이 가슴 깊이 새기고 있던 '인과응보의 철칙'[24]이라는 불교적 믿음과 전적으로 들어맞으며, 허구적 인물들의 '전기'를 통해 다양한 인간의 유형을 보여주는 기존의 고전적 전통에서도 잘 이해될 수 있다. 하지만 이런 점으로 인하여 이 작

---

19) 『변영만전집』 하, 「文藝拉雜談」, 242~243면.

20) 『변영만전집』 상, 「관생록(觀生錄)」, 111면.

21) 『변영만전집』 상, 「관생록(觀生錄)」, 110면.

22) 역주 – 「시새전」을 살펴보면 새침덕이 감옥의 여성 수감자를 독살하였으며 그것 때문에 교수형을 받은 것으로 되어있다.

23) 『변영만전집』 상, 「시새전(施賽傳)」, 471~478면.

24) 『변영만전집』 하, 「[設問]各界 人士들의 멘탈테스트」, 457면.

품은 근대적 문학 갈래에는 소속되지 않는다. 표면상의 전근대적인 형식과 확연히 근대성이 풍부한 내용 사이의 균형을 예술적으로 조율하는 것이 거의 포스트모던하게 보이고 있어, 변영만의 글쓰기는 식민지 이후 인문학 학계에서 확립한 정전의 목록에 도전이 되고 있다.

이 논문에서 나는 변영만 글쓰기의 사회정치적, 철학적 측면에 우선 집중하여 살펴보고자 한다. 분석 대상은 1900년대 후반[25] 그가 대중에게 처음 등장했을 당시의 글부터 시작하여 식민지시기 그의 작품과 1945년 이후 출판하지 않은 파편적인 기록들까지 포함한다. 변영만은 제국주의를 반대하는 표현에서 남다르게 급진적이긴 했지만, 1900년대 후기에는 서구화를 지향하는 "계몽" 운동의 일반적인 참여자였고, 자본주의 발전과 근대국가 건설의 잠재력을 굳게 믿었다. 그랬던 그가 어떻게 서구의 자본주의와 볼셰비키 사회주의를 막론하고, 근대 제도와 이데올로기에 대한 날카로운 비평가가 되었는지를 설명하고자 한다.

이처럼 1900년대에서 1950년대까지 변영만 글쓰기의 변모를 새롭게 조명하는 것은, 식민지 시기 민족과 민족성에 대해 다양한 시각이 있었으며, 식민지 시기 저명하고 영향력 있는 사상가들에게 있어 근대성과 그 관습 및 체제에 대하여 전복적 시각을 갖는 것이 일반적이었음을 밝힘으로써 한국 근대 사상의 발전상을 맥락화하고 세분화하는데 도움이 되고자 함이다. 식민지 시기 사회정치적 신념의 스펙트럼 가운데 (좌파와는 구분되는) '민족주의자' 그룹과 변영만이 개인적이고 이념적인 면에서 느슨하게 연결되어 있었음은 의심의 여지가 없

---

25) 역주 – 여기 이후로 '1900년대 후반'이라 함은 1950년대 이후를 지칭하는 것이 아니라 1900년~1909년의 후반을 가리킨다.

는데, 이 그룹은 일반적으로 사회진화론에 기반한 부국강병론과 결합되어 있었다. 그 부국강병은 국가 자본주의 발전을 가속화하며, 검소하고 근면하며 공공심을 갖고 지식과 스포츠를 열망하는 좋은 '부르주아들'로 '국민'을 개조함으로써 이루어진다.[26] 하지만, 변영만의 경우가 설득력 있게 보여주듯이, 이러한 "민족"과 "근대"에 대한 주류 우익의 비전에 대해서는 그들 "내부"에서도 불만이 있었으니 이는 그들의 경쟁상대인 "좌익" 진영과는 무관한 일이었다. 그리고 변영만이 갖고 있던 불만은 그가 고전적 동아시아 전통과 '새로운' 학문을 통합시키려는 매우 독창적인 시도에 기반하고 있었으니 이는 근대 초기 "전통"의 재구성 방식이 다양했고 관습적이지 않았다는 것을 이해하는 데에 중요한 시사점을 준다.

2. 괴물과 싸우기: 1900년대 후반 변영만의 등장

변영만은 현재 서울의 중심부(정동의 공사관 지역 부근 차동 혹은 순화동)[27]

---

26) 박찬승(1997).

27) 박노준·임종국(1966), 293면. 이 구역은 서소문 밖으로 변영만이 어렸을 적에는 서울로 여겨지지 않았다. 그러나 변영만은 나중에 쓴 자전적인 글에서 그가 어린 시절을 보낸 집이 한국의 위대한 비정통 유학자이자 관습을 타파한 문인이었던 연암 박지원(1737~1805)의 오래된 세거지와 가까이 있었다는 것을 자랑스럽게 언급하기도 했다. 변영만의 이웃 중에는 당대의 뛰어난 문인이자 그의 친구였던 김택영(1850~1927)도 있었다. 김택영과 변영만은 후에 1911년의 짧은 중국 여행 중에 다시 만났으며, 변영만은 김택영이 죽은 후에 그의 傳을 써주기도 했다.(『변영만전집』 상, 「창강자전(滄江子傳)」, 479~483면) 또한 이곳은 1890~1900년대에 한국 정부의 서양인 고문들이 그들의 사저로 선호했던 장소 중 하나였다. 예를 들면, 한국의 총세무사로 있던 영국인 존 맥리비 브라운(John McLeavy Brown, 1835~1926)도 이곳을 선호했다.(『변영만전집』 상, 「서독(書讀)」 '여

에서 태어났으며, 그의 본관은 한미한 양반 가문인 초계 변씨인데, 초
계 변씨는 이순신(1545~1598) 장군의 어머니 집안으로 잘 알려져 있
다. 그리고 그의 집안은 서울의 남서쪽에 위치한 부천에 땅을 일부 가
지고 있었다. 그의 아버지 변정상(1861~1935)은 조선 후기의 자수성가
한 인물로, 중국과 러시아 국경과 가까운 중요한 무역 중심지인 경흥
을 포함하여 몇몇 지역에서 돈벌이가 될 수 있는 군수 직위를 얻거나
외부(外府)의 참서관 자리에 올랐을 뿐만 아니라 한국 귀족들의 눈높
이에 맞는 저명한 성리학자들과 친분을 쌓기 위해 노력하였다.[28]

변정상의 저명한 벗 중 한 명인 이남규(1855~1907)는 비교적 보수
적인 성리학자로서, 신채호의 스승이자 일본군에 의해 살해된 열렬한
애국자로도 알려져 있는데, 그는 변영만의 기초적인 한문 교육을 담
당하였다. 그리고 1900년대 "개화된" 관료 집단의 다른 자제들과 마
찬가지로 변영만은 근대화된 학교 제도에 들어가 법관양성소(1906년
1월 14일 졸업)에서 1년을 보낸 뒤 보성전문학교 법률학과에 입학하여
약 2년 만에 졸업했다(1908년 1월 29일). 그 이후의 경력을 살펴보면 경
성 지방재판소 서기로 잠시 근무했고 1년 동안 목포에서 판사로 보
임되었는데(1908년 12월 17일~1909년 10월), 한국의 사법권을 침해하는
일본의 "보호령"에 대한 항의의 표시로 사임하였다. 1912년 중국으
로 자발적 망명을 하기 전까지 약 2년 동안 개업 변호사로 지냈다.[29]

섯 번째[갑자년(1924) 음력 3월]', 312~313면)

28) 국사편찬위원회(1984), 400면; 김진균(2004), 10~11면. 변영만의 어머니는 신실한 기독
     교도였던 것으로 알려져 있는데(한영규(2006), 280면), 그가 서구의 문물에 일찍이 관심
     을 가졌던 것에 대한 또다른 설명이 된다.

29) 최기영(2003), 59~63면.

법학 수련을 받고 근대 사법 기관에서 근무하던 1907년 3월부터 1909년 8월까지 변영만은 두 권의 번역서를 출간하였고, 17편의 기고문을 학생들이 자발적으로 운영하는 학술 기관 잡지에(이 잡지의 지명도는 그리 높지 않은 편이었다) 주로 투고하였다. 이러한 상당히 놀라운 성과는 비록 학술적이라기보다는 논쟁적이었지만 무명의 젊은 법률가 변영만을 이십 대 초반의 나이에 비주류의 대중 지식인으로 만들었다.

변영만이 축약해서 번역한 제국주의에 관한 두 외국 서적의 경우는 좀 예외적이라 할 수 있긴 하지만, 이 시기 근대의 문제에 대한 그의 주장은 근대성에 대한 당대의 주류적인 견해에 비추어 볼 때 개념적 독창성을 보여주고 있지는 않다. 예를 들면, 명망 있는 월간지 『기호흥학회월보(畿湖興學會月報)』에 투고한 두 개의 글 중 하나인 「대호교육(大呼敎育)」[30]에서 그는 당시의 세계를 아래와 같이 묘사했다.

시험삼아 볼지어다! 산만하고 나약한 이태리가 기사회생하여 세계에 활발히 나타남은 어찌 가부아(嘉富兒, 카보우르-역자)의 정책이 국제 사회를 조종하고, 갈이발지(喝夷拔地, 가리발디-역자)의 철검이 변경에 날아 춤춤에 기초하였다 할까? 마신의(麻紳衣, 마찌니-역자)의 국수적 교육이 움직임을 만든 것이다.

시험삼아 볼지어다. 지리멸렬한 일이만(日耳曼, 게르만족-역자)이 통일을 성취하여 구주를 유린함은 어찌 비사막(費思邈, 비스마르크-역자)의 철혈정책이 성안(成案)을 확정하고 몰토계(沒討戒, 몰트케-역

---

30) 『畿湖興學會月報』第1號(1908. 08.), 15~17면.

자)[31]의 전쟁술이 적의 목숨을 매양 제약함에 오로지 있다고 할까? 소학교의 정신적 교육이 그 기반을 일찍 구축함이다.

시험삼아 볼지어다! 일본국이 구명(舊命)을 맹혁(猛革)하고 유신에 힘써 문명의 반열에 진입하며 대강국에 참여하여 맞잡되 전쟁의 깃발이 북을 향하매 강성한 러시아가 혼을 잃어버림은 어찌 몇몇 정치적 인물이 만들어낸 사업일까? 소위 무사적 교육이 국혼을 혼연히 이룸일 따름이다.[32]

변영만은 유럽과 일본이 부국강병을 이룰 수 있었던 비결로 여겨진 민족주의적(국수적)이고 정신적(민족혼)이며 상무적(무사적)인 근대 시민 교육을 동경하였으며, 동시에 조선의 국민들 또한 세계적 분투에서 살아남을 수 있도록 국가적이고 상무적인 방법으로 교육되어야 한다는 열렬한 소망을 품고 있었다. 이는 당시 민족주의적 분위기 속에서 사회진화론에 입각한 "민족 재건"과 "열강 따라잡기"를 추구하였던 일반적 관행과 크게 다르지 않다.[33] 애국 "계몽" 사상의 수장이었던 박은식은 월간지 『서우(西友)』(1906년 12월 창간) 창간호의 논설에서 "교육이 일어나지 않으면 생존할 수 없다(敎育이 不興이면 生存을 不得)"라고 강조한 바 있고, 그의 벗 신채호 역시 "새로운" 교육은 애국적이고 상무적이어야 한다고 보았다.[34] 이들의 견해를 따라서 변영만도 근대교육

---

31) 역주─논문의 저자는 변영만의 원문을 "his ability to prevail over his enemies on the battlefield?"로 영역하였는데, 이는 원문 沒討戒를 인명으로 파악하지 못한 오류로 추측된다.

32) 『변영만전집』 하, 「大呼敎育」, 91면.

33) 『변영만전집』 하, 「大呼敎育」, 92면 참고.

34) 한관일(2001).

은 문약(文弱)한 미몽에 빠진 한국인을 민족주의자이자 신체적으로 강인한 현대 시민으로 탈바꿈 시키는 수단이 되어야 한다고 보았다.

자본주의 발전에 대한 변영만의 초기 견해는 전혀 독창적이지 않았다. 1908년 6월 『법정학계(法政學界)』(보성전문학교 학생들이 발간한 소규모 학술지)에 실린 「상업적 분투」라는 제목의 기사에서, 그는 '상업적 분투'는 나폴레옹이나 비스마르크와 같은 전쟁의 양상을 대체하면서 일어났으며, "세계를 문명화하는 성스러움"인 인간의 분투는 "상업의 시대"에서 상업적 특징을 획득해야만 한다고 강조했다. 그런 뒤에 그는 "파란 눈의 서양인들"이 "두뇌의 힘과 용장한 기상"을 상업적 기업에 집중시켰던 것을 칭찬하고서, 서양 정복자들을 물리치고 "동양의 서점적(西漸的) 분투"를 시작하기 위한 유일한 방법은 동양의 유치(幼稚) 공업을 국가의 보호 아래에서 육성하고, 공산품 무역의 유리한 균형을 보장하고, 기업인들에게 애국심과 민족주의 사상을 심어주는 것이라고 말했다.[35] 같은 잡지의 16호(1908년도 9월)에 실린 「공업에 대하여 논함」에서는 성공적인 상업에 도달하는 유일한 방법은 국가가 자국의 유치 공업 생산을 보호함으로써 외국의 상업 세력에 대한 정치적 의존의 굴레에서 스스로 해방되는 것이라고 다시 한번 말했다.[36]

이처럼 프리드리히 리스트(1789~1846) 정신에 입각하여 국가의 간섭주의와 보호주의를 강조하는 것은 자유 무역 체제하에서 자국의 취약한 기업들을 보호할 관세 장치도 갖추지 못했던 산업에 대한 한국의 이해 부족을 고려하면 꽤 타당하다고 여겨진다. 하지만 현실에 영향력을 미치기에는 이러한 호소가 너무 늦은 것이었다. 1908년 "보호

---

35) 『변영만전집』 하, 「商業的 奮鬪」, 76~80면.

36) 『변영만전집』 하, 「工業에 就하여 論함」, 93~95면.

령" 아래의 한국은 일본 세력으로부터 독립적으로 경제 정책을 시행할 현실적 능력이 부족했다. 변영만의 보호무역주의는 아마도 유길준 (1856~1914)의 견해보다는 1900년대 한국 상황에 더 적합했을 것이다. 변영만의 부친과 가까운 지인이었던 유길준은 국가가 상인을 보호하고 교육할 의무가 있다고 주장하면서도, 신흥 산업 경제를 증진하기 위한 국가의 직접적인 개입은 반대했다.[37] 그러나 경제적 자유주의를 뜻하는 '자유방임주의'에 대한 비판이 1900년대 후반 한국에 전혀 알려지지 않은 것은 아니었다. 그것은 메이지 경제사상의 핵심적 부분이었는데 이러한 사상은 당대에 이미 한국의 풍토에 이식되어 있었다. 예를 들어 와다카기 겐조(和田垣謙三, 1860~1919)의 『경제교과서(經濟敎科書)』(東京: 文学社, 1901)는 1907년 김우균(『경제원론』)에 의해, 1908년 이병태(『경제학 교과서』, 대구: 광문사, 1908)에 의해 두 차례 번역되었는데, "경제적 자유의 극단"에 대한 분명하고 강한 비판을 담고 있다.[38] 대부분 '문명 열강'의 경우와는 달리 한국의 초기 산업에 대해서는 국가의 보호와 지원이 거의 부재함을 비판하는 사설이 1900년대 후반에 산업 보호주의의 가장 강력한 주창자였던 『대한매일신보』에 종종 실렸다.[39] 변영만의 개발주의 논리가 아무리 날카롭고 선동적이라 하더라도 1900년대 후반 한국 민족주의 사상의 일반적인 궤적을 따르고 있었던 것이다.

이 시기 변영만이 지녔던 근대에 대한 인식 가운데 남다른 특징을 지적하자면, 그것은 특히 서구 제국주의를 비난할 때 보여준 맹렬함

---

37) 김봉렬(1998), 210~265면.

38) 이기준(1985), 51~125면.

39) 오미일(2002), 391~395면; 412~417면.

이라 할 수 있다. 최남선은 만시(輓詩)에서 변영만이 "우리 시대의 삼
대 괴물을 모두의 눈앞에 끌어다 놓았다"고 말하며, 변영만이 명성을
얻을 수 있었던 첫째 요인을 무엇으로 보아야 하는지에 대해 시사했
다. 그것은 바로 '사밀가덕문(斯密哥德文)'[40]이라는 서양인이 출간한 반
제국주의 서적을 두고 한 말이니, 변영만은 그 책을 번역하고 이해하
기 쉽도록 가공하여 『세계 삼괴물』이라는 제목으로 1908년 3월 서울
광학서포 출판사에서 출간했다. 그러나 사실 이 책은 변영만이 지녔
던 보호무역주의나 간섭주의의 신념과는 전혀 궤를 달리했다. 골드윈
스미스는 열렬한 자유무역주의자로서 19세기 후반 제국주의를 논박
하기 위해 아담 스미스를 인용하기도 했다. 아담 스미스는 군대 확장
과 식민주의에 대해, 식민지 경영의 독점적 운용 비용이 그 이득을 초
과하기 때문에 경제적으로 비효율적이라고 주장하였다.[41] 그리고 골
드윈 스미스는 기독교적 포용과 도덕 철학의 지지자로서, 허버트 스
펜서의 사회진화론에 대해 도덕주의적 입장에서 반대하는 논쟁을 펼
치며, "강자(强者)"와 "적자(適者)"를 동일시하거나 "다른 종에 대한 축
출"을 정당화하는 것은 "야만적"[42]이라고 주장하였다. 하지만 변영만
스스로는 이와 다른 입장이었으니(예를 들면 「工業에 就하여 論함」에서와 같
이) 세계를 '생존 경쟁'의 무대로 이해하는 통속적 사회진화론을 여전
히 지지하고 있었던 것이다.

---

40) 이는 골드윈 스미스(Goldwin Smith, 1823~1910)를 지칭할 가능성이 높다. 스미스는 전형
      적인 빅토리아 시대의 자유주의자이며, 제국주의와 사회진화론의 반대자로서, 1871년
      이후로는 캐나다에 살다가 죽었다. 그의 생애에 대해서는 http://www.biographi.ca/
      EN/ShowBio.asp?BioId=41197 참고.
41) 『변영만전집』 하, 「世界三怪物」, 39면.
42) 『변영만전집』 하, 「世界三怪物」, 38~39면.

그의 다른 번역 논문인 「이십세기지대참극 제국주의(二十世紀之大慘劇 帝國主義)」(『광학서포』 1908. 09.)는 폴 라인슈(Paul Reinsch)의 「세계정책 (世界政策, *World Politics at the End of the Nineteenth Century as Influenced by the Oriental Situation*)」에 기반하여 엮은 것이다.[43] '국가의 역사적 사명'에 대한 헤겔주의의 목적론적 시각'과 '진화론'이 유럽 열강의 '무력정치'를 합리화하는 데 편의적으로 사용되었다고 하는 라인슈의 전언을 변영만은 충실하게 번역했는데,[44] 결론에서는 이와 결을 달리하여 "제국주의의 과학적 근거"라고 적절히 규정한 사회진화론을 주로 다루었다. 변영만은 다른 인종 간의 경쟁을 "고도의 문명을 이루는 유일한 방법"이라고 여긴 칼 피어슨과 같은 학자들이 사실상 휴머니즘을 개인과 집단 간의 경쟁을 막는 진보의 장애물로 여기고 있다며 분노에 차서 말하였다. 그리고 그는 군국주의가 시민들에게 군사비의 무거운 짐을 지우고 민주적 지배를 약화시키므로, 이는 반드시 민주적 제도의 강화를 통해 견제되어야 한다고 제안했다.

그러나 이 대목을 통해 볼 때, 변영만이 "생존을 위한 투쟁"이 객관적이고 "과학적 진실"이라는 견해에 대해 도전할 의사나 능력이 있었

---

43) Reinsch(1900). 이 책은 이미 스즈키 토라오(鈴木虎雄)에 의해 『列国審勢支那政治論』라는 제목으로 일본어 번역본이 나와 있었다.(台北: 臺灣日日新報社, 1904) 이에 앞서 축약 번역본도 1901년 12월에 출판되었으니, 도쿄전문학교(이듬해 와세다대학이 되었다) 출판부에서 펴낸 『帝國主義論』이다. 번역자는 타카타 사내(高田早苗, 1860~1938, 향후 와세다대학교 총장(1923~1931)을 역임)와 사토오 사부로(佐藤三郎)였다.

44) 『변영만전집』 하, 「二十世紀之大慘劇 帝國主義」, 47~48면. 사실, 라인슈는 현대 국제정치에 끼친 마키아벨리의 영향에 대해 공을 들여 세 페이지 넘게 할애한 뒤에 제국주의를 합리화하는 사회진화론에 대해 언급했다.(Reinsch(1900), pp.14~17.) 변영만이 이 책을 번역할 당시 한국에서는 마키아벨리가 잘 알려져있지 않은 반면 사회진화론은 지식계의 주요한 안건이었기에, 변영만은 그의 번역에서 마키아벨리 부분을 간략히 생략하고 사회진화론 관련 문단을 굉장히 세밀하게 번역했다.

다고 보이지는 않는다. 그의 모든 주장은 "원시사회의 인류에게 필요
했던 것('생존을 위한 경쟁'-필자)은 오늘날과 내일의 인류 상황에도 적용
되어야 한다"는 것에 대한 경계였다.[45] 그래서 골드윈 스미스와는 달
리, 변영만은 1900년대 후반 어느 정도 사회진화론자로 남아 있었다.
왜냐하면 그는 생물학의 영역과 인간의 영역에 관한 법칙을 설명하는
스펜서주의의 관점에 대해서 어떠한 체계적이고 일관성 있는 대안도
부족했기 때문이었다.

하지만, 모든 이러한 모순되는 견해들에도 불구하고, 변영만은 금
력정치(金力政治), 군비 정책, 제국주의의 "삼괴물"에 맞서는 골드윈 스
미스의 격렬한 작품에 여전히 열광했다. 이는 제국주의가 20세기 한
국인의 생존에 가장 중대한 위험이었으므로 한국의 민족주의를 북돋
아서 이에 대항해야 한다는 자신의 믿음을 지지하기 위한 주장이 필
요했기 때문이다. 변영만의 그러한 생각은 『법정학계』에 실린 「제국
주의의 폐설」(권20, 1909년 1월)에 잘 드러나 있다. 변영만이 「20세기의
대참극 제국주의」 서문에서 밝혔듯이, 그에게 제국주의와 민족주의는
국가를 부유하고 강하게 만들어서 현대의 정글에서 살아남기 위해 필
수적이고 유용한 수단으로 이해되었다. 하지만 한국 나름의 제국주의
를 발전시키는 것은 매혹적인 꿈이라고 할지라도, 한국이 가지지 못
한 자원을 필요로 하는 것이었다.

아아! 내가 이 책을 역술(譯述)한 것은 그 의도가 어찌 우리나라로
하여금 영국·러시아·독일·미국 등과 같이 제국주의를 실제로 시

---

45) 『변영만전집』 하, 「二十世紀之大慘劇 帝國主義」, 71면.

행하게 하려 함이겠는가? 국가의 모든 행위는 사람의 행위로 나타내 볼 수 있다. 마치 그물에 사로잡히고 함정에 빠지는 것처럼 다른 사람의 제국주의에 빠졌는데도 만일 오만하게 자신을 높이며 돌연 자국(自國)의 제국주의를 제창한다면 그 또한 자기 역량을 알지 못하는 것이다. 대개 이 대한(大韓)의 제국주의가 세계의 무대에서 활약하게 되는 것은 정히 우리들의 지극한 소원으로써, 나의 몽상(夢想)이 일찍이 하루라도 이 거대하고 장엄하며 빛나고 휘황한 누각에 머물지 않은 적이 없었지만, 지금은 우선 그때가 아니다. 지금의 상황에서 크게 소리치고 급히 제창하여 마땅한 바는 아마 '국민주의(國民主義)'일 것이다. 국민주의라는 것은 상세히 말한다면 바로 한민족의 생존을 보장하는 주의이다. 한민족 생존의 주의가 날로 커지면, 다른 데서 온 제국주의를 가만히 녹이고 은밀히 없앨 수 있을 것이요, 한민족 생존의 주의가 극에 도달하게 되면, 우리의 제국주의를 잉태하고 길러서 발휘하게 할 수 있을 것이다. 요컨대 국민주의라는 것은 적을 막을 수 있는 큰 도(道)요, 진취적으로 나갈 수 있는 큰 바탕이다. 진실로 상하가 서로 힘을 합하여 이것에 부지런히 힘을 쓴다면 우리나라 미래의 행복은 아마도 강과 같이 길어지고, 바다와 같이 깊어질 수 있을 것이다.[46]

량치차오(1873~1929)가 개척하고 1900년대에 신채호가 강력하게 주창한 "약자의 민족주의"라는 비전은 외국의 제국주의를 물리치고 자신들의 제국주의를 기르는 방법으로서[47] 변영만에게 확신을 주어,

---

46) 『변영만전집』 하, 「二十世紀之大慘劇 帝國主義」, 44면.
47) 신일철(1981), 56~94면.

그를 '생존을 위한 민족 통합'의 강력한 옹호자로 만들었던 것으로 보인다. 그러나 그는 민족주의가 그 자체의 내재적 논리에 의해 어느 시점에는 제국주의로 발전한다는 사실을 명확히 했다는 점에서 신채호와 구분된다고 보인다. 신채호가 쓴 것으로 추정되는 「제국주의와 민족주의」라는 제목의 사설(『대한매일신보』, 1909. 5. 28.)을 보면 바람직한 형태의 민족주의는 '팽창적'이라고 설명되었다. 그렇지만 비록 신채호가 한국 고대 국가의 거대한 '제국적' 영토(만주 땅을 소유한 것)와 그 군사적 기량을 강조하고 찬양하는데 노력을 아끼지 않았지만,[48] '최상의 방어 수단으로서의 공격'에 대한 구체적인 호소는 빠져 있다.[49] 그러나 변영만은 동시대 인물들이 망설임 없이 제국주의적 수사를 사용한 것과는 대조적으로 한국이 향후 '제국'으로 나아간다는 시각에 대해 보다 조심스럽게 접근하였다.

예를 들어 최남선은 그의 최초 사회정치적 논설인 「헌신적 정신」(『태극학보』 권1~2)에서 엄숙하게 "우리가 성스러운 한국 국기를 세계의 팔방 위에서 흔들 것이며, 사방에서 불어오는 바람을 타고, 오대주 모든 국가의 사람들이 그 제왕적 힘 아래 무릎 꿇고 세[三] 세계의 모든 살아있는 것들은 그 영광에 젖을" 시대에 대해 이야기하고, 그의 독자들에게 아주 진지한 자세로 "자신을 다하여" 이 고귀한 목적을 실현하라고 호소하였다.[50]

그러나 오늘날 독자들에게는 역설적으로 보이겠지만, 1900년대 한국은 일본과 러시아 제국주의의 희생자이며 또한 많은 악의적인 "불

48) 『단재신채호전집』(1987) 別集, 232~243면.
49) 『단재신채호전집』(1987) 下, 108~109면.
50) 최남선(1906).

평등 조약"의 상대국들에 의해 잦은 괴롭힘과 압박을 받았음에도 당시 한국에는 일본과 서양의 제국주의자들처럼 확장과 정복의 필요성과 영광에 대한 믿음을 공유하는 젊은 지식인 세대가 존재하였다. 제국주의 세계체제를 뒷받침하는 사회진화론은 많은 한국 "계몽주의" 지식인들에게 깊이 내면화되었다. 이러한 배경에 비추어보면, 변영만의 견해는 비록 당대의 풍조와 거의 다를 바가 없긴 하지만 그럼에도 관습에 얽매이지 않는 다소 파격적인 뉘앙스를 지녔던 것으로 보인다.

예를 들어 당시 "진보주의자"들은 상당히 무비판적이고 긍정적인 시각에서 미국을 산업화된 강대국이자 민주주의와 법치주의의 모델로 보았으며,[51] 인종차별적 기준을 당대의 사건들에 적용하였다. 그일례로 러일전쟁은 인종 간의 전쟁이니 "인종적인 열등함" 때문에 일어날 수밖에 없는 "열등한 인종의 제거"라고 보기도 했다.[52] 변영만도 "문명화된 강대국들"을 향한 동경의 자세로부터 스스로 전적으로 벗어나지는 못했지만, 어느 정도 비판적인 태도가 드러나는 방식으로 "유럽의 사회학자들은 백인을 고도로 문명화되었다고 보기에 다른 인종을 이끄는 것이 당연하다고 여긴다"[53]라고 언급하였다. 앵글로색슨족이 세계에서 특별한 역할을 한다고 보았던 시어도어 루즈벨트와 휴스턴 스튜어트 체임벌린(1855~1927)의 견해와, 식민지에 대한 '문명화 주체로서의 임무'라는 프랑스의 독트린과, '세계적 사명을 지닌 독일의 신성한 본성'에 대한 빌헬름 2세의 확신과, 콘스탄틴 포베도노스체브(1827~1907)의 범슬라브주의와, 미국의 '명백한 사명에 대한 신념'

---

51) 류영익 등(2006), 125~170면.

52) 박성진(2003), 31~43면.

53) 『변영만전집』 하, 「二十世紀之大慘劇 帝國主義」, 69면.

을 종합하면서, 변영만은 미국의 초기 제국주의와 그 속에 깊이 뿌리 박힌 인종차별주의가 구대륙의 "제국주의 괴물들"과 전혀 다르지 않다는 것을 나름의 방식으로 보여주었다.[54]

1898년 발생한 미국과 스페인의 전쟁 이후 미국이 국제 사회에서의 행보를 제국주의 방식으로 변경한 것에 대한 라인슈의 언급[55]을 요약하면서 변영만은 "미국이 제국주의자들의 전쟁에 관여함으로써 전래의 사회적, 정치적 천직(天職)을 포기한다고 생각하는 사람들이 많지만, 다수의 미국인은 이러한 견해를 비애국적이라 비난하고 열렬히 제국주의의 실행을 찬성하여 하와이, 필리핀 등을 점령하는 것을 미국의 명예라고 생각한다."[56]고 썼다. 이것은 20세기 초반 미국의 주류적 견해에 대한 인상적인 현실적 묘사이다. 1910년까지 변영만이 그의 주변을 둘러싸고 있던 인종주의적 사회진화론의 믿음에서 어느 정도로 벗어났는지는 불분명하다. 하지만 그의 독창적인 글과 번역이 제국주의의 "과학적 이론"과 제국주의의 세계적 활동 모두를 비판할 때 유용한 자료를 충분히 포함하고 있다는 것은 분명하다. 서양의 언어와 문화에 노출되었던 다른 많은 젊은 한국의 지식인들과는 달리, 변영만은 기독교를 받아들이려 하지 않았고,[57] "개인주의"가 나쁜 말로 여겨지고 "국가주의"가 보편적으로 칭송되던 당시의 "진보적인" 분위기에서도[58] "영국의 개인주의와 독일의 국가주의"[59] 사이에서의 균

---

54) 『변영만전집』 하, 「二十世紀之大慘劇 帝國主義」, 69~70면.

55) Reinsch(1900), pp.309~36.

56) 『변영만전집』 하, 「二十世紀之大慘劇 帝國主義」, 67면.

57) 『변영만전집』 하, 「余의 觀」, 102~103면.

58) 박성진(2003), 72~95면.

형을 도모하려고 시도했다. 비록 1900년대 변영만과 민족주의 주류 사이의 간극이 이후 1920~30년대보다는 더 적었지만, 당시 그를 둘러싼 그룹에서 그는 어느 정도 이례적이라고 여겨졌을 것이다.

3. 유학자의 모습을 한 초인(超人)?
1920~30년대 "문화적 민족주의자"로서의 변영만

1910년 조선 왕조의 완전한 붕괴는 변영만에게 사회정치적, 지성적 차원에서 큰 충격으로 다가왔으며 그것은 개인적 측면에서도 마찬가지였다. 이는 그가 1923년 조긍섭에게 보낸 편지에서 확인할 수 있는데, 1910년 한일 병합 직후의 여파로 그는 "우울하고 지쳤으며 우리가 어떤 인간 세상에 살고 있는지 이해할 수 없고, 내 의도에 따라 글을 쓸 수 없다"[60]라고 하였다. 일상적 기록을 보면, 개업 변호사로서 그는 일본 동료들의 차별적 태도와 오만함에 끊임없이 굴욕감을 느꼈다고 한다.[61] 안중근(1879~1910)의 변호에 참여하려던 그의 시도는 일본인에 의해 좌절되었고,[62] 동생 변영태와 변영만의 가장 친한 벗이었던 신채호 모두 중국으로 망명하며 한국을 떠났다.[63] 한국 민족주의가 제국주의의 위협에 대한 해결책이 될 수 있을 것으로 보았

---

59) 『변영만전집』 하, 「國家 政務의 範圍」, 74~75면.

60) 『변영만전집』 상, 「다시 심재(深齋)에게 회답함」, 280면.

61) 박노준 · 임종국(1966), 291~296면.

62) 최기영(2003), 61~62면.

63) 최기영(2003), 63면.

던 이전의 낙관론에 절망한 변영만은 당분간 출판에 대해 생각하지 않고 한문으로 개인적인 산문을 쓰는 것으로 눈을 돌렸다. 그 가운데 대표적인 작품이 한국의 강제 병합 직후인 1910년 8월에 지어지고 13년 후에 『동명』에 실린 「죽음이란(原死)」이다. 이 글에서는 그가 모종의 "유심론"으로 전환했음을 보여주고 있는데, 현대적 사상이나 개념이 별로 느껴지지 않는 전통적 표현 방식이 특징이다. 변영만은 나라를 잃은 충격을 극복하기 위해 깊이 간직한 개인적 신념의 모든 힘을 동원하고자 애쓰며 그의 산문에서 죽음의 상대성을 주장하였다.

> 내가 노래하며 세상을 떠나면 그 운향(韻響)이 봄바람에 전해질 것이요, 내가 성내고 땅속에 묻히면 그 남은 독기(毒氣)가 독수리의 발톱에 매여있을 것이다. 산이 팔짱을 끼듯 서있는 것은 내가 공손하고 말이 적은 모습이며, 바다가 물결치고 휘파람 소리를 내는 것은 내가 날아 솟구치는 것이다. 별이 저녁 하늘에 깜빡거림은 내가 사색하는 것이며, 아침 해가 솟아오름은 나의 덕 있는 얼굴이 아니겠는가. (봄풀이 들에 나는 것은 나의 자비(慈悲)가 아직도 자취가 있음이요, 서늘한 샘이 땅에서 솟음은 나의 문사가 여전히 마르지 않음이라.) 불가(佛家)에서 뱀과 가축으로 윤회(輪回)한다는 이치를 들먹이지 않아도 나는 일찍이 잠시라도 사라진 적이 없다. 이렇게 본다면 죽음이란 슬퍼할 것이 없다.[64]

이 범신론적인 작품에서 불멸하는 도의 본질과 동일시되는 인간인

---

64) 『변영만전집』상, 「죽음이란」, 90면.

"나"는 진정 우주적인 특징을 가지고 있다. 또 변영만은 다른 철학적 소품 「나는 이처럼 본다(如是觀)」(1909년, 1923년에 첫 출간)에서 우주 만물은 신적이고 영적인 실체[靈]를 포함한 모든 것이 원시적인 우주 에너지[氤氳]에서 생성되고 죽음은 단지 이 에너지의 재구성일 뿐이라고 주장하며 형이상학적 문제에 대해 범신론적 입장을 취했다. 윤리적인 문제에 관해 그는 쾌락주의적 입장에서 이타주의라는 것이 타인과 행복을 공유함으로써 자기 자신을 위해 더 안정된 형태의 행복을 보장하려는 욕망의 논리적 귀결이라고 보았다.[65] 1910년대 초반 출판되지 않은 자료에서는 "유심론"이 뚜렷이 나타나는데, 1920~30년대에 출간된 국문 자료에서는 거의 찾아볼 수는 없으나 그가 친구들에게 보낸 사적인 편지에서는 대거 등장한다. 그러나 개인의 "본성"이라던가 세속을 초월하기 위한 정신적 노력과 능력에 대한 강조는 지속되었으며, 또한 유심론은 개성에 대한 근대적 견해와 전통적 견해의 종합을 기반으로 한 세속적 개인주의의 일종으로 발전하였다.

　대략 6년간의 중국과 동남아시아 방랑 생활(1913~1919)[66] 후에 변영만은 해외 망명 독립운동의 전망에 확연히 실망하고서는 경성으로 돌아와 철저하게 정치에서 벗어난 삶을 살았다. 그는 한문을 가르치고, 조긍섭 및 그의 문하와 밀접하게 교류하면서 한문 서간으로 토론을 주고받았으며, 한문과 한글(특히 시조 형식으로)로 시를 짓고, 때때로 최남선의 『동명』, 천도교의 『개벽』, 방응모의 『조광』 및 기타 잡지와

---

65) 『변영만전집』 상, 「나는 이처럼 본다 (상편)」, 646~658면.
66) 그는 연속적으로 베이징의 親 위안스카이 계열 신문사인 黃鍾日報, 北京日日新報 두 곳에서 1913~1917년 근무했고, 1917~1918년 싱가포르와 말레이시아를 새로 친해진 홍명희와 함께 여행했다. 최기영(2006), 199~220면.

동아일보, 조선일보 등의 신문에도 간간이 투고했다.[67] 소규모 동인
들과 사적으로 돌려보며 지었던 한문 소품들과 더불어 이따금 매체에
투고한 글들은 이전에 서양 제국주의의 비판자였던 변영만의 이념적
변화를 흥미롭게 그려내 보여준다.

　세계정세를 알기 위해 열성적이었던 학생으로서 스스로 영어 논문
두 편을 번역하며 1910년 즈음 이름을 날렸던 변영만은 한국의 문제
를 풀 수 있는 해법에 대한 전망을 한국과 동아시아 지역 밖에서 찾고
자 계속해서 시도했다. 1920년대에 쓴 것으로 보이는 간디의 비협력
주의에 대한 글(「勿協說」)에서, 간디가 "영국을 위해 일하지 않고, 영국
의 옷을 입지 않으며, 영국이 만든 음식을 입에 넣지 않으며, 영국의
기계를 쓰지 않으며, 영국의 교육을 받지 않으며, 영국의 법으로 재판
받지 않으며, 영국의 의사에게 치료받지 않겠다"고 하였던 호소를 칭
송하면서도, 간디의 비타협주의가 영국의 제국주의를 거부하는 것에
만 있지 않다는 것을 분명히 밝혔다.

　　전 세계에 유럽화가 크게 유행하면서 오직 물질만을 숭상하니, 우
　　리 아시아 사람들은 이미 그 재앙에 싫증을 느끼고 그 해로운 독
　　에 병이 들었다. 저 유럽인들은 가는 곳마다 산을 깎고 언덕을 뚫
　　어 석탄과 철, 금은보화를 발굴하고 수색하고 지형을 크게 훼손
　　하여 거의 완전한 땅이 없을 정도이다. 또 널리 공장을 짓고 웅거
　　하여 화력이 큰 기계를 설치해 두고 밤낮으로 남녀를 몰아 제조
　　에 종사하도록 하여, 이에 매연이 사방에 덮이고, 벼락같은 소리

67)　김진균(2004), 22~38면.

가 하늘까지 닿으니 이것이 과연 모두 무엇 하자는 것인가? 그 까닭을 자세히 살펴보면, 자신을 신장하여 남을 압도함으로써 권세와 이권으로 세상에 횡행하겠다는 계략이 아님이 없으며, 서민들의 진실된 행복에 대해서는 말할 것이 없다. 진정 이 횡포의 흐름을 막고 우리의 바른 도리를 펴고자 한다면, 그 세력에 도움을 주지 않고 스스로 편안한 바를 행함 만한 것이 없다.[68]

그는 이 글에서 간디를 오늘날의 표현으로 "최초의 환경운동가"라고 호명한 것이다. 또한 이 글은 단순히 식민주의적 확장이 아닌 산업적 근대성의 본질에 대해 문제를 제기했다. 변영만은 간디의 의도가 "밝고, 빛나고, 위대하고, 확실히 그의 조국에 엄청난 도움을 주었다"[69]라고 칭송했음에도 불구하고, 간디 방식의 비타협운동이 당시 한국의 일반적 상황에서는 통하지 않을 것이라고 분명하게 서술하고 있다.[70] 「결국은 인격 본위─우리가 살아나자면」(『동명』 34, 1923. 4. 22.)라는 제목의 야심적인 작품에서, 그는 국산장려, 교육 보급, 그리고 예술 진흥에 대한 당대 민족주의 운동의 모든 노력은 "피상적"이라고 다소 폄훼하여 규정하였다. 그런 다음 한국인을 격려하고, 개선하고, 발전시키기 위해서 한국은 먼저 "진정한 인물"이 필요하다고 했다. 그 인물은 육체적인 "머리카락, 뼈와 살의 피조물"을 뜻하는 것이 아니라, "정말 선하고 진실한 목적을 위해 마지막 순간까지 자신을 희생할 준비가 되어있으며 열렬하고 활발하고 정말로 용감한 사람이며 ……

---

68) 『변영만전집』 상, 「비타협의 주장」, 102~103면.
69) 『변영만전집』 상, 「비타협의 주장」, 103~105면.
70) 『변영만전집』 하, 「結局은 人格本位 ─우리가 살아나자면」, 126면.

무거운 짐을 지고 다소 느리더라도 꾸준히 제 갈 길을 갈 준비를 하고, …… 민족적 의식 아래에서 살 준비가 되어있고, 민족 속에서 자기를 발견하고 자기 속에서 민족을 발견하는 사람"이다. '토마스 칼라일 식의 영웅숭배 이론의 추종자'로 오해받는 것을 걱정한 변영만은 즉시 그의 찬가를 "진정한 인물"에게 헌정하였는데, 그 "진정한 인물"의 "열심(熱心), 사랑과 자휼(慈恤), 광열(狂悅), 황홀(恍惚), 기원(祈願)과 활약(活躍)은 동등한 인격을 가진 다양한 사람들을 탄생시킬 것이다." 라고 하였고, 그리고 "진정한 인물"의 출현은 "오직 복종을 굴욕으로 오인하지 않고 자기 자신을 극복하는 것이 자유로 가는 황금의 문임을 이해하는 사람들 사이에서만" 가능하다고 하였다.[71] 다시 말해서, 변영만은 전체 조선 사회의 "도덕의 회생"을 바랬던 것인데, 이는 사회를 "도덕 공동체"라고 여기는 경향이 있었던 근대 민족주의의 잘 알려진 주제였다.

변영만은 「무엇보다도 우리의 품성 개조」(『동명』 38호, 1923년 5월)에서 그가 "국가의 존립을 위한 필수 조건"으로 여겼던 "도덕적 개인"이 어떤 것인지에 대한 그의 생각을 구체화했다. 이보다 한 해 먼저 출간되었으며 이미 널리 알려진 이광수(1892~1950)의 「민족개조론」(『개벽』 23호, 1922년 5월)과 비교하면, 변영만은 상대적으로 자유주의적 민족주의 사상가로 보인다. 이광수는 처음부터 "개조된" 개인은 공(公)을 위하여 사(私)를 삼가야 하며, 사회봉사에 헌신해야 하며, 자신이 속한 단체(국가나 종교 단체)에 "충실"해야 하며, 지도자에게 순종해야 한다고 주장했던 반면에, 변영만은 비교적 온건하게 국가적 "화합"을 위해 개

---

71) 『변영만전집』 하, 「結局은 人格本位 -우리가 살아나자면」, 126~129면.

인적, 지방적, 지역적 소속감을 넘어설 것을 요구했다.[72] 이광수는 도덕성의 "신성한 계율"에 기반한 강하고 단결된 시민 공동체를 상상했지만,[73] 변영만은 한국인들에게 "부족"하다고 여겨지는 자질들 가운데 "규율"을 나열했다. 또한 그는 "러시아 볼셰비키의 프로크루티안 방법"보다는 바이마르 공화국 치하의 독일이 전후 개조에 활용한 자유로운 방법을 추구한다고 덧붙였다.[74] 그리고 이광수가 "부지런함, 절약, 전문성의 정신을 기르라"[75]고 호소하였던 것과 비슷하게, 변영만은 독자들에게 "근면"을 기르라고 설득했다. 그러나 이와 동시에, 그는 다른 곳에서는 한국인들이 "마몬을 그들의 신으로 섬기면서 염치나 체면에 대해서는 생각하지 않고 밤낮으로 부를 늘리기 위해 전력을 다하는 유대인들"을 본받아서는 안 된다고 썼는데,[76] 이는 어떻게 보면 오늘날의 비평가로 하여금 그를 거의 반유대주의자라고 판단하도록 할만하다. 그리고 개인의 자유와 욕구에 앞서 "집단"의 요구를 강조하고 특권화하는 경향이 강했던 지적 환경에서[77] 변영만은 "집단의 규율은 집단에 속한 모든 구성원의 자유를 침해하지 않는 정도에만 적용되어야 한다"라며 고전적 자유주의 격언을 완강히 설파하였다.[78]

---

72) 『변영만전집』 하, 「무엇보다도 우리의 品性改造 −그것이 못되면 暗黑이 있을 뿐」, 135면; 『이광수전집』(1962), 206~209면.

73) 『이광수전집』(1962), 190~202면.

74) 『변영만전집』 하, 「무엇보다도 우리의 品性改造 −그것이 못되면 暗黑이 있을 뿐」, 135~136면.

75) 『이광수전집』(1962), 202~203, 205면.

76) 『변영만전집』 하, 「結局은 人格本位 −우리가 살아나자면」, 126면.

77) 박성진(2003), 137~140면.

78) 『변영만전집』 하, 「무엇보다도 우리의 品性改造 −그것이 못되면 暗黑이 있을 뿐」, 135면.

뼛속까지 문인이었던 변영만은 문학에서 개성의 역할을 언급함으로써 그의 자유주의적 개인주의를 강조하고자 했다. 그는 「문학오강(文學五講)」(『여명문예선집』, 여명서, 1928)의 마지막 장인 "개성의 표현"에서 윌리엄 블레이크(1757~1827)를 아래와 같이 길게 인용했다.[79]

예술(혹은 인생생활까지)에 관한 위대한 금과옥조는 즉 외위선(外圍線: 바깥 경계선-역자)이 더욱 분명하고 예리하고 용건(勇健)할수록 예술의 업적이 더욱 완전케 될 것이고, 비교적 명료치 못하고 예리치 못할수록 그것이 나약한 모방이며, 그것이 표절이며 그것이 졸작이라는 증명이 저대(著大)하여간다 함이다. 모든 시대의 창안자들은 이것을 알았다. …… 이 결정적 외위선의 형식이 결핍되었다는 것은 예술가의 심중에 아이디어가 결핍되었으며 예술의 각 부분에서 표절의 가식을 증거하는 것이다. 외위적 윤곽이 아닐 것 같으면 우리는 어떻게 하여 떡갈나무와 너도밤나무를 구별하겠으며, 말과 소를 구별하겠는가? 외위선 및 그것의 무한한 만곡(彎曲)과 움직임이 아니면 우리는 무슨 방법으로 갑인(甲人)의 안면을 을인(乙人)의 안면으로부터 구별하겠는가? 명백함과 분명함이 아니고야 어떻게 일개 가옥의 건조(建造)나 일개 원포(園圃)의 가꾸기인들 할 수 있으랴? 행위와 의지에 있어서 방정함과 확실함의 강고하고 용건스러운 외위선이 아니면 충직자와 협잡배를 어찌 구별할 수 있으랴? 이 선을 방기(放棄)하고 그대가 삶 자체를 방기한다면, 우주는 홀연 혼돈 상태가 될 것이고, 인류와 짐승이 생존하기

---

79) Erdman(1988), 550면.

전으로 돌아가 그 위에 상제의 선획(線劃)이 그어질 것이다.[80]

변영만의 설명에 따르면 이 '외위선'은 좀 더 추상적이면서도 일반적인 감각으로 이해해야 한다고 한다. 서로 다른 인격 사이의 경계이자 인격체, 개인, 특수를 시각화하려는 시도라는 것이다. 변영만에 따르면 개인 간의 차이가 조화롭게 화합해야만 "민족 문학"이 출현할 수 있다. 그리고 "유아적" 수준으로 덜 발전한 개인이라면 차이는 존재하지 않으므로 그것을 극복할 필요도 없겠지만 무엇인가를 창의적으로 생산할 수는 없을 것이라고 덧붙였다.[81] 이에 더해, 변영만은 1923년 『동명』(29호)에 블레이크가 인간을 "생각하는 갈대"라고 칭송했던 시 「파리」를 인용했다.

> 만일 사색이란 것이 곧 생명
> 힘, 호흡이 되고
> 사색의 결핍이 곧
> 죽음[死]이 된다 할 것 같으면
> 나는 참으로-
> 행복스러운 파리로군!
> 살든지
> 죽든지 간에[82]

---

80) 『변영만전집』 하, 「文學五講」, 155~156면.

81) 『변영만전집』 하, 「文學五講」, 157면.

82) 『변영만전집』 하, 「윌리엄 블레이크의 短詩三篇」, '파리[蠅]', 441면.

창의력은 독립적으로 생각하는 능력에 근거한 것이므로, 그 또는 그녀의 특수한 능력이 '일반 기준'에 의해 하향 평준화되는 것으로부터 스스로 지킬 수 있도록 해야 한다. 그래서 이러한 천재적인 아웃사이더들이 대중들에게 광인으로 보일지라도 그들은 혁신적으로 특별한 존재이기 때문에 귀중하게 대접받아야 한다. 이는 프리드리히 니체(1844~1900)에 대한 변영만의 깊은 관심과도 논리적 연관성이 있는 것으로 보인다. 변영만은 니체를 "대광(大狂) 대재(大才)의 변태적 문인, 일류의 첨신(尖新)이 있고 영예(穎銳)가 있고 오비(奧秘)가 있고 애창(哀愴)이 있고 광란이 있어, 왕왕 전인미답의 처녀경에 틈입(闖入) 횡치(橫馳)한 위관(偉觀)이 있다"[83]고 묘사하였고, 그의 "담대한 영혼"은 신채호의 폭풍과 같은 삶과 비타협적 성격과 같은 것이라고 보았다.[84] 동아일보에 투고한 「전형적 광인」(1931년 3월 24일~5월 19일 사이 연재된 「색안경」의 넷째 글)에서 그는 기억에 의존해 다소 문장이 부정확하지만 니체의 『즐거운 학문(Die Frohliche Wissenschaft, 1887)』, 『인간적인, 너무 인간적인(Menschliches, Allzumenschliches, 1886)』, 그리고 『자라투스트라는 이렇게 말했다(Also Sprach Zarathustra, 1883~1885)』에서 여러 문장을 인용했다.(분명 중역본 또는 일역본에 의지했을 것이다)[85] 이러한 인용은 주로

---

83) 『변영만전집』하, 「色眼鏡」, 170면.

84) 『변영만전집』하, 「婆心語」, 222면.

85) 한국어 번역의 선구적인 작품은 1929년 『신흥』 1집에 배상하가 『자라투스트라는 이렇게 말했다』의 일부를 번역한 것이다. 1920년대 초반 일본에서 공부하던 일부 한국 작가들이 니체를 알게 되었고, 이후 그들은 니체를 언급하기 시작하였다. 니체는 가끔 '초인'적 개인주의의 지지자로 인식되기도 했지만, 한편으로는 거의 주목받지 못했으니, 그 예로서 박달성의 「급격히 향상되는 조선 청년의 사상계」(『개벽』 2호, 1920년 7월)를 볼 수 있다. 1930년대에 가서야 사회주의 운동가 김형준(1908~?)이 자신이 편집하던 월간지 『농민』에 니체의 철학에 대한 기사를 여러 편 썼다.(예를 들면 「니체 철학에서 본 초인관」,

미래의 탁월한 개인 즉 '초인(Übermensch)'을 다루고 있다. 그들은 남성적이고, 자율적이며, 자신의 부족함을 극복할 수 있고, "평화를 사랑하되 신(新) 전투에 향하는 준비 방법으로써" 하고, 자비 같은 낮은 단계의 본능이라던가 더 나은 더 인간적인 사회가 올 것이라는 순진한 신념에서 자유롭다.[86]

지루하고 비인간적 훈육, 체계화된 모욕, 육체적으로 살아남기 위한 매일의 전쟁이 벌어지며, 선생은 "교내 경찰"에 불과하여 아이들을 통제하면서 때리고, 강인한 개성과 특별한 열망을 가진 학생들을 억누르며, 과잉 배출된 졸업생들이 희소한 직업을 "노예처럼" 구걸하며, 기독교 목사들과 장로들은 여성을 탐하고 예수의 "혁명적인 가르침"보다는 돈을 모으는 것에 더욱 관심을 두며, 부자들은 어떠한 사회 문제라도 철저히 외면하는 식민 근대화의 세계[87]에서 집단성과 근대 제도에 대한 니체의 도전은 변영만 개인의 영혼을 치유하였던 것으로 추측된다. 그러나 그것이 한국의 일상적 삶의 폭압으로부터 몇 사람이라도 구하는 방식이 되지는 못하였다. 비록 식민지 한국의 다른 많은 지식인들과 달리 변영만은 크로포트킨의 열렬한 팬은 아니었지만, 그의 행동은 외부의 강요된 조직 규율에 대한 뿌리 깊은 반감을 보여준다. 그는 스탈린의 소련이 "인민을 전습(傳習)의 질곡으로부터 석방한 대신 문학예술 등까지 관제 전매하려"[88] 한다고 1936년에 비판하

『농민』 3권 제1호, 1932년 1월) 그는 1950년대 초 조선민주주의인민공화국의 문화선전부 차관이 되었다가 박헌영(1900~1955)과 함께 숙청당했다. 따라서 변영만은 비교적 이른 시기에 니체를 "발견"한 공을 세운 식민지 한국인 사상가 중 한 명이었다.

86) 『변영만전집』 하, 「色眼鏡」, 170~171면.
87) 『변영만전집』 하, 「婆心語」, 202~218면.
88) 『변영만전집』 하, 「'어비터 딕터' 偶草八種」, 277면.

였으며, 1945년 전후에는 한국 공산주의자들의 활동에 대해 일관되게 비판적이었다.[89] 하지만 이와 동시에 그의 일기 자료에는 그가 이승만의 독재적 지배와 그의 동생 변영태가 이승만 캠프에 합류한다는 결정에 대해 냉혹하게 비판했던 사실이 보인다.[90] "아나키즘 밖의 아나키스트"로서 그는 니체의 사상에서 자신의 행동과 실천을 정당화하는 이론을 발견하였고, 식민지 한국에서 몇 안 되는 독일 철학 해석자 중 한 명이 되었다.

한 개인의 개성을 굳게 믿었던 변영만은 같은 논리를 민족과 문화에도 확장시켰다. 다른 어느 곳의 민족주의자들과 마찬가지로 변영만 또한 "민족성"의 정수가 존재한다고 믿었다. 그렇지만 그는 "한국적인 것"에 대해 찬양하는 글쓰기를 좋아하는 것은 아니었다. 그리고 그는 이광수와 마찬가지로 당대에 드러나고 있는 "한국의 민족성"을 "초월적인 순수성"과 야만성의 결합, 비판적 능력의 결여[沒批判], 권위나 대의에 대한 불복종, 나약함으로 정의했고, 한국인은 "홍길동식 공상에 사로잡혀 있으며 홍경래의 숭배자들이다."라고 하였다.[91] 이와는 대조적으로 변영만은 그의 "두 번째 고향"인 중국 사람들의 "활달함"을 강조했다. 이들은 "영국령 말레이반도에서도 이미 재정적으로 주인이며 자국 뿐만 아니라 뉴욕에서도 성공하고 있다."라고 하였다.[92] 그러나 민족성에 대한 그러한 많은 비판에도 불구하고 변영만은 동양 문화의 옹호자였다. 그는 "대동(大同)"에 대한 유교적 신념이 "현대 공산

89) 『변영만전집』 하, 「雷音中繼錄」, 303~305면.

90) 박노준·임종국(1966), 282~290면.

91) 『변영만전집』 하, 「色眼鏡」, '4. 典型的 狂人', 174면.

92) 『변영만전집』 하, 「色眼鏡」, '13. 中國人의 生活力', 187~188면.

주의의 극단주의자들"보다 우월하다고 보았으며,[93] 투르게네프 소설의 "수애(愁哀)"를 즐겼던 것처럼 두보(杜甫, 712~770) 시의 "지향(地香)"도 즐겼다.[94] 또한 변영만은 동양 문화의 한국적 전개에 대해서도 옹호하는 입장이었다.

변영만에게 한국은 고전적 고급문화를 지닌 나라였다. 그는 "박지원의 문장, 김정희의 필법, 김택영의 시상(詩想), 신채호의 사식(史識)"[95]으로 한국의 고급문화를 설명하기도 하였다. 개인주의자로서 변영만은 한국의 고급문화를 매우 귀하게 여겼다. 이는 다른 무엇보다도, 그것이 시대의 폭력으로부터 개인의 고결함을 보존할 수 있는 힘을 주기 때문인데 이 힘은 고급문화의 숙달자들에게 주어진다. 예를 들면 변영만은 김택영에 대해 한문으로 쓴 「창강자전」에서 김택영의 친구인 이남규, 이건창(1852~1898), 황현(1855~1910)이 "능히 시류에서 스스로 벗어난" 능력을 지녔다고 칭송했음을 볼 수 있다.[96]

하지만 변영만이 한국 전통의 "낮은" 층위에 무관심했던 것은 아니었다. 해학적으로 쓴 「독갑이 타령(도깨비 타령)」(『동광』 37호, 1932년 9월)에서 변영만은 한국 민속의 도깨비가 "전멸"되는 것을 애도했다. 변영만에 따르면 도깨비는 1910년 전만 해도 한국에 머무는 서양 선교사들의 몸에 들어가 선교사들이 원칙을 굽히고 무당에게 가서 푸닥거리를 받게 할 수도 있었다. 변영만을 가장 낙담하게 했던 것은, 도깨비가 있던 자리에 "마작꾼, 카페걸, 불통하는 수도(水道), 까닭 없는 사

---

93) 『변영만전집』 하, 「僞善의 世代냐 僞惡의 世代냐?」, 111면.
94) 『변영만전집』 하, 「學窓想片」, 160면.
95) 『변영만전집』 하, 「學窓想片」, 161면.
96) 『변영만전집』 상, 「창강자전(滄江子傳)」, 483면.

상경찰, 낙성하자마자 붕괴되는 교량, 조세 징수원" 등 한국의 식민지 "현대 문명"의 이러저러한 상징들이 자리를 잡게 되었다는 것이었다.[97]

4. 결론: 식민지 한국의 자유주의적이고 개인주의적인 "문화적 민족주의"?

> 참새들 어두운 대낮에 시끄럽게 지저귀는데
> 하얀 밤에 날아 온 학 울고 있더니
> 정을 다하여 독왕(獨往)을 이룩했으니
> 어찌하여 죽은 후 이름이야 무어 상관하랴![98]

변영만이 신채호를 기리며 지은 위 시[99]는 가치 있는 개인주의가 어떠해야 하는가에 대한 그의 생각을 잘 보여주고 있다. 그것은 주위의 '참새'가 무어라 생각하든 상관하지 않고 외롭고 어려운 길을 한발한발 걸어가는 능력이라고 말할 수 있다. 이러한 생각은 개인의 존엄과 자유에 대한 유교적 이해에 기반하고 있으며[100] 한편으로는 근대 서양 사상에도 토대를 두고 있다. 서양 문학과 철학계에서의 이단아

---

97) 『변영만전집』 하, 「[京城의 今昔] 도깨비 打鈴」, 250~252면.

98) 『변영만전집』 상, 「단재전(丹齋傳)」, 490면. "群雀匜冥晝, 白宵來鶴鳴. 盡情成獨往, 何干斃後名."

99) 『변영만전집』 상, 「단재전(丹齋傳)」, 490면.

100) Chan, Joseph(2002), p.290.

들, 그 가운데서 특히 블레이크와 니체는 변영만 개인의 신전에서 각별한 지위를 갖고 있었다. 변영만이 하룻밤 사이에 이러한 결론에 이른 것은 아니었다. 그 자신이 1900년대에 독일과 이탈리아의 민족주의를 숭배했던 것을 비판적으로 성찰하고, "스파르타식 규율이나 독일식 군사적 조련"이 한국의 바람직한 미래가 될 수 없다는 것을 이해하기까지 10년의 세월 동안 그는 구 한국의 멸망, 새로운 식민지에서 보여준 일본의 "칼의 통치", 중국 혁명의 우여곡절을 목도했던 것이다.[101]

그렇다면 한국은 새로운 근대의 세계에서 어떤 제도를 추구해야 하는가? 변영만은 체계적인 사회정치 사상가는 아니었기 때문에 이 질문을 진지하게 다룬 적은 없다. 그는 자신이 무엇을 싫어하는지 분명히 하여, "교사를 교내 경찰로 전락시킨" 한국의 식민지적 근대성뿐만 아니라 "마몬을 신으로 섬기는 필러스틴 족속 같은 미국 사회는 비판적 능력이 결여되었으며, 사회진화론자들을 법정에 세울 정도로 교양이 없"다고 신랄하게 비판하였다.[102] 그리고 "그처럼 폭력적인 방식을 써서는 안 되겠지만, 공산주의는 많은 진실을 담고 있어 토지 사유제 폐지는 다른 나라에서도 도입되어야 할 조치"라고 동의하면서도, 볼셰비키식 사회 개혁은 "대패로 판자를 미는 식"이라고 역시 신랄하게 비판하였다.[103] 게다가 변영만은 미국 자본주의와 소련 공산주의 모두에 대해 비판적인 동시에 1930년대 말 1940년대 초에 일제가 펼친 병적인 수준의 반서방주의와 반공산주의 전시 선전에 대해서도 냉담

---

101) 『변영만전집』 하, 「結局은 人格本位 ―우리가 살아나자면」, 126면.

102) 『변영만전집』 하, 232면.

103) 『변영만전집』 하, 「鄭鑑錄的 '迷信'을 打破하라 ―우리의 進運을 束縛하여온」, 139면.

한 자세를 견지하였다. 이는 무엇보다도 그가 일제의 "국가 총동원"을 포함한 모든 종류의 전체주의적 집단성에 대해 혐오하고, 문화적 관심이 폭넓고 포괄적이었기에 가능하였다.

하지만 일본의 식민주의 경찰국가식 "근대", 미국식 "극단적 자본주의", 볼셰비키식 "극단적 혁명주의"가 모두 채택될 수 없다면, 한국은 어디로 가야하는 것인가? 블레이크의 "우둔한 자는 천국에 들어가게 될 수가 없다, 제 아무리 순결하더라도."라는 명언을 매우 좋아했던 변영만은 균형 잡힌 자유 체제를 동경한 듯하다.[104] 이 체제는 전통적인 사회정치적 구조도, 권위적 식민 국가도 줄 수 없었던 '자유롭고 억압되지 않는 비판의 혜택'을 대다수의 한국인에게 부여하며, (어쩔 수 없이 순응주의자인) 다수와 함께 "바보처럼 행동"하기를 거부하는 자들을 완전히 품어준다. 그러나 그의 저술에서는 이러한 전환에 대해 그가 어떤 그림을 그렸는지 구체적으로 안내하는 경우를 찾기 어렵다. 변영만은 문화 엘리트(cultural elite)에게 문화의 포용성(tolerance)의 가치를 설파하면서, 이성적이고 선별적으로 전통문"화와 서양 문화의 요소들을 수용해야 한다고 하였다. 그는 미국의 모든 것을 맹목적으로 숭배하는 자들이 '미국 일류의 편협한 액센트와 발음으로, 미국인이 한 명도 보이지 않는 곳에서만 수다 떨기를 좋아한다'고 비꼬는 동시에,[105] 글쓰기가 '명도(明道)의 수단'에 불과하다는 조긍섭의 전통주의적 발언에도 반박하였다. 그리고 우리가 진짜 자신의 글을 쓰기를 바라며, 외부적으로 요구된 규범을 따르도록 스스로 강요하는

---

104) 『변영만전집』 하, 「鄭鑑錄的 '迷信'을 打破하라 – 우리의 進運을 束縛하여온」, 138면.
105) 『변영만전집』 하, 「婆心語」, '20. 渡美學生들에게', 232~233면.

것은 '위(僞)'를 수용하는 것과 같다고 명확히 언급하였다.[106] 위에서 인용했던 변영만에 대한 만시에서 최남선이 변영만을 정인보와 비교한 것은 우연이라고 보기 어렵다. 변영만과 정인보는 모두 비록 제한된 성취이긴 하지만 "오래된" 동아시아 지역 문화와 "새로운" 글로벌 문화 사이의 거대한 간극을 메꾸려 노력했기 때문이다.

1908년에 제국주의에 대한 서양 서적 두 권을 한국어로 번역한 뒤 변영만은 이미 동료 문인 집단에서 상당한 인지도를 얻었으나, 정치적인 면에서 그는 주변부의 인물이었다. 그가 유력한 정치 그룹과 가까운 접점을 만들지 못했다는 것은 그가 1990년대까지 한국 학계에서 사라졌던 이유를 설명하는 한 방법이다. 그는 우파였던 주류 "문화 민족주의자"에게 괴짜로 보였는데, 최남선은 심지어 변영만의 장례식에서 그를 "그저 재미를 위해 글을 끄적였다"라고도 표현했다. 그리고 그는 평등주의적 부의 분배에 대해 명백한 공감을 표했음에도 불구하고, 좌파 공산주의자와 무정부주의자에게서도 완전히 무시되었다. 그러나 오늘날에는 근대의 실상에 대해 비판했던 주변부 인물들이 학자와 대중에게 폭넓은 관심을 끌고 있으므로 이제는 바랄 수 있지 않은가 한다. "비루한 일상이 흘러가는 현실에서 자신을 탈출"시키기 위해 값비싼 대가를 치렀던 소수에 대해 이야기할 때 비극적으로 엄숙했으며, 당대 식민지 한국의 참을 수 없이 저속했던 삶을 이야기할 때 신랄하면서도 모순적이었던 변영만의 목소리가 마침내 사람들에게 들려지기를 말이다.

---

106) 김진균(2004), 74~105면.

참고문헌

『변영만전집』(총 3책, 實是學舍 고전문학연구회 편역(2006), 성균관대학교 대동문화연구원.)

강영주,『벽초 홍명희 연구』, 창작과 비평사, 1999.
국사편찬위원회,『大韓帝國官員履歷書』, 國史編纂委員會, 1972.
김병철,『한국근대서양문학이입사연구』(총 2책), 을유문화사, 1980.
김봉렬,『兪吉濬 開化思想의 硏究』, 경남대학교 출판부, 1998.
김진균,「卞榮晚의 비판적 근대정신과 문예추구」, 성균관대학교 국어국문학과 박사학위논문, 2004.
단재신채호선생기념사업회,『단재신채호전집』(총 4책), 螢雪出版社, 1987.
류영익 등,『Korean perceptions of the United states; a history of their origins and formation』, 지문당, 2006.
박노준 · 임종국,『흘러간 星座』, 국제문화사, 1966.
박성진,『(韓末~日帝下) 사회진화론과 식민지사회사상』, 선인, 2003.
박찬승,『한국근대정치사상사연구』, 역사비평사, 1992.
신익철,「근대문학 형성기 변영만의 사상적 지향과 문학세계」,『한국한문학연구』32, 한국한문학회, 2003.
신일철,『申采浩의 歷史思想硏究』, 고려대학교출판부, 1981.
오미일,『한국근대자본가연구』, 한울아카데미, 2002.
이광수,『이광수전집』, 삼정당, 1962.
이기준,『韓末西歐經濟學導入史硏究』, 일조각, 1985.
최남선,「獻身的 情神」,『太極學會』1(『한국학문헌연구서』13), 1906.
최기영,「1910년대 卞榮晚의 해외행적」,『大東文化硏究』55, 성균관대학교 대동문화연구원, 2006.
한관일,「신채호의 교육사상 연구」,『한국의 청소년문화』2, 한국청소년문화학회, 2001.
한영규,「근대문명과 산강 변영만; 변영만의 근대문명 비판 -「관생록(觀生

錄)」을 중심으로」, 『大東文化硏究』 55, 성균관대학교 대동문화연구원, 2006.

황원구, 「鄭寅普」, 『한국사 시민강좌』, 일조각, 1996.

Chan, Joseph, "Moral Autonomy, Civil Liberties, and Confucianism." *Philosophy East and West* 52(3), Hawaii: University of Hawaii Press, 2002.

Erdman, David V., *The Complete Poetry and Prose of William Blake*, New York: Doubleday, 1988.

Lee, Peter H., *Sourcebook of Korean Civilization*, New York: Columbia University Press, 1993.

Reinsch, Paul. S., *World politics at the end of the nineteenth century: as influenced by the oriental situation*, New York & London: Macmillan, 1900.

색인

504

저자 소개

진재교, 성균관대학교 한문교육과 교수.

뵙케 데네케(Wiebke Deneke), 미국 매사추세츠 공과대학 교수.

김문경(金文京), 교토대학 명예교수

로스 킹(Ross King), 캐나다 브리티시컬럼비아대학교 아시아학과 교수.

판젠궈(潘建國), 중국 북경대학 중문계 교수.

김영진, 성균관대학교 한문학과 교수.

안대회, 성균관대학교 한문학과 교수.

김용태, 성균관대학교 한문학과 교수.

양니엔췬(楊念群), 중국 인민대학 청사연구소 교수.

마치 센쥬로(町 泉寿郎), 일본 이송학사대학 중국문학과 교수.

김영주, 성균관대학교 한문교육과 교수.

이현일, 성균관대학교 한문교육과 교수.

박노자(Vladimir Tikhonov), 노르웨이 오슬로대학 동양학과 교수.

외국어 논문 번역자 명단

김용태(성균관대 한문학과 교수)

고탁(성균관대 한문학과 박사과정)

김종후(성균관대 한문학과 박사과정)

김푸름(성균관대 한문학과 석사졸업)

조윤석(성균관대 한문학과 석사졸업)

남승혜(성균관대 한문학과 석사수료)

박현진(성균관대 한문학과 석사수료)

왕수제(성균관대 한문학과 석사수료)

정선우(성균관대 한문학과 석사과정)

천현정(성균관대 한문학과 석사과정)

최주영(성균관대 한문고전번역협동과정수료)

동아시아 한자문화권에서 공유하는 글쓰기의 전통
- 김용태, 김종후, 최주영, 천현정, 박현진

한자문화권의 문자 생활
- 김용태, 김종후, 최주영, 박현진, 왕수제

'다이글로시아'라는 용어의 문제점; 전근대 한국의 말하기와 글쓰기의 생태계
에 대하여
- 김용태, 김종후, 남승혜, 박현진, 조윤석, 왕수제, 최주영

『박통사언해』와 그 속에 인용된 『서유기』에 대한 새로운 탐구
- 김용태, 김종후, 조윤석, 김푸름, 박현진, 왕수제, 최주영

청조 "문치(文治)" 정책의 재고찰
- 김용태, 김종후, 남승혜, 왕수제, 정선우, 조윤석, 최주영

에도 막부 말기-메이지 시기 학술·교육의 형성과 한학
- 김용태, 김종후, 남승혜, 조윤석, 왕수제, 최주영

변영만: 식민지 시기 한국의 대안적 근대성을 모색하다
- 김용태, 고탁, 김종후, 남승혜, 왕수제, 정선우, 조윤석, 최주영

동아시아 고전학의 안과 밖

초판 1쇄 인쇄 2023년 2월 24일
초판 1쇄 발행 2023년 2월 28일

지은이 진재교 외
펴낸이 유지범
책임편집 신철호
외주디자인 아베ㄲ
편 집 현상철·구남회
마케팅 박정수·김지현

펴낸곳 성균관대학교 출판부
등록 1975년 5월 21일 제1975-9호
주소 03063 서울특별시 종로구 성균관로 25-2
대표전화 02)760-1253~4
팩시밀리 02)762-7452
홈페이지 press.skku.edu

ISBN 979-11-5550-583-0 93800

• 잘못된 책은 구입한 곳에서 교환해 드립니다.